복구 백업 최적화 보안

김인성의 완벽한 데이터 관리

복구 백업 최적화 보안

김인성의 완벽한 데이터 관리

김인성

홀로깨달음

| | 프롤로그 | 11 |

01 복구　20

1　실수로 지운 파일 복구하기　22
① 저장장치의 특성에 따른 복구 준비 방법　22
② 복구 소프트웨어 준비　25
③ 하드디스크 연결하기　27
④ 복구 소프트웨어 사용하기　29

2　파일 히스토리에서 파일 복구하기　37

3　클라우드에서 파일 복구하기　39
① 클라우드와 버전 관리　39
② 드랍박스 클라우드에서 파일 복구하기　42
③ 구글 드라이브에서 파일 복구하기　46
④ 클라우드로 동기화된 다른 컴퓨터에서 파일 복구하기　49
⑤ 클라우드 업체에 요청하여 파일 복구하기　54

4　실수로 포맷한 저장장치 복구하기　62

5　인식이 안 되는 하드디스크 고치기　68
① 전자 부품에 문제 있는 하드디스크 고치기　71
② 물리적인 에러가 생긴 하드디스크 복구하기　75
③ 침수된 하드디스크 복구하기　79

6	휴대폰에서 삭제한 데이터 복구	81
①	소프트웨어 방법으로 복구하기	81
②	고장 난 핸드폰에서 데이터 복구하기	84

02 백업   88

1 클라우드에 백업하기   91
① 클라우드란?   91
② 국내외 클라우드 서비스   97
③ 클라우드 셋업 방법   104
④ 클라우드 클라이언트 설정 변경하기   110
⑤ 클라우드 유료 가입하여 용량 늘리기   114

2 로컬 컴퓨터에 백업하기   118
① 로컬 백업용 하드디스크 추가하기   122
② 로컬 백업 설정하기   143
③ 하드디스크의 물리적 에러 극복하기   150

03 최적화   180

1 하드웨어 최적화   184
① CPU 업그레이드하기   186
② 메모리 업그레이드하기   189

- ③ 하드디스크 SSD로 교체하기 … 191
- ④ 컴퓨터 본체 청소하기 … 206

2 소프트웨어 최적화 … 208
- ① 윈도우 업데이트 기능 사용하기 … 211
- ② 백신으로 악성코드 검사하기 … 213
- ③ 시스템 관리 프로그램 활용하기 … 220
- ④ 불필요한 프로그램 삭제하기 … 230
- ⑤ 시스템 드라이버 소프트웨어 업데이트하기 … 237
- ⑥ 윈도우 디스크 체크하기 … 240
- ⑦ 불필요한 시작 프로그램 제거하기 … 244
- ⑧ 불필요한 서비스 중지시키기 … 246
- ⑨ 중복 파일 제거하기 … 248
- ⑩ 복잡한 컨텍스트 메뉴 정리하기 … 252

3 윈도우 10 업데이트하기 … 256
- ① 윈도우 10 업그레이드 예약으로 업데이트하기 … 256
- ② 윈도우 10 이미지를 다운로드해서 업그레이드하기 … 260

4 가상 윈도우 사용하기 … 264
- ① 윈도우 이미지 다운받기 … 267
- ② VMware 인스톨하기 … 270
- ③ 가상 윈도우 만들기 … 272
- ④ 가상 컴퓨터 설정 최적화 … 283

5 윈도우 시스템 백업하기 … 285

04 보안 — 292

1. 감시 도구로써의 IT — 296
1. CCTV, 블랙박스 — 297
2. 내비게이션 — 300
3. 카드 — 302
4. 인터넷 검색 — 303
5. 스마트폰 — 304
6. 모바일 메신저 — 307
7. 인터넷 접속 기록 — 308
8. 빅데이터 — 309
9. 소셜미디어 — 312
10. 인터넷 활동 기록 — 312
11. 개인화 — 314
12. P2P — 315
13. 디지털 포렌식 — 315

2. 다양한 해킹 사례 — 317
1. 개인 정보 수집 — 318
2. 파밍 — 326
3. 랜섬웨어 — 334

3. 해킹 방어 대책 — 341
1. 사이트마다 다른 비밀번호 만들기 — 341
2. 외부 침입 막기 — 345

4 데이터 보호 방법 　　　　　　　　　　355
1. 안전한 메신저 쓰기 　　　　　　　　356
2. 검열 우회하기 　　　　　　　　　　357
3. 안전한 서비스 사용하기 　　　　　　362
4. 데이터 암호화 　　　　　　　　　　363

5 데이터 완전 삭제 　　　　　　　　　　373
1. 하드디스크 완전 삭제 　　　　　　　373
2. 운영체제 초기화 　　　　　　　　　381
3. 하드디스크 물리적 파괴하기 　　　　396
4. 클라우드 데이터 완전 삭제하기 　　397

6 휴대폰 보안 　　　　　　　　　　　　404
1. 휴대폰 접근 차단하기 　　　　　　　404
2. 휴대폰 데이터 완전 삭제 　　　　　407
3. 휴대폰 물리적 파괴하기 　　　　　　423
4. 휴대폰 클라우드 데이터 완전 삭제하기 　425

에필로그 　　　　　　　　　　　　　　429

참고 문헌 　　　　　　　　　　　　　434
이미지 출처 　　　　　　　　　　　　435
내용 작성에 도움 주신 분들 　　　　　435
후원해 주신 분들 　　　　　　　　　436

프롤로그

"컴퓨터 부팅이 안 되네요? 어떻게 하죠?"

어느 날 친한 사진작가에게서 연락이 왔습니다. 어젯밤까지 잘 쓰던 컴퓨터가 먹통이 되었다는 것입니다. 전화로 몇 가지 응급조치 방법을 알려 주었으나, 그걸로는 부팅을 시킬 수 없어 결국 컴퓨터 수리 업체에 맡기게 되었습니다. 원인은 하드디스크 고장으로 판명 났습니다. 하드디스크야 새것으로 구입하면 그만이었지만 문제는 그 작가가 여태까지 만든 작품 사진 전체가 고장 난 하드디스크에 들어 있었다는 사실이었습니다. 하드디스크를 복구하지 못한다면 그의 모든 작품이 영원히 세상에서 사라질 위기였습니다.

누구나 그렇듯 그 작가도 평소에 백업해야 한다고 생각은 하고 있었지만 바쁘다고 미루기만 하다가 끝내 이런 일을 당한 것입니다. 사실 대부분 이런 식으로 컴퓨터를 사용하고 있는 것이 현실이고 주의를 하더라도 한 번쯤은 파일을 잃어버리기 마련입니다. 솔직히 말씀드리면 저도 이런 부분에서 예외는 아니었습니다. 수개월 동안 작업하던 데이터를 한순간에 잃어버린 후 살릴 방법도 없고 백업본도 남아 있지 않음을 깨달았던 그 끔찍한 순간은 다시 떠올리기도 싫을 정도입니다.

관리가 필요 없는 쉬운 컴퓨팅 시대

컴퓨터를 켜서 문서를 작성하거나 음악을 듣고, 웹 브라우저로 인터넷을 하는 것을 컴퓨터 "사용"이라고 한다면 백신을 돌려서 바이러스나 악성 코드가 있는지 확인하고, 불필요한 프로그램을 삭제하는 등 시스템을 최적화하고, 중요한 문서 파일을 백업하는 작업을 "관리"라고 할 수 있습니다. 누구나 일상적으로 컴퓨터를 사용하고 있지만, 경험 많은 사용자들조차도 관리에는 별 관심을 기울이지 않는 것이 현실입니다.

개인용 컴퓨터가 처음 도입된 80년대에 컴퓨터 초보자를 위한 교육 열풍이 불었던 적이 있으나 이것도 한때의 유행으로 끝나 버렸습니다. 이젠 컴퓨터 관리는커녕 아무도 제대로 된 사용법조차 배우지 않습니다. 다들 컴퓨터에 대한 경험이 늘었으며 그저 마우스만으로 사용법을 습득할 수 있을 정도로 쉬워졌을 뿐만 아니라 인터넷에는 필요한 정보가 넘쳐나고 있기 때문입니다.

컴퓨터 사용자 대부분이 그래픽 유저 인터페이스 세대입니다. 애플 시절은 거론하지 않더라도 도스의 autoexec.bat와 config.sys 최적화는 이미 전설 속의 이야기에 불과합니다. 대학교 컴퓨터공학과에서도 따로 컴퓨터 관리법을 가르치지 않습니다. 응용 프로그램 사용법에 관한 책과 강의는 널려있지만, 컴퓨터 자체에 대한 관리는 알아서 할 일이 되었습니다.

사실 하드웨어가 고성능화되어 있고 소프트웨어 안정화도 잘 되어 있어 컴퓨터를 특별히 관리할 것도 없습니다. 매뉴얼을 볼 필요도 없습니다. 마우스로 화면을 이리저리 클릭하다 보면 대부분 문제를 해결할 수 있으니까요. 독수리 타법을 쓰는 사용자라도 컴퓨터 관리만큼은 마우스만으로 충분한 시대가 된 것입니다.

PC 자체도 벌써 구식이 되어가고 있습니다. 최초의 인터넷 접속을 엄마의 멀티터치 스마트폰으로 시작하는 세대가 등장했습니다. 이들은 컴퓨터 부팅 시간을 참지 못합니다. 손가락이 아닌 마우스로 화면을 클릭하는 것도 익숙하지 않습니다. 태블릿으로 웹 서핑, 메모, 일정 관리까지 가능하므로 PC를 켜는 시간도 거의 없습니다.

모바일 기기는 박스에서 꺼내는 즉시 필요한 모든 것이 준비되어 있습니다. 원하는 기능이 있으면 앱을 다운로드 받아 곧바로 사용하면 됩니다. 운영체제를 인스톨하거나 에러를 복구하는 작업을 할 필요도 없고 할 수도 없습니다. 모바일 족들은 자신의 데이터가 어디에 저장되어 있는지도 모릅니다. 데이터는 인터넷 어디엔가 존재하는 클라우드란 곳에 있고 필요할 때 알아서 다운로드 됩니다. 클라우드는 데이터를 스마트폰, 태블릿, PC 사이에 자동으로 동기화해주므로 사용자들이 백업을 신경 쓸 필요도 없습니다.

더 커진 데이터 분실 가능성

컴퓨터가 쉬워지면서 관리 임무가 사용자에게서 운영체제나 클라우드를 운영하는 업체 쪽으로 넘어가고 있습니다. 데이터는 클라우드를 통해 자동으로 백업됩니다. 스마트폰으로 사진을 찍으면 동기화 기능으로 데스크탑과 태블릿에 알아서 복사됩니다. 원하는 노래를 저장할 필요도 없습니다. 인터넷에서 실시간 스트리밍 방식으로 들을 수 있으니까요. 사용자들은 관리 부담 없이 그저 디지털 기기를 즐겁게 사용하기만 하면 되는 것입니다.

하지만 이런 편리함은 한순간에 악몽으로 변할 수 있습니다. 한없이 편리함만 주는 기계라고 믿던 휴대폰을 분실한 후에야 그것이 남의 손에 들어가면 내 안전을 위협하는 흉기로 돌변할 수 있음을 깨닫고, 개인 데이터를 모두 암호화해버리는 악성 코드에 걸린 후에야 최신 백신도 내 데이터를 지키는데 무력하다는 것을 알게 됩니다. 하드디스크가 고장나고서야 자동 백업을 꺼두었음을 발견하게 되거나, 태블릿을 초기화한 후에야 여태까지 찍은 수많은 사진들이 에러로 인해 클라우드에 동기화가 되고 있지 않았음을 깨닫게 되는 것도 마찬가지입니다.

악몽 중에서도 가장 고통스러운 것은 원본을 잃어버리는 것입니다. 돈 주고 산 프로그램, 음악, 영화, 책과 같은 콘텐츠는 다시 구할 수 있지만 나의 창작물은 다시 구할 수 없습니다. 내가 쓴 글, 개인적인 사진과 동영상, 두 달 동안 짠 프로그램 소스코드, 업무 보고를 위해 만든 엑셀 문서, 내가 그린 그림 등등 세상에 단 한 벌밖에 존재하지 않는 원본을 찾아내는 유일한 방법은 처음부터 다시 만드는 것뿐입니다. 이미 썼던 글을 다시 쓰고, 이미 그렸던 그림을 다시 그리는 작업은 말로 다할 수 없이 고통스러운 일입니다. 차라리 이들을 깨끗이 포기하고 새로운 글을 쓰는 것이 더 쉬울지도 모릅니다. 백업하지 않은 데이터를 날려 본 적이 있는 사람, 그 데이터를 다시 만들어야만 했던 사람들은 그것이 얼마나 절망적이고 고통스러운 것인지 이해할 것입니다.

컴퓨터 관리의 현실

많은 기업에서 비용을 들여 컴퓨터 관리를 위한 전산 부서를 두거나 외부 업체에 유지 보수를 위탁하지만, 현실적으로 볼 때 이들이 돈을 지불한다고 해도 제대로 된 관리를 받기는 어렵습니다. 회사에 있는 컴퓨터가 문제가 생겼을 때 전산 부서나 용역 업체 직원들이 하는 일은 주로 윈도우를 완전히 새로 인스톨하는 것입니다.

관리 업체 직원이 주기적으로 회사 사무실을 돌아다니며 백신으로 여러 컴퓨터의 악성 코드를 잡고 시스템 최적화를 해주면 좋겠지만 이런 작업은 할 시간도 없고 할 이유도 없습니다. 윈도우 새로 까는 것은 한 시간 안에 끝나는 기계적인 작업이고 여러 컴퓨터를 동시에 할 수 있는 일인 데 비해 시스템 최적화는 한 컴퓨터에 매달려 계속해서 마우스 클릭을 하며 오랜 시간을 보내야 하는 귀찮고 복잡한 작업이기 때문입니다.

직원들은 윈도우 재인스톨로 문제가 해결되고 덤으로 금방 컴퓨터가 빨라져 당장은 좋아할 수 있습니다. 하지만 추가로 개인적인 세팅을 손보고, 따로 사용하는 프로그램을 다시 까는 등 반복 작업에 시간이 더 걸릴 수도 있기 때문에 최선의 해결책은 아닙니다. 더구나 윈도우 재인스톨 방식으로는 관리 노하우가 축적되지 않으므로 같은 문제가 반복되는 것을 막을 수 없어 컴퓨터는 금방 느린 상태로 돌아가 버리게 됩니다.

회사에서 지급하는 컴퓨터는 오래 사용하게 되므로 대개 성능이 떨어지는 편입니다. 시간당 급여를 생각할 때 고성능 컴퓨터를 지급하여 작업 효율을 향상시키는 것이 회사 차원에서 볼 때 이익일 수 있습니다. 컴퓨터 성능을 높이기 위해 새 컴퓨터로 바꿀 필요도 없습니다. 중요 부품 업그레이드만으로 충분합니다. 하지만 컴퓨터에 대해 잘 모르는 직원들이 개별적으로 업그레이드하기는 어렵습니다. 결국, 업체에 요청해야 하는데 만만찮은 추가 비용을 지불해야 하므로 실익이 없습니다. 이런 요구를 들어줄 업체도 거의 없습니다. 속도가 느려진 컴퓨터의 메모리를 늘리고 하드디스크를 속도 빠른 메모리 디스크(SSD)로 업그레이드해서 성능을 올려주는 것은 시간만 많이 드는 반면 수익은 거의 올릴 수 없지만, 아예 새 컴퓨터로 바꾸는 것은 훨씬 쉽고 간편하며 시간도 절약되는 데다가 이익도 더 크기 때문입니다.

회사의 컴퓨터를 회사에서 알아서 관리해 줄 것이란 생각은 환상에 불과합니다. 제가 만나 본 거의 모든 회사원들은 원인을 알 수 없지만 느려터진 컴퓨터에 어쩔 수 없이 적응해 살고 있습니다. 의사, PD, 기자, 작가 등 전문직 종사자들도 비슷했습니다. 전산 관리자가 따로 있는 회사도 사정은 마찬가지입니다. 임원을 포함해 개별 직원의 컴퓨터에 대해 윈도우 재인스톨 이상의 개별적인 튜닝 서비스를 해주는 경우는 거의 없었습니다.

컴퓨터 관리를 위한 책에 담겨야 할 것들

"작업 중인 자료를 안전하게 보관하는 방법은 없나요?"
"디스크가 고장 났는데 데이터는 어떻게 살릴 수 있나요?"
"개인정보를 지키는 방법이 있나요?"
"컴퓨터가 느려졌는데 어떻게 하면 고칠 수 있을까요?"
"컴퓨터를 새로 살까요? 업그레이드할까요?"

저는 거의 30년 동안 이런 질문을 받고 살았습니다. 그럴 때마다 백업 대책을 마련해주고, 지운 데이터를 복구해 주고, 개인정보를 감추는 방법을 알려주곤 했습니다. 엉망인 컴퓨터를 잠깐 들여다봤다가 결국 밤새워 최적화를 해 준 적도 많습니다. 많은 분이 컴퓨터 관리에 대해서 배우고 싶어 하지만 이젠 체계적으로 관리 노하우를 배울 수 있는 곳이 존재하지 않습니다. 돈을 주고서 배우려고 해도 그런 곳은 찾기 힘듭니다. 여태까지 저도 도움을 요청하는 분들에게 기초적인 조언 이외에 전문적인 관리 방법을 알려 주기 어려웠습니다. 관리 방법을 알려 주기 위해서는 많은 시간이 필요하기 때문입니다.

결국, 요청이 들어올 때마다 제가 직접 문제를 해결해주고 끝내는 것이 대부분이었습니다. 하지만 언제까지나 직접 해결해 줄 수는 없으므로 스스로 알아서 할 수 있도록 이 책을 쓰게 되었습니다.

원본 사진을 잃어버린 사진가, 중요한 문서가 담긴 외장 하드를 깨먹은 변호사, 최종 원고를 초기 버전으로 덮어쓴 작가… 이 책은 이런 문제를 해결하는 과정에서 얻은 경험을 근거로 디지털 데이터를 잘 관리할 수 있는 방법에 관한 내용을 담고 있습니다. 그 대상은 자신만의 콘텐츠를 만들어내는 전문가들 즉 작가나 음악가, 사진가 등의 창작자뿐만 아니라 파워포인트, 엑셀 자료를 만드는 분들도 포함됩니다 . 사실 그 누구라도 안전하게 보관해야 할 자신만의 디지털 데이터가 있다면 이 책을 꼼꼼히 읽어야 할 것입니다.

데이터 안전을 위한 길

컴퓨터는 체계적인 일상 관리가 중요합니다. 문서 백업 정책을 세워 데이터 분실을 방지해야 하고 최적화를 통해 항상 안정적이고 최상의 상태를 유지할 수 있도록 만들어야 합니다.

데이터는 언제나 이중, 삼중으로 백업되어야 합니다. 백업은 자동화되어야 합니다. 매번 백업할 때마다 사람 손이 필요하다면 귀찮아서 건너뛰게 되는데 이런 상황에서 에러가 발생하면 치명적이기 때문입니다. 백업에는 다양한 방법이 있습니다. 본문에서 제시할 백업 방법 중에서 여러분에게 맞는 것을 선택해서 적용하기를 바랍니다.

아무리 대비를 잘해도 에러는 늘 발생합니다. 하드웨어 고장, 소프트웨어 에러, 실수로 인한 데이터 삭제 등등… 결코 피해갈 수 없는 여러 가지 재난 상황에서 데이터를 복구해내는 방법을 평소에 알고 있어야 즉각 대응할 수 있습니다. 이를 통해 다시 찾을 수 없을 줄 알았던 원본 사진을 살려내는 마법을 경험해 보시기 바랍니다. 직접 복구에 실패했다면 데이터를 살리기 위해서 어떤 업체를 알아봐야 하는지, 그들이 하는 작업은 어떤 것인지, 전문 업체가 할 수 있는 것과 없는 것의 한계는 어디까지인지도 알아 둘 필요가 있습니다.

에러 상황을 피하기 위해서는 평소에 시스템 최적화에도 신경을 써야 합니다. 백신으로 바이러스와 악성 코드를 잡아야 해킹의 위험을 막을 수 있고 그래야만 데이터의 안정성도 확보할 수 있습니다. 안전을 위주로 하게 되면 불편함이 증가할 수 있으므로 복잡하지 않고 번거롭지 않으면서도 신뢰할 수 있는 최적화 기법이 필요합니다. 이 책에서는 최소한의 시간과 비용을 들여 시스템의 성능과 안정성을 높일 방법을 제시합니다.

데이터를 남들로부터 안전하게 지켜야 할 필요도 있습니다. 개인정보가 유출되지 않도록 보안을 강화하는 방법, 데이터를 완전히 삭제하는 방법 등을 알아봅니다. 누군가 당신의 컴퓨터와 스마트폰으로부터 데이터를 탈취하려고 한다면 이를 막기 위한 소프트웨어적인 방법뿐만 아니라, 물리적으로 데이터를 파괴하는 가장 효율적인 방법도 알려 드립니다.

세상은 이제 디지털 시대가 되었습니다. CCTV와 블랙박스 등 수많은 디지털 기기는 당신을 감시하는 도구가 될 수 있습니다. 디지털 기기와 IT 기술이 당신을 어떻게 감시하고 있으며 어떻게 당신의 생각을 조종하고 있는지 살펴봅니다. 프라이버시가 사라진 시대에 당신의 안전을 스스로 지키는 방법도 담았습니다.

책을 발간하며

디지털 데이터의 백업과 복구 그리고 완전 삭제에 관한 책을 쓸 자격이 있다고 자신할 수는 없지만 지난 30년간 제가 이런 분야에 몸담고 있었던 것은 사실입니다. 컴퓨터공학과를 졸업한 후 인터넷 활성화 초기에 리눅스원이란 회사에서 엠파스 등 포털 사이드를 대상으로 서버 시스템을 구축하면서 컴퓨터 하드웨어에 대해 수많은 테스트를 했습니다. 하드디스크를 대체하는 새로운 저장장치인 SSD 사업을 하면서 수년 동안 거의 모든 저장 장치에 대한 성능과 안정성 테스트를 한 경험이 있습니다. SSD와 기타 저장 장치에 대해 제가 작성한 다양한 벤치마크 보고서는 SSD 산업 초기 이 분야에 있는 분들에게 기초 자료로 활용되기도 했습니다.

세월호가 침몰했을 때 유가족분들의 법률대리인이었던 대한변호사협회의 의뢰를 받아 세월호에서 인양된 스마트폰, 디지털카메라, 노트북, CCTV 등의 디지털 기기를 복구했습니다. 바닷물에 침수되어 삭아버린 백여 개의 스마트폰과 카메라에서 사진과 영상 그리고 카카오톡 메시지를 복구하여 유가족분들에게 전달했습니다. 특히 두 달 동안 바닷물에 잠겨 있던 세월호 CCTV용 하드디스크에서 침몰 당시의 영상을 복구하는 전 세계적으로 유례없는 작업 과정에 참가했는데 이 기간에 하드디스크 복구에 관한 거의 모든 기술을 보고 경험할 수 있었습니다. 세월호 디지털 기기 복구 과정은 디지털 저장장치 복구의 의미를 깨닫게 되는 시간이었습니다.

스마트폰을 잡고 통곡하는 어머니께 자식의 마지막 모습을 보여 드리기 위해 모든 수단을 동원하지 않을 수 없었습니다. 그저 디지털 데이터에 불과한 사진 한 장이 부모님들에게는 결코 잊을 수 없는 소중한 것이었기 때문입니다.

지난 수년 간 디지털 포렌식 분야에서 검찰과 경찰, 국가정보원과 국립과학수사연구원의 디지털 포렌식 작업을 검증하고 이들의 조작 여부를 파헤치는 작업을 해왔습니다. 그 과정에서 디지털 도·감청, 스마트폰을 통한 증거 수집, 각종 디지털 기기를 통한 용의자 감시, 빅데이터와 클라우드를 통한 검열 등에 대한 실상을 파악하게 되었습니다. 이 경험을 바탕으로 누군가가 여러분의 컴퓨터 데이터를 탈취하거나 조사하더라도 개인 정보 등 감추고 싶은 자료를 볼 수 없도록 하는 방법을 알려드릴 수 있게 되었습니다.

저는 오랫동안 컴퓨터 자체에 관심을 가지고 살아왔습니다. 프로그래밍뿐만 아니라 하드웨어에 대해서도 많은 관심을 가지고 있습니다. 아직도 새로운 IT 기기에 흥분하며 이것들을 직접 만지고 다루는 것을 좋아하는 얼리어답터입니다. 지금도 취미로 지인들의 컴퓨터를 조립해 주곤 하는 것이 이 때문입니다. 770Z란 구형 IBM 노트북의 성능을 업그레이드를 위해 고생한 적도 있었고 잉크젯 프린터 개조의 끝을 보려고 애쓰기도 했습니다. 이 과정을 글로 남겨 놓기도 했습니다. <노트북 삽질기>와 <잉크젯 개조기>는 한 때 엔지니어들의 가슴을 뛰게 했던 글들로 지금도 인터넷에서 찾아볼 수 있습니다.

이 책은 컴퓨터 하드웨어, 소프트웨어, 인터넷 시스템과 보안에 관한 저의 30년간의 경험을 담았습니다. 이 책은 또 그동안 제가 컴퓨터 관리에 대해 받앉던 수많은 질문에 대한 대답입니다. 30년이 지나고 나서야 우리를 학문의 길로 이끌어 준 대학교 1학년 시절의 개론서가 결코 수박 겉핥기가 아니었음을 깨닫게 되었습니다. 또한, 개론서를 쓸 자격이 어떻게 주어지는지도 스스로 알게 되었습니다. 저는 이 책을 쓰면서 데이터 안전에 관한 모든 것을 망라하면서도 이를 누구라도 이해하기 쉬운 언어로 담기 위해 노력했습니다. 이젠 누구를 만나더라도 그들의 느린 컴퓨터를 답답해하거나 정리 작업을 직접 해주는 대신 조용히 이 책을 건네줄 수 있게 되어 기쁠 뿐입니다.

김인성.

01 복구

디지털 데이터는 쉽게 사라질 수 있습니다.
데스크톱, 노트북, 스마트폰, 태블릿, 인터넷, 클라우드…
어떤 데이터도 예외가 없습니다.
실수로 지울 수도 있고 소프트웨어나 하드웨어 이상으로 잃어버릴 수도 있습니다.
다양한 이유로 사라진 소중한 데이터를 어떻게 살릴 수 있는지 알아봅니다.

데이터가 사라지는 다양한 상황과 해결책

컴퓨터를 사용하다 보면 여러 가지 이유로 데이터를 잃어버리게 됩니다. 데이터를 잃어버리는 가장 큰 원인은 하드디스크의 고장입니다. 하드디스크는 매우 민감한 장비라서 쉽게 고장 납니다. 책상 밑에서 동작 중인 컴퓨터를 잘못해서 발로 차거나, 집 주변 전봇대에 갑자기 번개가 쳐서 컴퓨터가 전기적 충격을 받으면 하드디스크부터 고장 납니다. 하드디스크는 휴대용으로 쓰기에는 부적당한 기기입니다. 저에게 데이터 복구를 부탁하신 분들 대부분은 외장 하드를 사용하다가 문제가 생긴 것이었습니다.

소프트웨어적인 에러도 자주 발생합니다. 물리적으로 고장 난 하드디스크는 복구 업체에 맡길 수밖에 없지만, 소프트웨어적인 에러는 직접 해결할 수 있습니다. 소프트웨어 에러는 컴퓨터를 갑자기 끄는 등 비정상 종료로 파일 시스템에 논리적 오류가 발생했거나 바이러스가 하드디스크 파일 할당 정보를 훼손하는 경우를 말합니다. 운영체제가 잠시 하드디스크를 인식하는 데 어려움을 겪거나 하드디스크가 순간적으로 비정상적으로 구동하지만, 시간이 지난 후에 정상으로 돌아오는 경우도 포함합니다. 이런 에러를 만났을 경우 더 이상 다른 작업을 하지 말고 복구를 시도해야 합니다. 에러가 발생한 직후라면 이를 해결하는 방법은 얼마든지 있으니까요.

실수로 파일을 지우기도 합니다. 컴퓨터 정리를 하다가 백업해 놓은 줄 알고 중요한 작업 결과물을 삭제하는 경우입니다. 중복 자료라고 생각해서 대량의 사진이 들어 있는 폴더 전체를 날려 버릴 수도 있습니다. 데이터가 많을 경우 휴지통으로 보내지 않고 곧바로 완전 삭제를 하기 때문에 잘못하면 영영 데이터를 잃어버릴 수 있습니다. 삭제했어도 곧바로 조치를 취하면 많은 경우 데이터를 그대로 살릴 수 있습니다. 삭제한 후 시간이 지날수록 복구 가능성은 급속히 떨어지기 때문에 복구는 빠르면 빠를수록 좋습니다.

클라우드를 사용하고 있다면 데이터를 살릴 가능성이 높아집니다. 이를 위해서 중요한 데이터는 가급적 클라우드와 동기화되는 폴더에 보관하시기 바랍니다. 데이터를 지우고 휴지통까지 비웠어도 컴퓨터 휴지통과 별도로 관리

되는 인터넷 클라우드 휴지통에서 삭제 파일을 찾을 수 있습니다. 인터넷 클라우드 휴지통까지 완전히 삭제했더라도 데이터를 살려낼 방법이 있습니다.

모바일 시대라 스마트폰으로 더 많은 데이터가 만들어집니다. 사진, 동영상, 문자, 메신저 등 모바일 데이터가 컴퓨터보다 더 중요할 경우도 있습니다. 스마트폰의 데이터를 복구하는 일은 해킹에 가까운 작업이라 복구 업체에 맡기는 것이 최선입니다. 복구 업체에서 어떤 과정으로 복구를 진행하는지, 복구 가능한 것과 복구하기 어려운 것은 어떤 것인지 알려 드립니다.

1 실수로 지운 파일 복구하기

① 저장 장치의 특성에 따른 복구 준비 방법

다양한 이유로 없어지면 안 되는 파일이 사라집니다. 실수로 파일을 지웠다면 가장 중요한 것은 데이터가 들어 있던 매체(하드디스크, SSD, USB 메모리, SD 카드 등)에 더 이상 데이터를 쓰지 않는 것입니다. 저장 매체들은 성능을 높이기 위해서 파일 지우기 명령을 받아도 곧바로 삭제하지 않고 파일이 있던 영역을 빈 영역으로 표시만 하고 넘어갑니다. 따라서 삭제 후에 쓰기 금지 등 적절한 조치를 취한다면 소프트웨어적인 방법으로 충분히 복구가 가능합니다.

하드디스크 C:에 있는 파일을 지웠다면 즉시 컴퓨터를 꺼야 합니다. 물론 C: 이외의 영역(D:, E: 등)이나 USB 메모리에 있는 파일을 지웠을 때도 같은 조치를 하는 것이 좋습니다. 즉 복구 준비가 될 때까지 컴퓨터를 끄고, D:를 분리하고, USB 메모리를 컴퓨터에서 제거하는 것입니다. 요즘 많이 사용되는 SSD는 빈 영역을 스스로 청소하는 자체 초기화 기능이 있기 때문에 시간이 지나면 삭제 데이터가 저절로 사라집니다. 따라서 SSD에 있는 데이터를 삭제했다면 곧바로 컴퓨터에서 분리하여 복구 작업이 준비될 때까지 꺼 놓고 있어야 합니다.

C:를 분리해야 하는 이유 : 컴퓨터가 켜져 있으면 사용자가 아무것도 하지 않아도 하드디스크에 데이터가 써질 수 있습니다. 특히 C: 영역은 윈도우 운영체제가 사용하는 곳으로 윈도우가 동작하는 동안 활발하게 읽고 쓰는 작업이 발생합니다. 따라서 C: 영역을 복구하기 위해서는 C:를 컴퓨터에서 분리하여 다른 컴퓨터의 두 번째(혹은 세 번째) 하드디스크로 붙여서 작업해야 합니다.

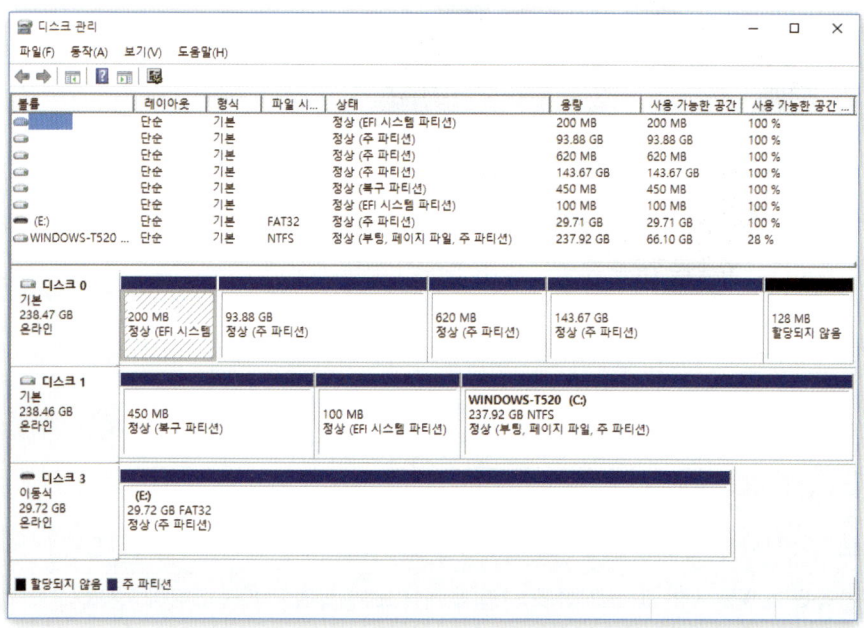

파티션 : 하드디스크 영역을 C:, D:로 구분하는데 이것은 하드디스크 전체를 뜻하는 것이 아닙니다. 이렇게 구분하는 영역을 파티션이라고 부릅니다. 그림에서 첫 번째와 두 번째 하드디스크(디스크 0, 1)는 한 개의 하드디스크가 여러 개의 파티션으로 나누어져 있고, 세 번째 하드디스크는 통째로 한 개의 파티션으로 되어 있습니다.

파티션은 소프트웨어적인 방법으로 하드디스크 구획을 나누는 것으로 하드디스크 한 개에는 여러 파티션을 만들 수 있습니다. 컴퓨터에 D: 파티션이 있다고 꼭 하드디스크가 2개라는 뜻은 아닙니다. 하드디스크 한 개를 통째로 C:로 설정하고 두 번째 하드디스크를 따로 달아 D:로 사용하고 있을 수도 있지만 그보다는 한 개의 하드디스크를 두 개로 나누어 앞부분은 C:로 쓰고 뒷부분은 D:로 설정했을 가능성이 큽니다.

SSD : 빠른 속도 때문에 인기가 많은 SSD (Solid State Disk, 낸드 플래시 메모리로 만든 하드디스크)는 트림(TRIM)이라는 기능을 통해 빈 영역을 스스로 청소합니다. 낸드플래시는 물리적 특성상 정보를 기록하려면 기록하려는 영역을 지우는 작업 즉 초기화를 시킨 후에야 쓰기 작업이 가능합니다. 낸드 플래시 초기화에 시간이 오래 걸리므로 쓰기 명령이 실행되었을 때 지우기를 하면 성능이 떨어집니다. 그래서 SSD는 컴퓨터가 한가할 때 미리 트림 작업으로 삭제 파일이 있는 영역을 초기화해서 곧바로 쓸 수 있는 빈 영역을 확보해 놓는 기능을 내장하고 있습니다. 때문에 SSD에서 삭제한 파일에 다른 데이터를 덮어쓰지 않아도 시간이 지나면 삭제 파일이 완전히 사라질 수 있습니다.

② 복구 소프트웨어 준비

복구 소프트웨어는 상용 제품부터 쉐어웨어 버전 그리고 완전 무료 버전까지 다양하게 구할 수 있습니다. 과학 수사에 사용되는 디지털 포렌식 프로그램으로는 "인케이스(Encase)"와 "FTK", 전문 복구용도로 사용되는 상용 제품은 "R-Studio", "파이널 데이터" 등이 있습니다. 유료제품 중에도 기본 기능은 무료로 사용 가능한 제품은 무수히 많습니다. 제 경험에 의하면 윈도우 파일 시스템에 대한 연구가 성숙하여 파일 복구 기능 자체는 상용이든 무료 제품이든 큰 차이가 없습니다. 인터넷 검색으로 구할 수 있는 복구 프로그램 중에서 평판이 나쁘지 않은 것을 선택하면 됩니다.

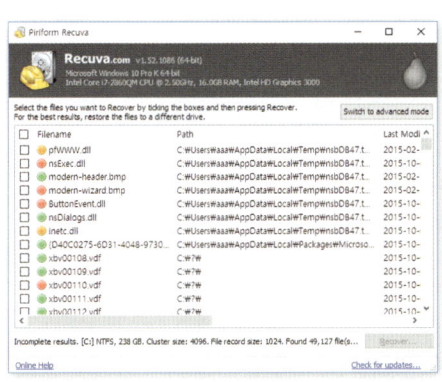

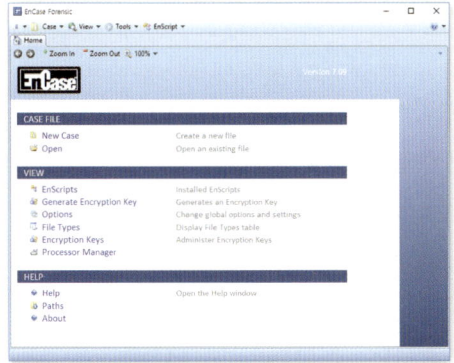

복구 프로그램은 전용 소프트웨어(Recuva, EaseUS Data Recovery Wizard 등)뿐만 아니라 디지털 포렌식(인케이스 등)이나 컴퓨터의 만능 문제 해결 툴(Advanced Systemcare 등)의 일부 기능으로도 존재합니다. 복구 툴들은 개인 사용자의 경우 대개 무료로 제공됩니다. 각 프로그램마다 차이는 크지 않으므로 어느 것을 선택하더라도 상관없습니다.

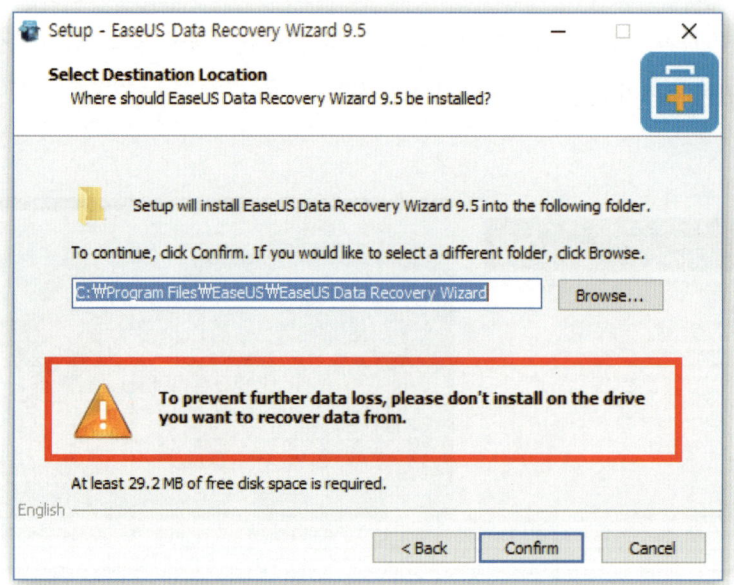

경고문 : "복구 소프트웨어를 복구해야 할 하드디스크 파티션에 인스톨하면 절대 안 됩니다." 인스톨이란 프로그램을 타깃 영역에 복사하는 것이므로 이것이 치명적인 데이터 손실을 가져올 수 있습니다. 인스톨 과정에서 복구해야 할 파일을 덮어쓸 수 있기 때문입니다. 복구 소프트웨어들도 인스톨 과정에서 이런 위험에 대해 경고하고 있습니다.

③ 하드디스크 연결하기

윈도우 시스템 하드디스크나 SSD는 다른 컴퓨터에 연결해서 복구해야 합니다. D:에 있는 데이터를 삭제했다면 하드디스크를 분리할 필요 없이 그 상태 그대로 작업해도 됩니다. 다만 클라우드 동기화 기능이나 백업 프로그램 등이 복구할 저장장치를 사용하고 있지 않은 지 확인해야 합니다. 확인이 어렵다면 다른 컴퓨터에 연결해서 작업하는 것이 안전합니다. 복구 작업을 실행할 컴퓨터에 복구 프로그램을 설치한 뒤, 복구할 저장 장치를 연결합니다.

복구 데이터를 저장할 추가 공간도 미리 확보해야 합니다. 삭제된 데이터가 있던 그 자리에 그대로 복구하는 것이 아니라 다른 곳으로 복사를 통해 살려내는 방식이기 때문입니다. 적어도 복구해야 할 데이터 용량보다 더 큰 빈 영역이 다른 파티션에 있는지 확인하시기 바랍니다. 예를 들어 문제 파티션이 E:라면 D:나 C:에 빈 영역을 미리 만들어 두면 됩니다.

복구란 불안정한 상황에서 데이터를 살려내는 일이라 같은 절차가 매번 성공한다는 보장은 없으므로 복구 가능한 단 한 번의 기회에 모든 작업을 완료할 수 있도록 철저히 준비해야 합니다. 예를 들어 복구 데이터를 복사할 용량이 모자라 새 하드디스크를 연결하려고 컴퓨터를 껐다 켰을 때 더 이상 하드디스크가 정상 동작하지 않을 가능성이 있습니다. 하드디스크 모터가 초기 시동 불량일 경우 여러 번 컴퓨터를 껐다 켜다 보면 우연히 모터가 정상 동작하는 때가 있는데 이때가 복구 가능한 마지막 순간일 수 있습니다.

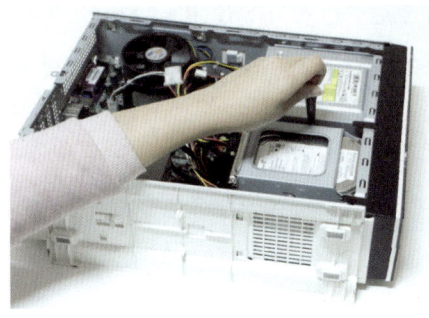

데스크톱을 열어서 하드디스크를 분리합니다. 드라이버로 풀고 있는 것이 하드디스크입니다.

노트북에 있는 하드디스크나 SSD도 분리할 수 있습니다. 분리하기 까다로운 제품도 많지만, 사용설명서를 참고하면 별로 어렵지 않습니다. 노트북 제조사는 메모리와 하드디스크 교체를 위한 설명서를 제공하므로 작업 전에 인터넷에서 해당 제품의 사용설명서를 구해 놓으시기 바랍니다.

하드디스크를 다른 컴퓨터에 연결합니다. 데스크톱이라면 케이스를 열고 데이터 케이블과 전원 케이블을 연결합니다. 복구를 위해 꼭 하드디스크를 컴퓨터 본체에 장착할 필요는 없고 선 연결로 충분합니다.

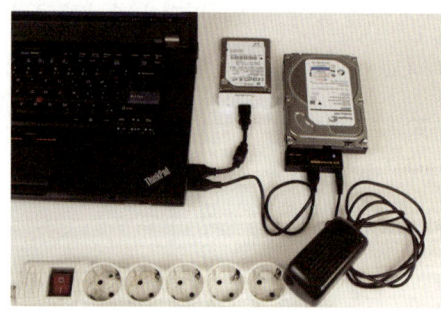

USB 커넥터를 사용하면 하드디스크를 노트북에 외장 하드 모드로 연결할 수 있습니다. 2.5인치의 작은 하드디스크(사진 중간)는 USB 하드 어댑터에 끼워 USB에 곧바로 연결하면 됩니다. 데스크톱에 쓰이는 크기가 큰 3.5인치 하드디스크(사진 오른쪽)는 보조 전원을 추가로 연결할 수 있는 하드 어댑터를 사용하여 연결해야 합니다. 저장장치 연결은 속도가 빠른 USB 3.0 커넥터에 연결하는 것이 좋습니다. USB 3.0 커넥터는 삽입 부분이 파란색으로 되어 있어 쉽게 구별할 수 있습니다.

④ 복구 소프트웨어 사용하기

복구 소프트웨어로 실제 복구 작업을 진행합니다. 복구 소프트웨어들의 성능 차이는 별로 없기 때문에 어떤 프로그램을 사용하더라도 상관없습니다. 이전에 사용해봤던 익숙한 프로그램이 있다면 그것으로 작업해도 됩니다.

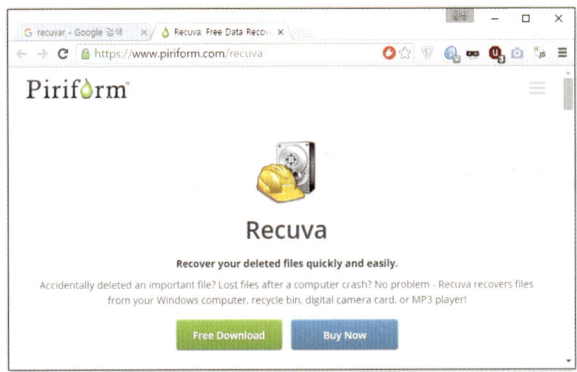

여기서는 무료 프로그램 중 Recuva를 사용합니다. https://www.piriform.com/recuva 에서 "Free Download"를 클릭합니다.

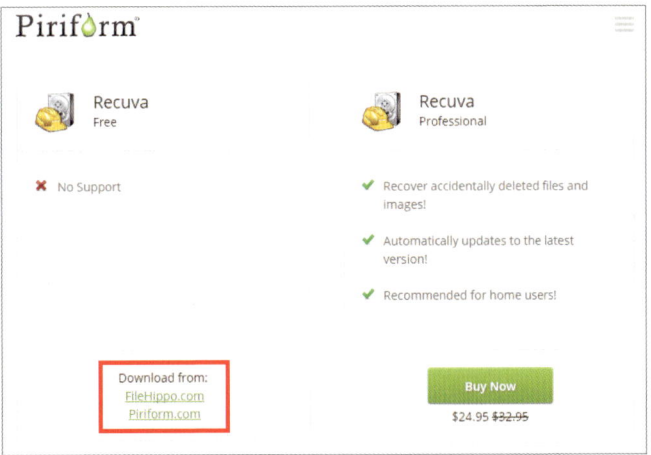

Recuva는 무료 버전과 유료 버전이 있습니다. 개인 사용자의 경우에는 무료이므로 왼쪽 링크를 클릭하면 됩니다.

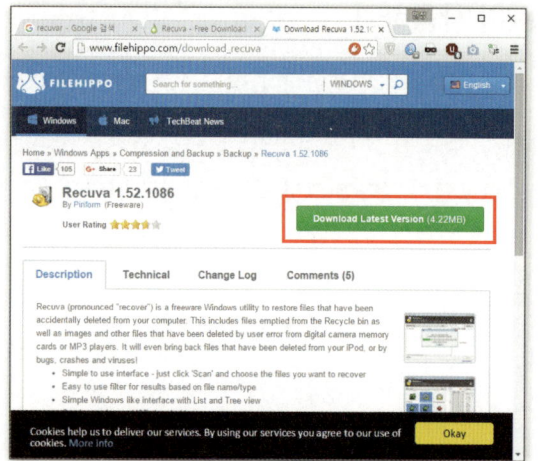

외부의 다운로드 링크가 나옵니다. "Download Latest Version"을 선택하면 됩니다.

 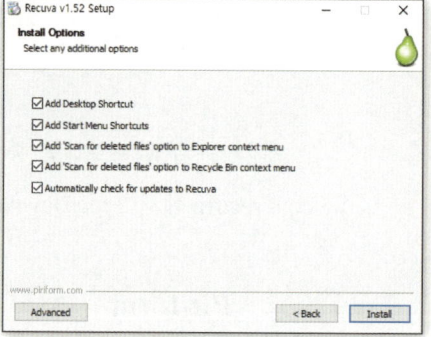

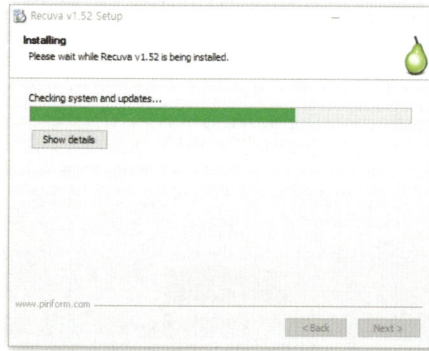 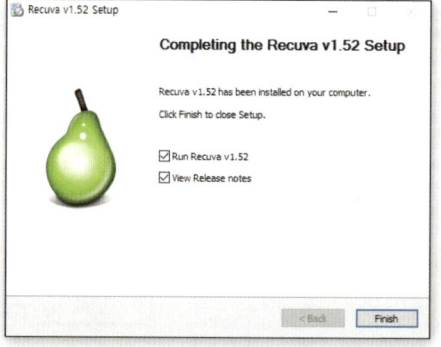

다운로드 한 파일(rcsetup1XX.exe)를 실행하여 인스톨을 합니다. 각 화면의 옵션들은 특별히 건드리지 않아도 상관없습니다.

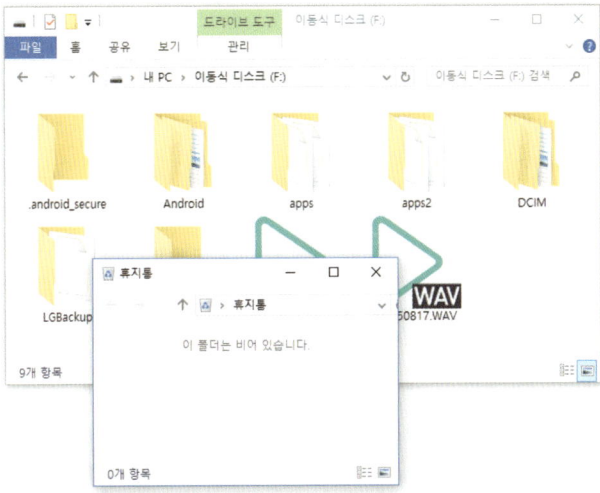

하드디스크에 있는 사진 파일을 실수로 삭제한 후 휴지통까지 비우는 바람에 완전히 사라져 버린 상황입니다.

복구 소프트웨어를 기동합니다. "Next" 버튼을 누릅니다.

그림 파일을 복구하려는 것이기 때문에 "Pictures"를 선택해도 되지만 대개 이런 구분 없이 "All Files"를 선택하는 것이 좋습니다.

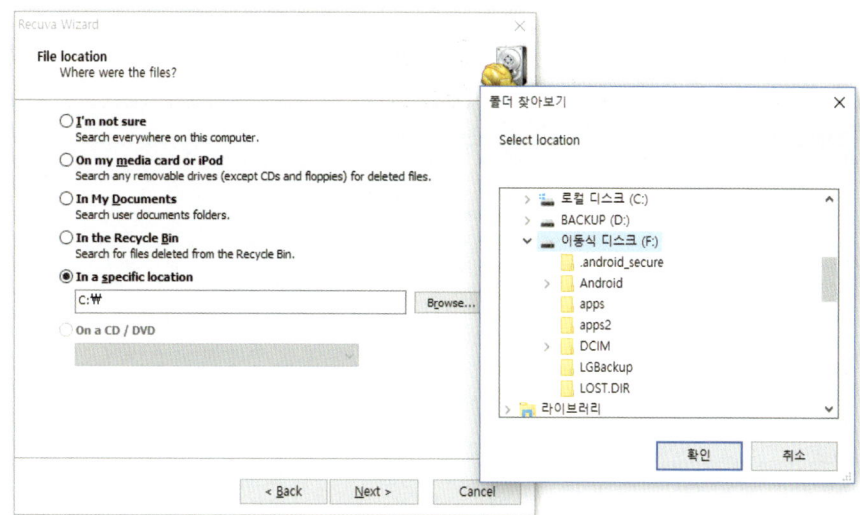

"In a specific location"에 체크하고"Browse…"을 눌러서 문제 되는 파티션을 정확히 선택하면 됩니다. 여기서는 삭제한 사진이 있던 "이동식 디스크(F:)"를 선택합니다.

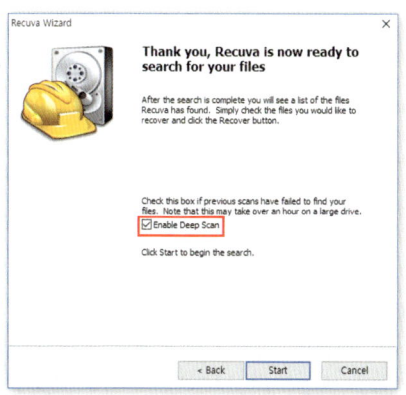

복구를 위한 준비 마지막 단계입니다.

"Enable Deep Scan"을 체크하고 "Start" 버튼을 누릅니다. "Deep Scan"은 하드디스크 전 영역을 조사하여 삭제된 파일을 찾아냅니다.

파일 복구가 완료될 때까지 기다립니다. "Deep Scan"을 선택했기 때문에 시간이 오래 걸립니다. 32GB 메모리를 복구하는 데 30분이 걸립니다. 만약 1TB 하드디스크를 복구한다면 여러 시간이 걸릴 것입니다.

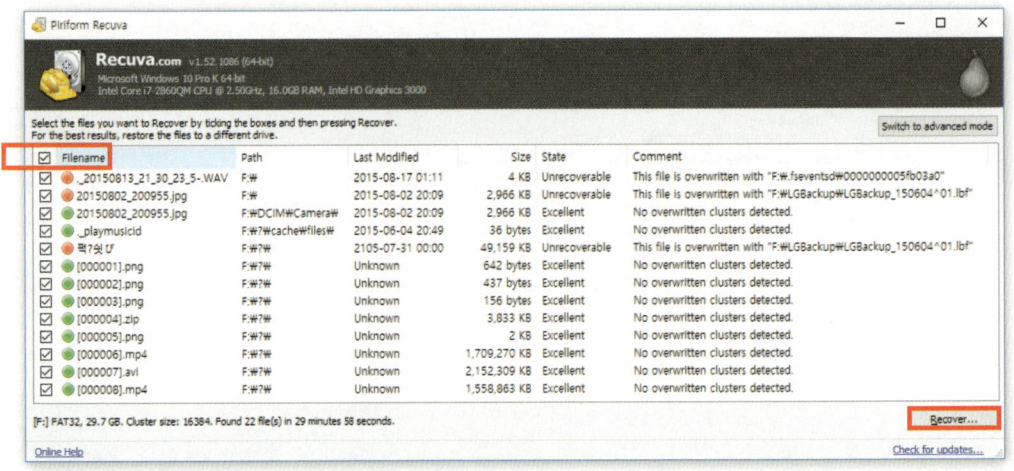

복구가 완료되었습니다. 버튼이 빨간색인 파일은 이미 다른 파일이 덮어 썼기 때문에 복구가 어렵습니다. 정상적인 상황에서도 하드디스크에 파일을 쓰고 지우고 하니까 복구 불가 파일이 생기는 것은 자연스러운 것입니다. 이 하드디스크의 복구 불가 파일들은 예전에 지운 것으로 찾고 있는 파일도 아닙니다. 녹색 버튼인 파일은 아직 다른 파일이 덮어 쓰기를 하지 않은 상태라서 복구 가능성이 큽니다. 물론 녹색 버튼이라고 해서 다 복구되는 것은 아닙니다. 파일 사이즈가 큰 동영상 같은 멀티미디어 데이터는 녹색 버튼이라도 복구에 실패하는 경우가 많습니다.

파일명을 기억하고 있다면 정확히 그 파일만을 선택하면 되지만 삭제된 파일이 어떤 것이었는지 정확하지 않기 때문에 일단 모두 복구를 시도 합니다. "Filename" 메뉴 왼편의 체크 항목을 클릭하여 전체 파일을 선택하고 가장 아래에 있는 "Recover…" 버튼을 클릭합니다.

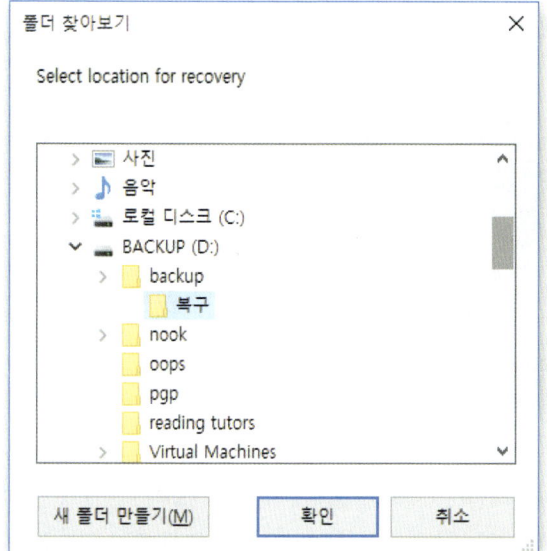

　복구된 파일을 저장할 위치를 선택합니다. 복구할 데이터가 있는 곳(이동식 디스크 F:)이 아니면서 용량이 충분한 곳이라면 어디든 상관없습니다.

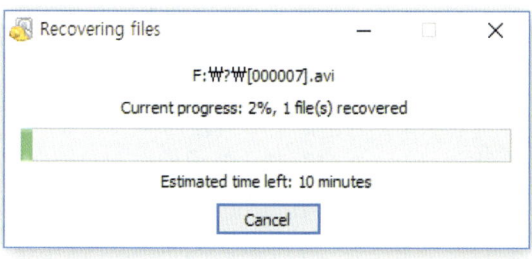

　선택한 모든 파일을 지정한 영역으로 복사합니다. 정상적으로 복구되는 파일도 있지만 다른 데이터가 덮어 써져 깨진 파일도 복사됩니다. 복구 과정에서 파일명이 달라지기도 하므로 복구 성공 여부는 파일을 하나 하다 다 열어본 후에야 판단할 수 있습니다.

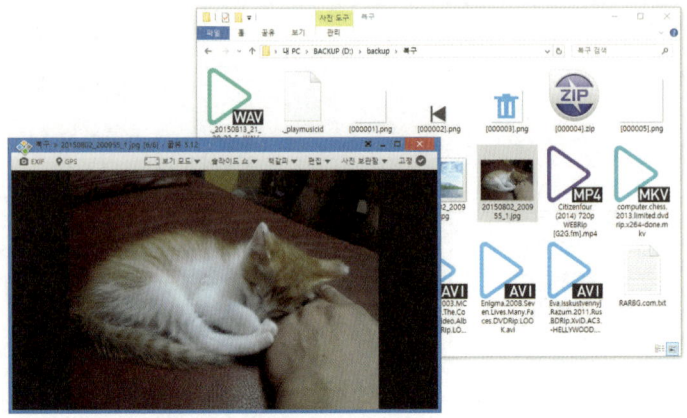

파일 복구가 완료되었습니다. 다행히 삭제했던 이미지 파일이 그대로 복원되었습니다. 이렇게 다시 살릴 수 있었던 이유는 삭제한 후에 즉시 필요한 조치를 했기 때문입니다. 하드디스크를 사용한 시간이 길어질수록 복구 가능성은 급격하게 떨어진다는 것을 명심하시기 바랍니다.

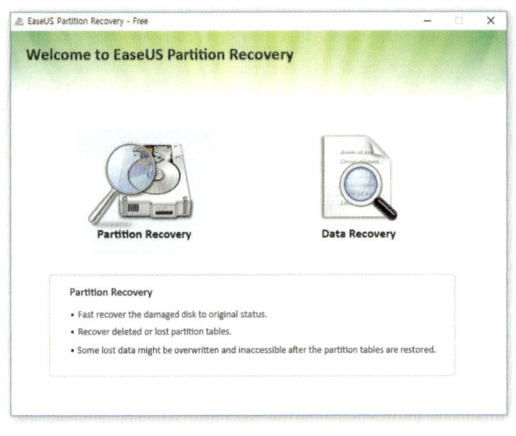

파티션 복구 : 가끔 하드디스크에 있는 파티션이 사라지는 경우가 있습니다. 이럴 때는 운영체제가 파티션 초기화를 요구합니다. 파티션 초기화는 파티션의 파일 목록을 깨끗이 청소하는 작업이므로 데이터가 중요하다면 초기화를 해서는 안 됩니다. 마찬가지로 파티션 복구 프로그램을 쓸 때도 파티션 복구보다는 데이터 복구(Data Recovery)를 선택하는 것이 좋습니다. 파티션이 사라진 하드디스크를 최대한 건드리지 않고 데이터를 그대로 뽑아낼 수 있는 것은 데이터 복구임을 기억해 두시기 바랍니다.

2 파일 히스토리에서 파일 복구하기

　MICROSOFT(이하 MS)의 윈도우와 애플의 맥 운영체제는 타임머신 기능 즉 파일 자동 백업 기능을 제공합니다. 백업용 하드디스크를 준비해서 운영체제가 자동으로 백업하도록 설정하면 지정한 시간 간격마다 변경 사항만 저장하므로 용량이나 성능에 부담도 크지 않습니다. 계속 변경되는 작업 파일은 시간대마다 파일의 내용이 변하는데 파일 백업은 매번 달라지는 파일을 덮어쓰지 않고 따로 버전 번호를 붙여 보관하므로 원한다면 특정 시점의 작업했던 내용을 찾을 수도 있습니다. 파일 복구 설정이 되어 있다면 복구는 아주 간단한 일입니다. 타임머신 설정 방법은 다음 장에서 자세히 설명합니다.

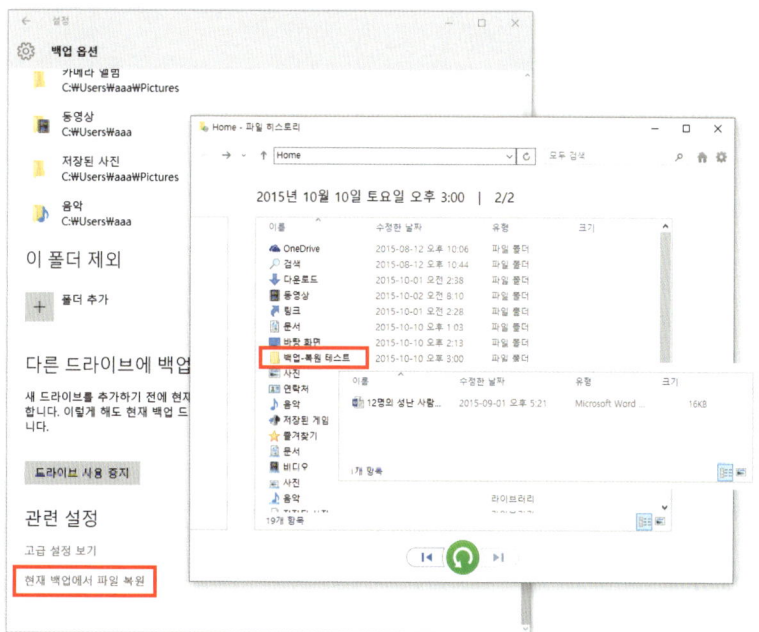

　윈도우의 파일 백업 복원 기능을 활용하면 자동 백업된 데이터에서 필요한 파일을 복구할 수 있습니다. ("12명의 성난 사람들.docx"은 파일이 삭제되어 화나는 12가지 상황을 뜻합니다.)

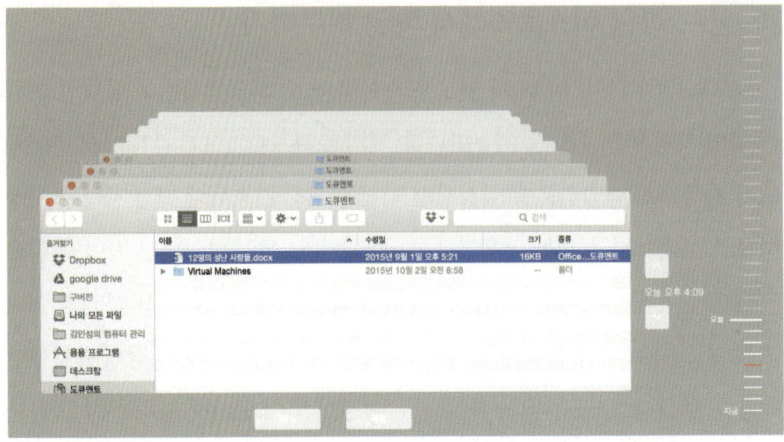

　맥의 OSX가 제공하는 타임머신 기능을 활용하여 삭제한 파일을 복원할 수 있습니다.

3 클라우드에서 파일 복구하기

스마트폰이 대중화되면서 거의 모든 사용자들이 클라우드를 경험하고 있습니다. 사진을 찍으면 자동으로 인터넷의 클라우드 저장소로 올라갑니다. 주소록이나 메모장을 일일이 저장하지 않아도 알아서 인터넷 어딘가에 저장됩니다. 휴대폰을 바꾸었을 때 구글이나 애플에 로그인만 하면 이전 휴대폰에 있던 데이터가 저절로 새 휴대폰으로 옮겨 옵니다. 어쩌면 클라우드 시대에는 파일 복구가 필요 없을 것 같습니다. 하지만 여전히 복구 기술이 필요할 때가 많습니다.

① 클라우드와 버전 관리

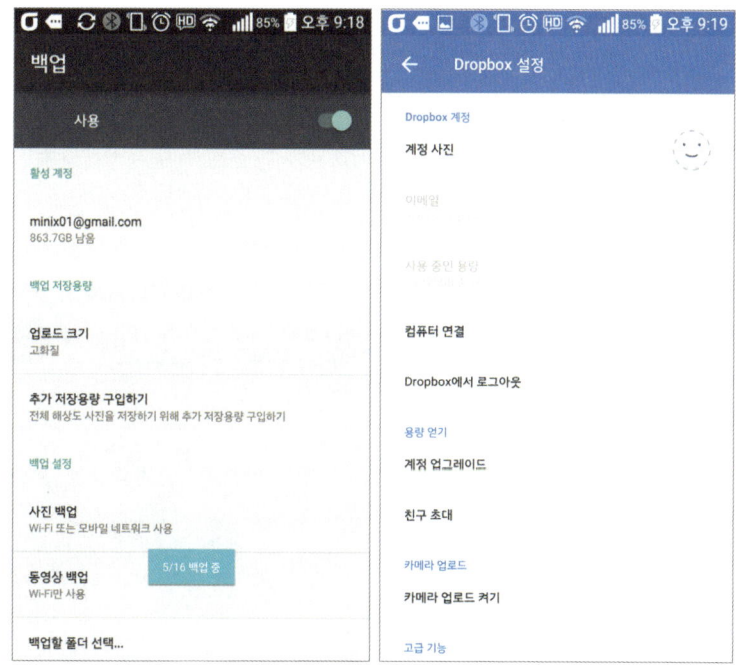

자동 백업 : 구글 포토 혹은 클라우드 앱을 사용하면 카메라로 찍은 사진과 동영상, 화면 캡처를 인터넷에 자동으로 백업할 수 있습니다.

클라우드는 스마트폰이나 태블릿의 데이터 백업뿐만 아니라 스마트폰에서 찍은 사진을 태블릿과 PC에 자동 동기화하는 기능도 제공합니다. 동기화는 한 기기에서 편집, 수정, 삭제했을 때 다른 기기에서도 변경 내용을 자동으로 반영시켜주는 기능입니다. 클라우드 편집 기능을 사용하면 한 문서를 여러 사람이 동시에 변경하는 것도 가능합니다.

클라우드는 PC와 PC 사이의 동기화도 지원합니다. 회사에서 문서를 편집하다가 저장하면 이것이 클라우드에 올라가고 집에 와서 컴퓨터를 켜면 마지막으로 저장한 문서가 PC에 다운로드 됩니다. 만약 클라우드에 동기화된 노트북을 도난당해도 데이터는 클라우드뿐만 아니라 내 데스크톱에도 있기 때문에 데이터에 대한 안전을 보장받을 수 있습니다.

클라우드도 버전 관리 기능이 있습니다. 한 파일을 편집하고 저장하는 작업을 반복하게 되면 같은 파일명이지만 어제와 오늘의 내용이 다릅니다. 클라우드는 매번 이전 파일과 새로 저장하는 파일을 비교하여 파일이 달라졌을 경우 이전 파일을 삭제하지 않고 따로 보관합니다. 대부분의 클라우드 서비스는 30일 이내에 변경된 파일의 내용을 버전 별로 보관하고 있습니다.

 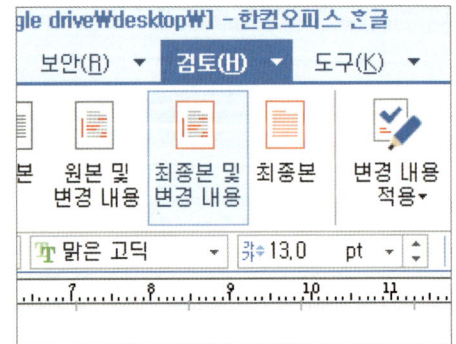

버전 관리 : 워드프로세스들도 파일 버전 관리 기능을 내장하고 있습니다. MS 워드와 아래아한글의 "변경 내용 추적"이라는 기능입니다. 이 기능을 활용하면 파일의 변경, 삭제, 수정 내용을 추적할 수 있습니다. 수정된 내용을 취소하고 이전 내용을 살리는 작업이 가능하고 여러 사용자가 각자 작업한 내용

을 비교하고 검토해 볼 수도 있습니다. 문서를 여러 명이 공동으로 작업한다면 필수적인 기능입니다.

워드프로세스의 변경 내용 추적 기능을 사용하지 않고, 클라우드로 백업도 하지 않았다면 어떤 문서를 고치고 저장한 후에 이전 내용을 되살릴 방법이 없습니다. 작업하다 보면 고치기 전의 내용이 더 나을 수도 있기 때문에 버전 관리는 필수적입니다.

편집 프로그램의 추적 기능이 번잡하다면 작업을 할 때 일정 주기로 파일을 따로 복사해 놓아 이전 버전을 보존하는 것이 좋습니다. 모든 파일을 복사하는 것이 귀찮다면 지금 손대는 파일만 자체적으로 버전 관리를 해도 됩니다. 예를 들어 날마다 작업을 시작하기 전에 파일을 복사한 후 오늘 날짜로 파일명을 바꾸어 작업하는 것입니다. 아마 작업 폴더에는 문서-160501, 문서-160502, 문서-160503과 같이 날짜별로 파일이 만들어질 것입니다.

이것도 귀찮다면 클라우드 백업 기능을 쓸 수밖에 없습니다. 클라우드는 사용자가 신경 쓰지 않아도 동기화를 해줍니다. 파일을 내 컴퓨터에 저장하자마자 이를 인터넷 저장소로 복사한 후 새 버전 번호를 자동으로 부여합니다. 파일을 저장하는 주기가 짧아도 클라우드는 버전 관리가 가능합니다.

현재 여러 포털과 클라우드 업체에서 버전 관리까지 자동으로 되는 클라우드를 무료로 제공하고 있습니다. 데이터의 안전한 보관을 위해 클라우드를 적극적으로 활용하시기를 권해 드립니다. 클라우드 설정과 사용에 대한 보다 자세한 내용은 2장에서 자세히 다루기로 하고 이 장에서는 클라우드를 활용하여 삭제 데이터를 복구하는 과정을 살펴봅니다.

② 드랍박스 클라우드에서 파일 복구하기

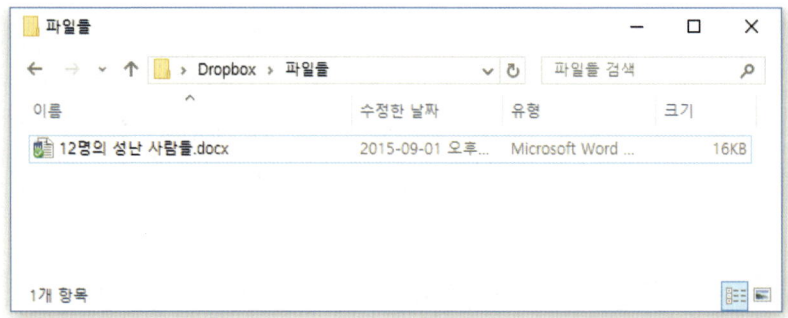

드랍박스를 사용할 경우 내 컴퓨터 하드디스크의 드랍박스 폴더에 있는 모든 파일은 자동으로 클라우드에 동기화됩니다. 파일을 완전히 삭제하는 바람에 복구 작업으로도 파일을 찾을 수 없다면 클라우드의 도움을 받을 수 있습니다. "12명의 성난 사람들.docx"가 완전 삭제되었다고 가정합니다.

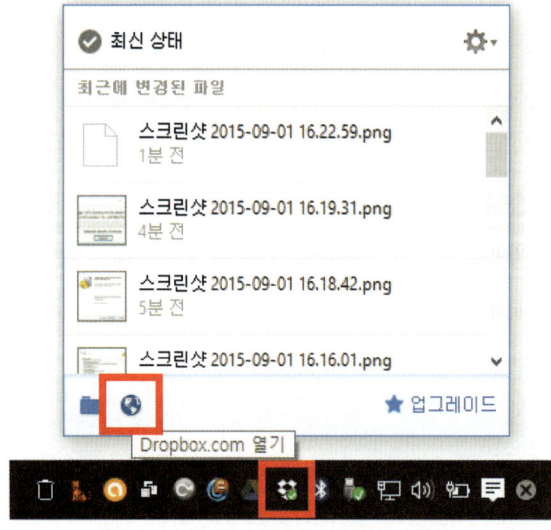

작업표시줄에서 드랍박스 아이콘을 클릭한 후 팝업창에서 지구 모양 아이콘을 선택하면 드랍박스 사이트의 내 보관함으로 갈 수 있습니다.

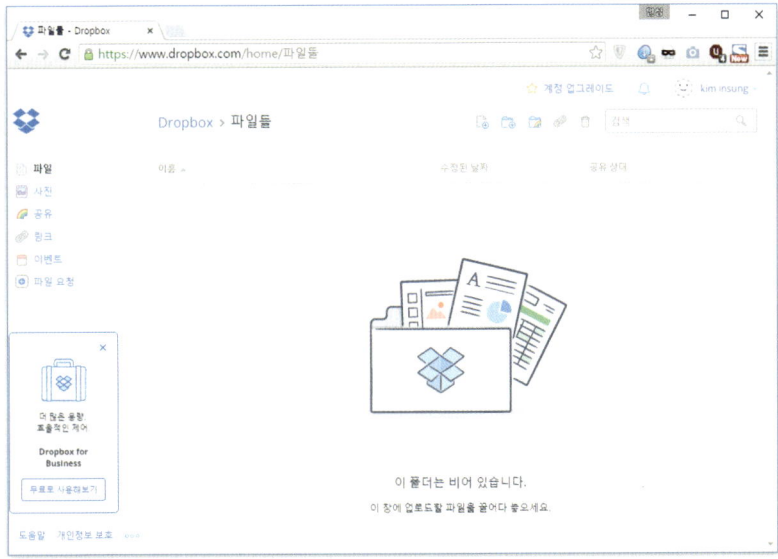

인터넷의 Dropbox 보관함이 동기화되어 내 컴퓨터 하드디스크와 같은 상태입니다. 따라서 인터넷 드랍박스의 "파일들" 폴더에도 "12명의 성난 사람들.docx" 파일이 보이지 않습니다.

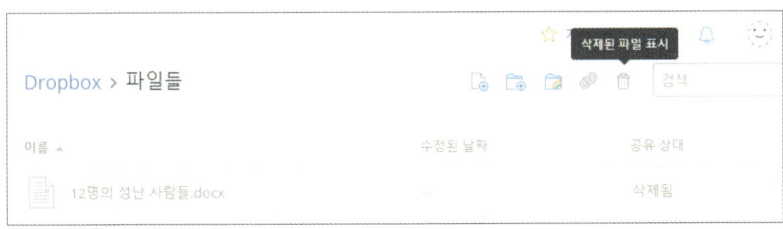

하지만 메뉴 항목에서 휴지통 아이콘을 클릭하면 삭제된 파일 목록에서 이 파일을 볼 수 있습니다.

삭제된 파일 위에서 마우스 오른 버튼을 클릭한 후 "복원"을 선택합니다. "파일 복원 확인" 창이 나오면 "복원"을 버튼을 눌러 파일을 되살립니다.

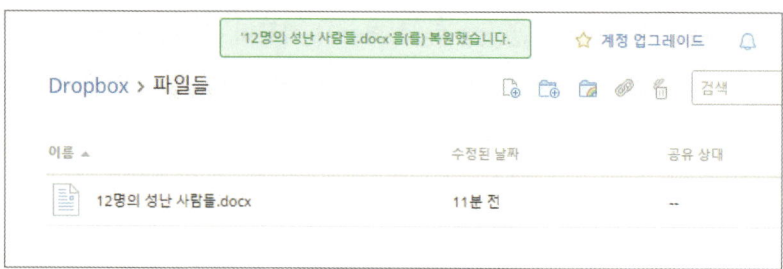

인터넷 드랍박스 클라우드에 파일이 복원됩니다.

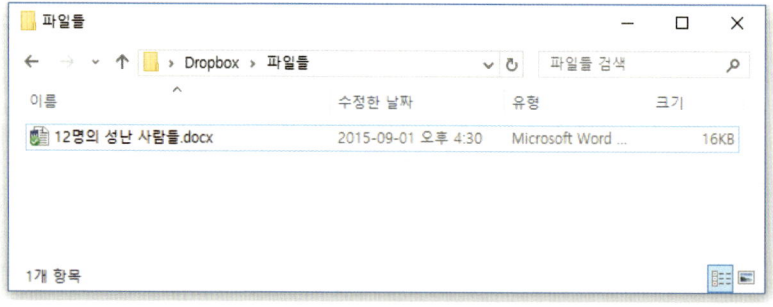

잠시 후 내 컴퓨터에도 복원된 파일이 나타납니다.

만약 최근에 저장한 파일이 아닌 이전 파일을 복원하고 싶다면 마우스 오른 버튼을 눌러서 나온 메뉴 항목에서 "이전 버전"을 선택하면 됩니다.

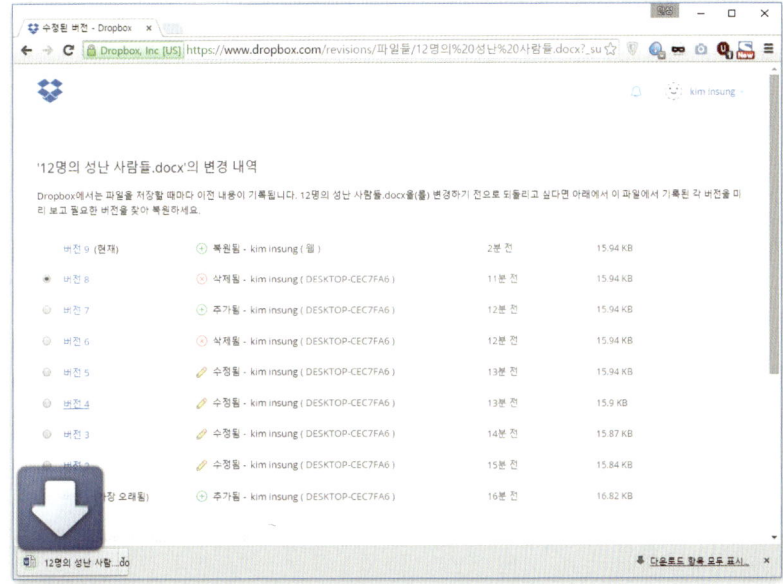

"이전 버전"을 선택하면 저장된 파일이 버전 별로 나타납니다. 어떤 버전이 원하는 것인지 알 수 없다면 버전 별로 다운 받아서 열어본 후에 결정할 수도 있습니다. 파일 버전 관리는 드랍박스의 기본 기능입니다. 이전 버전이 필요할 경우 이 기능을 활용하면 됩니다.

③ 구글 드라이브에서 파일 복구하기

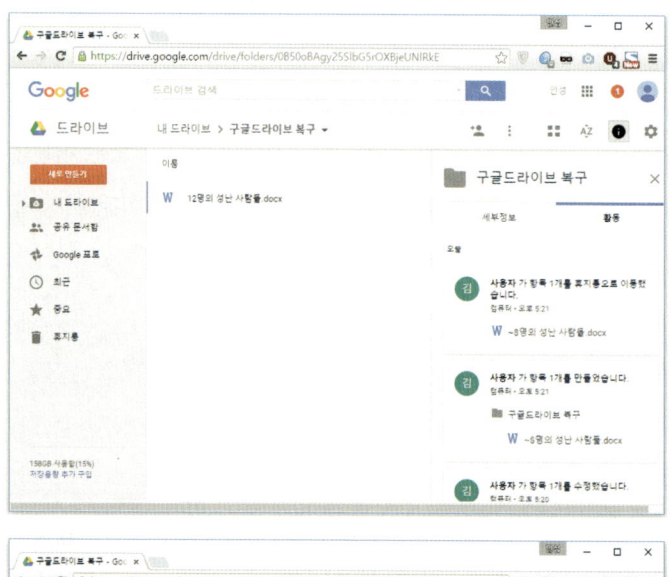

　구글 드라이버에서 삭제 파일을 복구하는 것도 드랍박스와 큰 차이가 없습니다. 내 컴퓨터의 파일을 지웠을 때 인터넷 구글 드라이브에 있던 파일은 인터넷의 클라우드 휴지통으로 이동됩니다.

드랍박스와 마찬가지로 작업 표시줄의 구글 드라이브 아이콘을 클릭해 인터넷 구글 드라이브로 이동할 수 있습니다.

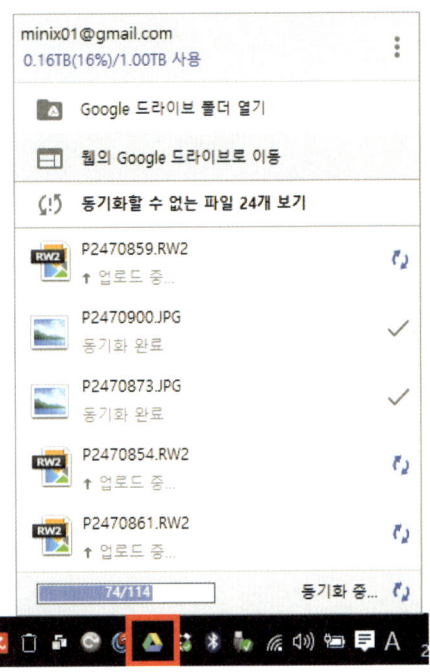

구글 드라이브는 삭제된 파일을 휴지통으로 이동시킵니다. 메뉴의 휴지통 항목을 선택하면 삭제된 파일 목록을 볼 수 있습니다. 사용자가 인터넷 휴지통을 비우지 않는 한 인터넷 휴지통에 있는 파일은 삭제되지 않습니다.

클라우드에서 파일 복구하기   47

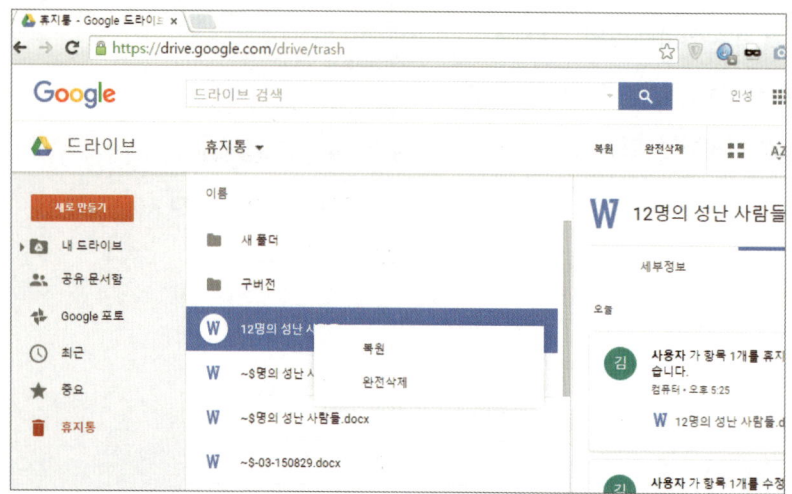

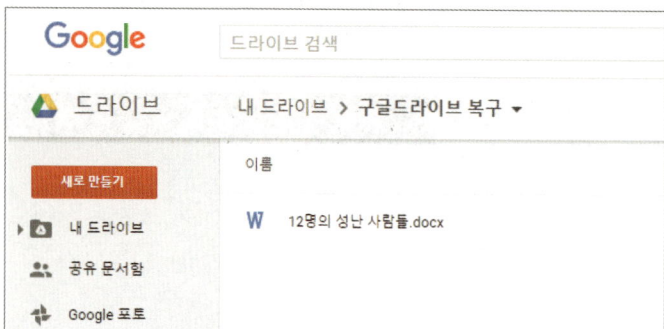

목록에서 삭제된 파일을 오른 클릭한 후 복원을 선택합니다. 복구된 파일은 원래 폴더로 이동됩니다.

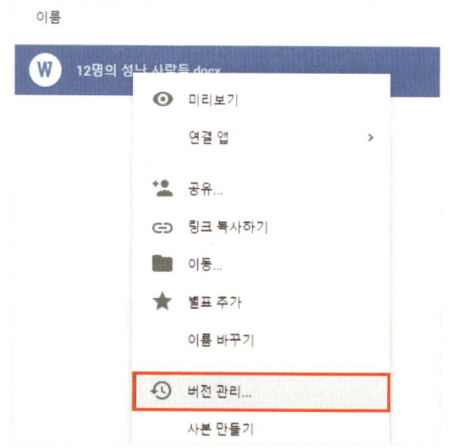

구글 드라이브도 파일 버전 관리를 지원합니다. 파일을 오른 클릭해서 "버전 관리"를 선택합니다.

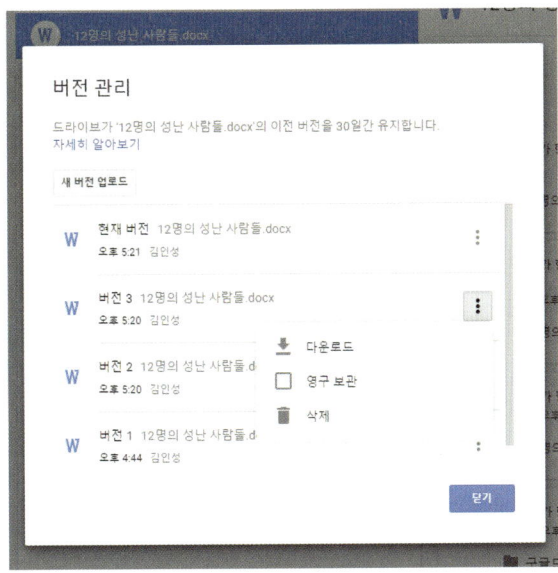

버전 관리 화면에서는 파일이 변경될 때마다 저장된 이력을 볼 수 있습니다. 어떤 버전이 원하는 것인지 알 수 없다면 버전 별로 다운 받아서 열어본 후에 결정할 수도 있습니다.

④ 클라우드로 동기화된 다른 컴퓨터에서 파일 복구하기

클라우드로 동기화된 컴퓨터가 2대 이상이라면 한 개의 파일이 동시에 여러 컴퓨터에 존재할 수 있습니다. 만약 한 곳(주 컴퓨터)에서 파일이 삭제되면 동기화 후에는 다른 컴퓨터(보조 컴퓨터)에서도 같은 파일이 삭제됩니다. 주 컴퓨터에서 복구가 안 되더라도 만약 주 컴퓨터를 활발하게 쓰고 보조 컴퓨터는 잘 쓰지 않았다면 보조 컴퓨터에서 파일을 복구할 수도 있습니다. 예를 들어 주로 쓰는 업무용 노트북과 집에서 가끔 쓰는 데스크톱이 있을 때 노트북에서는 삭제한 파일을 찾을 수 없지만 컴퓨터에는 파일이 삭제 영역에 고스란히 남아 있을 수 있습니다.

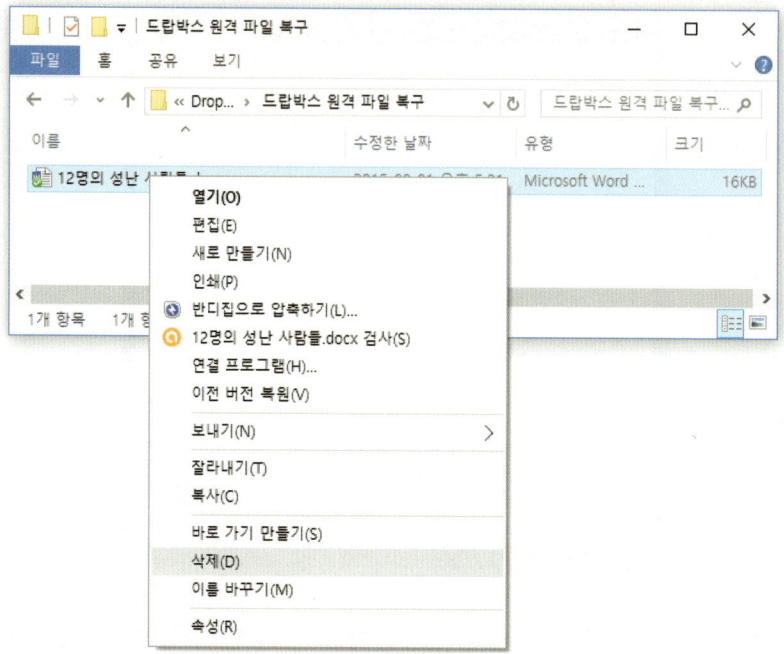

드랍박스로 동기화되고 있는 파일을 주 컴퓨터에서 삭제했습니다.

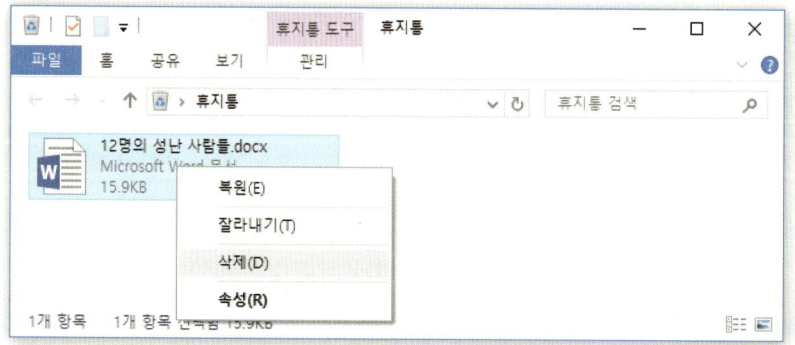

주 컴퓨터의 휴지통도 비워서 완전 삭제해습니다. 삭제 후에 며칠간 일상적인 작업을 하는 바람에 주 컴퓨터에서는 복구 프로그램을 돌려도 이 파일을 찾을 수 없습니다.

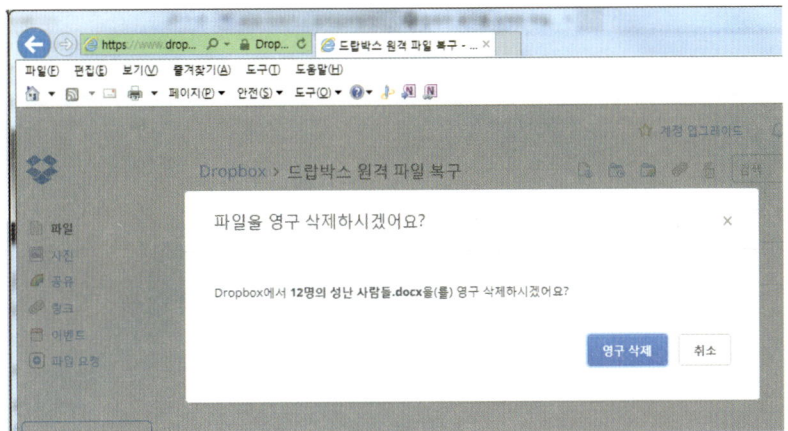

그 시점에 클라우드 용량이 부족하다고 경고가 떠서 드랍박스 인터넷 클라우드에서도 파일들을 영구 삭제해버렸습니다.

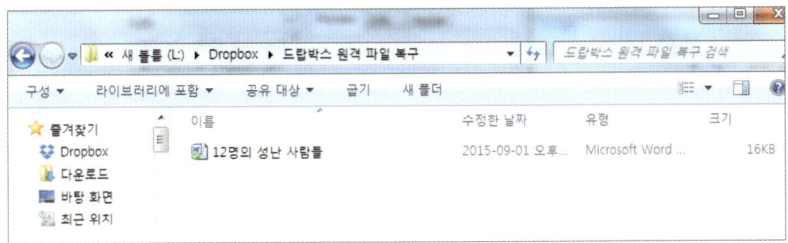

보조 컴퓨터의 드랍박스에 동기화되어 있는 파일 모습입니다. 아직 주 컴퓨터에서 삭제하지 않은 상태라 보조 컴퓨터에도 파일이 존재하고 있습니다.

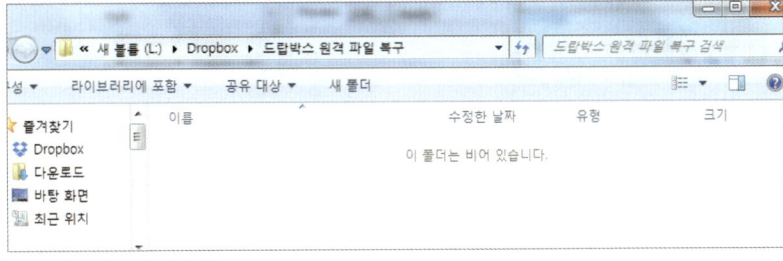

주 컴퓨터에서 파일을 삭제하면 곧 보조 컴퓨터에서도 파일이 삭제됩니다.

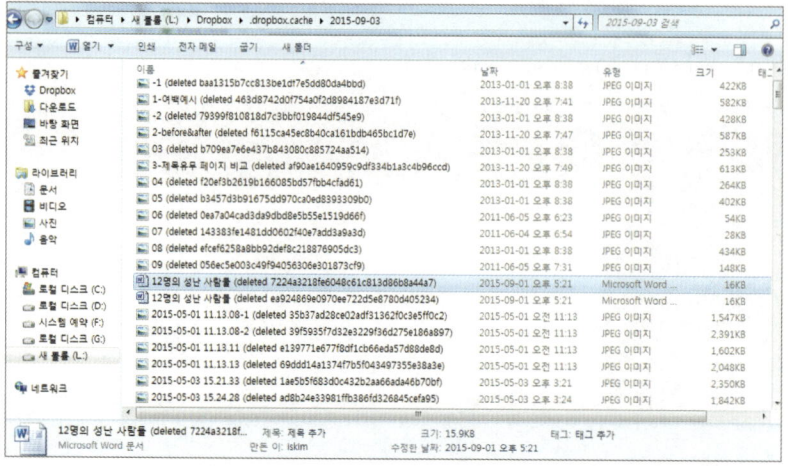

드랍박스가 관리하는 폴더에서 파일을 삭제했을 경우 3일 이내에는 드랍박스 폴더 안에 있는 ".dropbox.cache" 폴더에 임시로 보관됩니다. 따라서 주 컴퓨터에서 파일을 완전히 삭제했더라도 3일 이내라면 동기화된 보조 컴퓨터의 임시 보관소에서 파일을 찾을 수 있습니다.

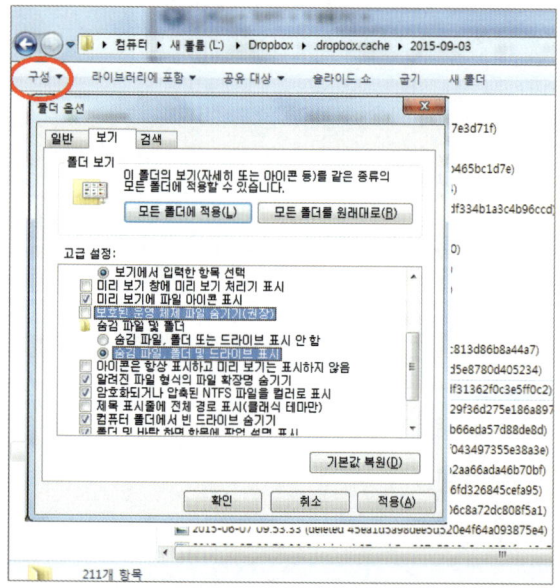

.dropbox.cache 폴더는 숨김 폴더입니다. 숨김 폴더를 보려면 탐색기의 "구성" 메뉴에서 "폴더 및 검색 옵션"을 선택하고 "보기" 탭을 엽니다. "보기" 탭의 "고급 설정" 중 "보호된 운영 체제 파일 숨기기(권장)"을 체크 해제하고 "숨김 파일, 폴더 및 드라이브 표시"를 선택하면 됩니다.

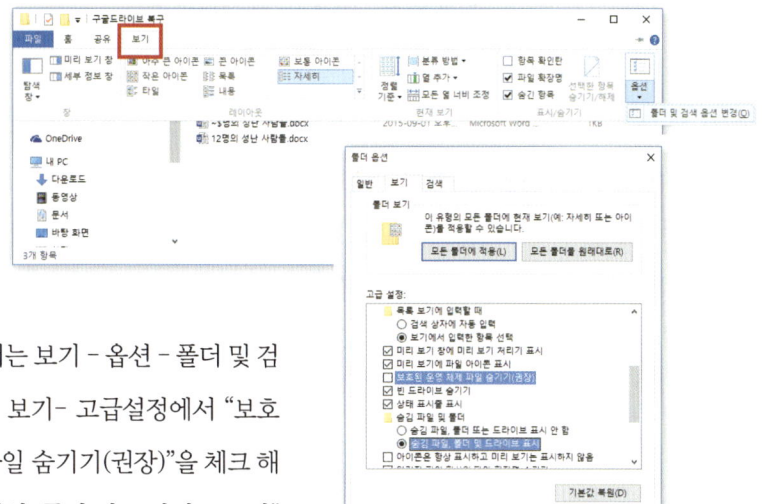

윈도우10에서는 보기 - 옵션 - 폴더 및 검색 옵션 변경 - 보기- 고급설정에서 "보호된 운영 체제 파일 숨기기(권장)"을 체크 해제하고 "숨김 파일, 폴더 및 드라이브 표시"를 선택하면 됩니다.

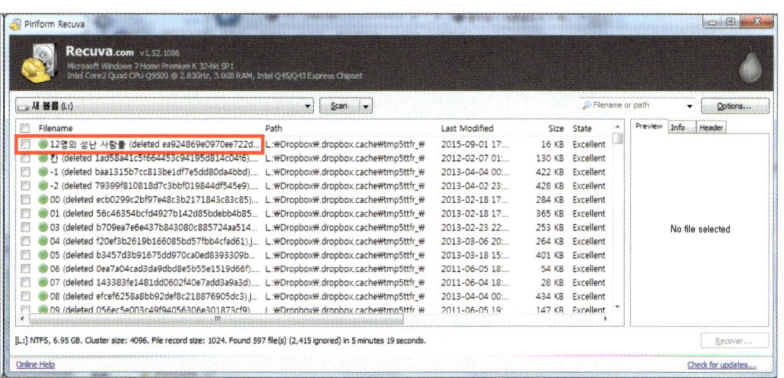

드랍박스가 캐시에 보관하는 기간이 지나 파일이 완전히 삭제되더라도 보조 컴퓨터에서 많은 작업을 하지 않았다면 파일을 복구할 수 있습니다. 보조 컴퓨터에서 파일 복구 프로그램을 실행하여 삭제된 파일을 찾아낸 화면입니다.

⑤ 클라우드 업체에 요청하여 파일 복구하기

클라우드에 올라간 파일은 사용자가 삭제하더라도 클라우드 업체가 내부적으로 따로 보관하고 있습니다. 클라우드 업체들의 정책에 따라 다르지만, 대개 삭제된 파일과 파일의 변경 기록을 한 달 정도 보존합니다. 드랍박스는 삭제 파일을 인터넷 클라우드에 30일간 보관하며 "변경 내용 기록 연장 서비스"를 신청하면 1년간의 삭제, 변경 사항을 추가로 저장하게 만들 수 있습니다. 또한 "변경 사항 무제한 기록 서비스"를 통해 파일 분실을 원천적으로 방지할 수 있습니다.

구글도 25일간의 데이터 보관 서비스를 시행하고 있습니다. 때문에 내 컴퓨터에서 파일을 삭제했고, 파일 복구로 되살리지 못했으며, 동기화된 다른 컴퓨터에서도 복구가 불가능하고, 사용자가 직접 인터넷 클라우드의 휴지통까지 비웠다면 마지막으로 클라우드 업체가 보관하고 있는 백업 데이터에서 삭제한 파일을 찾아 달라고 요청할 수 있습니다.

외국 클라우드 서비스가 아무리 한글화가 잘 되어 있더라도 문제가 생기면 결국 영어로 소통해야 하는 부담이 있긴 합니다. 하지만 그 과정이 별로 어렵지 않습니다. 필요한 영어 능력도 수준이 높지 않기 때문에 마음만 먹으면 누구나 가능한 작업입니다. 아래 필요한 작업을 최대한 간단히 요청하는 과정을 보여 드립니다.

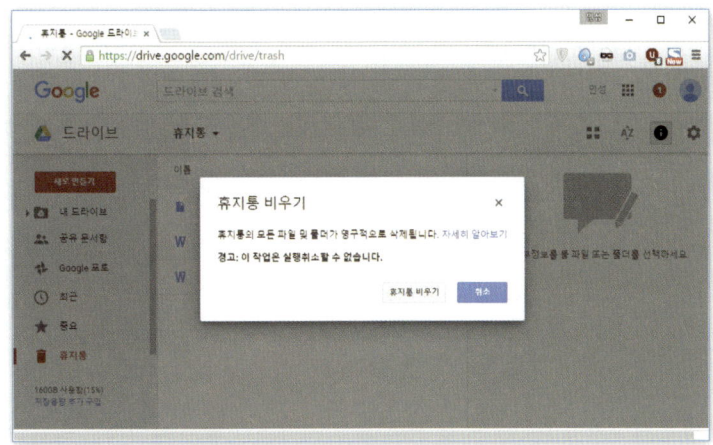

　　구글 드라이브는 자동으로 휴지통을 비우지 않는 대신 휴지통에 담긴 파일도 전체 사용 용량에 포함합니다. 구글 드라이브가 무료로 제공하는 15GB는 백업으로 사용하기에는 빠듯한 용량이라 사용하다 보면 수시로 휴지통을 비우게 됩니다. 유료로 추가 용량을 구입해 사용하더라도 모자라긴 마찬가지입니다.

　　문제는 휴지통에 중요한 파일이 있는 줄 모르고 비웠을 때입니다. 이 때문에 내 컴퓨터와 클라우드 어디에서도 파일 복구가 불가능하다면 아래 작업을 진행해야 합니다.

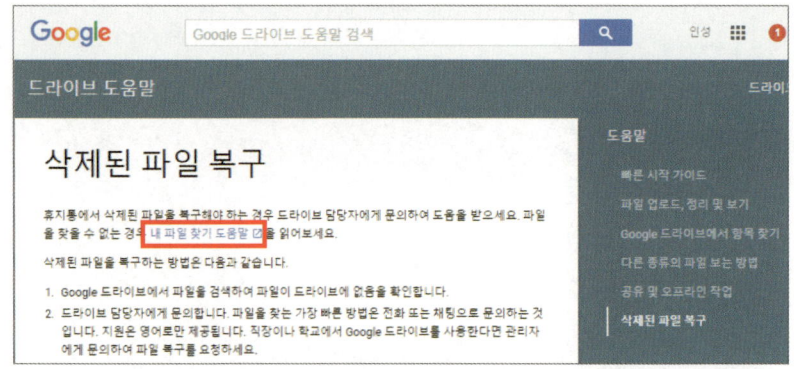

　구글 휴지통까지 완전 삭제한 지 25일 이내라면 구글에 요청하여 파일을 복구할 수 있습니다. 구글 드라이브 사이트에는 삭제한 파일 복구 요청을 하는 절차가 마련되어 있습니다. 구글 드라이브 도움말 중 삭제된 파일 복구 항목 (https://support.google.com/drive/answer/2405957?hl=ko) 에서 요청 가능합니다. "삭제된 파일 복구" 항목 본문 둘째 줄에 있는 "내 파일 찾기 도움말"을 선택해서 들어갑니다. 복잡한 경로를 직접 적기 힘들다면 구글에서 "구글 드라이브 삭제된 파일 복구"를 검색해서 찾아가시기 바랍니다.

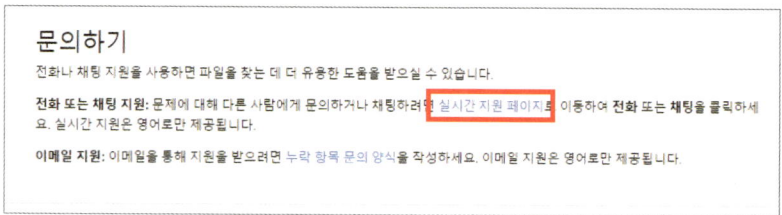

"파일 찾기" 페이지에는 파일 복구 방법에 대한 안내가 나와 있습니다. 안내에 따라 다시 한 번 더 파일 찾기를 해 볼 수 있습니다. 안내에서 제시한 방법으로도 파일을 찾을 수 없다면 아래쪽의 "문의하기" 부분에 있는 "실시간 지원 페이지"를 선택합니다.

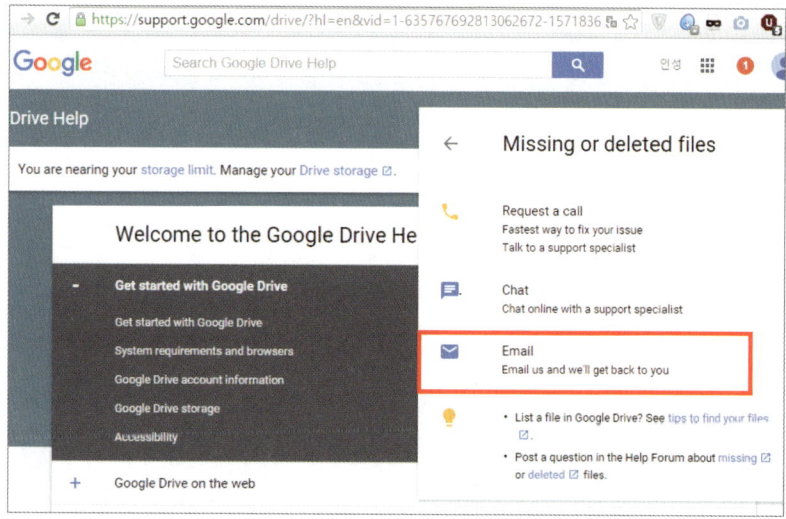

실시간 지원 페이지에 올린 요청은 구글에 있는 직원이 처리합니다. 현재 선택된 요청은 "잃어버리거나 삭제된 파일(Missing or deleted files)"에 대한 것이고 그 방법으로는 "구글 직원에게 전화(Request a call)"나 "채팅(Chat)"으로 문제를 해결할 수도 있고 "이메일(Email)"로 요청할 수도 있습니다.

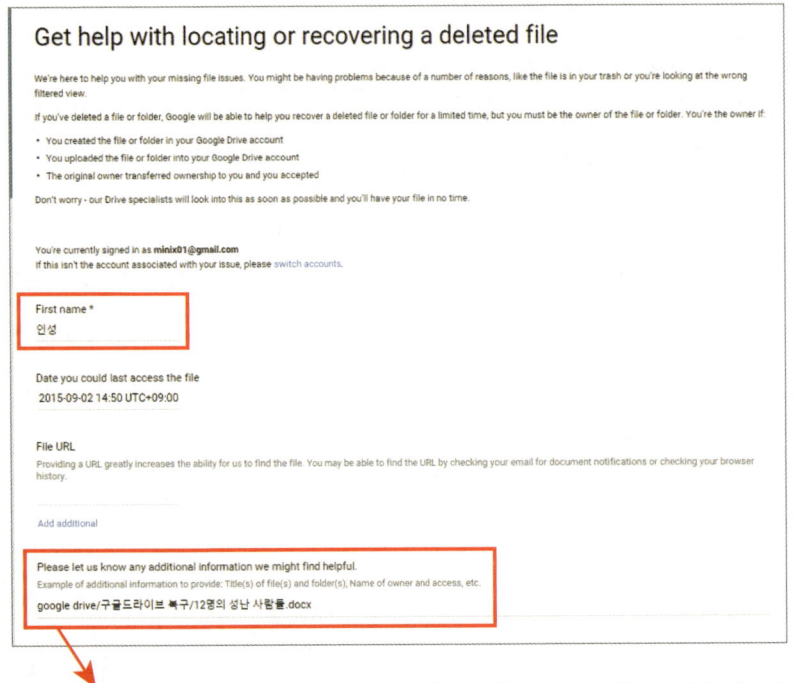

"파일을 찾는 데 도움이 될 수 있는 추가 정보가 있으면 알려 주세요, (예를 들어 파일명, 폴더명, 소유자 등)"

영어가 익숙하지 않다면 전화로 요청하기는 어렵습니다. 영어를 어느 정도 하더라도 말로 하게 되면 작업 요청이 부정확하게 전달될 수 있습니다. 따라서 말보다는 글로 요청해야 근거가 남고 정확한 요청을 전달할 수 있습니다. 채팅은 이런 요건을 충족하지만, 실시간 채팅은 말하는 것만큼 어려울 수 있습니다. 미국과 시간대가 달라 채팅 가능 시간을 놓칠 때도 많습니다. 가장 좋은 방법은 이메일 요청을 하는 것입니다. 이메일은 시간을 가지고 대응을 할 수 있고 문장을 검토해서 정확한 작업 요청이 보내는 것이 가능하기 때문입니다. 실제로 요청해 본 결과 전화나 채팅에 비해 응답 시간이 길지도 않았습니다.

삭제 파일 복구를 요청하는 이메일은 복잡하지 않습니다. 요청 양식에 복구를 원하는 파일명을 적는 정도로 충분합니다. 위 화면은 실제로 파일을 지운 후 복구 요청을 하는 내용입니다.

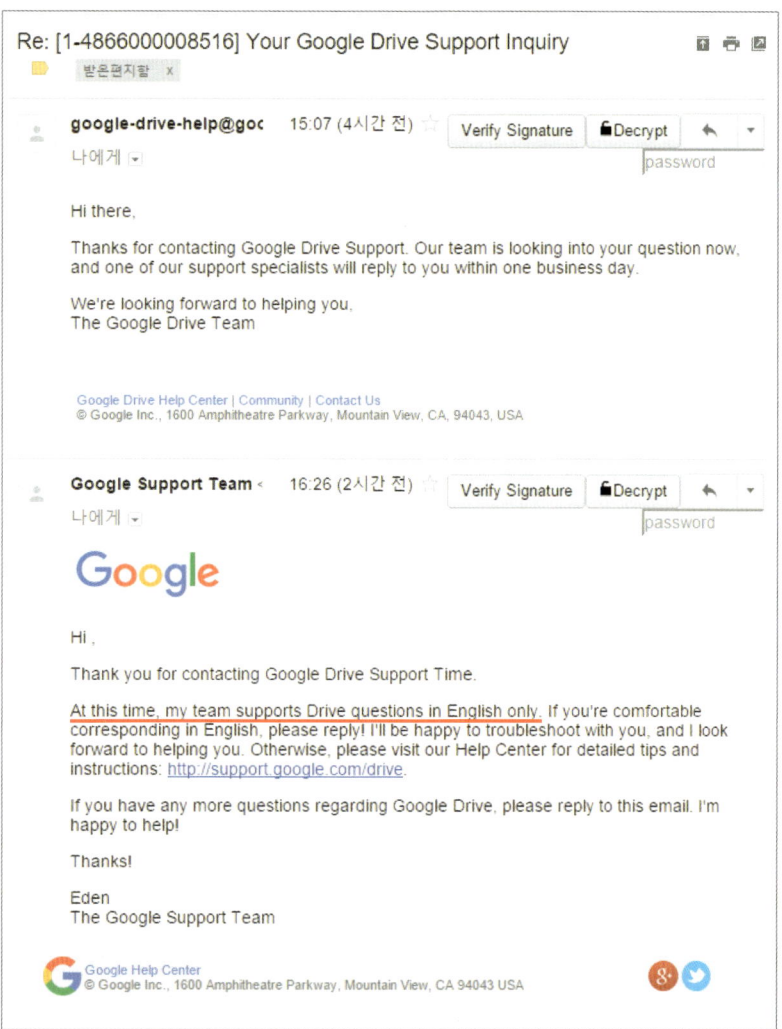

구글에서 몇 시간 되지 않아 신속하게 답장이 왔습니다. 하지만 답장은 "요청은 영어로만 가능하다."란 내용입니다. 요청 메일에 적은 파일명이 한글이라 담당자가 읽을 수 없기 때문입니다.

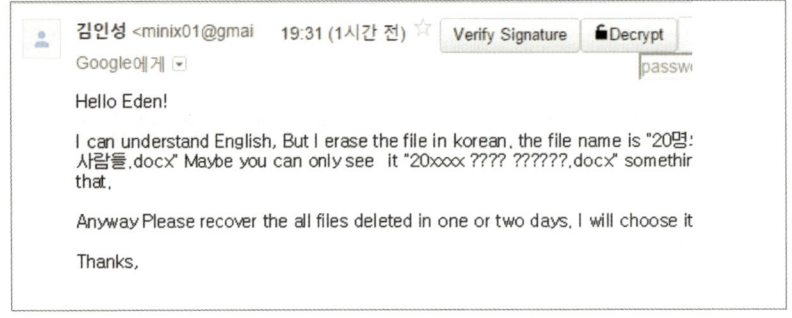

여기서 포기할 필요는 없습니다. "한글 사용자라서 파일명도 한글이라 어쩔 수 없다. 2일 이내에 삭제된 파일 다 살려 주면 내가 알아서 선택하겠다"란 답장을 다시 보냅니다. 영어가 완벽할 필요도 없고 문법이 틀려도 상관없습니다. 파일 복구 요청이란 내용만 전달되면 되니까요. 여기에 있는 것은 실제로 구글 드라이브 담당자에게 보낸 이메일 내용입니다. 문법적으로 틀린 부분이 많지만, 의사 전달에는 별문제가 없습니다.

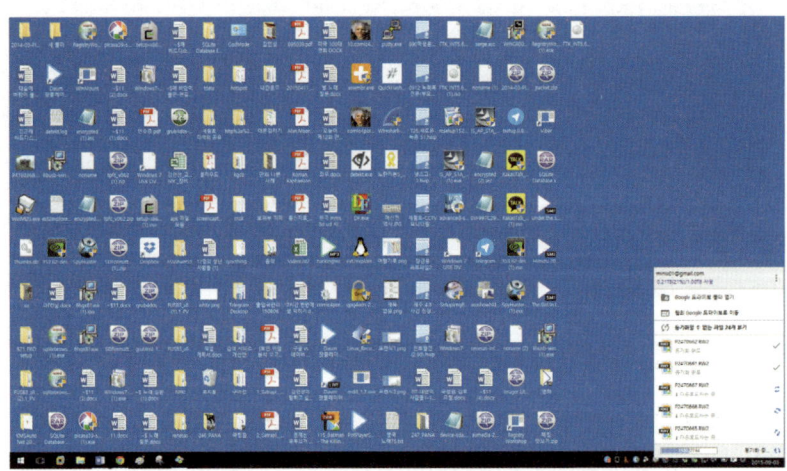

복구 요청 메일을 보내고 나서 한 시간도 되기 전에 바탕 화면에 파일들이 생성되기 시작했습니다. 구글 복구팀은 "2일 전에 삭제한 파일 복구" 등 고객의 세세한 요청을 처리하는 대신 내부적으로 백업되어 있는 모든 파일을 다 살리는 방식으로 처리합니다. 즉 일단 복구 요청이 오면 요청 시점부터 25일 이

내의 파일들을 모두 다 복구해 버립니다. 구글 드라이브에 동기화되고 있던 바탕화면에 한 달 전부터 있었던 파일들이 모두 다 살아난 모습입니다.

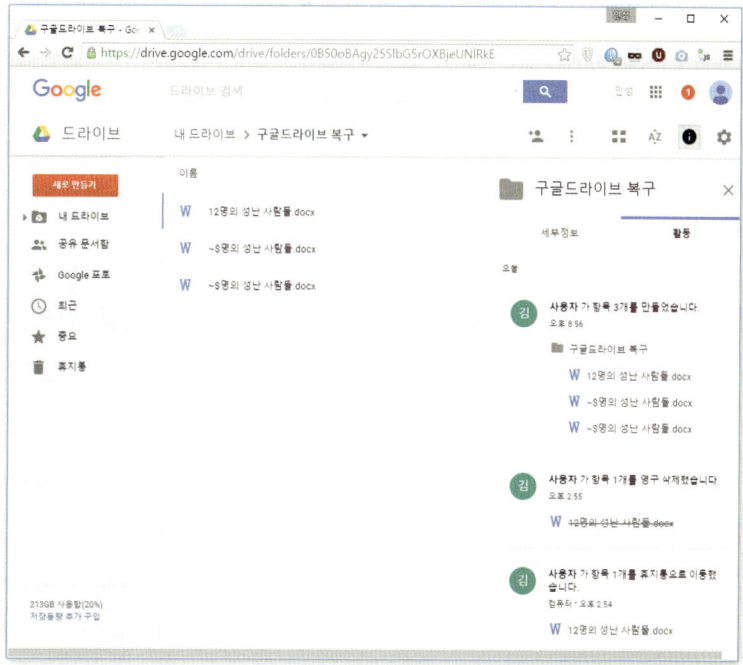

구글 드라이브 복구팀이 복구해 준 파일들 중에 찾고 있던 파일이 들어 있습니다. 구글 드라이브 데이터는 완전히 지워도 약 25일 간은 보존이 된다는 점을 명심하시기 바랍니다. 클라우드 업체가 따로 파일을 보관하고 있다는 것은 4장에서 설명할 "데이터 완전 삭제"와 관련된 보안상 매우 중요한 내용입니다.

4   실수로 포맷한 저장장치 복구하기

파티션은 물리적인 저장장치를 소프트웨어적으로 구획을 나누어 놓은 것입니다. 저장장치는 통째로 하나의 파티션으로 만들 수도 있고 C: 와 D: 두 개로 나누어 쓸 수도 있습니다. 대개 용량이 큰 하드디스크는 파티션을 나누어 C:는 시스템용으로 쓰고 D:는 데이터 저장용으로 씁니다. 이렇게 하면 윈도우를 새로 인스톨 할 때 D:는 그대로 두고 C: 만 변경 되니까 데이터를 옮기는 번거로운 작업을 할 필요가 없기 때문입니다. USB 메모리는 보통 통째로 하나의 파티션으로 잡아 쓰지만 원한다면 나눌 수도 있습니다.

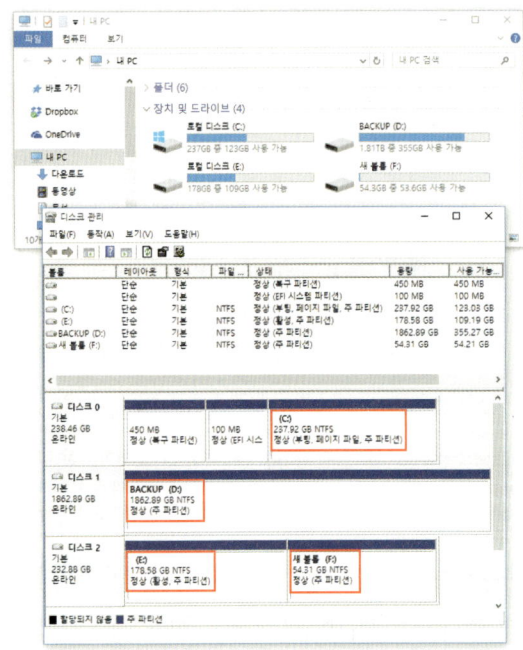

파티션 : 탐색기로는 각 파티션의 물리적 특성을 알 수 없지만, 디스크 관리 프로그램으로 보면 실제 모습을 볼 수 있습니다. 디스크 관리 프로그램은 윈도우10에서 시작 - 마우스 오른 클릭 - 디스크 관리로 실행할 수 있습니다. 이 시스템에는 C:, D:, E:, F: 네 개의 파티션이 존재합니다. 파티션 D:는 한 개의 하드디스크를 모두 쓴 파티션이고 E:와 F:는 한 개의 하드디스크 안에 둘로 나누어진 파티션임을 알 수 있습니다.

이렇게 나누어진 하드디스크나 SSD 또는 USB 메모리 등 여러 저장 장치의 파티션을 초기화시키는 작업을 포맷이라고 합니다. 저장장치를 처음 사용할 때 포맷해야 사용할 수 있는 파티션으로 인식됩니다.

포맷은 하드디스크의 에러를 해결하는 데도 사용됩니다. 사용하던 저장장치가 하드웨어적인 문제는 없지만, 파일을 읽고 쓸 때 알 수 없는 에러가 생기거나 느릴 때, 포맷하면 정상으로 돌아오게 만들 수 있습니다. 디스크가 뭔가 문제가 있는 것 같을 때 디스크 정리(CHKDSK.EXE) 프로그램으로도 해결 가능하지만 그보다는 파일을 대피시킨 후 디스크 포맷하는 것이 더 효과적입니다.

저장장치에 있는 파일들을 정리해서 깨끗하게 만들고 싶을 때도 포맷을 사용할 수 있습니다. USB 외장 장치의 파일을 정리할 때 삭제 작업을 해도 되지만 폴더와 파일이 많을 경우 지우는 데 시간이 걸리므로 포맷으로 처리하면 간단하고 깔끔하며 시간도 오래 걸리지 않습니다.

하지만 포맷은 한순간에 파일을 모두 삭제해버리는 작업이므로 사용에 주의해야 합니다. 실제로 포맷을 사용하다 보면 포맷해서는 안 되는 상황에 포맷하거나 엉뚱한 저장장치를 포맷하는 경우가 많이 생깁니다. 이럴 때 잘못 포맷한 파티션의 데이터를 복구하는 과정을 알아봅니다.

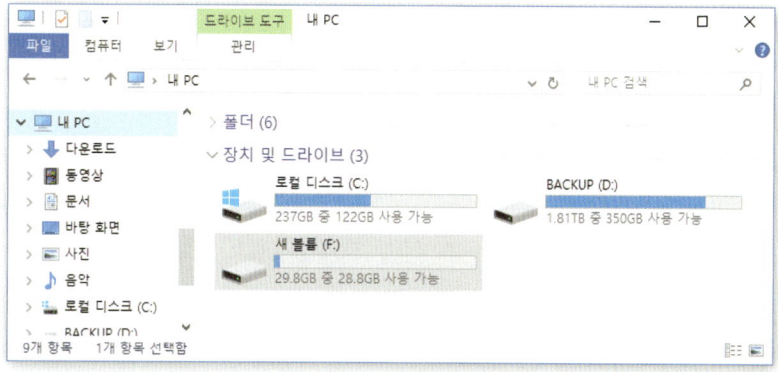

USB 메모리나 외장 하드를 연결하면 윈도우가 이를 자동으로 인식합니다. 이동식 디스크 (F:)가 인식된 모습입니다.

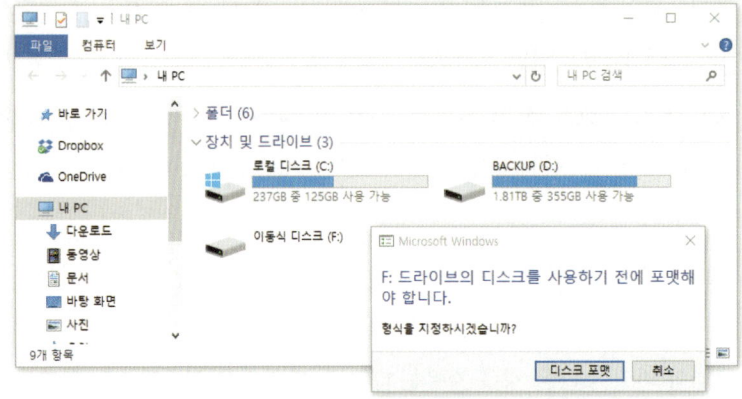

하지만 가끔 연결된 저장장치를 제대로 인식하지 못해 포맷해야 한다는 팝업창이 나오기도 합니다. 하지만 이때 바로 포맷하면 안 됩니다. 저장 장치 초기화 작업은 신중을 기해야 합니다. 저장 장치가 정말로 문제가 있다면 포맷이 필요할 수도 있지만 그렇더라도 그 안에 있는 데이터를 살릴 방법을 먼저 찾은 후에 포맷해도 늦지 않습니다. 특히 내가 원하지 않는데 포맷하라는 요청이 오면 두 번 세 번 생각해야 합니다.

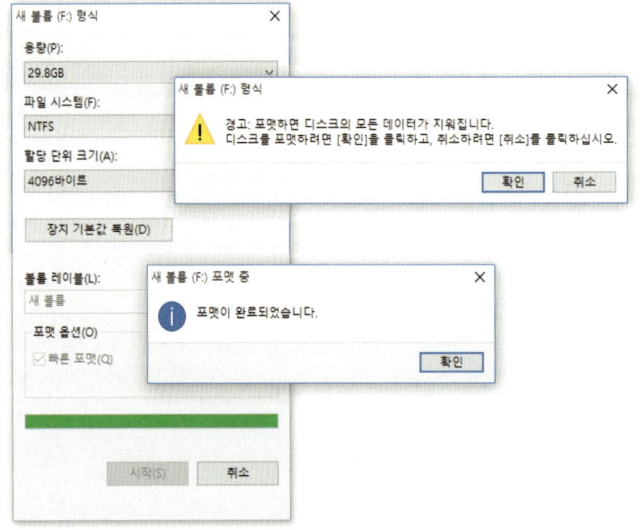

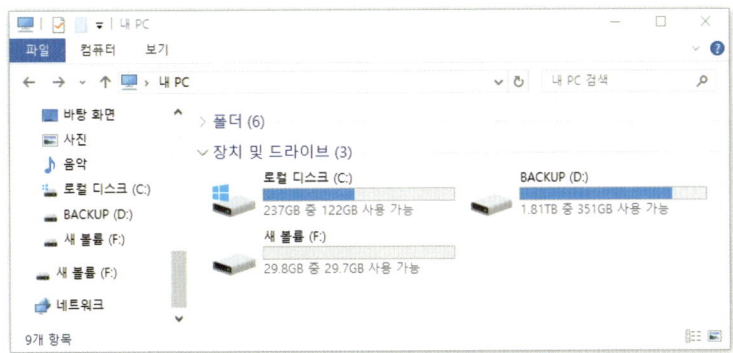

하지만 윈도우 요청대로 포맷을 했다면 이제 F:에는 파일과 폴더가 다 사라져 아무것도 남아 있지 않습니다. 이 시점에서 실수했다는 것을 깨닫고 곧바로 복구 작업을 하지 않는다면 데이터를 다 잃어버릴 수 있습니다.

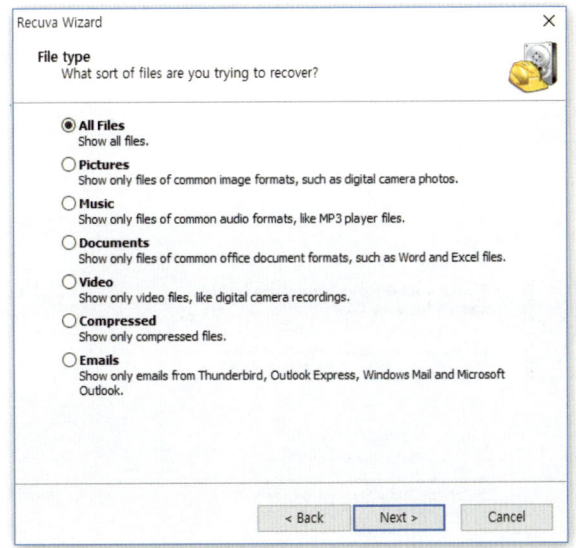

복구 프로그램 Recuva 를 실행하고 복구 파일 타입을 "All Files"로 선택합니다.

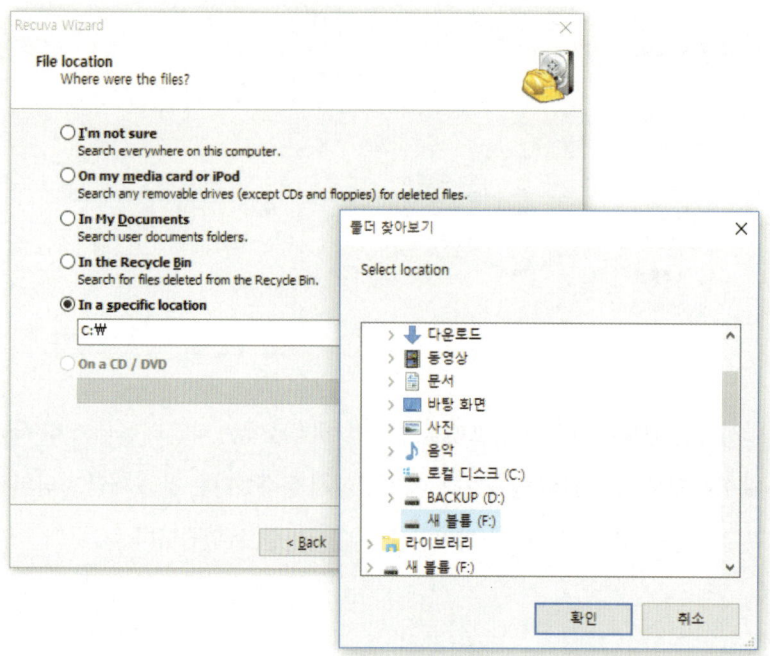

포맷한 드라이브 또는 파티션을 선택합니다.

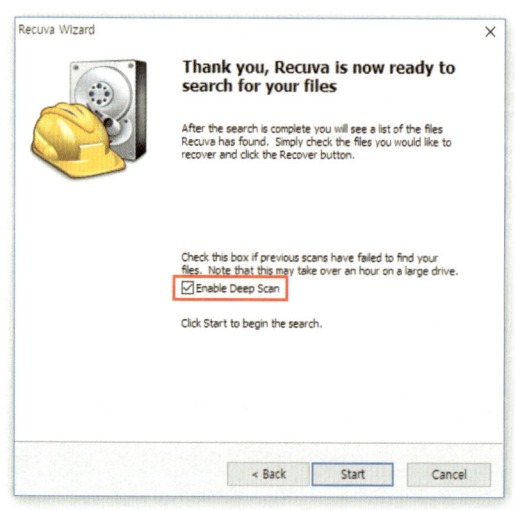
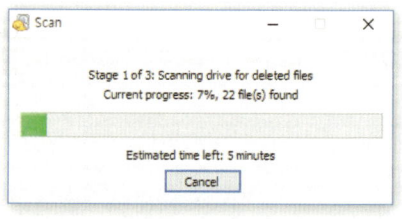

"Enable Deep Scan"을 선택하고 "Start"

를 클릭하면 파일 복구가 진행됩니다.

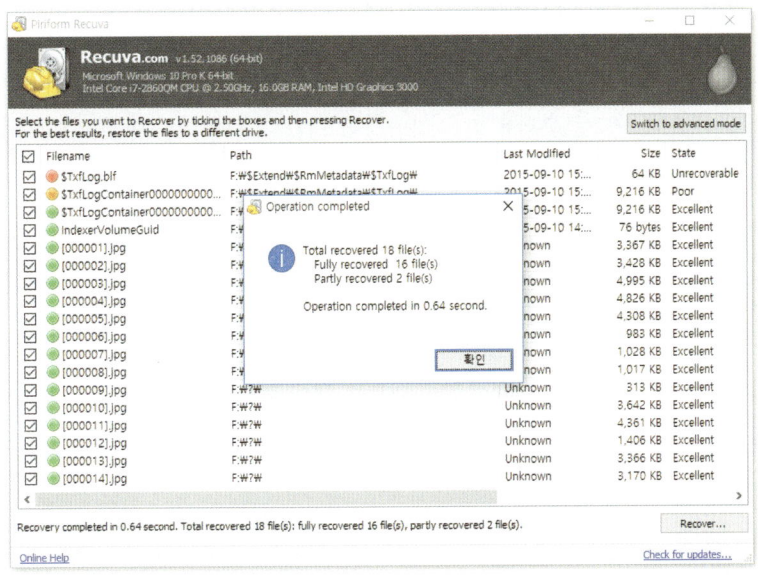

복구 작업이 완료된 후 파일 목록이 보입니다. 빨간색, 파란색으로 표시된 복구 가능 여부에 상관없이 모든 파일을 복구하도록 선택합니다.

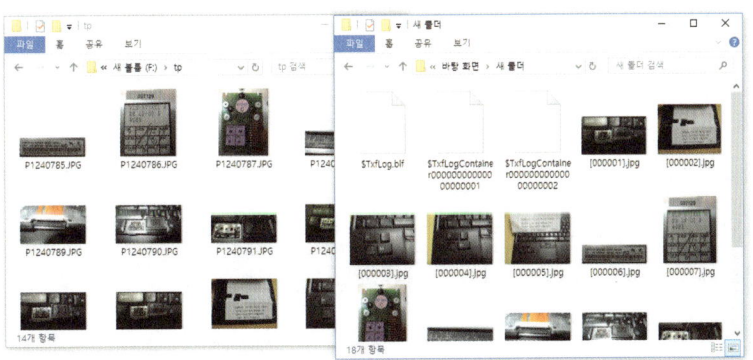

테스트를 위해 포맷 전에 대피시켜 놓은 USB 메모리 파일과 포맷 후 복구한 파일을 비교한 모습입니다. 다행히 포맷한 후 곧바로 복구했기 때문에 중요한 파일이 거의 다 복구되었습니다.

5 인식이 안 되는 하드디스크 고치기

잘 쓰던 하드디스크가 갑자기 인식이 안 될 수 있습니다. 들고 다니며 쓰는 외장 하드 디스크는 충격을 받을 가능성이 크기 때문에 특히 이런 일이 자주 발생합니다. 하드디스크에 대해 조금만 조사해보면 하드디스크는 들고 다니면서 쓰기에는 부적당한 기기라는 것을 알게 될 것입니다.

외장 하드디스크에 데이터를 저장했다면 반드시 컴퓨터에 내장된 하드디스크에 복사해 두어야 합니다. 외장 하드디스크는 보조적인 용도로만 사용해야지 원본을 보관하는 용도로 사용해서는 절대로 안 됩니다. 외장 하드디스크는 어디까지나 대량 데이터 전달 등 편리성을 위한 임시 데이터 저장소임을 명심해야 합니다.

외장과 내장 둘 중 하나는 정상 동작하고 있는지 항상 체크해야 합니다. 그렇지 않으면 가장 중요한 순간에 낭패를 볼 수 있습니다. 컴퓨터가 잘못되는 바람에 백업 파일을 찾으려고 외장 하드디스크를 연결했는데 그때서야 외장 하드디스크도 고장 나 있었다는 것을 발견하게 될 수도 있으니까요. 실생활에서는 이보다 더 황당한 상황도 많이 발생하고 있습니다.

잘 쓰던 하드디스크에서 갑자기 초기화 요청이나 저장 장치를 포맷하라는 팝업이 뜬다면 일단 이런 요청 작업을 진행하기 전에 무슨 문제가 발생한 것인지 차분히 확인해야 합니다. 우선 저장 장치에 케이블이 제대로 연결되었는지 점검합니다. 케이블이 정상적으로 연결되어 있어도 하드디스크나 외장 장치를 인식하는 운영체제에 문제가 있어 잠시 인식이 안 되는 것일 수도 있습니다. 이때는 저장 장치를 뺐다가 다시 꽂아 보거나, 컴퓨터를 껐다가 다시 켜 봅니다. 대개 이런 조치로 저장 장치가 정상으로 돌아옵니다.

이렇게 했는데도 문제가 해결되지 않는다면 하드웨어적인 에러를 의심해야 합니다. 어떤 경우든 저장 장치의 문제 해결 과정에서 가장 중요한 것은 데이터의 안정성입니다. 저장 장치를 정상 동작하게 하는 것은 그다음입니다. 특히 운영체제가 어떤 요구를 하든 모든 작업은 데이터에 손상이 갈 수 있는지를 기준으로 진행 여부를 판단해야 합니다.

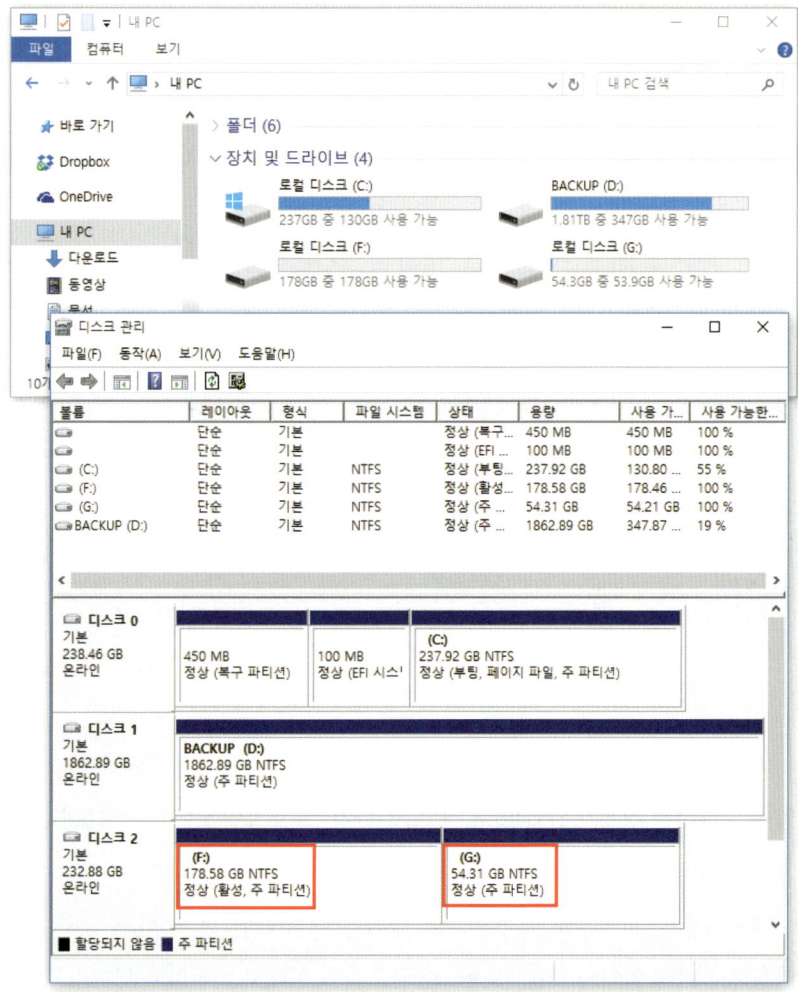

세 번째 하드디스크(디스크 2)에 F:와 G: 파티션이 존재합니다. 이 파티션을 읽고 쓰는 것은 아무런 문제가 없습니다.

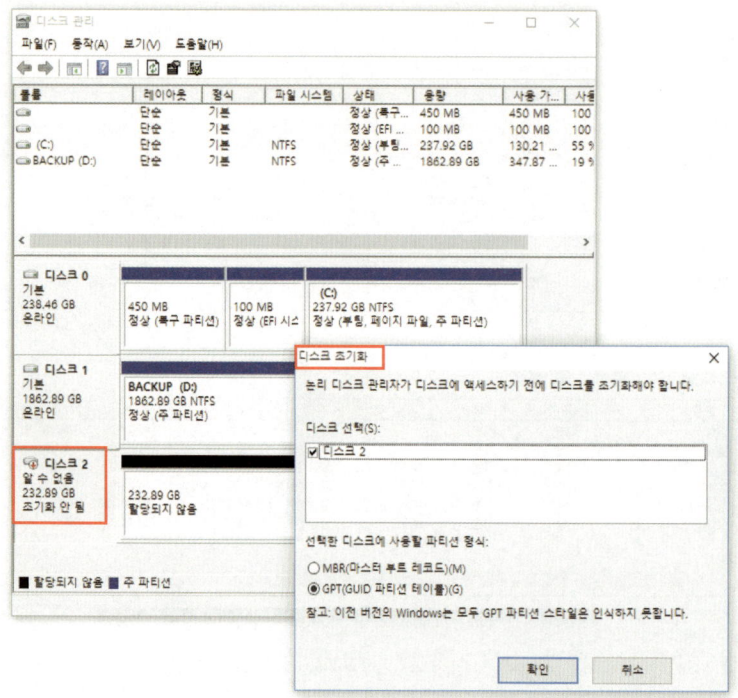

하지만 갑자기 하드디스크를 제대로 인식하지 못한다며 초기화하라는 팝업이 나타나는 경우가 있습니다. "디스크 관리" 프로그램에서 확인해보면 디스크가 "알 수 없음" 상태이고 "초기화 안 됨" 에러가 떠 있습니다.

컴퓨터를 껐다가 켜보고, 케이블을 뺐다가 다시 꽂아 보고, 하드디스크를 다른 컴퓨터에 연결해 보는 등 여러 응급조치를 취해도 여전히 하드디스크가 인식이 안 된다면 하드웨어적인 에러를 의심해야 합니다. 물론 그렇다고 해서 요청대로 포맷이나 초기화를 해버리면 데이터가 날아가므로 절대로 성급하게 행동해서는 안 됩니다.

응급조치로 해결이 안 되는 상황에서 손대면 손댈수록 데이터 복구 가능성이 떨어지게 되므로 최대한 빨리 전문가에게 의뢰하는 것이 좋습니다. 사실 이런 문제가 발생한 하드디스크에 대한 해결책은 전문가나 복구 업체의 영역이므로 일반 사용자가 직접 할 수 있는 부분은 별로 없습니다. 다만 복구 업체에 맡기는 것은 최소 수 십만 원의 비용이 들기 때문에 그 전에 직접 시도해 볼 수 있는 수리 방법을 알려 드립니다.

① 전자 부품에 문제 있는 하드디스크 고치기

고장 난 하드디스크 : 외장 하드가 갑자기 인식이 안 되어 조사해 본 결과 아무런 동작음도 들리지 않는 상태로 확인되었습니다. 하드디스크 에러는 인식 불능 같은 전자적인 에러, 헤드 손상이나 디스크 불량 같은 물리적인 에러로 나누어집니다.

하드디스크에는 데이터가 저장되는 디스크와 디스크를 회전시키는 모터, 디스크에서 데이터를 읽어 내는 헤드 그리고 이들을 제어하는 전자 회로 기판으로 구성되어 있습니다. 물리적인 에러가 생기면 모터에서 타는 냄새가 나거나 디스크 쪽에서 헤드와 디스크가 긁히는 소리가 납니다. 아무 소리가 나지 않는다는 것은 전자 회로 부분에 분명히 문제가 있다는 뜻입니다. 전자 회로 부품이 고장 나면 컴퓨터 쪽에서 인식도 되지 않고 모터와 헤드에 전기를 공급하지 못하므로 아무런 동작이 없어 소리가 나지 않는 것입니다.

전자 부품이 고장 난 경우는 상대적으로 쉽게 고칠 수 있습니다. 물론 전자 부분에 문제가 생겼다면 물리적인 고장이 함께 생겼을 가능성이 큽니다. 더 심각한 고장이 났는지 여부도 전자 부품을 고친 후에 확인할 수 있으므로 이 작업이 필요합니다. 수리를 시도하는 이유는 이 하드디스크에만 들어 있는 데이터를 꺼내기 위한 목적일 뿐입니다. 에러가 생긴 하드디스크는 데이터 복구 후에 폐기하는 것이 좋습니다.

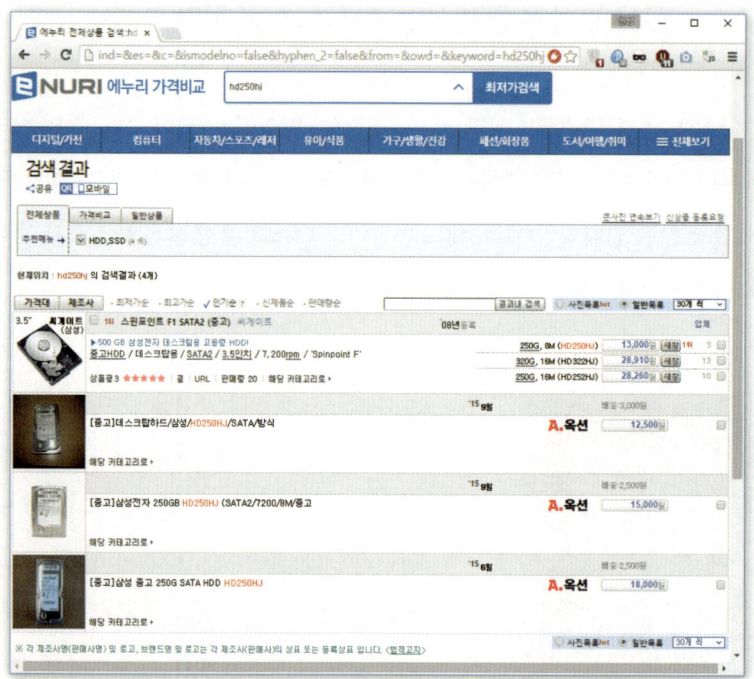

동일 하드 구입 : 인터넷에서 같은 종류의 하드디스크를 찾습니다. 고장 난 하드디스크 라벨에서 제품명을 확인해 가격 비교 사이트 등에서 검색하면 동일 모델의 하드디스크를 구할 수 있습니다. 최근에 구입한 컴퓨터에 장착된 하드디스크라면 신품을 구입할 수 있을 것입니다. 오래된 하드디스크라서 신품이 없다면 중고를 구하면 됩니다. 데이터를 살리기 위한 용도로 잠깐만 쓸 전기 회로 부품이 필요한 것이므로 신품이든 중고든 크게 상관은 없습니다.

너무 오래된 제품이나 희귀 제품이 아니라면 인터넷에서 저렴하게 같은 모델의 중고 제품을 구입할 수 있습니다.

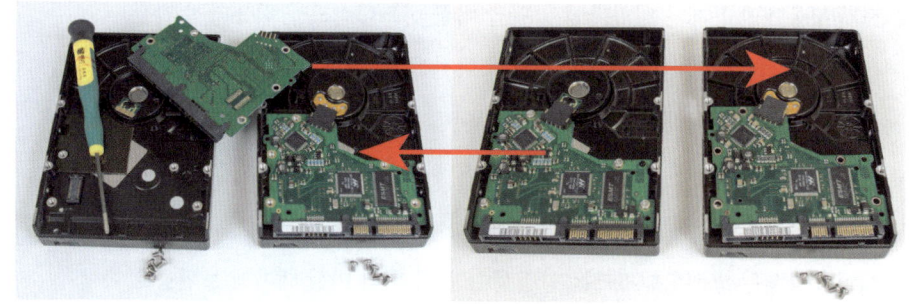

기판 교체 : 하드디스크 아래쪽을 보면 전자 부품이 달린 회로 기판을 볼 수 있습니다. 새로 구입한 하드디스크에서 기판을 분리해서 고장 난 하드디스크에 장착합니다. 장착 과정은 나사 몇 개 풀어 부품 서로 바꾸는 수준이라 크게 어렵지 않습니다.

다만 하드디스크와 SSD 등 저장 장치는 십자 나사나 일자 나사가 아닌 별나사(T8규격)를 사용하므로 하드디스크를 구입할 때 같이 구하시기 바랍니다.

전자 부품에만 문제가 있었다면 기판을 바꾼 하드디스크를 컴퓨터에 연결했을 때 정상적으로 인식합니다. 디스크가 회전하는 소리도 들리고 헤드가 움직이는 소리도 들립니다. 이렇게 문제가 있던 하드디스크가 인식되고 데이터를 읽을 수 있는 동안에 가능한 한 빨리 다른 하드디스크로 데이터를 옮겨야 합니다.

데이터를 복구한 하드디스크는 안정성이 떨어져 더 이상 데이터 보관용으로 사용할 수 없으므로 미련 없이 폐기하는 것이 좋습니다. 하드디스크는 몇만 원 하지 않지만, 그 안에 담긴 데이터의 가치는 돈으로 따질 수 없기 때문입니다.

보드 교체만으로 불가능한 최신 하드디스크 : 요즘 나오는 1TB 이상의 고용량 하드디스크는 기판에 따로 칩을 달아 하드디스크마다 고유한 정보를 저장하도록 만들었습니다. 때문에 단순히 기판만 바꾸어서는 동작하지 않습니다. 복구 업체에서는 칩에 열을 가해서 분리한 다음 전용 리더기로 내부 값을 읽어서 정상 기판에 복사한 후 데이터를 복구합니다. 때문에 전자 부품이 고장난 1TB 이상의 하드디스크는 복구 업체에 맡기는 것이 최선입니다.

② 물리적인 에러가 생긴 하드디스크 복구하기

하드디스크에 물리적인 에러가 생기면 여러 가지 증상이 나타납니다. 컴퓨터를 켰을 때 이상한 소리가 나거나 컴퓨터 부팅이 평소보다 오래 걸립니다. 하드디스크를 인식하지 못하거나 인식하더라도 파일을 읽을 수 없습니다. 물리적인 에러는 개인이 고칠 수 없고 손을 댈수록 상황이 더 나빠져 데이터를 완전히 잃을 수 있기 때문에 가능한 한 빨리 하드디스크를 컴퓨터에서 분리해서 복구 업체에 의뢰해야 합니다.

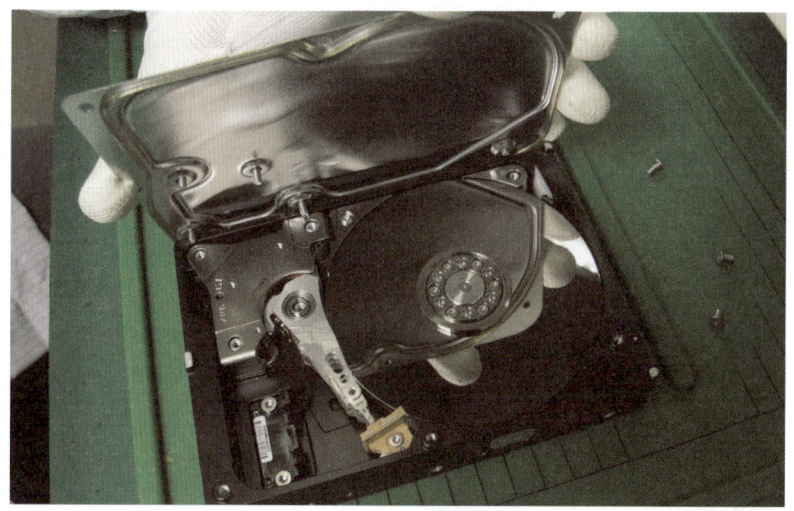

복구 업체에서는 하드디스크를 열어서 문제가 되는 부품을 바꾸어 일단 정상 동작이 되게 한 후 데이터 복구를 시도합니다. 하드디스크 내부에는 고속으로 회전하는 원판 형태의 플래터와 플래터 위를 움직이며 자기력을 이용해 데이터를 읽고 쓰는 헤드가 있습니다. 사진에서 원판 형태의 디스크가 플래터이고 그 옆에 점점 가늘어지는 금속 팔 형태의 암(Arm)이 보이는데 그 끝에 아주 작은 헤드가 달려 있습니다. 하드디스크는 먼지에 민감하기 때문에 모든 작업은 미세 입자를 완전히 제거한 클린룸에서 진행됩니다.

헤드 : 하드디스크의 물리적 에러는 대개 헤드 손상입니다. 사진 위쪽 헤드는 끝부분이 휘어져 있고 아래쪽은 휘어진 곳 없이 가지런한 정상 헤드입니다.

헤드는 고속 회전하는 디스크에 거의 붙어서 동작하기 때문에 충격에 매우 약합니다. 헤드와 디스크 사이의 간격은 10nm(10억분의 1미터)정도입니다. 때문에 전원이 들어와 있는 컴퓨터를 실수로 무릎으로 치거나, 데이터를 읽고 있는 외장 하드를 책상에서 떨어뜨려서 헤드가 디스크에 부딪히면 헤드가 휘어지거나 디스크 표면이 긁힙니다. 휘어진 헤드는 교체할 수 있지만 긁힌 부분은 영구적으로 읽을 수 없게 됩니다. 충격을 받아 헤드가 휘어진 상태의 하드디스크를 계속 동작시키면 디스크를 긁게 되어 읽을 수 없는 영역이 점점 더 많아지므로 충격을 받은 즉시 곧바로 전원부터 꺼야 합니다.

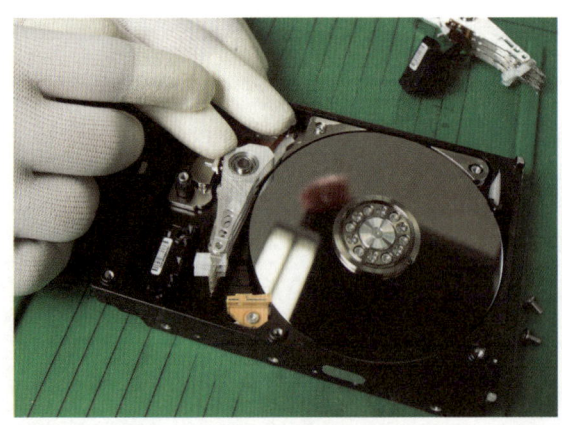

복구 작업자가 고장 난 하드디스크를 열어 헤드를 정상 헤드로 교체합니다. 헤드 교체로 데이터를 읽을 수 있게 되면 복구를 시작합니다. 100% 다 복구하기는 현실적으로 어렵지만 긁힌 부분을 제외한 나머지 영역에서 데이터를 최대한 살려냅니다.

헤드를 교체한 하드디스크에서 데이터를 복구하고 있습니다. 모니터 화면에 보이는 녹색 부분은 정상적으로 데이터를 읽어낸 하드디스크 영역을 표시합니다. 복구 화면으로 볼 때 이 하드디스크에서 데이터를 순조롭게 읽는 중임을 알 수 있습니다.

참고로 하드디스크 복구란 수리가 아니므로 데이터를 찾아낼 뿐 고장 난 하드디스크를 사용 가능하게 고쳐주지는 않습니다. 업체에서 복구가 끝나면 문제 하드디스크를 돌려주지만 신뢰성이 없으므로 폐기하는 것이 좋습니다.

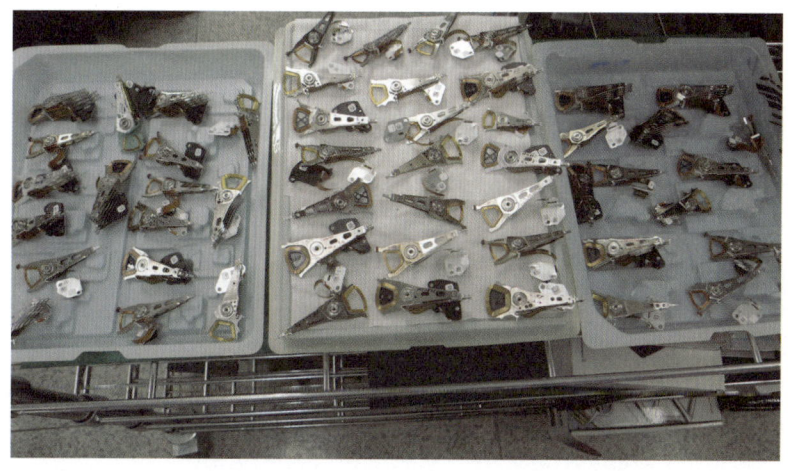

복구 업체가 확보해 놓은 각종 헤드 : 하드디스크의 긁힌 부분은 그 부분을 지나가는 헤드에 무리를 주기 때문에 복구하는 동안 헤드가 계속 고장 납니다. 그때마다 헤드를 새것으로 교체해가면서 데이터를 읽어 내야 합니다. 따라서 제대로 복구를 하려면 정상 헤드를 많이 준비해 놓아야 합니다. 헤드는 따로 팔지 않으므로 정상 하드디스크에서 가능한 많은 헤드를 확보하는 수밖에 없습니다. 복구 업체의 복구 능력은 헤드 종류와 양, 특히 구하기 힘든 하드디스크의 헤드를 얼마나 많이 가지고 있는가에 달려 있습니다.

디스크가 완전히 손상된 하드디스크 모습 : 거울 같은 디스크 표면에 원형으로 긁힌 선이 보입니다. 에러 난 하드디스크를 바로 끄지 않고 계속 켜놓고 데이터를 읽어 보겠다고 시도했을 때 이런 긁힘이 발생합니다. 이 정도로 긁히면 헤드를 갈더라도 복구가 어려울 가능성이 큽니다.

③ 침수된 하드디스크 복구하기

하드디스크도 침수될 수 있습니다. 장마가 와서 집이 물에 잠긴다든지 실수로 외장 하드디스크를 물에 빠뜨린다든지 하는 일이 안 생긴다는 보장이 없습니다. 복구 업체에 들어오는 하드디스크는 이보다 더 심각한 사연들도 많습니다.

천안함의 블랙박스용 하드디스크, 세월호에서 건진 노트북과 CCTV용 하드디스크처럼 두 달 이상 바닷물에 잠겨 있어서 손상 정도가 심각한 상태의 하드디스크도 내부에 들어 있는 데이터가 중요하다면 복구할 수밖에 없습니다. 비용이 많이 들기는 하지만 이런 상태의 하드디스크도 복구 가능합니다. 침수 하드디스크 복구의 사례로 세월호의 CCTV용 하드디스크 복구 과정을 보여 드립니다.

세월호 CCTV 영상이 저장된 하드디스크 : 하드디스크는 진공 상태이거나 밀봉되어 있지 않습니다. 안팎의 기압 차이를 없애기 위해 구멍이 뚫려 있습니다. 이 구멍으로 먼지가 들어오는 것을 막기 위해 극세사로 막아 두었지만 물은 충분히 유입될 수 있고 바닷물에 오래 있으면 여기가 뚫려 오염 물질도 들어갑니다. 하드디스크 열어서 내부를 살펴본 결과 바닷물이 들어가 염분이 디스크 부분에 달라붙고 미세한 뻘도 곳곳에 고착되어 있었습니다.

 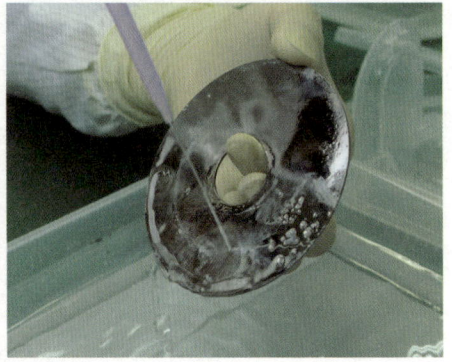

복구 과정 : 오랜 시간에 걸쳐 세척함으로써 소금과 뻘을 제거합니다. 일반 물은 녹아 있는 불순물로 인해 부식을 악화시킬 수 있으므로 불순물을 완전히 제거하여 반응성이 전혀 없는 특별한 증류수를 사용하여 세척합니다. 침수된 하드디스크에서 살려야 할 것은 디스크뿐이므로 하드디스크가 어느 정도 깨끗해지면 디스크만 분리하여 나머지 세척을 합니다.

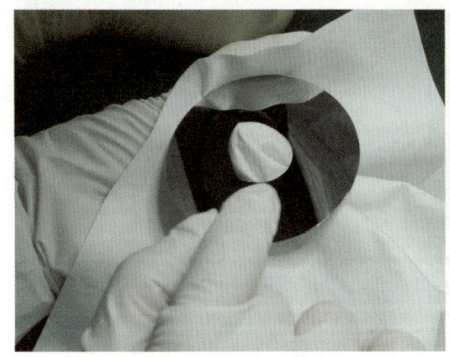 

데이터 읽기 : 디스크 세척을 거듭하여 표면을 거울처럼 깨끗하게 만들었습니다. 거의 정상 디스크와 다를 바 없습니다. 이 디스크를 정상 하드디스크에 장착하여 데이터 읽기를 시도합니다.

디스크 표면이 바닷물에 침식된 탓에 이런 작업을 거쳤음에도 상태가 나빠서 데이터를 읽어 내는데 시간이 오래 걸렸습니다. 필요한 데이터를 다 복구하는 데 일주일 이상이 걸렸습니다. 세월호 CCTV 영상 복구 작업은 이런 과정으로 진행되었습니다.

6 휴대폰에서 삭제한 데이터 복구

휴대폰의 데이터도 복구할 수 있습니다. 요즘 많이 쓰는 스마트폰뿐만 아니라 예전에 쓰던 아날로그, 2G, 3G 등의 피처폰도 복구 가능합니다. 지워버린 문자 메시지, 카카오톡 대화 내용이나 사진과 동영상도 복구됩니다. 휴대폰이 고장 나서 동작하지 않을 때도 내부 메모리를 분리하여 그 속에 있는 자료를 살릴 수 있습니다.

휴대폰 복구를 개인이 할 수 있도록 설명하기에는 상황이 너무나 다양하고 복잡하기 때문에 여기서 자세히 알려드리기는 어렵습니다. 시간과 비용 그리고 위험성 면에서도 전문 복구업체에 맡기는 것이 훨씬 효율적입니다. 이 장에서는 복구 업체에 휴대폰을 맡겼을 때 삭제한 카톡 메시지 복구, 고장 난 휴대폰에서 데이터 꺼내기 등의 작업이 어떻게 진행되는지 그 과정을 보여 드리도록 하겠습니다.

① 소프트웨어 방법으로 복구하기

정상 동작하는 휴대폰의 데이터 복구는 컴퓨터의 복구 프로그램으로 진행합니다. 휴대폰을 컴퓨터에 연결한 후 컴퓨터에서 휴대폰을 조작해서 데이터를 뽑아냅니다. 그러기 위해서는 컴퓨터의 복구용 프로그램이 휴대폰의 저장 장치에 직접 접근할 수 있어야 하지만 보안상 휴대폰 운영체제는 외부 프로그램에 이런 권한을 허용하지 않습니다. 때문에 복구용 프로그램이 스마트폰 운영체제와 같은 절대적인 권한을 가질 수 있도록 만드는 루팅이란 작업을 해야 합니다.

루팅을 하면 복구 프로그램이 휴대폰 하드웨어를 직접 다룰 수 있으므로 휴대폰 저장장치 전체를 복사해서 컴퓨터로 가져올 수 있습니다. 루팅하는 방법은 휴대폰 기기별, 안드로이드 운영체제별로 다 다릅니다. 루팅이란 것도 해커들이 휴대폰의 버그를 활용하여 만들어 내는 해킹 작업입니다. 또 복사한 휴대폰 메모리 이미지를 분석하려면 따로 상용 소프트웨어가 필요합니다. 휴대폰 복구를 개인이 할 수 없는 이유가 여기에 있습니다.

정상 동작하는 휴대폰을 업체에서 실제로 복구 중인 모습 : 업체마다 특화된 전용 복구 프로그램을 개발하여 사용하므로 루팅과 복제 작업이 거의 자동화가 되어 있어 시간은 얼마 걸리지 않습니다.

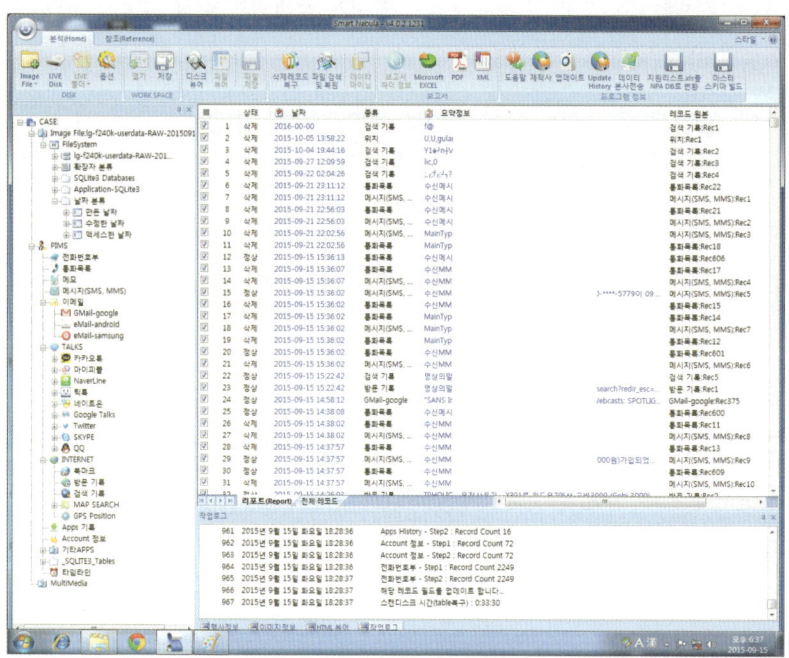

복구 프로그램 : 복제한 휴대폰 저장장치 데이터를 복구 프로그램으로 분석하면 전화번호와 통화목록, 휴대폰에서 주고받은 이메일, 과거에 지운 메시지, 삭제한 카카오톡 등 각종 모바일 메신저, 인터넷과 앱 사용 기록, 음성, 사진, 영상 등 사라진 멀티미디어 데이터를 복구해 낼 수 있습니다.

다만 안드로이드 운영체제의 보안 정책이 강화되어 안드로이드 버전이 높아질수록 삭제한 데이터 복구가 어려워지는 것도 사실입니다. 복구 업체에 맡겼다고 휴대폰에서 모든 데이터를 살려낼 수 있는 것은 아니란 점을 명심하셔야 합니다.

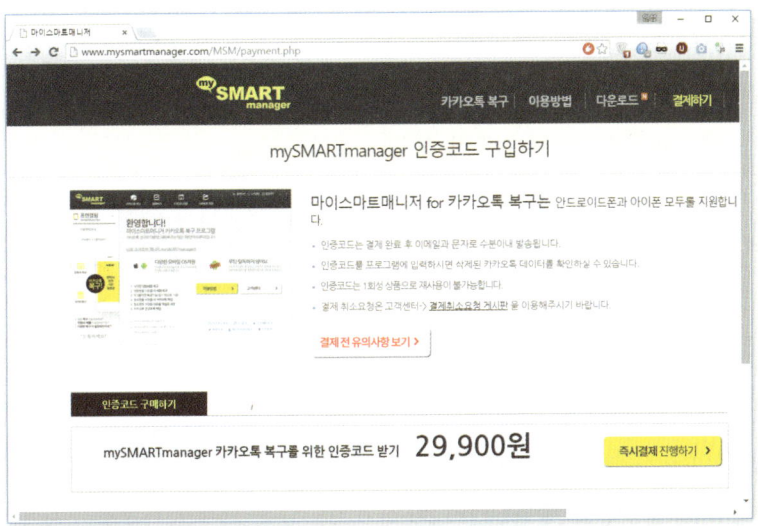

온라인 복구 : 휴대폰 복구 시장은 기술이 상향 평준화되어서 복구 비용이 점차 낮아지고 있는 추세입니다. 카카오톡 메시지만 복구하고 싶은 경우 휴대폰 소유자가 직접 복구할 수 있도록 온라인으로 안내해 주는 저가 유료 서비스도 출현했습니다. 이런 서비스는 불륜을 의심하는 부부가 배우자 휴대폰에서 지워진 카카오톡 대화 내용을 조사하는 용도로 많이 활용되는데, 본인 소유가 아닌 휴대폰을 손대는 행위는 프라이버시 보호 관련법에 저촉될 위험이 있으므로 사용에 주의를 요합니다.

② **고장 난 휴대폰에서 데이터 복구하기**

정상 동작하는 휴대폰은 컴퓨터에 케이블을 연결하여 데이터를 획득할 수 있지만, 고장 난 휴대폰은 이런 작업이 불가능합니다. 다만 데이터 복구 측면에서 보면 LCD 화면이 깨진 것은 고장이 아닙니다. 화면은 안 나와도 컴퓨터에 연결하면 정상폰처럼 동작하기 때문입니다. 복구 관점에서는 휴대폰이 물에 빠져서 전자회로 기판 부분이 부식되었거나, 전기적 충격을 받아서 타버렸거나, 물리적 충격을 받아 기판이 깨지는 등의 이유로 켜지지 않는 상태를 고장이라고 할 수 있습니다.

사실 휴대폰은 CPU와 메모리, 모니터, 스피커 등을 갖춘 완벽한 소형 컴퓨터입니다. 낸드플래시 메모리로 만든 휴대폰의 내장 메모리가 컴퓨터로 따지면 하드디스크라고 할 수 있습니다. 데이터는 모두 내장 메모리에 저장되므로 전자 기판 부분이 다 깨지고 CPU가 타버렸더라도 내장 메모리만 손상되지 않았다면 데이터를 살릴 수 있습니다.

컴퓨터가 고장 났을 때 하드디스크만 분리해서 다른 컴퓨터에 연결해 복구할 수 있는 것처럼 휴대폰이 고장 났을 때도 하드디스크 격인 내장 메모리를 따로 떼서 복구할 수 있습니다. 내장 메모리는 보조 기구를 사용하면 컴퓨터에서 USB 메모리처럼 읽을 수 있습니다.

고장 난 휴대폰 분해 : 복구를 위해 휴대폰에서 필요한 것은 메모리 칩뿐입니다. 휴대폰에서 메모리를 분리하고 나면 휴대폰은 더 이상 쓸 수 없습니다.

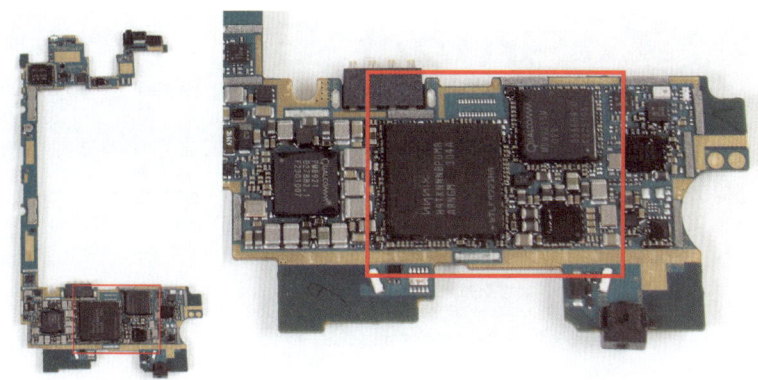

휴대폰에서 가장 중요한 두 개의 칩 모습입니다. 아래쪽 중간에 있는 가장 큰 칩이 메모리이고 그 오른쪽 약간 위에 있는 두 번째로 큰 칩이 CPU입니다. 로고로 볼 때 CPU는 휴대폰 CPU 제조사로 유명한 퀄컴 제품이고 메모리 칩은 하이닉스 제품임을 알 수 있습니다.

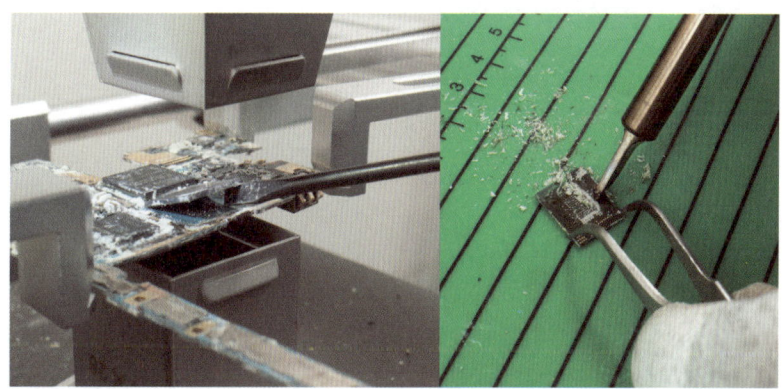

휴대폰 회로 기판에서 메모리를 분리합니다. 메모리 칩은 납을 사용해 회로 기판에 장착되어 있습니다. 메모리에 서서히 열을 가해 납을 녹인 다음 기판에서 조심스럽게 분리합니다. 분리된 칩 아래쪽은 납이 지저분하게 녹아 있어 인식이 잘 안 되므로 아래쪽 면을 깨끗하게 만드는 "후처리 작업"을 통해 컴퓨터에서 읽을 수 있도록 준비합니다.

바닥 면이 깨끗해진 메모리 칩을 전용 리더기에 삽입합니다. 이 장치를 사용하면 휴대폰의 메모리 칩이 컴퓨터에서 외장 USB 메모리로 인식됩니다.

휴대폰에서 분리한 메모리칩을 컴퓨터에서 정상 인식시켜 데이터를 획득합니다. 메모리 칩 안에 있는 데이터 복제에 성공하면 정상 휴대폰 분석할 때와 동일한 방법으로 데이터 분석 작업을 진행할 수 있습니다.

세월호에서 건진 휴대폰 : 휴대폰은 물에 약하지만 휴대폰의 낸드 플래시 메모리는 방수가 되기 때문에 물에 빠져도 거의 고장 나지 않습니다. 따라서 메모리 칩이 물리적으로 깨지지 않는 한 데이터를 복구할 가능성은 크다고 말할 수 있습니다. 바닷물에 오랫동안 침수되어 거의 모든 부품이 삭아버린 휴대폰이라도 메모리를 분리해서 데이터를 살릴 수 있습니다.

복구 업체에 보관되어 있는 옛날 휴대폰들 : 휴대폰 복구 전문 업체에서는 스마트폰뿐만 아니라 구형 2G, 3G 피처폰에 들어 있는 중요한 사진, 연락처, 문자 등도 복구가 가능합니다. 하드디스크 복구 능력이 다양한 헤드 확보에 있듯이 휴대폰 복구 능력도 각각의 기기와 관련 노하우 확보 여부에 달려 있습니다.

02 백업

백업은 최고의 복구 대책입니다.
백업 없이 디지털 콘텐츠를 만드는 것은 안전장치 없이 암벽을 오르는 것과 같습니다.
암벽 등반의 최고 전문가도 단 한 순간의 실수로 생명을 잃을 수 있습니다.
직접 만든 콘텐츠는 무조건 백업하세요.
잃어버린 문서를 다시 만들며 피눈물을 흘리고 싶지 않으면 지금 당장 백업하세요.

다양한 백업 방법

사실 대부분의 자료는 다시 구할 수 있으므로 백업이 꼭 필요하지는 않습니다. 직접 만든 것이 아니라면 세상 어딘가에 복사본이 존재하기 때문입니다. 유료 콘텐츠도 마찬가지입니다. 파일을 잃어버리면 구매한 사이트에서 다시 다운로드 받을 수 있고 최악의 경우라도 돈을 한 번 더 내는 정도일 뿐 데이터 자체는 다시 구할 수 있습니다.

가능하면 백업하는 것이 좋은 것들은 사라질 가능성이 있는 자료들입니다. 인터넷의 웹 페이지 문서들이나 동영상은 시간이 지나면 없어집니다. 사이트가 망하기도 하고 링크가 깨지거나 올린 사람이 스스로 삭제할 가능성도 있습니다. 이렇게 남의 자료지만 중요한 내용이고 다음에 참고가 될 것 같다면 자료가 살아 있을 때 미리 캡처해 놓는 것이 좋습니다.

반드시 백업해야 할 것들은 직접 만든 데이터들입니다. 사진, 영상, 원고뿐만 아니라 간단한 메모나 엑셀 자료, 프로그램 소스 등 개인적 창작물이라면 그 어떤 것이라도 다 포함됩니다. 나의 창작물, 내가 직접 만든 문서, 세상에 단 하나뿐인 나만의 자료, 내 손에만 있는 원본은 반드시 백업해야 합니다.

무엇보다도 중요한 자료는 지금 작성 중인 최신 문서입니다. 컴퓨터에 갑자기 에러가 생겨서 작성 중인 내용이 날아가 버렸을 때의 절망감은 겪어보지 않은 사람은 결코 알 수 없습니다. 작성 중인 문서는 "자동 저장"이 되도록 설정하고 실시간 백업 대책까지 마련해야 합니다. 창작 자료를 많이 만드는 분들에게는 한 번 설정해 놓으면 신경 쓰지 않아도 자동적으로 실시간 백업이 되는 시스템을 구축하는 방법이 꼭 필요합니다. 물리적 에러에도 상관없이 데이터가 보존되고, 실수로 데이터를 삭제해도 복구할 방법도 있어야 합니다. 이 장에서는 이런 백업 방법에 대해 알아봅니다.

클라우드가 대중화되면서 모바일 기기는 자동 백업이 기본이 되었습니다. 스마트폰에서 몇 가지 설정만 하면 거의 모든 자료를 인터넷에 실시간으로 저장할 수 있습니다. PC도 마찬가지입니다. 클라우드는 PC에서 작업하는 디지털 콘텐츠를 자동 저장하고 기기 간에 동기화까지 해줍니다. 업체간 경쟁이

심해져서 무료로 수십 기가바이트(GB)의 용량을 제공하는 믿을 만한 클라우드도 많아졌습니다. 물론 신뢰성은 중요하지 않고 많은 용량만 원한다면 수십 테라바이트(TB)를 제공하는 중국 클라우드도 고려할 만합니다. 각각의 클라우드에 가입하여 데이터를 동기화시키는 방법과 좀 더 넉넉한 용량이 필요할 때 유료로 업그레이드하는 방법을 보여 드리겠습니다.

클라우드는 보안상 신뢰하기 어렵습니다. 클라우드에 올려놓은 데이터는 내 손을 벗어난 것이므로 누군가 악용할 가능성이 존재합니다. 기술적, 법적으로도 그렇고 정치적으로도 그렇습니다. 노출 시키고 싶지 않은 개인 자료를 클라우드에 올리는 것은 상당히 부담스러운 일입니다. 그러므로 중요한 개인 데이터는 내 컴퓨터에만 안전하게 백업해야 할 필요도 있습니다. 이를 위해서 운영체제가 제공하는 자동 백업 기능을 셋업하는 방법을 알아보겠습니다. 운영체제에서 직접 지원하므로 안정적이며, 파일의 변화 내역까지 저장하는 히스토리 기능을 내장하고 있으므로 작업에 도움도 됩니다. 윈도우는 "파일 백업"과 "애플 맥 운영체제"는 "타임머신"이라고 부르는 이 기능은 한 기기 안에서만 데이터를 보관할 경우에 가장 적절한 백업 방법이라고 할 수 있습니다.

파일백업과 타임머신 기능을 사용하기 위해서 백업 데이터를 담을 하드디스크가 추가로 필요합니다. 데스크톱에 하드디스크를 추가하는 것은 별일이 아니지만, 노트북에서는 그렇게 간단하지 않습니다. 특히 애플의 맥북 계열 컴퓨터에 하드디스크를 추가하는 것은 상당히 어렵습니다. 최근의 애플 제품은 하드디스크를 장착할 공간이 아예 없어서 하드디스크 추가는 현실적으로 불가능한 상황입니다. 이 장에서는 가능한 수준에서 윈도우 계열 노트북과 애플의 컴퓨터에 하드디스크를 추가하는 방법을 살펴보겠습니다.

타임머신 기능은 가족사진처럼 보존용 성격이 큰 자료를 백업하는 용도로는 적당하지 않습니다. 이런 자료를 안정적으로 보관하기 위한 방법으로 미러링이란 레이드 기법을 제안합니다. 미러링이란 하드디스크 두 개 이상을 하나처럼 엮어서 쓰는 것으로 데이터를 쓰는 순간 곧바로 여러 하드디스크에 같은 데이터가 중복 저장이 되므로 실시간 자동 동기화 효과가 있습니다. 무엇보다 미러링은 하드디스크의 물리적 장애에서 자유롭다는 장점이 있습니다.

저장 장치의 특성을 이해하고 있으면 데이터를 안정적으로 보관하는 데 좀 더 도움이 될 수 있으므로 레이드와 하드디스크 그리고 SSD의 특성에 대해서 알아보겠습니다. 원본이 단 하나의 하드디스크에만 들어 있는 위험을 피하기 위해 여러 하드디스크를 엮어서 안정성을 높이는 레이드 기법을 이해하면 수많은 데이터를 담고 있는 인터넷 클라우드가 왜 고장 나지 않는지 저절로 알게 될 것입니다.

1 클라우드에 백업하기

사용자가 선택할 수 있는 가장 손쉬운 실시간 백업 방법은 클라우드를 활용하는 것입니다. 외장 하드는 "실시간" 백업이 되지 않습니다. 외장 하드를 항상 컴퓨터에 연결해 놓고 데이터가 만들어질 때마다 곧바로 복사하기는 어렵기 때문입니다. 이에 반해 클라우드는 클라우드 가입과 전용 소프트웨어 다운로드만으로 곧바로 실시간 자동 백업이 됩니다. 자동화를 위해서 특별한 소프트웨어 셋업도 필요 없고 별도의 저장장치를 추가할 필요도 없습니다. 물론 깊이 들어가면 클라우드에도 용량 제한, 백업 가능한 파일 크기 제한 같은 한계가 있긴 하지만 일반적인 백업용으로 사용하기에는 전혀 문제가 없습니다.

1 클라우드란?

클라우드에 대한 다양한 정의가 있지만, 사용자 관점에서 보면 세 가지 기능을 가진 기술이라고 말할 수 있습니다. 즉 컴퓨터, 스마트폰, 태블릿 등의 단말기를 사용할 때 필요한 자료가 저장된 인터넷 저장소이며, 단말기에서 만든 사진이나 영상이 실시간으로 백업되는 곳이자, 여러 단말기 사이에 데이터를 동기화시켜 주는 서비스입니다. 스마트폰에 지도 데이터가 없어도 내비게이션 프로그램이 동작 가능합니다. 필요한 지역의 지도 정보는 앱이 실시간으로 내려받습니다. 원하는 노래를 검색해 곧바로 들을 수 있습니다. 스트리밍 방식은 데이터를 단말기에 저장하지 않으므로 저장 공간이 없어도 용량이 큰 영화를 볼 수 있습니다. 인터넷의 노래 파일이 스마트폰의 스피커로 곧바로 흘러간다고 생각하면 이해가 쉽습니다.

　클라우드는 인터넷을 컴퓨터, 스마트폰, 태블릿을 위한 저장소로 만들어 줍니다. 어떤 기기에서든 필요한 파일을 올려놓으면 원하는 기기에서 다운 받아 사용할 수 있습니다. 어떤 곳에서도 사용 가능한 나만의 하드디스크가 되는 것이지요. 실제로 가상의 D: 드라이브처럼 동작하는 서비스도 있습니다. 내 컴퓨터의 D: 드라이브에 있는 자료는 나만 볼 수 있지만, 가상의 N: 드라이브에 저장한 파일은 링크 공유를 통해 다른 사람과 공유할 수 있습니다.

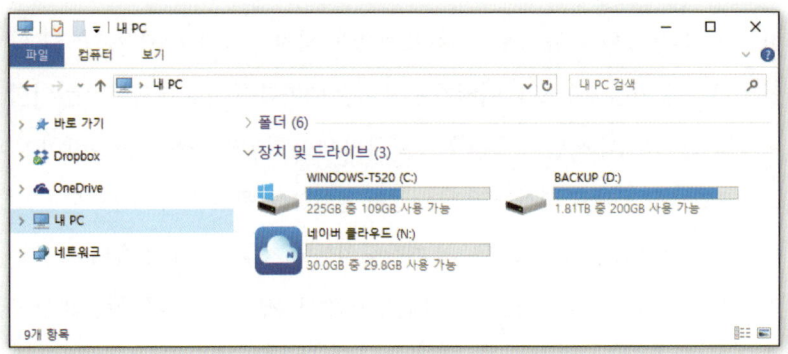

　가상 드라이브 : N드라이브라고 불리는 네이버 클라우드는 컴퓨터에 연결된 하드디스크처럼 사용할 수 있습니다. 대개 클라우드는 동기화 모드로 동작하므로 클라우드에 있는 파일들은 로컬 컴퓨터에 있는 데이터에 대한 복사본이지만 가상 드라이브 모드로 사용할 때는 동기화 옵션을 사용하지 않고 파일을 인터넷에만 저장할 수도 있습니다.

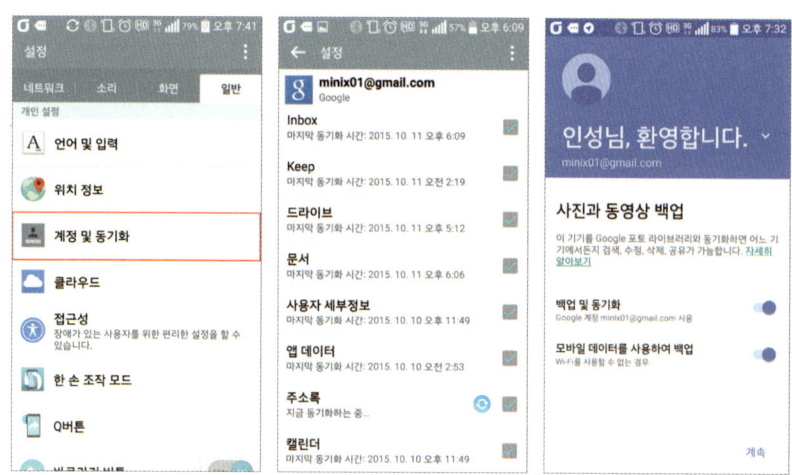

자동 동기화 설정 : 안드로이드 스마트폰은 "계정 및 동기화" 옵션을 통해 주소록과 캘린더 등을 자동 백업하도록 설정할 수 있습니다. 구글포토 설정에서 "자동 백업"이 체크 되어 있으면 내 사진이 모두 구글포토 사이트로 복제됩니다. 원본 품질의 사진을 백업하려면 클라우드 허용 용량에 제한을 받지만, 압축 저장을 선택하면 사진을 무제한으로 백업할 수 있습니다.

> 참고

클라우드의 기술적 분석

클라우드를 데이터 저장소라는 기술적 관점에서 보면 3중 백업을 의미합니다. 3중 백업이란 같은 데이터를 3군데에 중복 저장하는 것입니다. 이를 통해서 데이터 안정성을 높일 수 있습니다.

3중 백업은 다시 물리적 계층과 논리적 계층으로 나뉩니다. 물리적 계층에서 볼 때 클라우드는 레이드로 엮은 하드디스크의 조합입니다. 레이드란 여러 개의 하드디스크를 엮어 쓰는 기술입니다. 여러 개의 하드디스크가 엮여 있는 레이드에 분산, 중복 저장하면 일부 하드디스크가 고장 나더라도 데이터는 문제가 없습니다. 레이드는 자체 복구 능력이 있으므로 고장 난 하드디스크를 물리적으로 교체하면 실시간으로 복구되기 때문입니다. 레이드 복구 중에도 정상적으로 데이터를 읽고 쓸 수 있으므로 클라우드 자체는 장애 없이 동작합니다.

실제로 물리적인 클라우드 관리란 시스템 관리자가 레이드로 가득 찬 데이터센터를 돌아다니면서 장애가 났다는 표시로 빨간 불이 들어온 하드디스크를 교체하는 작업하는 것입니다. 데이터센터가 거대해지면 이런 작업을 로봇 팔이 대신할 수도 있습니다. 레이드에 대해서는 뒷부분에서 자세히 설명합니다.

레이드 박스 : 4TB 하드디스크 48개가 들어 있는 레이드박스는 150TB 이상의 단일 저장소로 동작할 수 있습니다. 데이터와 에러 정정용 코드를 여러 하드디스크에 분산 저장함으로써 2개 이상의 하드디스크가 동시에 고장이 나도 클라우드는 전혀 영향 받지 않고 동작하게 됩니다.

클라우드의 논리적 계층은 클라우드가 한 곳의 물리적 영역에 얽매이지 않도록 만드는 것입니다. 데이터 복사본을 여러 곳에 저장하여 좀 더 안정적인 데이터 가상화, 추상화를 이루어내는 것입니다. 구성은 복잡하지만 간단히 말하면 한 개의 데이터를 세 군데의 독립된 물리적 영역에 중복 복사해 놓는 것이라고 할 수 있습니다.

한두 개의 하드디스크 에러는 레이드 장비 수준에서 처리할 수 있습니다. 만약 레이드 자체적으로 해결할 수 없는 에러, 즉 레이드로 묶인 하드디스크 여러 개가 동시에 에러가 발생하여 물리적인 방법으로 복구할 수 없다면 논리적 영역에서 이를 처리합니다. 클라우드 관리 프로그램은 에러난 레이드에 있는 데이터를 포기하고 즉각 또 다른 저장 영역에 복사본을 추가로 만듭니다. 이런 방식을 통해 항상 3개의 복사본을 유지할 수 있습니다. 복사본 생성 중이라도 나머지 2개의 영역에서는 데이터를 읽고 쓸 수 있기 때문에 논리적 영역에서 볼 때 클라우드 자체는 아무 이상 없이 동작하고 있는 상태입니다. 따라서 물리적인 영역의 장애가 논리적인 영역에 영향을 미치지 않습니다.

클라우드 서버는 성능 향상을 위해서 두 개의 복사본은 최대한 가까운 서버에 두고 나머지 한 개의 복사본은 물리적으로 다른 곳에 저장합니다. 두 복사본이 미국 샌프란시스코 데이터센터에 있다면 나머지 복사본은 유럽의 데이터센터에 두는 식입니다. 샌프란시스코에 전쟁이 일어나 데이터센터가 폭파되는 최악의 상황에서도 유럽에 있는 복사본을 통해 데이터를 정상적으로 접근할 수 있습니다. 물론 이런 장애가 발생하면 클라우드는 즉각적으로 두 개의 복사본을 추가로 만들어 또 다른 장애를 대비합니다. 새롭게 구성된 클라우드는 유럽에 2개 아시아에 1개의 복사본을 만들게 될 것입니다.

전 세계 클라우드 서버 지도 : 거대 인터넷 기업들은 사용자 데이터를 전 세계에 흩어진 클라우드 서버에 분산 저장하고 있습니다. 클라우드 서버들은 고속 해저 광케이블로 연결되어 있어 거리상의 차이가 데이터 전송 속도에 큰 영향을 미치지 않습니다.

클라우드는 하드디스크 에러에 강한 레이드로 이루어진 물리적 영역 위에 3중 복제 시스템이라는 논리적 영역을 갖추고 있으므로 완벽한 데이터 백업 도구가 될 수 있습니다. 클라우드에 백업하는 것이 비싸지도 않습니다. 시간이 갈수록 하드웨어의 성능은 올라가고 가격은 하락하는 경향에 따라 하드디스크 가격도 점점 싸져서 개인 사용자에게 수십 기가바이트를 무료로 제공할 수 있게 되었습니다. 인터넷 회선 속도도 점점 빨라져서 인터넷에서 데이터를 읽어오는 속도가 하드디스크에서 읽어오는 속도와 큰 차이가 나지 않게 되었습니다. 어쩌면 앞으로는 데이터를 저장하기 위해 하드디스크를 구입하는 것보다 인터넷에 저장하는 것이 더 저렴하게 될 수도 있습니다.

공짜 무선랜 설비가 점점 더 많아지고 있고 무선 데이터 통신 요금도 저렴해져서 무제한 LTE 요금제도 나오고 있으므로 스마트폰과 태블릿 등 휴대용 기기에 데이터를 저장하는 대신 인터넷에서 곧바로 사용하는 방식이 대세가 되고 있습니다. 클라우드의 자동 동기화는 기기를 분실하더라도 데이터를 안전하게 지킬 수 있도록 해 줄 뿐만 아니라 기종 간 자동 동기화는 문서 편집 등의 업무를 언제 어디서나 연속적으로 할 수 있게 만들고 있습니다.

❷ 국내외 클라우드 서비스

실시간 자동 동기화를 지원하는 유/무료 클라우드는 다양한 업체에서 서비스하고 있습니다. 클라우드 서비스는 한국 업체의 서비스와 외국 업체의 서비스로 구분할 수 있고 외국 업체의 서비스는 다시 미국 중심의 영어권 서비스와 대용량을 자랑하는 중국의 서비스로 나눌 수 있습니다. 데이터 동기화를 통한 자동 백업 관점에서 개별 클라우드 서비스들 사이의 큰 차이점은 없습니다. 클라우드는 무엇보다도 안정성과 신뢰성이 가장 중요한 판단 기준입니다. 속도, 안정성, 용량, 서비스 정책 등에서 이들의 특성을 알아보겠습니다.

국내 서비스

국내 클라우드 서비스는 서버가 한국 인터넷망에 있어 빠른 속도가 장점입니다. 국내 무료 서비스는 대개 50GB 내외의 공간, 실시간 자동 백업 지원, 여러 기기에 걸친 동기화 지원 등 백업에 필요한 모든 기능을 가지고 있습니다. 클라우드의 주요한 기능 중의 하나인 콘텐츠 서비스 기능은 업체마다 조금씩 다릅니다. 실시간 음악 파일 스트리밍, 동영상 스트리밍, 동영상 재인코딩 지원 등에서 업체 간 차별성을 가지고 있습니다. 백업 관점에서 그 차이는 크게 중요하지 않으므로 여기서는 거론하지 않습니다.

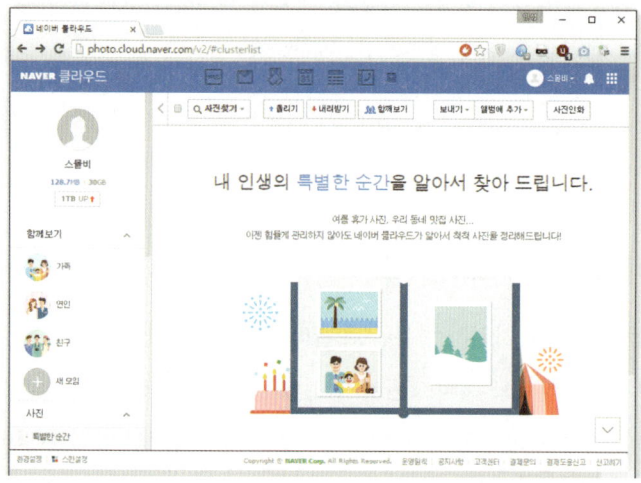

포털의 클라우드 : 네이버 클라우드는 30GB를 무료로 줍니다. 업로드 할 수 있는 최대 파일 크기는 4GB입니다. 유료의 경우 100GB에 월 5,500원, 1TB에 월 만 천원입니다. 네이버 클라우드는 기기 간 자동 동기화 용도로 사용할 수 있고 가상 드라이버 방식으로 쓸 수도 있습니다. 기기 간 로그인과 로그 아웃 정책이 있어서 가상 드라이브를 여러 컴퓨터에서 안전하게 사용할 수 있습니다. 한 기기에서 로그인하면 다른 기기에서 로그 아웃되도록 설정하거나 일정 시간 동안 사용하지 않으면 강제 로그아웃되는 방식입니다. 로그인되어 있으면 자동 동기화가 백그라운드로 동작합니다.

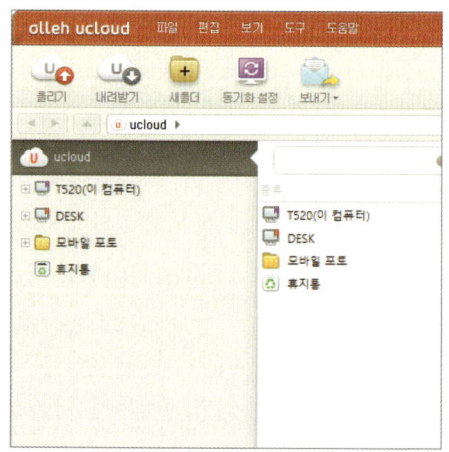

통신사의 클라우드 : 전화나 인터넷 사용자에게 50GB를 무료로 제공하던 KT의 유클라우드는 PC 버전을 폐기하고 모바일용으로 서비스를 전환하고 있습니다. 따라서 개인 사용자들이 백업용으로 PC 자동 동기화를 사용하기 어렵게 되었습니다. 그 외 중소 클라우드 서비스 사이트들도 거의 다 문을 닫고 있습니다.

국내 클라우드는 전 세계를 상대하는 외국의 대규모 클라우드 업체들과의 경쟁에서 밀려 서비스 경쟁력이 상실되고 있습니다. 50GB를 무료로 제공하던 다음 클라우드가 급작스럽게 서비스를 중단하면서 사용자들에게 충격을 주고 있습니다. 클라우드 시대에 포털의 중심 서비스의 역할을 하던 클라우드를 국내 2위 포털이 스스로 포기한 것은 다음의 경쟁력 상실을 상징적으로 보여주는 사건입니다.

다음 클라우드의 폐쇄로 인해 국내 클라우드의 서비스 안정성에 의문이 생긴 상황입니다. 보안면에서도 국내 서비스는 믿기 어렵습니다(119쪽 참조) 그나마 쓸만한 서비스는 몇 개 남지도 않았습니다. 이런 점으로 볼 때 국내 클라우드 서비스는 안정성, 신뢰성을 담보하기 힘듭니다.

영어권 클라우드 서비스

해외 서비스는 데이터 업로드를 할 때 국제 망을 경유해야 하므로 속도가 느립니다. 국내 서비스에 비해서 무료 용량도 작은 편입니다. 하지만 클라우드 본연의 기능이 제대로 구현되어 있어 상대적으로 서비스가 안정적이며 보안 부분에 신뢰성이 있다는 장점이 있습니다. 국내 클라우드 서비스들은 타 업체의 앱이나 서비스와 잘 연동되지 않아 단순 데이터 저장소로 사용되는 경우가 많지만, 해외 클라우드 서비스는 다양한 업체의 앱과 프로그램들이 기본적으로 지원하는 클라우드 서비스라서 활용도가 높은 편입니다.

구글 드라이브 : 구글에서 운영하는 클라우드 서비스는 파일 자동 동기화와 함께 협업 문서 작성에 많이 쓰이고 있습니다. 작성 중인 파일의 변경 내용을 버전별로 보관하는 타임머신 기능도 갖추고 있습니다. 기본 무료 제공 용량은 15GB, 업로드 가능한 최대 파일 크기는 1TB입니다. 워드나 엑셀 그리고 파워포인트 문서를

구글 클라우드에 업로드하여 온라인에서 편집할 경우에는 크기 제한이 있습니다. 문서 파일 10MB 이내, 스프레드시트 파일 20MB 이내, 프레젠테이션 파일 50MB 이내여야 합니다. 구글 드라이브는 개인적 용도보다는 회사 등에서 공유 업무를 위해서 많이 사용합니다.

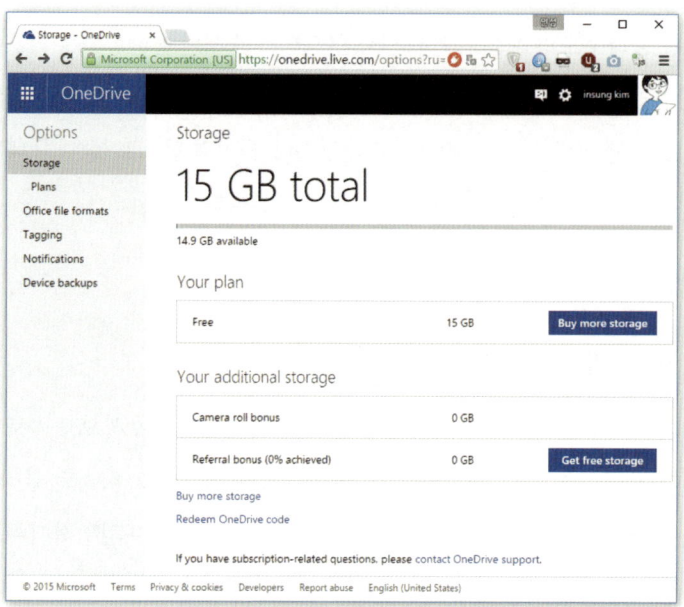

원드라이브 : 마이크로소프트가 제공하는 클라우드입니다. 원래 스카이드라이브였는데 상표권 분쟁에서 져서 원드라이브(OneDrive)로 바뀌었습니다. MS의 서비스이지만 맥에서도 사용 가능합니다. 무료로 15GB가 제공되며 다양한 이벤트에 참가하면 용량을 100GB 이상으로 늘릴 수도 있습니다. 최대 업로드 파일 용량은 10GB이고 타임머신 기능도 제공합니다. 원드라이브에 올린 파일은 혼자서만 쓰거나 허가한 사람들과 공유도 가능하며 모두에게 공개할 수도 있습니다.

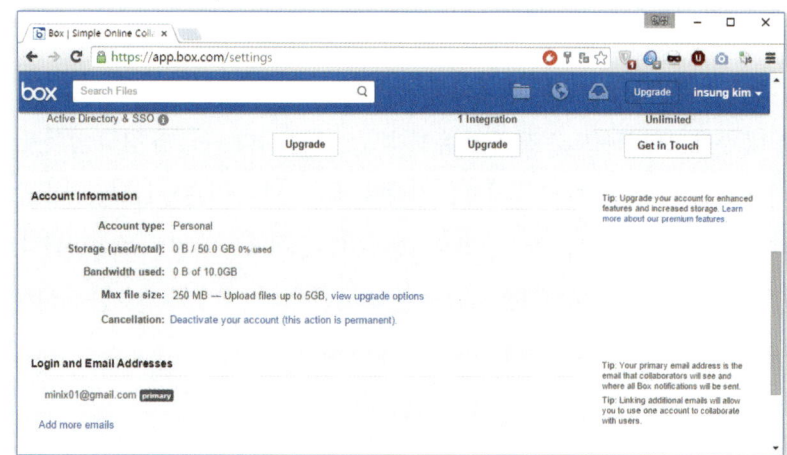

Box 클라우드 : 문서 협업에 특화된 Box 클라우드 서비스입니다. 모바일 오피스를 제공하므로 온라인 문서를 편집할 수 있습니다. 기본 무료 제공량은 10GB이고 LG 스마트폰 사용자 등 특정 조건에 맞으면 50GB로 증설할 수 있습니다. 최대 업로드 가능 파일 크기는 250MB입니다.

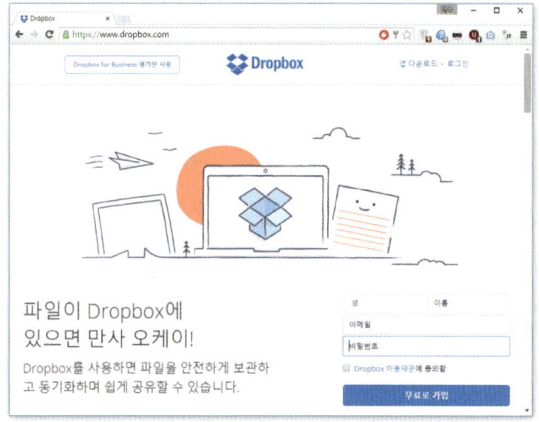

드랍박스(Dropbox) : 안정성과 빠른 속도, 다양한 프로그램의 지원에 힘입어 box 서비스와 슈가싱크를 제치고 세계에서 가장 인기 많은 클라우드 서비스가 된 드랍박스 클라우드입니다. 한국에서도 다른 외국 클라우드에 비해 상대적으로 빠른 속도를 내고 있습니다. 업로드 파일 크기에 제한이 없고 파일 히스토리 기능도 충실한 서비스입니다.

중국 클라우드 서비스

중국의 클라우드 서비스의 특징은 대용량입니다. 이들이 제공하는 용량은 최대 수십 테라바이트로 전 세계 유례가 없는 양입니다. 중국의 검색 업체 바이두는 2TB, 게임과 메신저 시장을 장악한 텐센트의 웨이윤은 10TB, 보안 업체 치후360이 운영하는 360 클라우드는 36TB에 이르는 용량을 제공합니다. 중국 인터넷에 대한 신뢰성을 생각해 볼 때 프라이버시 보호가 필요한 데이터들을 중국 클라우드에 저장하는 것은 위험합니다.

360윤판: 치후360의 360 클라우드(360윤판)는 초기 36TB를 제공하지만, 용량을 다 채운다면 추가 용량을 더 제공합니다. 채울 데이터만 있다면 용량은 무한대로 사용 가능하다고 알려져 있습니다.

중국식 대용량 클라우드는 소위 웹하드 방식의 서비스입니다. 비록 영상 시대라고 해도 한 개인이 직접 만든 데이터는 아무리 많아도 1TB를 넘기기 힘듭니다. 때문에 36TB를 제공하더라도 이 용량을 다 쓸 수 있는 사람은 극히 드물 것입니다. 36TB를 쓰는 것은 물리적으로도 어렵습니다. 현재 가장 큰 하드디스크가 10TB 이하이기 때문에 그 이상을 쓰려면 하드디스크 여러 개를 논리적으로 묶어서 하나의 저장장치처럼 만들어야 하는데 기업을 제외하고는 하드디스크를 이렇게 쓰는 사람도 거의 없기 때문입니다.

그럼에도 중국 클라우드가 수십 테라바이트의 용량을 제공할 수 있는 것은 각 개인이 가진 자료 중 대부분은 다른 사람이 가진 자료와 중복된다는 통계적 사실에 기반을 둡니다. 영화와 음악을 다운로드 하는 웹하드 서비스는 내부적으로 파일을 공유합니다. 어떤 사용자가 최신 영화 파일을 올리려고 할 때 웹하드 서버는 이미 올라와 있는 파일들과 비교하여 같은 파일이 있으면 새 파일을 업로드 하는 대신 이미 업로드 되어 있는 파일을 공유하도록 합니다. 백 명의 사용자가 같은 내용의 4GB짜리 영화 파일을 업로드 할 경우 각각 따로 처리하면 400GB가 필요하지만 한 개의 파일을 공유하도록 하면 4기가로 해결 가능합니다.

중국 클라우드에 파일을 올리면 동일한 파일이 이미 올라와 있지 않은 지 확인하기 위해 업로드한 개인 파일을 조사할 가능성이 큽니다. 클라우드라는 서비스 자체가 개인 정보 유출의 가능성이 있는 서비스이지만 중국 서비스는 특히 이런 부분에 대한 검증이 되지 않았기 때문에 개인적인 자료를 업로드 하는 것은 가능하면 피해야 합니다.

③ 클라우드 셋업 방법

신뢰성과 안정성이 있는 영어권 클라우드 서비스 중 가장 인기 있는 서비스인 드랍박스와 구글 드라이브 사용법을 알아봅니다.

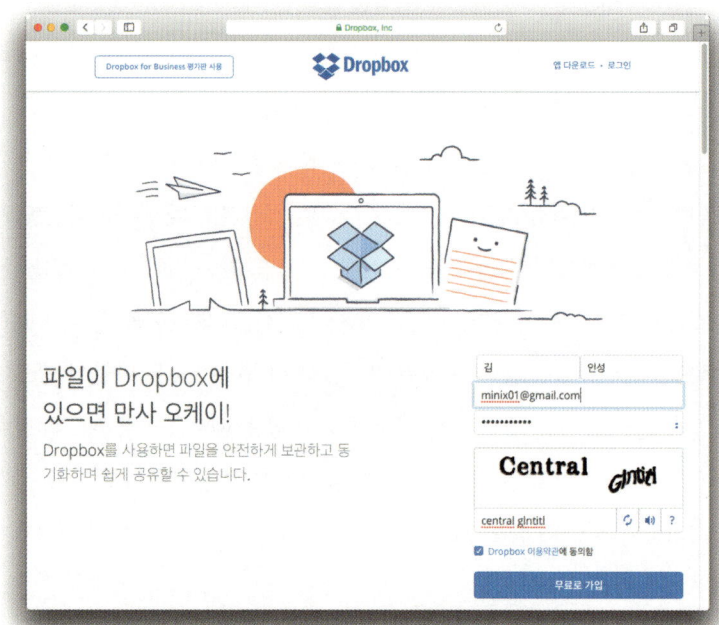

드랍박스 셋업하기

드랍박스 사이트 dropbox.com에 접속해서 이름과 이메일 그리고 드랍박스용 비밀번호를 적고 "Dropbox 이용약관에 동의함"에 체크하고 "무료로 가입"을 클릭합니다. 화면은 애플의 맥 컴퓨터에서 인스톨하는 과정입니다. 대부분의 클라우드는 애플의 맥 컴퓨터에서도 사용할 수 있습니다.

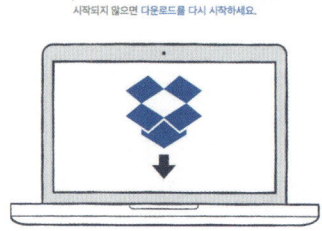

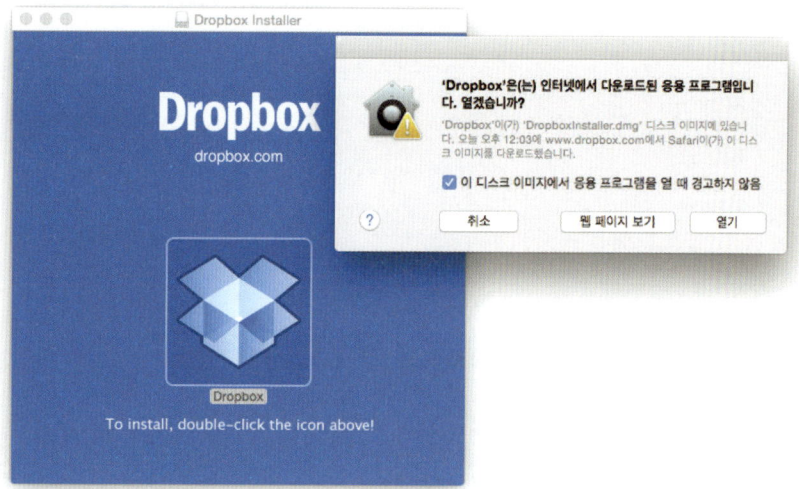

이름, 이메일, 비밀번호만으로 간단히 가입할 수 있고, 가입 즉시 동기화 프로그램이 다운로드됩니다. 다운로드된 프로그램을 실행하면 자동으로 인스톨됩니다.

로그인 요청 화면에서 이메일과 비밀번호를 넣으면 인스톨이 완료됩니다.

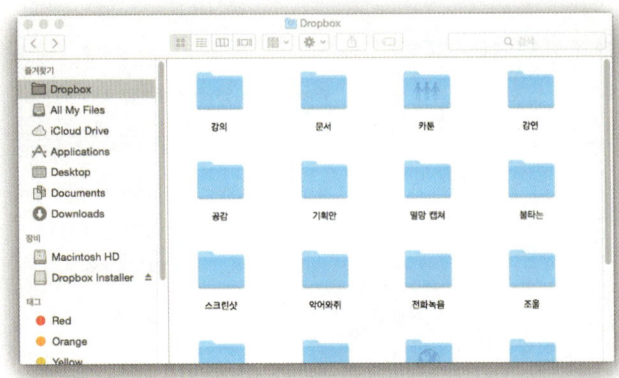

이미 다른 컴퓨터에서 드랍박스를 쓰고 있었다면 동기화가 이루어져 곧바로 다운로드가 시작됩니다.

구글 드라이브 셋업하기

구글 드라이브는 구글 계정을 가지고 있다면 드랍박스와 마찬가지로 간단한 절차만으로 인스톨할 수 있습니다. 구글 계정이 없다면 google.com 사이트에서 가입하면 됩니다. 안드로이드 스마트폰을 사용하는 분들이라면 구글 계정을 이미 가지고 있을 것입니다. 여기서는 구글 계정을 이미 가지고 있다고 가정하고 셋업 과정을 설명합니다.

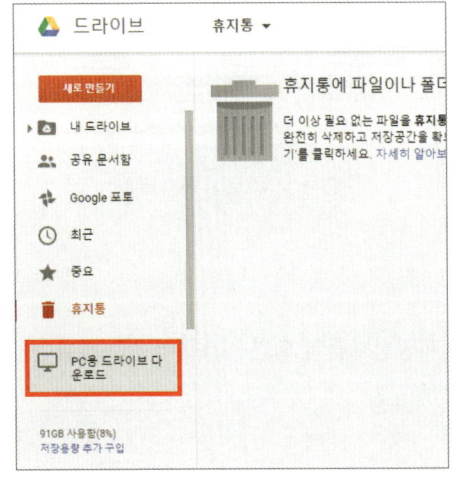

구글 드라이브 사이트에 접속하여 좌측 아래쪽에 "PC용 드라이브 다운로드"를 클릭해 프로그램을 다운받습니다.

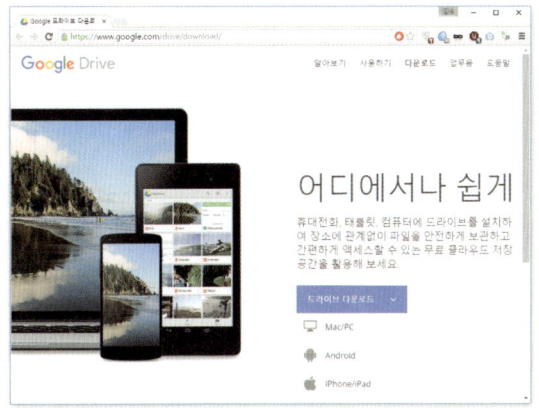

윈도우나 맥의 경우 Mac/PC를 선택하면 됩니다. 스마트폰과 태블릿에서도 구글 드라이브를 사용할 수 있습니다.

실행 버튼을 클릭해서 다운로드 받은 파일을 실행합니다.

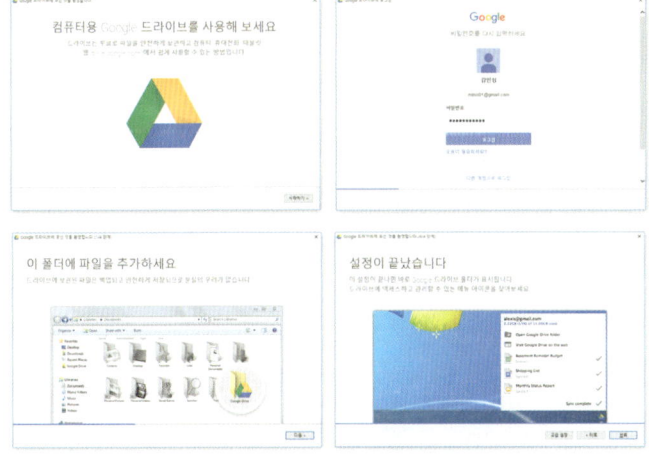

로그인을 하고 다음 버튼을 클릭하면 인스톨이 완료됩니다. 구글 드라이브는 기본적으로 C:\Users\사용자명\google drive 에 설치됩니다.

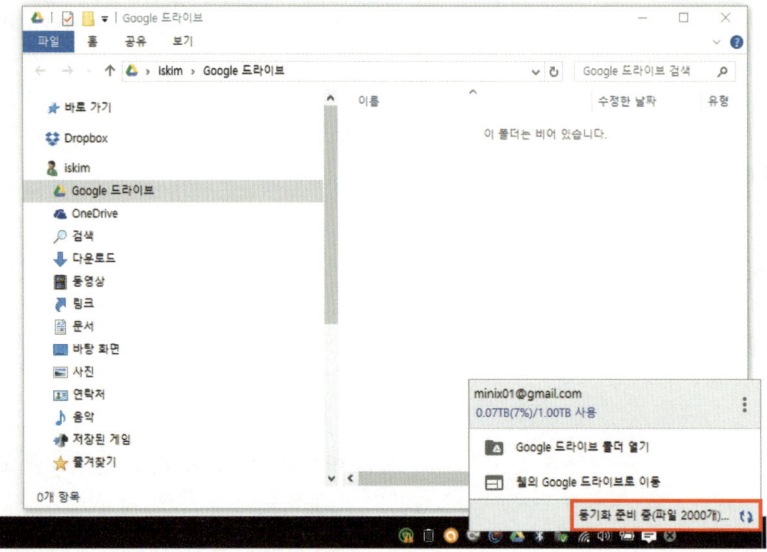

구글 드라이브 설치가 완료되면 드랍박스와 마찬가지로 자동으로 동기화가 시작됩니다.

> 참고

중국 클라우드 가입에 대해

한국에서 중국 서비스를 사용하기는 까다롭습니다. 중국의 클라우드 중 영어가 지원되는 사이트도 일부 있지만, 주로 중국어만으로 서비스 되고 있기 때문입니다. 물론 메뉴 해독 정도는 구글 번역에 의존할 수 있지만 일상적으로 사용하기에는 무리가 있습니다. 점차 가입도 어려워지고 있습니다. 최근에는 접속 IP가 중국 IP가 아닐 경우 중국 전화번호를 가진 휴대폰만 가능한 인증 요구가 뜨기 때문에 가입이 어렵습니다. 물론 우회 IP를 제공하는 프락시를 사용하는 방법, 중국에서 인기 있는 QQ 메신저로 인증하는 방법이 있지만, 설정법도 계속 바뀌고 있어 간단히 설명하기 어렵습니다. 중국 클라우드는 중요한 작업 데이터 자동 백업보다는 단순한 콘텐츠 저장소로 쓰는 용도에 적당하기 때문에 구체적인 가입방법과 사용 예는 생략하겠습니다.

텐센트의 웨이윤은 한시적으로 10TB를 제공합니다. 다양한 기기를 위한 클라이언트 프로그램이 존재하고 모바일 기기용은 한글화도 되어 있습니다. 가입하려면 구글 번역기와 QQ 메신저 아이디가 필요합니다.

360 클라우드는 36TB를 제공하지만, 중국 IP가 아닐 경우 전화번호를 요구하기 때문에 가입에 어려움이 있습니다. 이를 우회하는 방법이 있지만 복잡하고 해결책이 수시로 달라져서 여기서는 언급하지 않습니다.

클라우드에 백업하기   109

④ 클라우드 클라이언트 설정 변경하기

클라우드 클라이언트 프로그램을 설치하면 그다음부터 크게 신경을 쓰지 않아도 자동으로 동기화가 됩니다. 하지만 클라우드는 인터넷으로 연결되어 있어 동기화에 시간이 걸리므로 문서를 작성 중이라면 컴퓨터를 닫기 전에 동기화가 완료되었는지 정도는 확인하는 것이 좋습니다. 이것만 신경 쓴다면 클라우드를 통한 자동 동기화는 크게 관리할 것이 없습니다.

클라우드 자동 동기화의 기본 폴더는 C:\사용자\내_아이디\Dropbox, C:\사용자\내_아이디\google drive로 설정됩니다. 작업 데이터를 주로 문서 폴더나 바탕화면에 두거나 혹은 선호하는 폴더를 따로 만들어 써 오던 오랜 습관을 클라우드 때문에 바꾸어야 한다면 불편할 수 있습니다. 작업 폴더가 한 개라면 클라우드가 그 폴더를 동기화하도록 바꾸면 됩니다. 예를 들어 작업 문서를 주로 저장하는 폴더가 C:\my_work 라면 클라우드 설정에서 동기화 폴더를 C:\my_work로 바꾸면 그 후부터 이 폴더에 저장하는 모든 파일이 온라인에 동기화될 것입니다.

자동 백업을 시켜야 할 폴더가 여러 개라면 이들을 구글 드라이브 폴더 아래에 옮겨서 동기화가 되도록 해야 합니다. 예를 들어 바탕 화면에 임시로 파일들을 복사해 놓는 경우가 많으므로 바탕화면을 클라우드로 관리할 수 있으면 편리할 것입니다. 그런데 바탕화면 폴더(C:\사용자\내_아이디\바탕화면)를 동기화 폴더로 지정하면 에러가 나는 경우가 많습니다. 이렇게 클라우드 프로그램이 동기화 폴더로 지정을 거부하는 경우에는 해당 폴더를 클라우드 폴더 아래로 옮기면 됩니다.

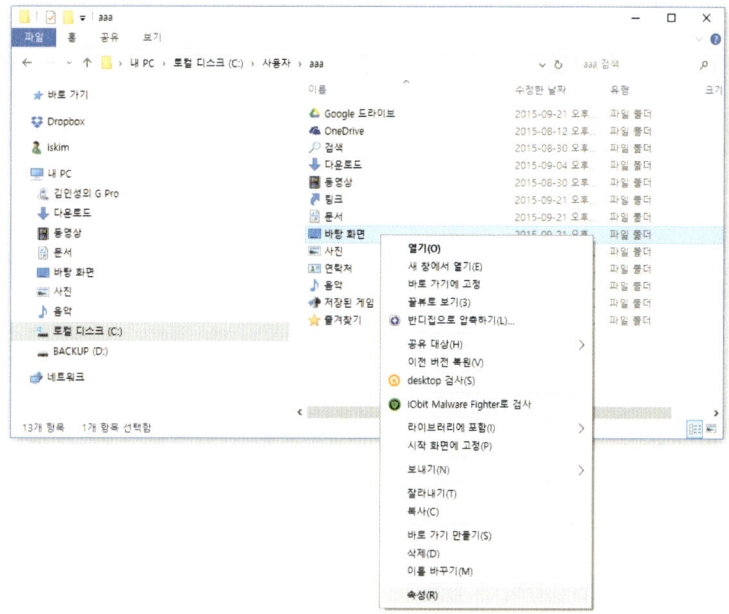

C:\Users\aaa\ 아래에 있는 "바탕화면"을 우클릭하고 속성을 선택합니다.

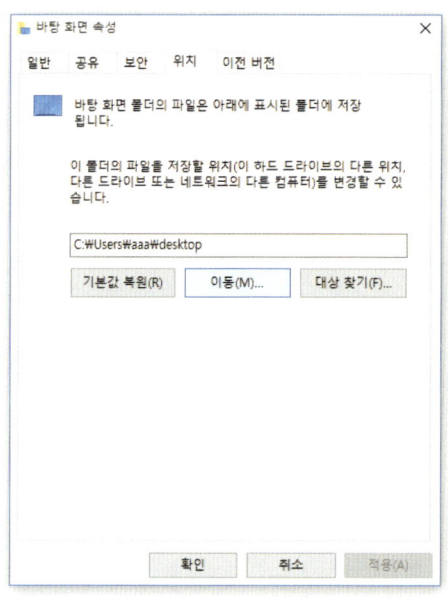

"위치" 탭에서 "이동"을 선택합니다.

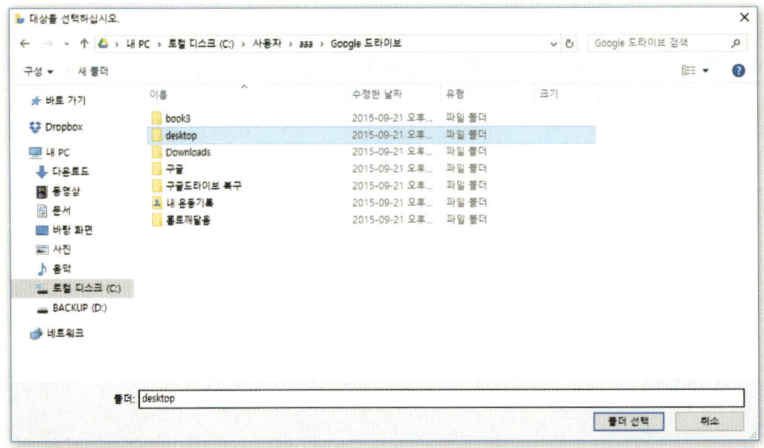

구글 드라이브 동기화 폴더(C:\Users\aaa\google drive) 아래에 "desktop" 폴더를 만들고 "폴더 선택"을 클릭합니다.

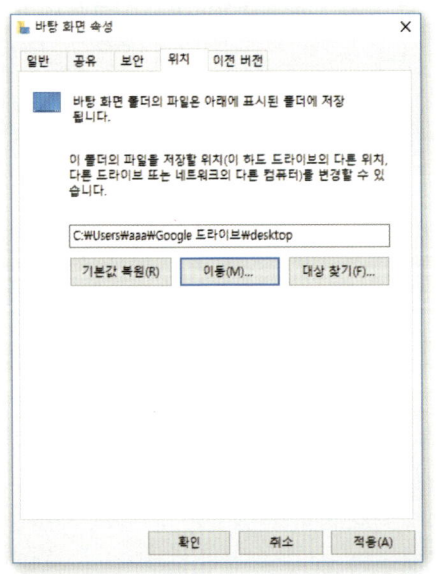

바탕화면 속성의 폴더 설정이 바뀐 것을 확인하고 "확인" 버튼을 클릭합니다.

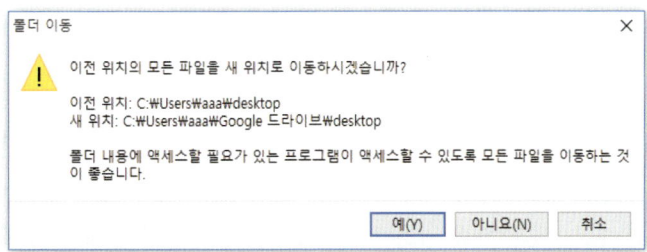

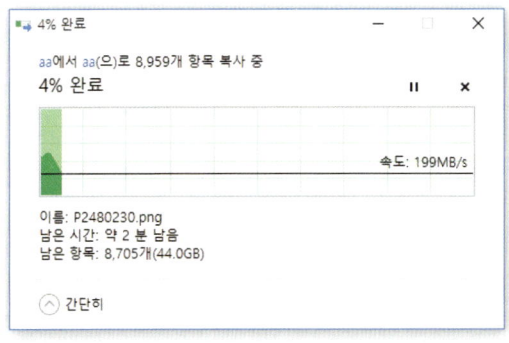
원래 바탕화면 위치에 있던 파일들을 윈도우가 자동으로 모두 새 바탕화면으로 이동시킵니다.

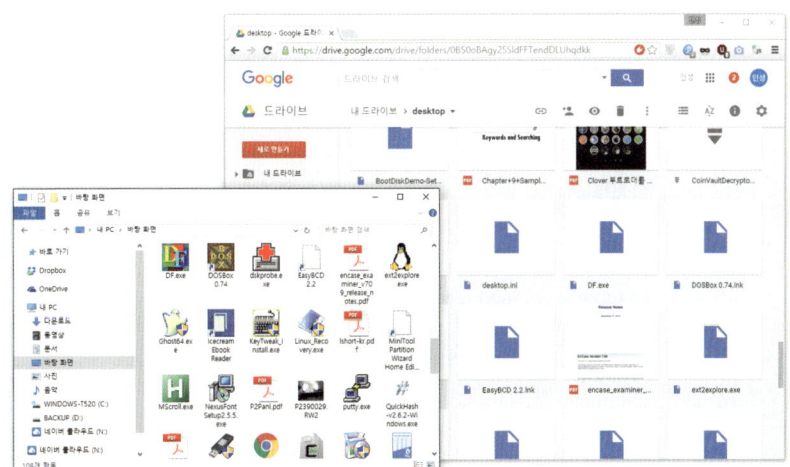

바탕화면의 파일들이 클라우드에 동기화되고 있습니다. 이제부터 바탕화면에 만든 파일은 자동으로 클라우드에 올라가므로 파일 분실 걱정 없이 바탕화면에 파일을 마음대로 둘 수 있습니다.

5 클라우드 유료 가입하여 용량 늘리기

클라우드 업체 간 경쟁이 격화되어 무료 제공 용량이 늘어나고 있습니다. 초반에는 주로 2GB를 무료로 제공했지만 이제 50GB도 많은 양이 아닙니다. 클라우드를 작업 데이터 백업용으로 사용하게 되면 무료 용량만으로 버티기 어려워집니다. 언제 어디서든지 데이터를 사용할 수 있고 작업 데이터를 자동 동기화시켜줄 뿐만 아니라 3중 백업을 통해 데이터 안정성도 확보된다는 점을 생각해보면 꼭 무료 용량에 묶일 필요는 없습니다. 클라우드 사용 요금도 떨어지고 있으므로 돈을 지불하더라도 필요한 만큼 용량을 늘리는 것도 좋은 선택입니다.

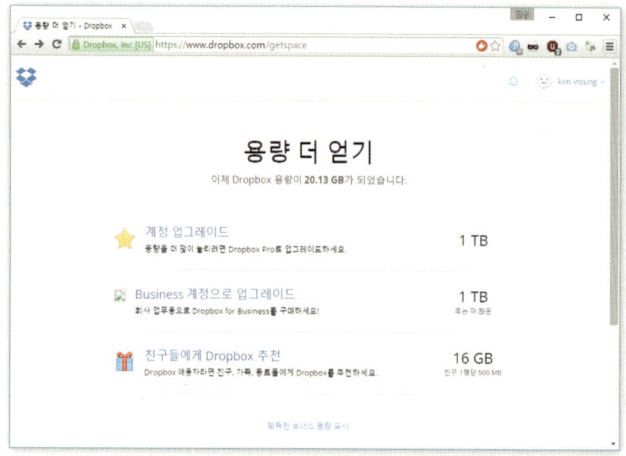

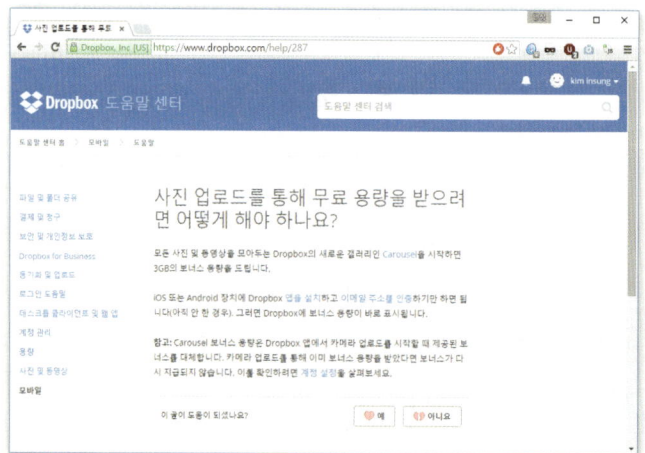

클라우드 업체들은 자사의 새로운 서비스를 사용자들이 쓰도록 만들기 위해서 새로운 앱을 인스톨하는 조건으로 용량을 추가로 지급합니다. 기존 사용자들이 주변 사람들에게 클라우드 사용을 홍보해 줄 경우에도 용량을 늘려줍니다. 친구 초대, 페이스북과 트위터 홍보, 스마트폰 사진 업로드 기능 활성화 등 여러 이벤트를 적극적으로 활용하면 수십 기가바이트까지 무료 사용량을 늘릴 수 있습니다.

1년간 1TB의 클라우드를 사용하는 비용은 120달러(15만 원) 정도입니다. 현재 1TB 하드디스크 한 개 가격이 6만 원 가량 되는데 하드디스크를 1년간 끄지 않고 사용하는 전기료와 데이터를 주고받을 때 들어가는 인터넷 트래픽 비용을 따져봤을 때 120달러는 결코 비싸지 않습니다. 더구나 3중 백업을 위해 제공 용량의 2배 이상이 필요하고 사용자가 삭제한 데이터를 한 달간 따로 보관해 놓는 데 필요한 공간까지 생각해보면 클라우드 업체가 이익이 나고 있는지 의심스러울 정도입니다. 많은 데이터를 여러 클라우드 업체의 무료 제공량에 맞추어 쪼개서 백업하느라 고생하고 있다면 이번 기회에 가장 마음에 드는 클라우드 업체에서 적절한 용량을 유료로 구입하여 자료 관리를 단순화해보시기 바랍니다. 여러분의 데이터는 클라우드 요금보다는 훨씬 가치가 있으니까요.

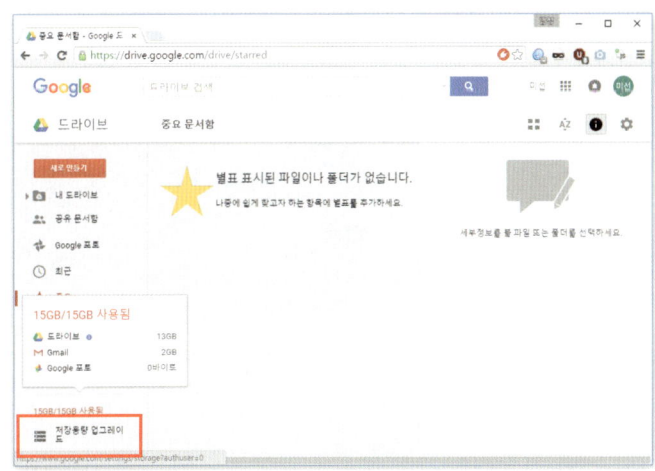

구글 드라이브 공간 사용량이 100%에 달하고 있습니다. 이제 추가 용량을 구입할 시기가 되었습니다. 왼쪽 가장 아래 "저장용량 업그레이드"를 선택합니다.

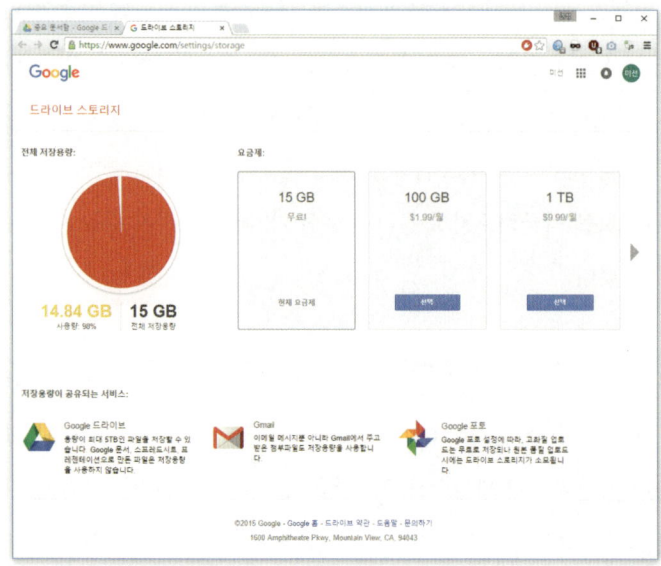

현재 무료로 15GB를 사용 중입니다. 100GB는 매달 1.99달러로 연간 24달러입니다. 작업 문서만 백업한다면 100GB 정도면 충분하기 때문에 이 요금제를 선택합니다.

결제는 간단합니다. 국내 결제 서비스처럼 각종 보안 프로그램을 설치하라고 하거나 인터넷 익스플로러의 액티브엑스 프로그램이 다운로드되지도 않습니다. 카드 정보와 주소만 입력하면 결제가 완료됩니다.

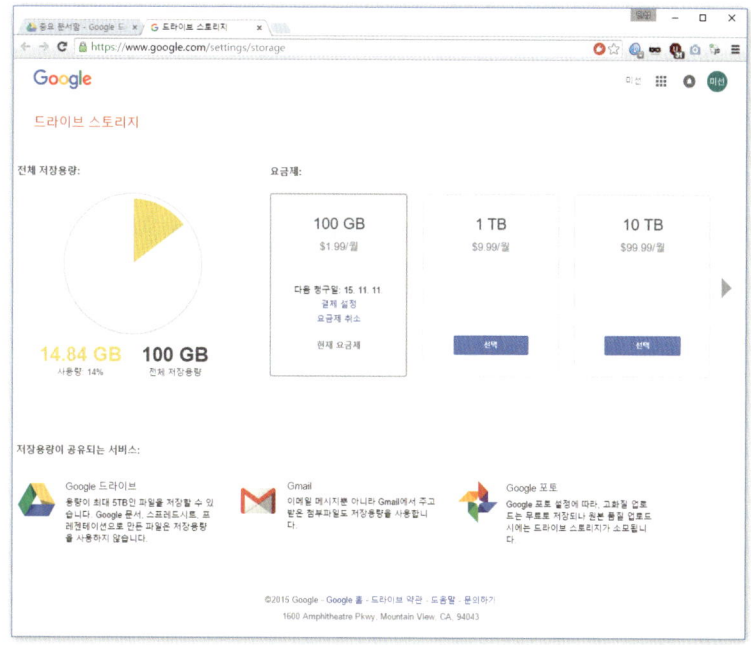

클라우드 저장 용량이 100GB로 업그레이드되었습니다. 이제 당분간은 넉넉한 공간에서 만족스러운 클라우드 생활을 할 수 있습니다.

사용하다 보면 하드디스크 용량만큼 빨리 줄어드는 것이 없습니다. 언제나 데이터는 점점 더 많아지고 쓸 수 있는 용량은 점점 더 줄어들기 마련입니다. 참고로 5인 이상의 기업이라면 비즈니스 클라우드를 사용할 경우 무제한 용량을 얻을 수도 있습니다. 무제한 용량 정책은 업체마다 가격과 방식이 다르므로 이에 관한 부분은 해당 업체의 정책을 참조하시기 바랍니다.

2 로컬 컴퓨터에 백업하기

　모든 데이터를 클라우드에 백업하는 것은 무리가 있습니다. 무료 클라우드는 용량이 제한적입니다. 무료 제공 용량이 늘어나고 있긴 하지만 수요보다 넉넉한 양을 제공하는 곳은 없습니다. 무제한 공짜라도 자세히 보면 여러 가지 제약이 있습니다. 예를 들어 사진 저장에 무제한의 공간을 제공한다는 구글은 강제로 품질을 떨어뜨려 저장하기 때문에 화질이 중요할 경우 사진 백업용으로는 적절하지 않습니다. 클라우드 간 경쟁이 치열해서 갑자기 서비스가 사라지거나 정책이 바뀔 때도 많아 안심하고 쓸 곳이 별로 없습니다.

　수년 간 찍어 온 사진을 클라우드에 저장하려면 적지 않은 비용이 듭니다. 클라우드에 백업하더라도 원본을 가지고 있어야 하므로 하드디스크 비용이 줄어들지도 않습니다. 데이터를 클라우드에만 보관할 수도 있긴 하지만 파일을 사용해야 할 경우 다운로드 될 때까지 기다려야 한다는 단점이 있습니다.

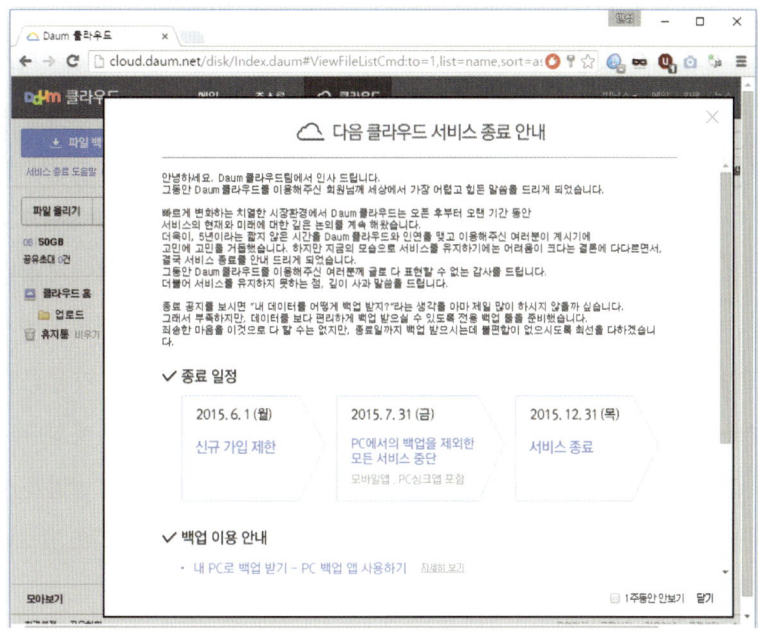

클라우드 서비스를 포기한 다음 : 다음은 카카오와 합병한 이후 경쟁력이 없는 서비스를 차례로 폐지했습니다. 그 과정에서 다음 클라우드도 폐지했는데 클라우드 서비스는 빅데이터 시대의 핵심 서비스라는 면에서 사용자들에게 엄청난 충격을 주었습니다. 사용자들은 50GB에 이르는 데이터를 다른 클라우드 서비스에 옮기느라 한동안 고생을 했습니다. 다음 클라우드 폐지로 인해 다음에 대한 신뢰를 잃어버린 사용자가 많습니다.

클라우드 업체가 개인 데이터를 사용자 몰래 외부에 제공할지 모른다는 의심도 해소되지도 못했습니다. 개인 데이터에는 남에게 보이기 곤란한 내용이 많기 때문에 클라우드의 신뢰성이 중요합니다. 하지만 클라우드를 제공하는 기업들을 백 퍼센트 신뢰하기 어렵습니다. 한국 IT 기업들에 대한 신뢰도는 매우 낮습니다. 고객의 모바일 메신저 대화 내용을 정부 기관에 실시간으로 제공하고 있고, 검찰이 요구하면 수년 치의 이메일을 사용자에게 통보도 하지 않고 검찰에게 넘겨 주고 있는 실정이라 클라우드에 올려놓은 데이터가 남들로부터 안전하게 지켜지고 있을 가능성은 극히 낮다고 판단할 수 있습니다.

중국은 정부가 인터넷을 검열하므로 중국 클라우드를 개인 데이터 저장 공간으로 사용하기에는 무리가 있습니다. 미국 서비스들은 상대적으로 안전합니다. 이들은 최소한 한국 정부가 요구한다고 해서 사용자 데이터를 무단으로 넘겨 줄 가능성은 적다고 볼 수 있습니다. 음란물, 불온문서 등 한국에서 불법인 사항들이 외국에서도 불법은 아니므로 한국 정부의 요구에 외국의 클라우드 업체가 응할 이유가 없기 때문입니다. 물론 구글, 애플 등 미국의 가장 큰 IT 업체들도 사용자 정보를 미 정부에 제공했다는 의혹에서 자유롭지 못합니다.

결국, 보안이 필요한 데이터의 안전한 보관을 위해서는 로컬 백업 방법을 사용할 수밖에 없습니다. 로컬 백업을 위해 외장 하드를 사용하는 방법이 있으나 외장 하드는 고장 가능성이 커서 신뢰성이 없습니다.

소프트웨어적으로 데이터를 동기화시키는 방법도 있습니다. 로컬 하드디스크의 폴더나 파일을 백업 하드디스크에 실시간으로 동기화시켜 주는 프로그램들을 쓰는 것입니다. 그러나 이런 프로그램은 신뢰성과 안정성에 문제가 있습니다. 실시간 백업이 제대로 안 되기도 하고, 설정 방법이 어려워 잘못된 설정으로 파일을 덮어쓰는 바람에 오히려 파일을 잃어버리기도 합니다. 데이터 백업 같은 중요한 일을 특정 응용 프로그램에 맡기는 것은 좋은 방법은 아닙니다.

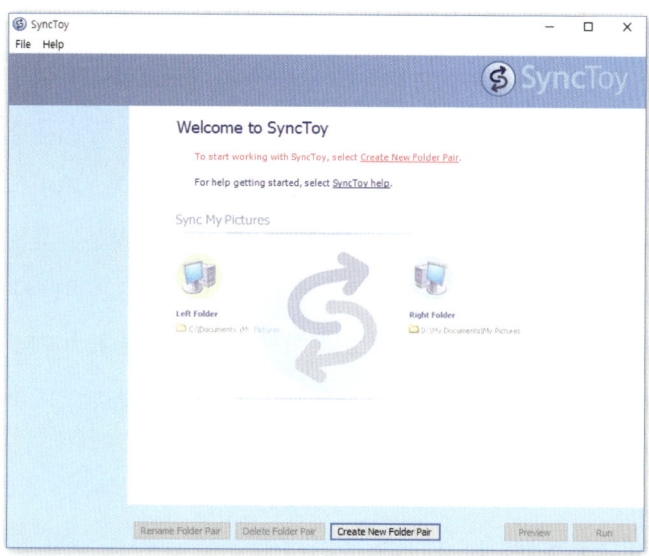

동기화 프로그램 : 싱크토이는 마이크로소프트에서 무료로 제공하는 폴더 동기화 프로그램입니다. 이 프로그램을 사용하면 원본 폴더 파일들을 실시간에 가깝게 백업 폴더에 복사할 수 있습니다. 이외에도 AllwaySync 등 동기화 프로그램이 많지만 실사용에서 신뢰성은 그리 높지 않은 편입니다.

외장 하드를 쓰거나 컴퓨터에 하드디스크를 추가해서 파일을 복사해 놓는 것이 그나마 안정적이긴 하지만 실시간 백업이 되지 않으면 결정적일 때 문제가 생깁니다. 이 장에서는 로컬에서 사용 가능한 가장 안정적인 실시간 백업 방법에 대해서 설명해 드리겠습니다.

① 로컬 백업용 하드디스크 추가하기

로컬 백업을 위해서는 여분의 하드디스크 공간이 필요합니다. 여유 공간이 없다면 새 하드디스크를 추가해야 합니다. 타임머신 기능 등 이후에 설명할 여러 가지 로컬 백업 기법을 위해서도 하드디스크 추가는 꼭 필요하므로 각종 컴퓨터에 하드디스크를 장착하는 방법을 설명합니다. 이 부분은 컴퓨터를 열고 나사를 풀고 케이블을 연결해야 하는 약간의 난이도가 있지만 사실 별로 어려운 작업은 아니라서 누구나 스스로 할 수 있는 일입니다. 그래도 직접 하기 어렵다면 주변에서 컴퓨터를 잘 다루는 분을 찾아 도움을 받아도 좋습니다.

하드디스크 구입

성능이 뛰어나고 문제가 가장 적은 제품을 적절한 가격에 구입하는 방법을 알아봅니다.

가격 비교 사이트 : 하드디스크는 온라인으로 구매할 수 있습니다. 사실 근처 컴퓨터 가게를 가거나 용산을 직접 찾아가더라도 하드디스크를 제대로 구입하기는 어렵습니다. 컴퓨터 부품은 인터넷에서 구입하는 것이 가장 좋은 방법입니다. 가격 비교 사이트의 컴퓨터-저장장치 항목에서 HDD를 선택하면 됩니다. 다나와, 에누리 등 어디든지 상관없습니다.

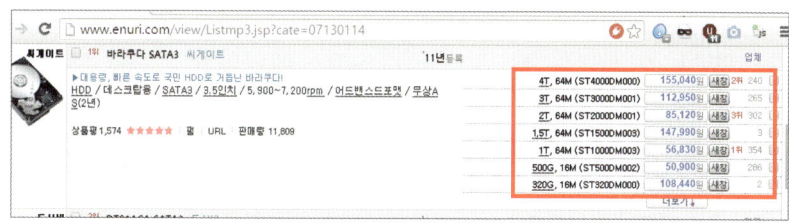

최선의 제품 고르기 : 하드디스크 항목에서 3.5인치 SATA3를 선택하고 인기 제품 순으로 나열합니다. 인기 1위 제품인 "시게이트 바라쿠다" 제품 중에서 가격 대 성능 비가 가장 좋은 것을 고릅니다. 500GB와 1TB는 가격 차이가 별로 나지 않으므로 용량이 두 배 큰 1TB를 선택하는 것이 현명한 선택입니다. 2TB 제품이 용량은 1TB의 두 배지만 가격이 두 배에 훨씬 못 미치므로 용량당 가격 면에서 2TB가 더 낫습니다.

3TB는 용량이 두 배씩 증가하는 하드디스크 업그레이드 관행과 맞지 않아 조금 주저됩니다. 3TB는 2TB와 같은 기술로 내부의 하드디스크 원판 숫자만 늘린 제품이므로 제외합니다. 4TB는 최신 제품이라 안정성을 판단하기가 어렵고 가격도 큰 매력이 없으므로 구매는 나중으로 미룹니다. 아마 머지않아 4TB가 최선의 선택인 시기가 올 것입니다.

사실 이런 복잡한 계산은 필요 없습니다. 수많은 사람들의 구매 선택 과정에서 이 모든 것이 감안되어 결국 인기 제품 순위가 결정되는 것이니까요. 간단히 말해 잘 모르면 가장 인기 좋은 제품을 선택하면 된다는 뜻입니다. 사용자의 선택은 제품의 기술적 문제도 피해갈 수 있게 해 주니까요. 제품이 문제가 있다면 곧바로 판매 순위의 인기도에 반영되기 때문입니다. 빅데이터는 멀리 있는 것이 아니고 이런 대중의 선택을 통계로 표현한 것에 불과합니다.

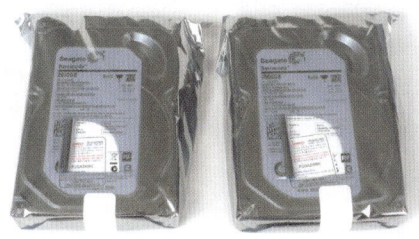

최적의 제품 : 인기 제품 선택 결과에 따라 인기 3위 안에서 용량당 가격이 싼 2TB 하드디스크를 구입하기로 합니다. 2TB면 당분간은 용량 걱정하지 없이 데이터를 마음껏 보관할 수 있습니다.

데스크톱에 하드디스크 설치하기

타워형 데스크톱에 설치하기

타워형 데스크톱에 하드디스크를 설치하는 것은 매우 쉬운 일입니다. 케이스 나사를 풀고 옆판을 열고 하드디스크를 제자리에 설치한 후 케이블만 연결하면 됩니다.

타워형 케이스 : 데스크톱 케이스 중에서 타워형은 내부 공간이 넓어서 작업하기가 편합니다. 하드디스크 영역과 메인보드 영역이 서로 겹치지 않고 잘 구분되어 있어서 하드디스크를 어디에 설치할지도 어렵지 않게 알 수 있습니다.

하드디스크 장착 : 장착 방법은 케이스에 따라 다를 수 있습니다. 외부 가이드를 사용하는 케이스도 있고 하드디스크만 삽입하고 나사를 잠그는 케이스도 있습니다. 케이스에 따라 가이드 혹은 추가 나사가 필요할 수도 있습니다. 어떤 방식이든 기존 하드디스크와 같은 방법으로 새 하드디스크를 추가하면 됩니다.

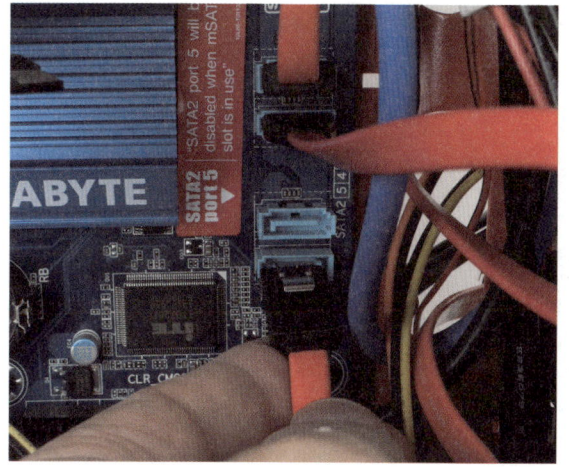

하드디스크 데이터 케이블 연결 부분은 일반적으로 4개가 있는데 기존 하드디스크가 하나, 시디롬이 하나를 쓰고 있을 것입니다. 나머지 비어 있는 커넥터 2개 중에 아무 곳이나 데이터 케이블을 꽂으면 됩니다. 연결 부위 모양이 비대칭이기 때문에 실수로 반대로 삽입할 가능성은 없습니다. 연결 부위를 잘 살펴보고 무리한 힘만 주지 않는다면 어렵지 않게 연결할 수 있습니다.

장착한 하드디스크에 선을 연결합니다. 5가닥의 여러 색깔의 선이 연결된 왼쪽이 전원 케이블이고 넓적한 빨간색 선이 연결된 오른쪽이 데이터 케이블입니다. 연결 부위의 모양에 맞추어 제 자리에 끼워 넣습니다. 연결 부위 모양이 비대칭이기 때문에 뒤집어 끼울 염려는 없습니다.

하드디스크를 케이스에 장착하고 선까지 제대로 연결한 모습입니다. 연결 부위를 끝까지 밀어 넣고 선을 잘 정리하여 케이스나 다른 부위에 걸리지 않도록 하면 성공입니다.

로컬 컴퓨터에 백업하기

미니 사이즈, 슬림 사이즈 데스크톱에 하드디스크 설치하기

미니 케이스 : 미니 사이즈와 그보다 작은 슬림 사이즈 케이스의 데스크톱은 공간이 부족하긴 하지만 하드디스크를 추가로 장착할 공간적 여유는 마련되어 있습니다. 용산에서 주로 팔리는 대만(중국)산 케이스는 표준화가 잘 되어 있어 공간 찾기가 쉽지만, 국내 대기업 완제품은 구조가 특이하여 장착이 어려울 수도 있습니다. 하지만 잘 살펴보면 이런 케이스에도 방법이 있습니다.

복잡한 케이블을 일단 뽑아 잘 보이게 만든 다음 내부를 조사해 보면 설치된 하드디스크와 시디롬 아래에 각각 하드디스크를 설치할 공간이 있음을 알 수 있습니다. 메인보드 오른쪽에 주황색 커넥터가 4개 내장되어 있으므로 하드디스크와 시디롬을 4개까지 연결할 수 있습니다

여유 공간을 찾아 하드디스크를 설치합니다. 나사를 풀고 시디롬을 들어내고 기타 부품을 손대야 하는 작업이므로 작업이 어렵다면 주변의 도움을 받으시기 바랍니다.

시디롬 탈착형 노트북에 하드디스크 추가하기

노트북에 하드디스크를 추가하기는 쉽지 않습니다. 최근에 얇고 가벼운 노트북이 대세가 되면서 점점 더 백업 하드디스크를 달기가 어려워지고 있습니다. 그럼에도 불구하고 방법이 전혀 없는 것은 아닙니다. 만약 노트북에 시디롬이 장착되어 있다면 시디롬을 하드디스크로 교체할 수 있습니다.

탈착형 시디롬 : 노트북 중에서 내장된 시디롬을 간단히 빼낼 수 있는 제품이 있습니다. 요즘은 시디를 많이 사용하지 않으므로 내장 시디롬을 하드디스크로 교체해도 큰 지장이 없습니다. 하드로 교체하려면 시디롬과 같은 모양으로 생긴 "보조 하드디스크 어댑터"가 필요합니다. 이 부품은 인터넷에서 쉽게 구할 수 있습니다. 명칭은 "멀티베이", "하드베이", "second sata caddy" 등으로 불립니다. 멀티베이를 구입하여 그 안에 2.5인치 하드디스크를 장착한 후 노트북에 삽입하면 됩니다.

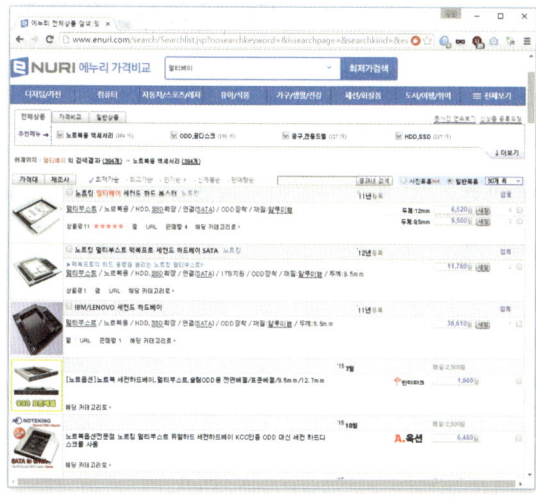

보조 하드디스크 어댑터 : 노트북 제품마다 시디롬 장착 형태가 다양하므로 노트북 모델명으로 제품을 검색해서 호환되는 보조 어댑터를 구해야 합니다. 노트북과 맞는 제품이 어떤 것인지 알 수 없다면 국내 쇼핑몰을 검색한 후 어댑터 판매자에게 직접 문의해도 됩니다. 노트북 주변기기 카테고리에서 찾아보거나 검색어 "멀티베이"로 검색해도 됩니다. 물론 장착이 불가능한 노트북도 있으므로 가능 여부를 확인 후에 진행하시기 바랍니다.

시디롬 내장형 노트북에 하드디스크 추가하기

시디롬이 장착된 대부분의 노트북은 시디롬이 본체 내부에 내장되어 있어 간단히 분리할 수 없습니다. 이럴 때는 노트북을 분해하여 시디롬 부분을 보조 하드디스크 어댑터로 교체하면 됩니다. 시디롬 내장 제품 중에서 특히 분해가 까다로운 맥북 프로의 시디롬 교체 방법을 살펴보겠습니다.

맥북 프로 : 애플의 맥북 프로 중에서 2012년의 레티나 맥북 프로 이전 버전은 시디롬이 내장되어 있습니다. 애플이 맥북의 디자인을 위해서 일체형 바디에 모든 부품을 몰아 넣었기 때문에 맥북 프로 시디롬은 내장형 중에서도 교체하기가 까다로운 편입니다.

노트북을 뒤집어 나사를 십자 드라이버로 모두 풀고 바닥을 제거하고 나면 내부가 보입니다. 왼쪽 위의 큰 사각형이 시디롬이고 그 아래쪽 조금 작은 사각형이 하드디스크입니다.

시디롬을 하드디스크 보조 어댑터로 교체하기 위해서는 시디롬을 연결하는 케이블과 커넥터들을 조심스럽게 제거하고 시디롬을 고정하고 있는 나사들을 다 풀어야 합니다. 좀 더 자세한 분해 방법은 인터넷에서 "맥북 CDROM 교체 동영상"으로 검색해 보시기 바랍니다.

아이맥에 하드 추가하기

시디롬이 장착된 2012 이전 아이맥 모델은 시디롬을 하드디스크로 교체할 수 있습니다. 2012 이후 모델은 시디롬이 없지만 애플용 SSD를 추가로 장착할 수 있으므로 SSD를 추가하여 시스템과 작업용으로 쓰고 기존 하드디스크를 백업 용으로 사용하면 됩니다. 아이맥도 분해가 어려워 하드디스크를 추가하기는 쉽지 않습니다.

아이맥 : 시디롬이 내장된 구형 아이맥입니다. 아이맥도 내부는 노트북과 비슷합니다. 추가 하드디스크를 위한 공간이 없기 때문에 시디롬을 빼고 보조 하드디스크 어댑터로 교체해야 합니다.

 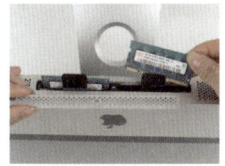 
   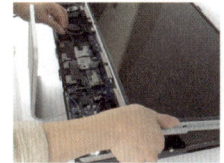

아이맥 분해 : 아이맥을 분해하는 모습입니다. 메모리 제거, 자석으로 고정되어 있는 전면 유리 분리, 전용 드라이버로 나사 풀기 등 난관이 많지만, 차분히 작업하면 실수하지 않고 내부를 볼 수 있습니다. 애플은 사용자가 함부로 제품을 분해할 수 없도록 나사도 특수한 것을 씁니다. 아이맥을 분해하기 위해서는 십자 드라이버 외에도 8밀리(T8)와 6밀리(T6) 직경의 육각 별 나사 드라이버를 준비해야 합니다. 자세한 분해 방법은 인터넷 동영상("imac hdd upgrade"로 검색)을 참고하시기 바랍니다.

　LCD를 제거한 상태의 아이맥 내부 : 중간 상단 부분에 하드디스크가 있고 오른쪽에 시디롬이 있습니다. 하드디스크와 시디롬 모두를 교체할 수 있습니다. 속도를 위해서는 시디롬을 SSD로 교체하면 되고, 용량을 위해서는 하드디스크를 고용량으로 바꾸면 됩니다.

　참고　노트북이나 아이맥에서 추출한 시디롬은 전용 케이스를 구입하여 외장형 시디롬으로 만들 수 있습니다. 시디롬을 사용할 일이 있다면 전용 케이스를 구입하시기 바랍니다.

울트라북에 하드디스크 추가하기

맥북에어의 영향으로 얇고 가벼운 노트북이 유행하면서 시디롬이 없는 초경량 노트북 즉 울트라북이 대세가 되고 있습니다. 울트라북의 원조인 맥북에어는 2010년 버전부터는 아예 하드디스크조차 없이 출시되었고 추가도 불가능합니다. 맥북 프로 또한 레티나 버전부터는 하드디스크가 제거되어 SSD 용량 업그레이드 정도만 가능한 상황입니다. 윈도우 노트북 진영에서도 1kg 이하의 제품을 만들기 위해 하드디스크까지 제거한 제품이 나오기 시작했습니다.

이런 제품으로 작업하면 작업 중인 원본을 SSD에만 저장할 수밖에 없으므로 백업을 위해서 반드시 클라우드를 연동해야 합니다. SSD는 매우 불안정한 저장장치라서 문제가 생겼을 때 데이터가 완전히 사라지므로 SSD만 달린 노트북을 끌 때는 데이터가 클라우드와의 동기화가 완료되었는지 반드시 확인해야 합니다. SSD의 안정성에 대한 것은 "저장장치의 특성" 부분(150페이지##)에서 자세히 설명합니다.

가벼운 노트북이 활용성이 뛰어난 것은 사실이지만 하드디스크조차 배제한 이런 극단적인 제품들은 로컬 데이터 백업이 불가능하므로 보안이 필요한 데이터 작업용으로는 적합하지 않습니다. 어쩔 수 없이 지급된 제품을 써야 하는 상황이 아니라면 가능한 이런 제품은 피해야 합니다. 울트라북이라고 하더라도 SSD 이외에 2.5인치 하드디스크를 장착 가능한 제품을 선택하는 것이 좋습니다.

하드디스크가 장착된 울트리북은 SSD를 추가하여 SSD를 운영체제와 작업용 저장장치로 쓰고 기존의 하드디스크를 백업용으로 전환합니다. 만약 노트북에 SSD만 장착되어있다면 간단히 하드디스크를 추가하여 백업용으로 사용하면 됩니다. 하드디스크에서 SSD로 운영체제를 옮기는 작업은 다음 장에서 설명해 드리겠습니다.

소형 노트북 : 2.5인치 하드디스크를 장착할 수 있으며 하드디스크 상단에 mSATA 포트도 있습니다. 여기에 SSD를 장착하여 시스템용으로 쓰면 하드디스크를 백업용으로 사용할 수 있습니다.

울트라북에는 SSD를 장착할 수 있는 M.2 혹은 mSATA 포트가 내장되어 있습니다. mSATA는 기존의 하드디스크 연결 방식을 소형화한 것이고 M.2는 SSD의 높은 성능에 대응하기 위해 새로 만들어진 규격입니다. M.2는 mSATA보다 더 빠른 속도로 동작하므로 새 노트북을 구입한다면 M.2 포트가 있는 제품을 선택하는 것이 좋습니다.

하드디스크 검사하기

하드디스크 설치가 끝나면 하드디스크에 이상이 없는지 체크해야 합니다. 데이터 백업용 하드디스크는 안정성이 중요하므로 하드디스크 전체를 검사하여 이상 유무를 미리 체크할 필요가 있습니다. 특히 사용하던 하드디스크를 재활용한다면 반드시 거쳐야 할 과정입니다. 하드디스크는 초기 불량이 많기 때문에 새로 구입한 하드디스크는 필수적으로 점검해야 합니다.

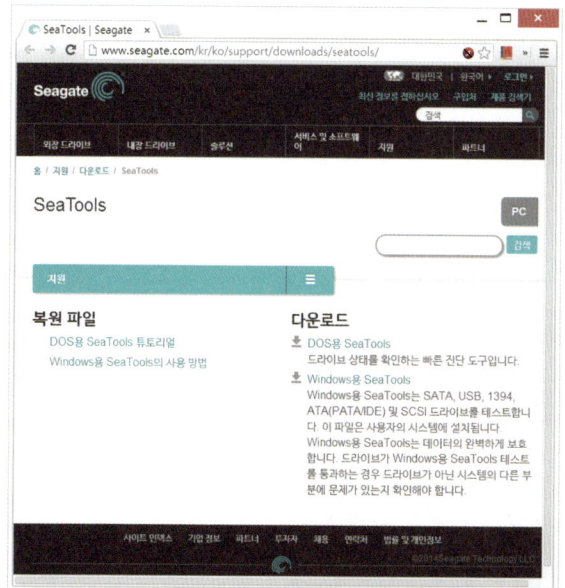
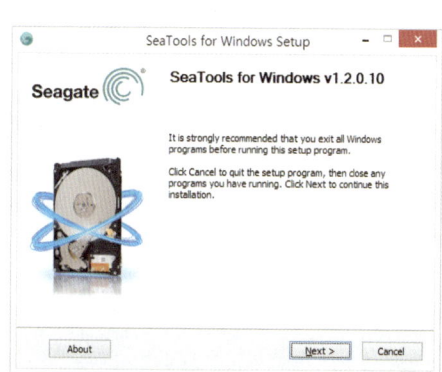

http://www.seagate.com/kr/ko/support/downloads/seatools/ 사이트를 방문하여 Seatools 프로그램을 다운로드 합니다. Seatools는 하드디스크 제조업체 시게이트 사가 제공하는 하드디스크 진단 프로그램입니다. 다운로드 받은 프로그램을 실행한 후 약관에 동의하고 Next 버튼을 누르면 인스톨 됩니다.

　Seatools 프로그램을 실행하면 컴퓨터 전체에 있는 하드디스크를 검사하여 표시합니다. 모델번호가 ST2000DM001로 시작하는 두 개의 하드디스크와 HD250HJ를 검사하기로 합니다.

　검사할 하드디스크 목록 왼쪽에 있는 박스를 체크하면 "드라이브 선택" 메뉴가 활성화됩니다. 여기서 "정밀 일반 드라이브 진단"을 선택합니다. 하드디스크에 있는 데이터를 지우거나 변경하지 않으므로 이 부분에서 실수해도 큰 상관이 없습니다. 이제 하드디스크 검사가 진행됩니다. 하드디스크 용량이 클수록 시간이 오래 걸립니다.

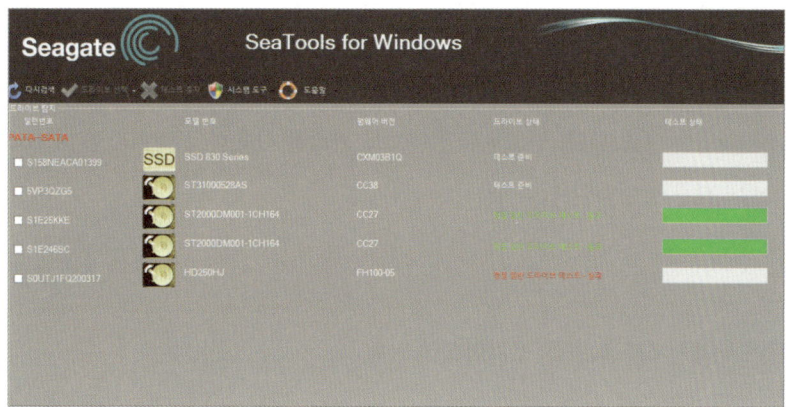

테스트가 끝났습니다. 정밀 일반 드라이브 테스트를 통과한 하드디스크는 안심하고 사용해도 됩니다. 디스크에 문제가 있으면 테스트가 실패하는데, 이런 제품은 데이터 저장용으로 쓸 수 없습니다. 보증 기간이 남았다면 하드디스크를 교환 받아야 하고 보증 기간이 지났다면 과감히 버려야 합니다.

하드디스크 초기화하기

새 하드디스크는 운영체제가 사용할 수 있도록 파티션을 만들고 포맷으로 초기화를 해야 합니다. 윈도우라면 디스크 관리를 사용하고 맥이라면 디스크 유틸리티를 실행하면 됩니다.

윈도우에서 하드디스크 초기화하기

윈도우8 이상이라면 바탕화면 왼쪽 아래에 있는 윈도우 로고에서 마우스 오른 버튼을 눌러 "디스크 관리"를 실행합니다. 윈도우 7이라면 시작버튼 - 제어판 - 시스템 및 보안 - "하드디스크 파티션 만들기 및 포맷"을 선택합니다. 또는 시작 버튼을 누른 후 실행 창에 diskmgmt.msc를 직접 써서 실행할 수도 있습니다.

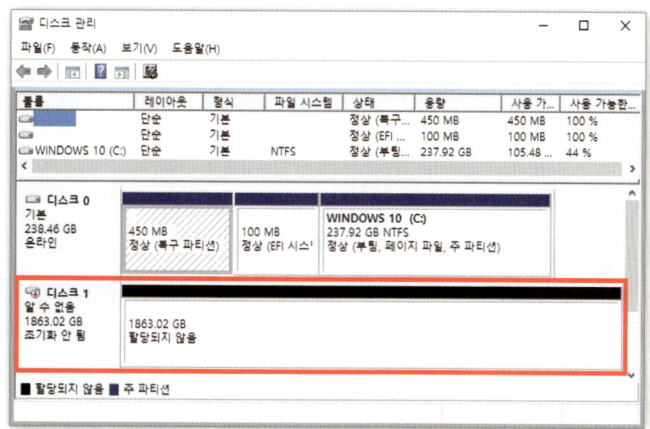

새로 장착한 하드디스크는 초기화가 되어 있지 않아 윈도우 탐색기에서 보이지 않습니다.

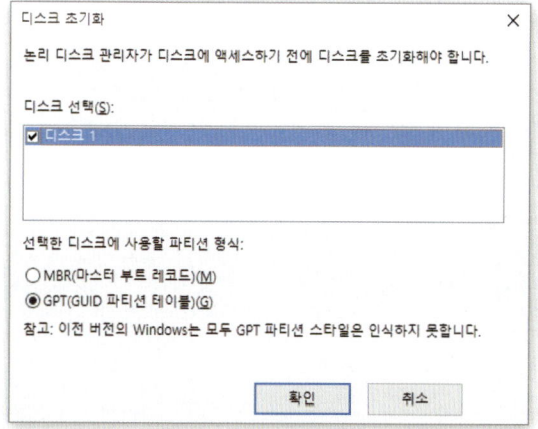

디스크 초기화 작업은 파티션 형식을 정하는 것입니다. 용량이 2TB 이하라면 예전부터 사용해온 MBR 방법을, 2TB 이상이라면 대용량에 대응하는 새로운 파티션 방법인 GPT를 선택합니다. 2TB 이상이라면 무조건 GPT를 선택해야 하지만 2TB 이하라면 호환성을 위해서 MBR을 선택하는 것이 좋습니다. MBR로 포맷하면 GPT를 인식하지 못하는 구형 컴퓨터에서도 사용할 수도 있기 때문입니다.

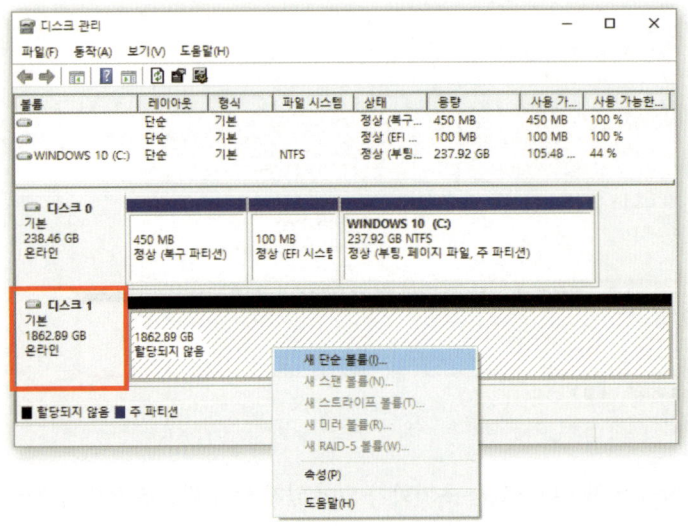

초기화를 하고 나면 디스크가 온라인 상태로 바뀝니다. 이제 새로운 파티션을 만듭니다. 디스크 영역 부분에서 마우스 오른 버튼을 클릭하여 "새 단순 볼륨"을 선택합니다.

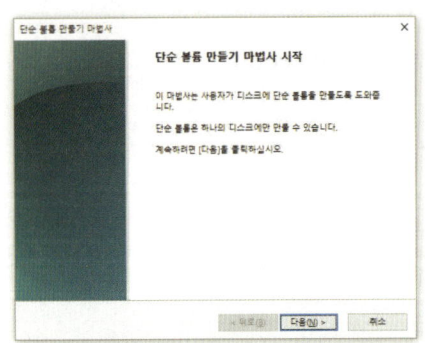 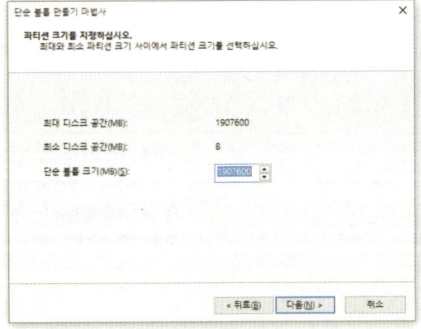

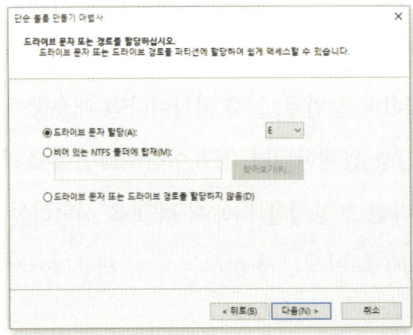 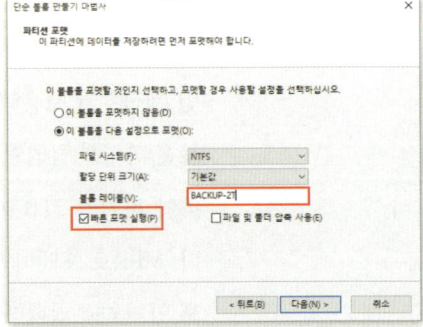

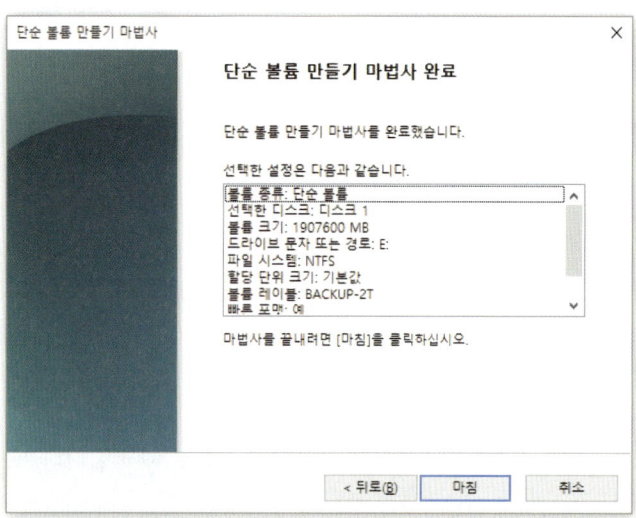

단순 볼륨 마법사를 수행합니다. 원하는 볼륨 명(BACKUP-2T)으로 정하고 "빠른 포맷 실행"을 선택합니다. 정상 포맷은 디스크 검사 기능을 수행하는 효과가 있지만, 전문 검사툴인 seatools로 이미 검사를 했으므로 빠른 포맷을 선택해도 됩니다.

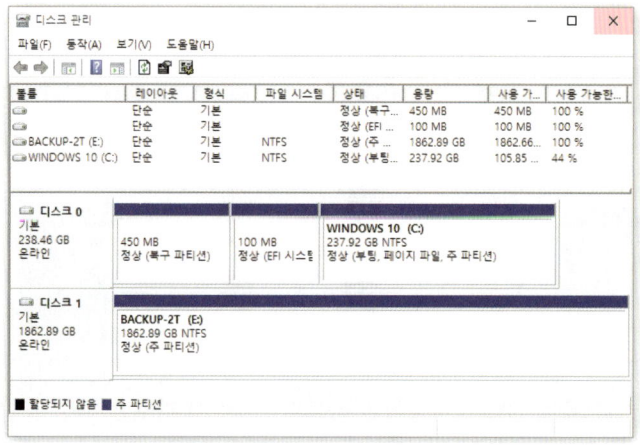

포맷이 정상적으로 완료되면 새 파티션을 윈도우에서 사용할 수 있게 됩니다.

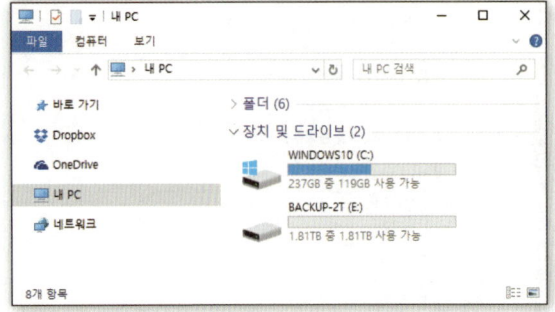

이제 볼륨 명 E:로 보이므로 탐색기에서도 접근할 수 있습니다.

맥에서 하드디스크 초기화하기

맥에서도 새로운 하드디스크를 추가하면 초기화를 해야 합니다. 맥 특유의 직관적 인터페이스와 자동 인식 기능으로 초기화를 쉽게 진행할 수 있습니다.

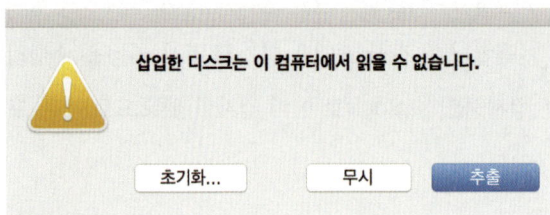

새 하드디스크를 설치하고 부팅하면 알아서 하드디스크를 인식해서 초기화를 요구합니다. 초기화를 선택하면 됩니다.

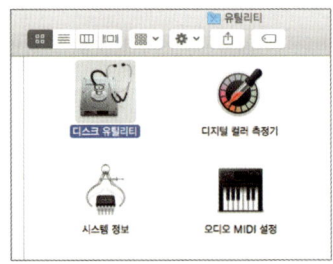

만약 윈도우나 맥에서 사용하던 하드디스크라서 파티션이 정상적으로 포맷되어 있다면 초기화 요청이 나오지 않을 수도 있습니다. 이때에는 응용 프로그램 - 유틸리티 - 디스크 유틸리티를 선택해 직접 초기화를 수행하면 됩니다.

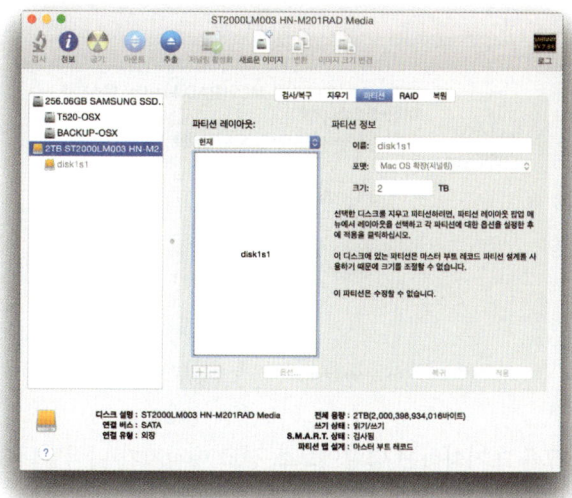

새로 장착한 2TB 하드디스크 모습입니다. 초기화가 되어 있지 않아 전체가 빈 영역으로 남아 있습니다.

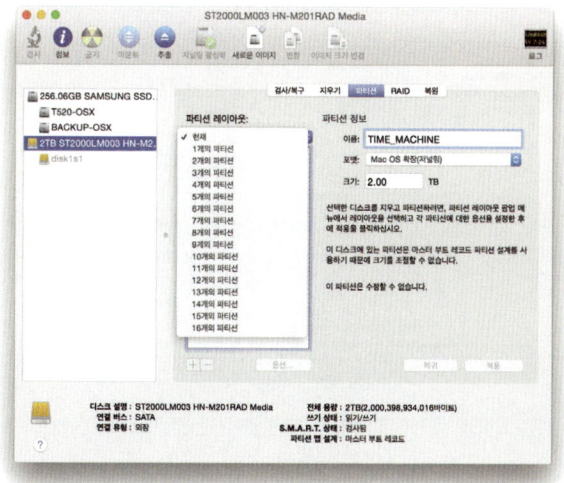

데이터 백업용으로 쓸 것이므로 "파티션 레이아웃" 메뉴에서 전체를 1개의 파티션으로 설정하고 파티션 이름을 TIME_MACHINE으로 포맷을 "Mac OS 확장(저널링)"으로 선택하고 적용을 클릭합니다. 이미 파티션이 잡혀 있는 하드디스크라도 "파티션 레이아웃"을 바꾸면 새롭게 초기화시킬 수 있습니다.

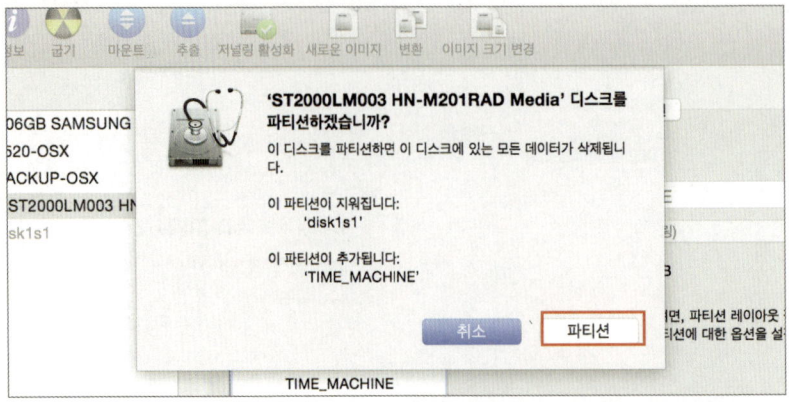

하드디스크를 초기화하는 명령이므로 경고 메시지가 나타납니다. 혹시 다른 하드디스크를 초기화하고 있는 것인지 모르니까 다시 한 번 확인하고 이상이 없으면 "파티션" 버튼을 클릭합니다.

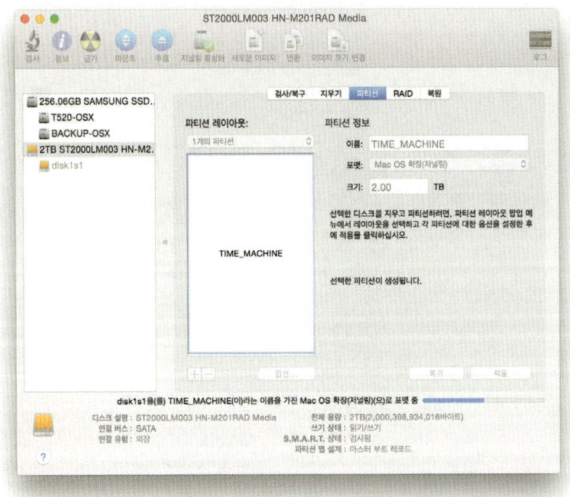

포맷이 끝나면 한 개의 백업용 파티션이 만들어집니다. 파티션 설정이 정상적으로 완료되면 맥이 자동으로 마운트(하드디스크 파티션에 데이터를 쓰고 읽을 수 있도록 운영체제가 연결하는 작업)하기 때문에 이제 여기에 데이터를 백업할 수 있습니다.

② 로컬 백업 설정하기

백업용 하드디스크가 준비되었으면 이제 로컬 백업을 사용할 수 있습니다. 하드디스크를 따로 준비한 이유는 원본과 백업을 물리적으로 다른 영역에 두어야 안전성이 높아지기 때문입니다. 한 개의 하드디스크를 두 개의 파티션으로 나누어 작업용, 백업용으로 설정할 수 있지만 이렇게 하면 하드디스크가 고장 났을 때 둘 다 동시에 잃어버릴 수 있습니다.

외장 하드를 사용하여 때때로 백업하는 방식을 제안하지 않은 이유는 백업은 실시간으로 그리고 자동적으로 이루어져야 데이터 손실을 최소화할 수 있기 때문입니다. 외장 하드 백업은 백업 주기가 길어져 최신 데이터 백업에는 불리합니다.

실시간 로컬 자동 백업을 위해서는 운영체제가 지원하는 백업 방법이 최선입니다. 운영체제가 지원하는 파일 백업, 타임머신 기능은 작업 중인 파일의 변화된 내용을 모두 저장해줄 수 있으므로 프라이버시 보호가 필요한 콘텐츠를 생산하는 분들에게는 최적의 백업 방법이라고 할 수 있습니다.

윈도우에서 로컬 백업 설정하기

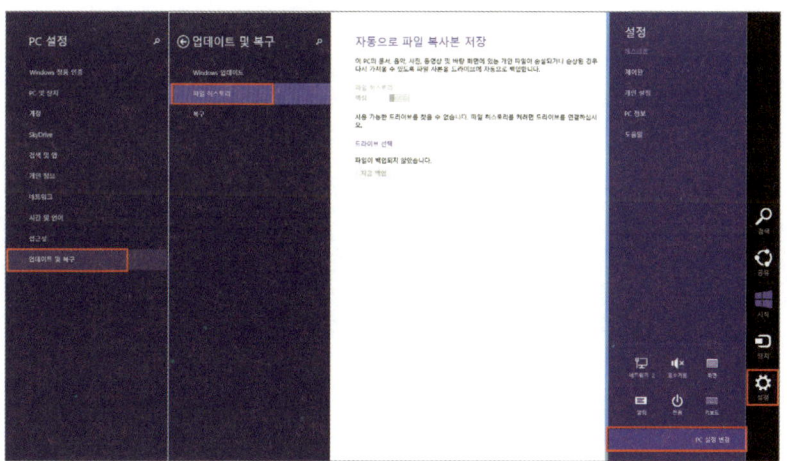

윈도우 8, 8.1에서는 오른쪽 메뉴의 – 설정(제일 오른쪽 톱니 1)– PC 설정 변경(2) – 업데이트 및 복구(3) – 파일 히스토리(4)를 선택합니다.

 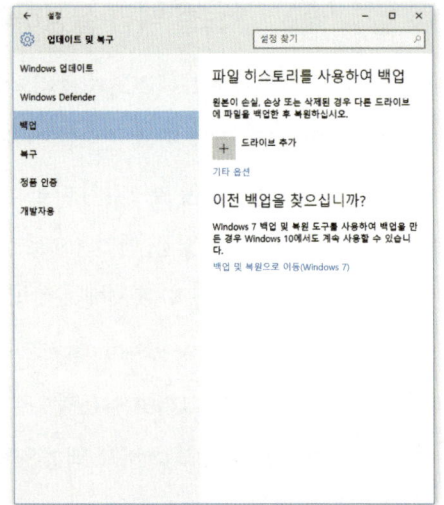

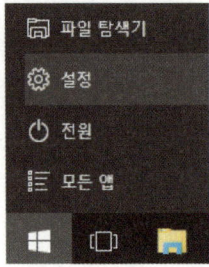 윈도우 10에서는 윈도우 시작 버튼 - 설정 - 업데이트 및 복구 메뉴에서 좌측 메뉴의 "백업"을 선택합니다.

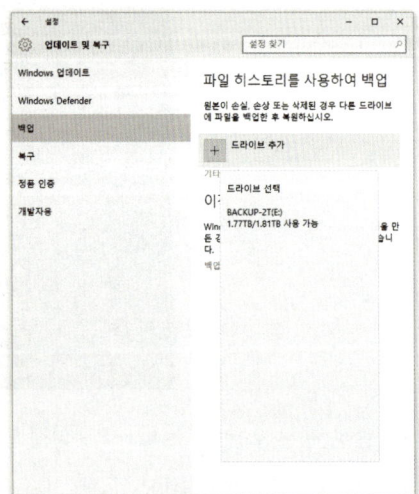 "파일 히스토리를 사용하여 백업"에서 "드라이브 추가"를 선택하고 BACKUP-2T 파티션을 선택합니다. 이제 파일 히스토리 방식의 백업이 자동으로 진행됩니다.

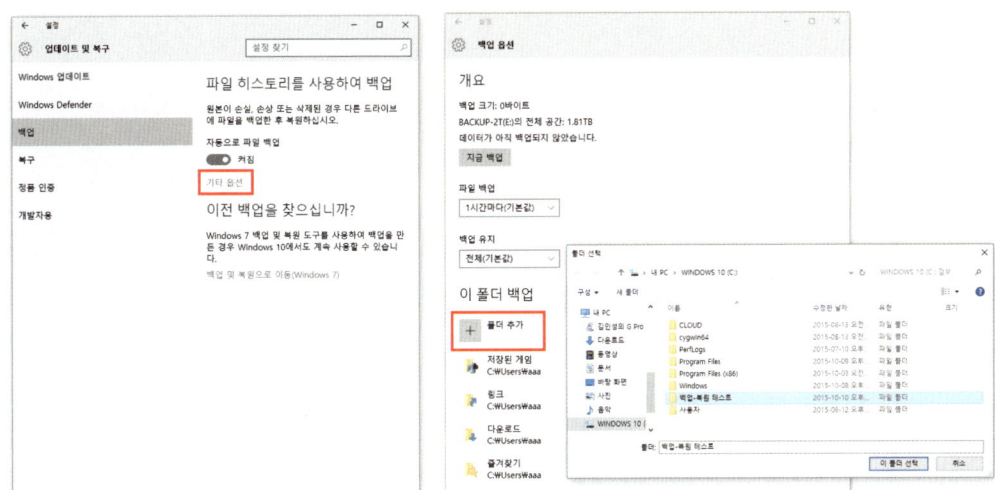

자동 백업은 기본적으로 C:\사용자\내_아이디\ 아래 폴더만 백업하도록 설정되어 있습니다. 사용하는 데이터 저장 폴더가 따로 있다면 이곳을 추가합니다. "파일 히스토리를 사용하여 백업" 항목 아래 "기타 옵션"을 선택하고 폴더 추가를 하면 됩니다.

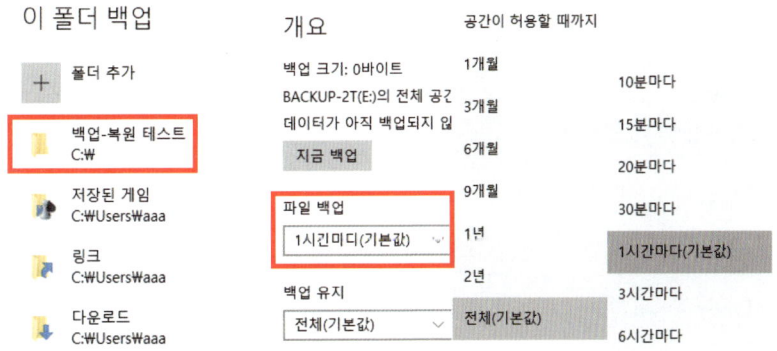

원하는 폴더가 자동 백업에 추가된 모습입니다. "기타 옵션"에서는 백업 파일을 유지하는 기간과 파일을 백업하는 시간 간격도 정할 수 있습니다. 백업은 전체 파일이 아니라 변화하는 파일만 복사되는 것이니까 백업 주기를 짧게 해도 큰 무리는 없습니다.

로컬 컴퓨터에 백업하기   145

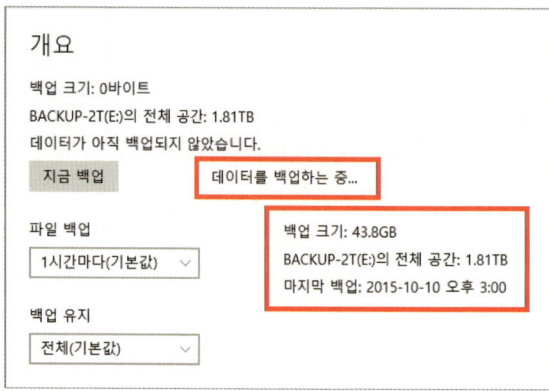

"지금 백업"을 클릭하면 첫 백업이 진행됩니다. 데이터 백업이 완료되어 43.8GB가 복사되었습니다.

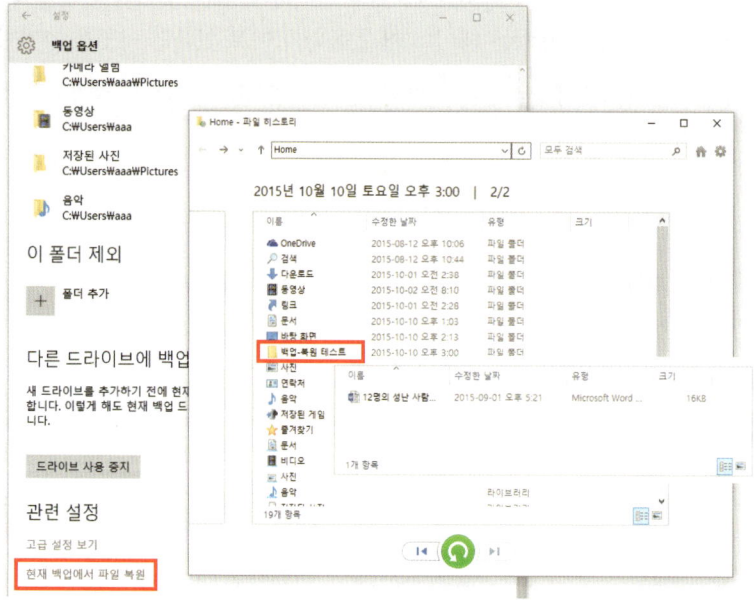

작업 중인 파일을 삭제했거나 작업 하드디스크가 고장 났다면 간단히 현재 백업에서 파일 복원을 선택해서 파일을 복구할 수 있습니다. 히스토리 기능으로 시간에 따른 변경 내용까지 저장되어 있으므로 백업본을 순서대로 조사하면 과거 시점의 데이터도 찾을 수 있습니다. 자동 백업만 제대로 동작하고 있다면 파일 복원 작업은 아주 간단한 일입니다.

맥에서 타임머신 설정하기

맥의 타임머신은 윈도우의 파일 히스토리 백업과 거의 유사합니다. 맥의 인터페이스가 좀 더 세련되었다는 점을 제외하면 설정 방법도 크게 차이가 나지 않습니다.

맥에 새 하드디스크를 설치하면 타임머신용 저장소로 사용하겠느냐고 자동으로 물어봅니다. 이런 질문을 받지 못했다면 시스템 환경 설정에서 타임머신 기능을 직접 선택하면 됩니다.

타임머신 버튼을 켜고 백업 디스크를 선택합니다. 미리 타임머신 용 하드디스크로 준비한 TIME_MACHINE 파티션을 선택합니다.

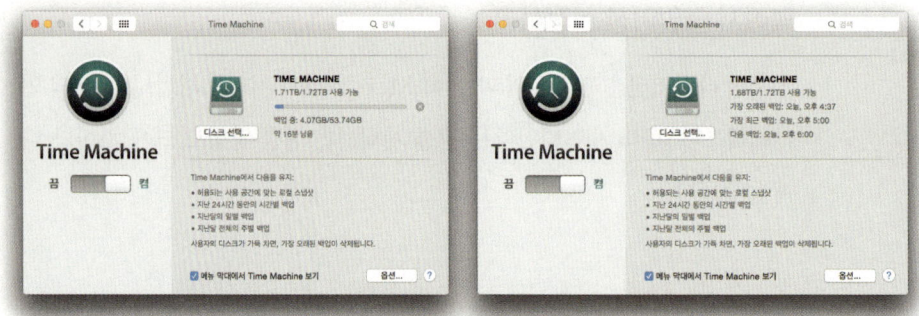

타임머신이 백업을 진행합니다. 약 53.74GB의 데이터가 백업되었습니다.

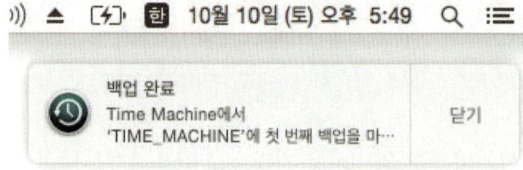

백업이 완료되면 화면 상단의 알림 창에 완료 메시지가 뜹니다.

백업 파일 중에서 복구해야 할 파일이 있다면 화면 상단의 상태 창에서 타임머신 아이콘을 클릭하고 "Time Machine 시작"을 선택합니다.

타임머신 복원 화면입니다. 오른쪽 화살표를 이용해서 시간대를 옮기면 현재부터 과거로, 과거에서 현재로 오고 가면서 백업된 파일 목록을 볼 수 있습니다. 오른쪽 눈금의 빨간 부분이 현재 보이는 파일이 저장된 시간입니다.

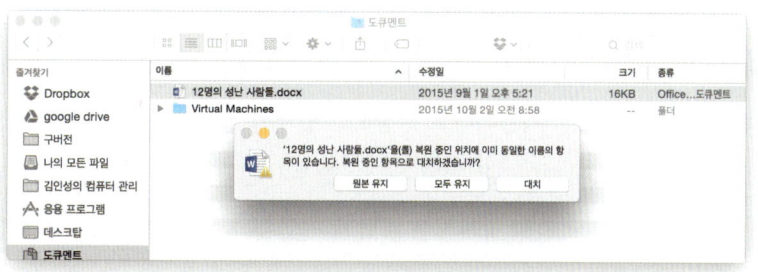

복원하려는 파일이 보이면 마우스로 클릭하여 복원을 선택합니다. 현재 작업 중인 문서의 이전 버전을 복원할 때 "모두 유지"를 선택하여 현재 버전과 과거 버전을 모두 살리거나 "대치"를 선택하여 현재 작업 버전을 이전 버전으로 덮어쓸 수 있습니다.

로컬 컴퓨터에 백업하기

③ 하드디스크의 물리적 에러 극복하기

데이터를 백업하다 보면 여러 가지 에러가 한꺼번에 발생할 때가 있습니다. 예를 들어 원본 자료를 잘못해서 지워버려서 백업 하드디스크에서 백업해 둔 파일을 찾는데 유독 그 파일만 보이지 않는 경우입니다. 최악의 상황은 원본 파일을 잃어버린 시점에 백업 하드디스크까지 에러가 나서 모든 백업 데이터가 날아가는 것입니다. 클라우드가 물리적인 삼중화를 통해 논리적인 안정성을 획득하듯이 로컬 백업도 하드디스크의 물리적인 에러로부터 자유롭기 위해서는 이중화가 필요합니다. 하드디스크를 여러 개 엮어서 물리적 에러를 극복할 수 있는 레이드 기법을 실제 컴퓨터에 적용하는 방법을 알아보겠습니다.

저장 장치의 특성

데이터를 저장할 수 있는 다양한 매체가 있지만 아직까지 하드디스크에 필적할만한 것은 없습니다. CD, DVD, 블루레이는 저장 과정이 번거롭고, 상대적으로 용량이 적으며, 백업에 시간이 오래 걸리는 데다가, 비용이 싸지도 않을뿐더러, 생각보다 신뢰성도 높지 않습니다. 업체들은 CD, DVD 등 광학 매체를 300년까지 보관 가능하다고 주장하고 있지만 실제로는 10년도 되기 전에 매체가 손상되어 데이터를 읽지 못하는 경우가 많습니다. 기술이 발전해서 저장 매체의 절대 용량이 증가하는 바람에 백업해 놓은 엄청난 양의 저용량 CD들이 애물단지로 전락하는 경우가 대부분입니다.

SSD, USB 메모리 등 낸드 플래시 메모리로 만든 저장장치들이 속도와 안정성으로 인기를 끌고 있지만 아직은 용량대비 가격이 비싸 데이터 저장용으로 쓰기에는 무리가 있습니다. 반도체인 낸드 플래시가 생각보다 안정성이 낮아서 장기적인 데이터 보관에는 주의가 필요합니다. 그 외 기업체에서 쓰는 백업 테이프를 개인이 쓰는 것은 실용적이지 않습니다.

현시점에서 대량의 데이터를 저렴하고 안정적으로 저장할 수 있는 매체는 하드디스크가 유일하지만, 하드디스크도 단점이 적지 않습니다.

하드디스크는 매우 불안한 저장 매체입니다.

하드디스크는 자기력을 이용하여 데이터를 저장하는 매체이기 때문에 자석을 근처에 갖다 대는 것만으로도 못쓰게 만들 수 있습니다. 실제로 하드디스크 데이터를 삭제하는 방법 중 하나가 강력한 자석으로 하드디스크의 자기장을 흩뜨려 버리는 디가우저(degausser)입니다.

하드디스크는 또 충격에 매우 민감합니다. 들고 다니면서 여러 컴퓨터에 꽂아 쓰는 외장 하드가 잘 고장 나는 이유도 자주 뺐다 꽂으면서 전기적인 충격을 받을 뿐만 아니라 동작하는 동안 물리적인 충격을 받을 가능성이 크기 때문입니다. 노트북도 이동성은 장점이지만 그 안에 있는 하드디스크에게는 불안정한 환경입니다. 노트북 중에는 하드디스크를 보호하기 위해서 충격을 감지하는 센서를 장착한 제품도 있는 이유가 이 때문입니다.

하드디스크 내부 : 하드디스크는 디스크와 헤드로 구성되어 있습니다. 디스크는 자성 물질을 바른 원판 형태로 모터가 고속 회전시킵니다. 서버용이 아니라면 회전 속도는 분당 5,400~7,200회 정도입니다. 길쭉한 암의 끝 부분에 달린 헤드는 자성 변화를 감지할 수 있는 예민한 장치로 디스크 위를 움직이면서 아주 미세한 자력의 변화를 감지하여 데이터를 읽고 씁니다. 하드디스크는 전기적 충격에 의해서 전자 회로와 모터가 고장 날 수 있고 물리적 충격에 의해 디스크와 헤드가 충돌하여 고장이 날 수도 있습니다. 하드디스크는 충격에 매우 민감한 장비이므로 고정되어 있지 않은 외장 하드디스크를 다룰 때 특히 주의해야 합니다.

노트북의 충격 감지 시스템 : 충격 센서가 노트북의 상태를 파악하여 하드디스크가 손상되지 않도록 합니다. 이 기능이 실행되어 있으면 충격이 감지됨과 동시에 하드디스크의 동작을 강제로 정지시켜버립니다. 충격 감지 기능의 민감도가 높으면 작업 중에 시스템이 순간적으로 멈추는 경우가 자주 생깁니다. 성능을 위해 충격 감지 기능을 끈 상태로 노트북을 쓰는 사용자가 많은데 진동이 많은 곳에서 이 기능 없이 노트북을 사용하면 데이터 안전은 보장할 수 없습니다.

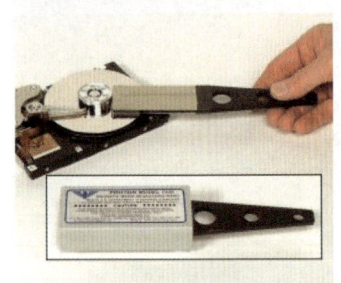

디가우저 : 자석을 이용하여 하드디스크의 자기장의 방향을 흐트리는 장비입니다. 데이터는 아주 미세한 자력의 방향으로 결정되기 때문에 디가우저를 거치면 하드디스크의 데이터는 완전히 망가져 버립니다. 전문적인 장비뿐만 아니라 자석을 하드디스크에 갖다 대는 간단한 방법도 효과는 비슷합니다. 실제로 2009년 국무총리실의 민간인 불법 사찰 사실이 알려지자 사찰에 가담했던 국무총리실 직원들이 수십만 건의 파일을 디가우저 방법으로 삭제하기도 했습니다.

외장 하드디스크 내부 모습 : 외장 하드는 대용량 데이터를 주고받기 위한 임시 저장 장치로만 사용하는 것이 좋습니다. 충격에 약한 외장 하드디스크를 백업 용도로 사용하는 것은 매우 위험한 일입니다. 외부 모습이 어떻든 내부에는 결국 하드디스크가 들어 있기 때문입니다. 사진 왼쪽은 2.5인치 하드디스크에 USB 변환 장치를 추가한 제품이고 오른쪽은 처음부터 USB 용으로 제작된 제품입니다.

SSD는 더 불안한 저장 매체입니다.

요즘 인기 있는 메모리 하드디스크(SSD)는 속도가 빠르고 충격에 강하기 때문에 스마트폰, 태블릿뿐만 아니라 노트북에도 많이 쓰이고 있습니다. 하지만 SSD는 하드디스크 기능을 흉내 내는 기기일 뿐입니다. 내부적으로는 하드디스크와는 완전히 다른 방식으로 동작하며, 데이터 안정성 면에서는 하드디스크보다 오히려 더 나쁜 특성을 가지고 있습니다.

만들어진 지 40년이 넘는 하드디스크는 수많은 에러 상황에 대한 대비책이 축적되어 있지만, SSD는 최신 디지털 디바이스라 에러 대응 능력이 아직 부족합니다. SSD는 안정적인 저장보다는 빠른 속도가 필요한 경우에 적합한 저장 장치입니다.

하드디스크가 물리적으로 손상되었다면 일부 영역을 건너뛰고 읽음으로써 나머지 데이터를 살릴 수 있지만, SSD는 에러가 발생하면 SSD의 전체 데이터가 완전히 손상되므로 일부 영역만 읽어 들이는 식의 복구가 어렵습니다. SSD에 사용된 낸드플래시 메모리가 고장 나면 파일 시스템 전체가 망가지게 되는데 전통적인 데이터 복구 방식으로 이를 되살리기도 어렵습니다.

하드디스크의 디스크에 있는 자성 성분과 달리 SSD의 낸드 플래시에 기록된 정보는 영구적으로 보존되지도 않습니다. SSD를 컴퓨터에서 분리한 상태로 전원을 공급하지 않고 6개월 이상을 방치하면 낸드플래시에 기록된 데이터가 사라지는 현상이 발생합니다. 보존 온도가 높을 경우 그 시기는 더 빨라집니다. SSD는 근본적으로 불안정하고, 에러 발생 시 복구가 어려우며, 데이터의 휘발성이 강한 매체이므로 강력한 백업 대책을 세워 놓고 사용해야 함을 반드시 명심하셔야 합니다.

SSD의 내부 모습 : SSD는 낸드플래시와 이를 제어하는 컨트롤러로 구성되어 있습니다. 왼쪽 정사각형 칩이 컨트롤러이고 그 아래 직사각형의 칩이 DRAM이며 오른쪽 나머지 같은 모양의 칩 10개가 낸드 플래시입니다. 256기가비트(Gb, GIGA bit) 낸드플래시 8개를 달면 256기가바이트(GB, GIGA Byte) SSD가 됩니다. 256Gb 낸드플래시에는 한 비트(bit)를 저장할 수 있는 셀이 2,560억 개 있습니다.

데이터가 저장되는 낸드플래시 내부의 셀들은 신뢰성이 높지 않습니다. 가장 안정적이라고 하는 SLC(싱글레벨 셀, 한 셀에 1비트를 저장하는 낸드플래시) 방식을 사용한 SSD도 동작 중에 에러가 많이 발생합니다. 이 에러는 컨트롤러의 에러 정정 기능으로 해결합니다. 때문에 SSD의 컨트롤러는 에러 정정을 위해 고성능 CPU를 사용합니다. 기술의 발달로 한 셀에 2비트(MLC, 멀티레벨 셀), 3비트(TLC, 트리플레벨 셀)를 저장하는 낸드플래시가 등장했지만 에러 발생 빈도는 오히려 증가하고 수명은 짧아졌습니다. 내부적으로 무수히 발생하는 에러를 해결하기 위해 에러 정정 기법은 더 고도화되고 이를 위해 컨트롤러는 더욱더 고성능화되고 있지만, 신뢰성은 오히려 더 떨어지고 있습니다. SSD에 대해서 조금이라도 아는 구매자들이 최신 제품인 TLC보다 MLC 제품을 선택하는 이유가 여기에 있습니다.

다양한 형태의 SSD : 각종 SSD 모습입니다. SSD는 하드디스크와 달리 디스크와 모터 그리고 암 등 기계적인 부분이 필요 없으므로 크기와 모양을 원하는 대로 만들 수 있습니다. 2.5인치(우측 2개)와 1.8인치(좌측 최상단) 크기도 가능하고 SATA(상단 2개), IDE(우측 하단), mSATA(좌측 하단 내부), M.2(좌측 중간) 방식의 인터페이스도 가능합니다. 심지어 2.5인치 안에 작은 SSD 2개를 넣은 후 레이드 설정으로 두 개를 엮어서 성능과 안정성을 높일 수도 있습니다. 사진 최상단의 SSD들은 SLC가 사용된 군사용 제품입니다.

단일 저장장치의 물리적 에러는 레이드를 통해서 극복할 수 있습니다.

한 개의 하드디스크에만 데이터를 저장하면 그 하드디스크에 에러가 생겼을 때 데이터를 잃어버릴 가능성이 큽니다. 만약 데이터를 동시에 여러 하드디스크에 담아 놓는다면 한 개의 하드디스크가 고장 나더라도 데이터 자체는 잃지 않을 수 있습니다. 이렇게 여러 개의 하드디스크에 데이터를 실시간으로 분산 저장하는 기술 중 하나가 바로 레이드입니다. 레이드(RAID : Redundant Array of Independent Disks)란 여러 개의 하드디스크를 묶어 하나의 논리적 하드디스크로 사용함으로써 데이터의 안정성과 성능을 높이는 기술을 말합니다.

일반인이 데이터를 보관하는 데 꼭 레이드까지 써야 하는지 의문을 가질 수도 있습니다. 대답은 "그래야 한다" 입니다. 컴퓨터를 쓰다 보면 대개 한두 번은 꼭 중요한 자료가 담긴 하드디스크가 고장 나는 경험을 하게 됩니다. 새로운 것을 만들어내는 창작자분들은 이런 일이 더 자주 발생합니다. 아직 이런 일을 경험한 적이 없다고 하더라도 일생에 한 번은 생길 수 있으므로 미리 보험을 들어두는 것이 좋습니다. 하드디스크 한두 개 값을 아까워하다가 데이터를 날리게 되면 비싼 복구 비용뿐만 아니라 정신적 피해도 엄청나기 때문입니다.

백업에 최적인 레이드 레벨

성능과 안정성이란 기준에 따라 하드디스크를 레이드로 묶는 다양한 방법이 있는데 이것을 레이드 레벨이라고 부릅니다.

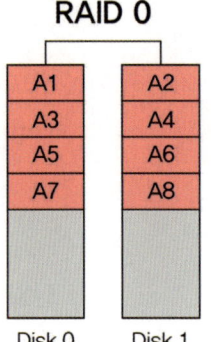

레이드-0 : 레이드 레벨 0는 한 개의 파일을 두 개 이상의 하드디스크에 단순히 나누어 쓰는 방식입니다. 레이드 저장 용량은 모든 하드디스크 용량을 합친 것과 같습니다. 한 개의 파일을 여러 하드디스크에 나누어 쓰기 때문에 쓰기 성능이 향상됩니다. 한 파일을 읽을 때도 각각의 하드디스크에서 동시에 나누어 읽어오기 때문에 읽기 속도도 향상됩니다. 레이드-0는 용량을 조금도 손해보지 않고 읽고 쓰는 속도까지 높일 수 있는 레이드 기법입니다.

하지만 레이드-0는 백업용으로는 좋지 않습니다. 각각의 파일이 여러 하드디스크에 쪼개져 저장되므로 모든 조각이 합쳐져야 완전한 데이터가 되기 때문에 한 개의 하드디스크라도 고장 날 경우 모든 데이터가 망가지므로 안정성은 떨어집니다. 주로 잃어버려도 상관없는 데이터를 저장할 때, 안정성은 필요 없고 읽고 쓰는 속도만 빠르게 할 필요가 있을 때 사용하는 방식입니다.

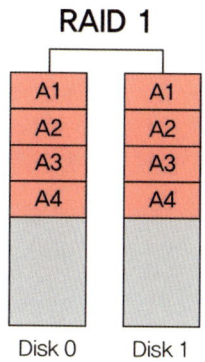

레이드-1 : 레이드 모드 1에서 한 개의 파일을 저장하면 동시에 두 하드디스크에 실시간으로 저장됩니다. 두 하드디스크에 완전히 같은 내용이 중복 저장되므로 거울에 비친 이미지처럼 양쪽이 똑같다고 해서 미러(Mirror) 볼륨이라고 부릅니다. 미러 볼륨의 하드디스크는 2개이지만 데이터가 중복 저장되므로 레이드 총 용량은 1개의 하드디스크와 같습니다. 한 개의 파일을 2개의 하드디스크에 쓰기 때문에 쓰기 속도는 낮은 편입니다. 하지만 읽어 올 때는 한 파일을 두 하드디스크에서 1/2씩 읽을 수 있기 때문에 읽기 성능은 향상됩니다. 레이드-1은 용량에서 50%의 손해를 보고 쓰기 속도도 저하되지만, 안정성을 확보할 수 있으므로 백업용으로는 최적입니다.

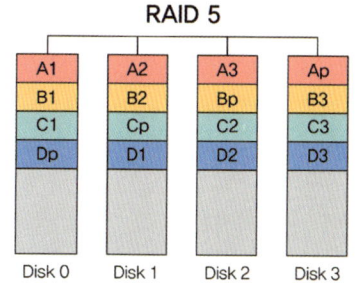

레이드-5 : 한 개의 파일을 여러 개의 하드디스크에 나누어 저장한 후 에러로부터 원래 데이터를 복구할 수 있는 에러 정정 코드(패리티)를 추가하는 방식입니다. 하드디스크 4개를 사용할 경우 한 개의 파일은 1/3 씩 3개의 하드디스크에 나누어 기록되며(A1,A2,A3) 3조각으로 계산해 낸 패리티(Ap)는 4번째 하드디스크에 분산 기록됩니다. 한 개의 하드디스크가 고장이 나더라도 나머지 두 조각과 패리티를 사용하여 데이터를 자동으로 복구할 수 있습니다. 레이드-1이 50%의 용량을 손해 보는 것에 비해 레이드-5는 25% 이하의 추가 용량만 있으면 됩니다. 분산 저장이 되므로 읽고 쓰는 속도도 빠릅니다. 하지만 실시간으로 패리티를 계산하는 데 컴퓨터 자원이 필요하고 에러 발생 시 복구를 위해 복잡한 작업을 해야 한다는 단점이 있습니다. 한 개의 하드디스크가 고장 나면 복구할 수 있지만 2개 이상의 하드디스크가 고장 나면 데이터 복구도 불가능합니다.

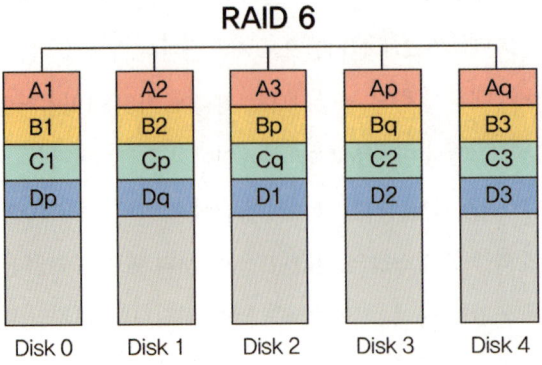

레이드-6 : 레이드-6는 레이드-5과 같은 방식으로 동작하지만 레이드-5의 단점을 해결하기 위해 2개의 패리티를 사용하는 방식입니다. 레이드-5는 한 개의 하드디스크 에러만 복구 가능하지만 레이드-6은 2개의 패리티를 쓰기 때문에 2개의 하드디스크가 동시에 고장 나도 데이터를 보존할 수 있으므로 매우 안정적인 레이드 기법입니다. 다만 2개의 패리티를 계산하기 위해 상대적으로 고성능의 CPU가 필요합니다.

레이드-5, 레이드-6가 장점이 많긴 하지만 데이터 보관 측면에서 볼 때 개인 사용자의 데이터 백업용으로는 레이드-1을 사용하는 것이 가장 적절합니다. 50%의 용량을 손해 본다는 점만 제외하면 레이드-1은 동작 방식도 상대적으로 간단하므로 사용할 때 시스템 자원을 거의 차지하지 않습니다. 쓰기 속도 저하도 크지 않습니다. 에러가 발생했을 때 복구가 쉬우며 최악의 상황에도 고장 난 하드디스크를 정상 하드로 교체하는 것으로 문제를 해결할 수 있습니다. 레이드-1에 사용된 하드디스크 각각은 일반 하드디스크와 똑같은 방식으로 포맷되어 있으므로 레이드 사용을 중단하더라도 하드디스크에 저장된 데이터를 그대로 사용할 수 있습니다.

레이드 성능 비교

레이드 모드를 결정했으면 어떤 방식으로 레이드를 운영할지도 선택해야 합니다. 전용 레이드 컨트롤러를 쓰는 방법, 메인보드에 내장된 레이드, 운영체제가 제공하는 소프트웨어 레이드 등 다양한 방법 중에서 최선의 것을 알아보겠습니다.

레이드 컨트롤러 : 레이드-5, 레이드-6 등 레이드 모드가 높을수록 많은 계산이 필요하기 때문에 고가의 전용 컨트롤러가 필요합니다. 전용 컨트롤러는 자체적으로 CPU와 메모리를 갖추고 있습니다. 임시 데이터 보관용 램을 장착하여 읽고 쓰는 속도를 극적으로 향상시킬 수도 있습니다. 전용 하드웨어를 사용하기 때문에 하드웨어 레이드라고 부릅니다.

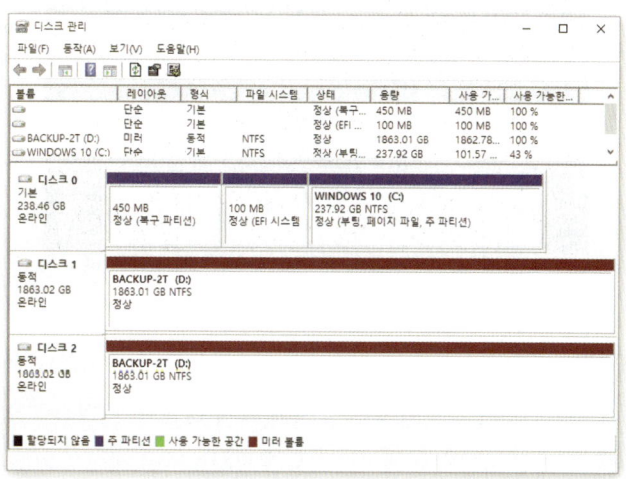

소프트웨어 레이드 : 마이크로소프트의 윈도우와 애플의 OSX 그리고 리눅스 등 대부분의 운영체제는 하드디스크를 레이드로 묶어 주는 기능을 내장하고 있습니다. 추가 하드웨어 없이 운영체제가 소프트웨어적으로 해결하기 때문에 소프트웨어 레이드라고 부릅니다. 최근에는 컴퓨터의 하드웨어 성능이

향상되어 레이드-1 정도는 전용 하드웨어를 사용하는 하드웨어 레이드와 성능과 안정성 면에서 큰 차이가 나지 않습니다.

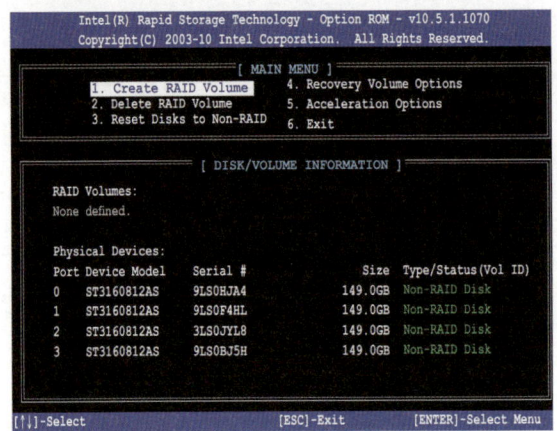

보드 레이드 : 레이드 기능이 내장된 데스크톱 메인보드가 많습니다. 속도도 일반 레이드 컨트롤러에 비해 크게 차이 나지 않습니다. 데스크톱 메인보드의 바이오스 셋업 화면에서 레이드 기능을 활성화하면 레이드 기능을 쓸 수 있습니다. 메인보드 레이드는 간단한 전용 칩이 제어하기 때문에 소프트웨어 레이드와 별 차이가 없습니다. 오히려 소프트웨어 레이드는 멀티타스킹이 가능해 다른 작업을 하면서 레이드 설정을 처리할 수 있지만, 메인보드 레이드는 레이드 설정 작업하는 동안 컴퓨터를 쓸 수 없습니다.

레이드 성능 비교 : 전용 레이드 컨트롤러(외장 RAID), 메인보드 레이드(보드 RAID), 운영체계가 제공하는 소프트웨어 레이드(OS 레이드)의 성능 테스트 결과입니다. 각각 SSD, SLC를 사용한 CF 카드, MLC를 사용한 CF 카드, 하드디스크를 사용하여 대역폭 변화를 테스트했습니다.

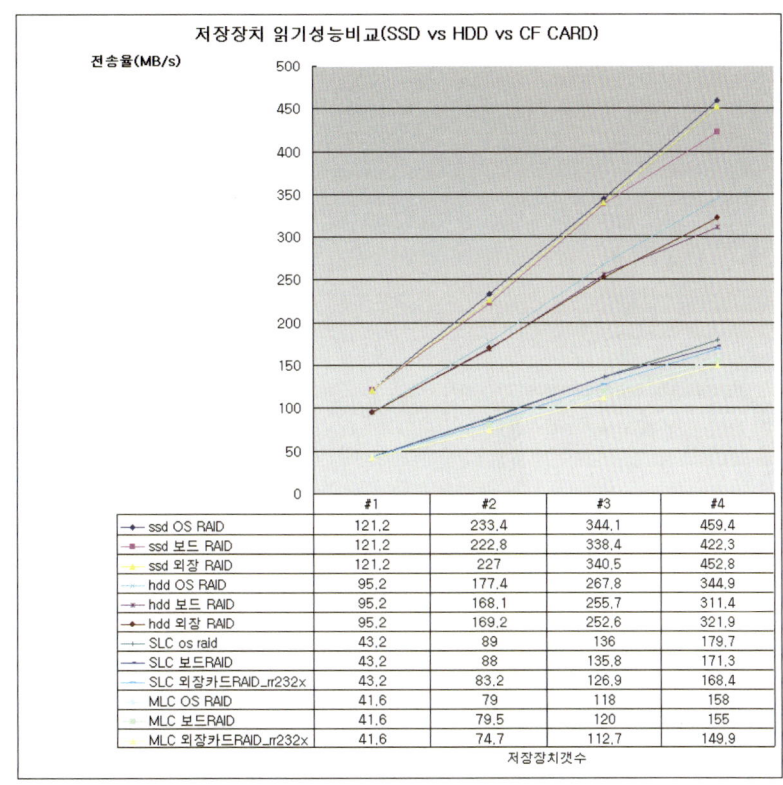

읽기 성능은 레이드 방식에 상관없이 연결한 저장장치의 개수에 비례하여 증가했습니다. 즉 하드디스크를 1개에서 2개, 3개, 4개로 늘릴 때마다 성능은 그에 비례하여 향상되었습니다. 레이드 효율은 소프트웨어 레이드 > 전용 레이드 컨트롤러 > 메인보드 레이드 순이었습니다. 결론적으로 일반적인 용도의 데이터 백업용으로는 사용 편의성뿐만 아니라 성능상으로도 운영체제가 제공하는 소프트웨어 레이드 기능을 사용하는 것이 가장 적절한 선택이라고 할 수 있습니다.

레이드 셋업하기

윈도우에서 레이드 셋업하기

　레이드-1 셋업 과정은 똑같은 하드디스크 두 개 구하기 - 하드디스크 설치와 테스트 - 레이드 설정으로 진행합니다. 두 개의 같은 하드디스크를 구입합니다. 기존에 백업용으로 사용하던 하드디스크가 있다면 같은 제품을 하나 더 구매해도 됩니다. 구매 방법과 하드디스크를 컴퓨터에 설치하고 테스트하는 방법은 "로컬 백업용 하드디스크 추가하기" 챕터를 참고하시기 바랍니다.

　동일 하드디스크의 기준 : 레이드의 안정성을 위해서는 제품번호(P/N)가 같은 하드디스크를 구입해야 합니다. 사진에서 좌측의 사각형으로 표시한 부분이 제품번호입니다. 같은 제조사의 같은 용량의 제품이라도 제품번호가 다르면 세부 스팩이 다를 수 있으므로 꼭 제품번호를 확인해야 합니다. 같은 제품이라도 제조 시기(우측 상단)가 다르면 하드디스크에 내장된 구동 프로그램(펌웨어) 버전이 다르거나 사용자가 확인할 수 없는 부분이 차이가 날 수도 있습니다. 따라서 가능하면 똑같은 새 제품 두 개를 한 번에 사서 쓰는 것이 최선입니다. 복잡한 문제를 피하려면 이미 가지고 있는 하드디스크는 무시하고 두 개를 새로 장만하시기를 권해드립니다.

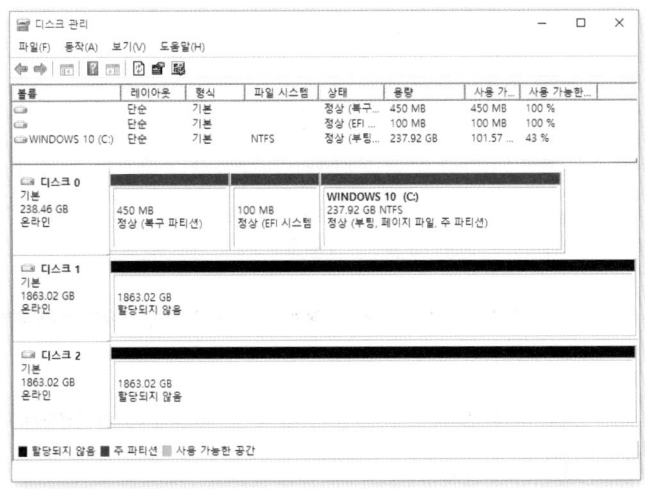

새로 장착한 2TB 하드디스크 두 개를 디스크 관리 프로그램으로 확인한 모습입니다.

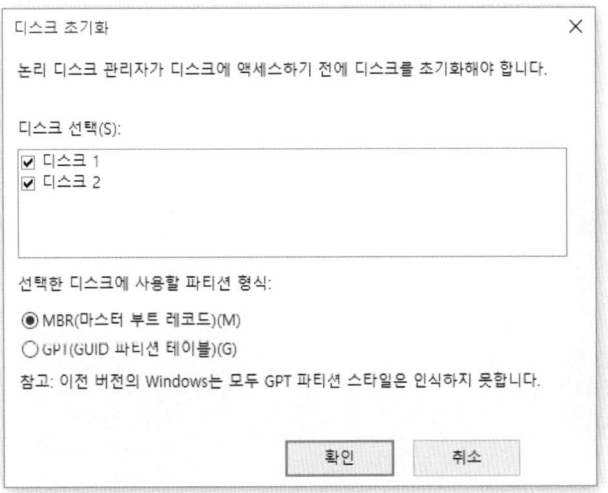

처음 구입한 디스크를 연결했을 때 디스크 초기화 요청이 있을 수도 있습니다. 디스크 초기화 과정은 "하드디스크 초기화"를 참조하시기 바랍니다.

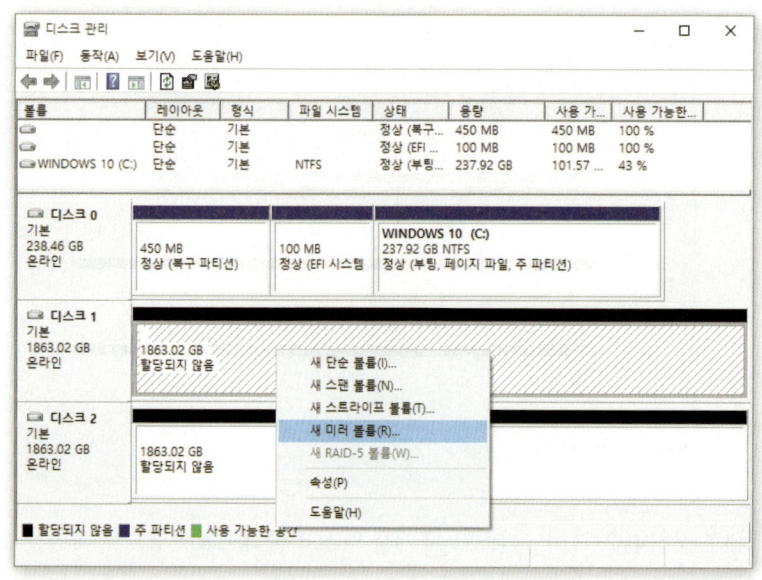

레이드-1을 설정 과정입니다. 디스크 1의 디스크 영역을 마우스 오른 클릭으로 메뉴를 열고 새 미러 볼륨을 선택합니다. 윈도우에서는 레이드-1을 미러 볼륨이라고 부릅니다.

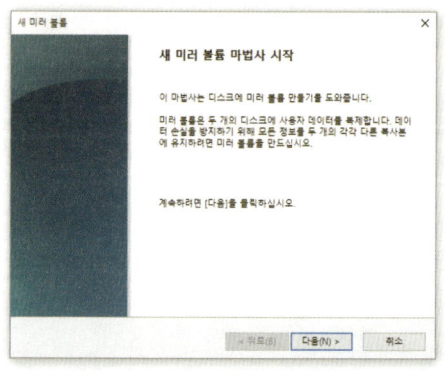 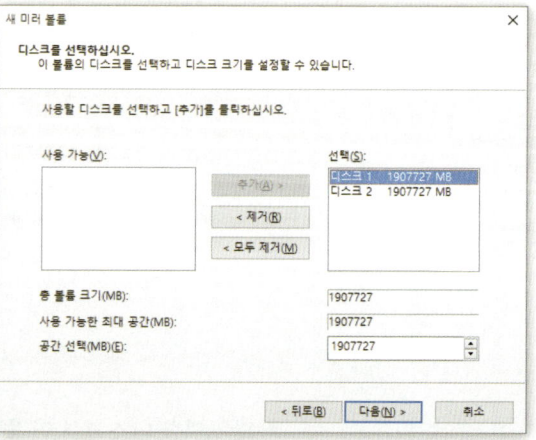

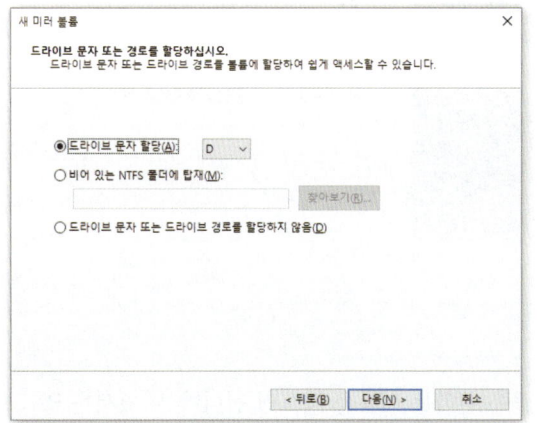

미러 볼륨 마법사가 실행됩니다. "추가"를 선택하여 왼쪽에 있는 하드디스크를 오른쪽으로 옮겨 두 하드디스크를 모두 미러 볼륨용으로 선택합니다.

드라이버 문자는 시스템이 자동으로 지정한 것을 할당하거나 원하는 문자를 선택합니다. 드라이브 문자는 나중에 바꿀 수 있습니다.

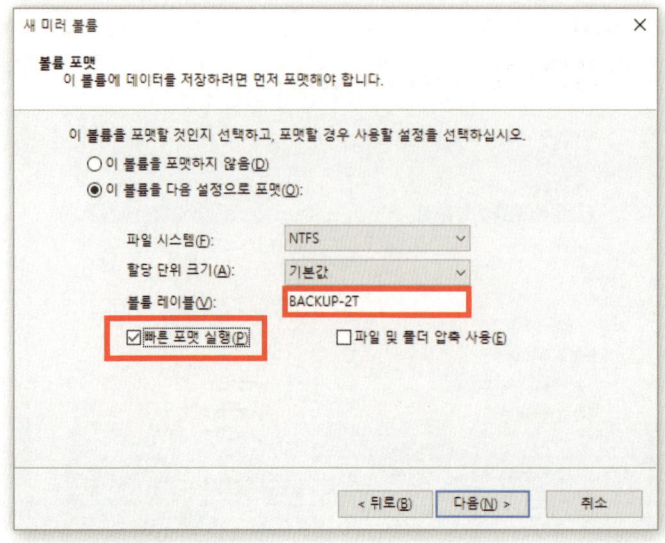

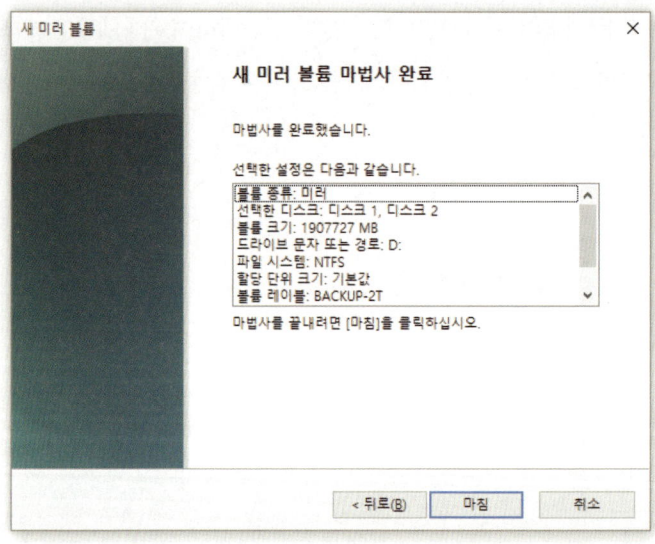

볼륨 레이블은 원하는 이름을 적으면 됩니다. 여기서는 BACKUP-2T라고 했습니다. 이 하드디스크를 seatools로 디스크 검사를 수행했다면 "빠른 포맷 실행"을 체크하고, 수행한 적이 없다면 "빠른 포맷 실행"을 체크해제 합니다. 새 미러 볼륨 마법사가 완료되면 "마침"을 클릭합니다.

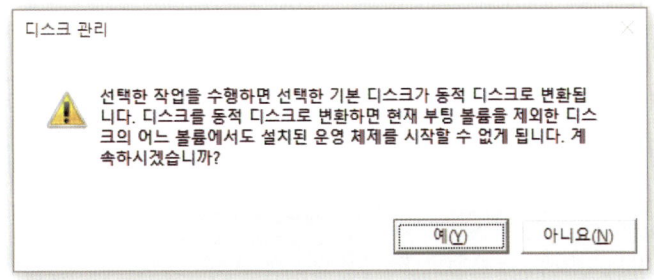

레이드 설정을 마치면 하드디스크 변경 전에 경고 메시지가 나타납니다. 잘못된 부분이 없는지 다시 한 번 확인하고 예를 선택하면 됩니다.

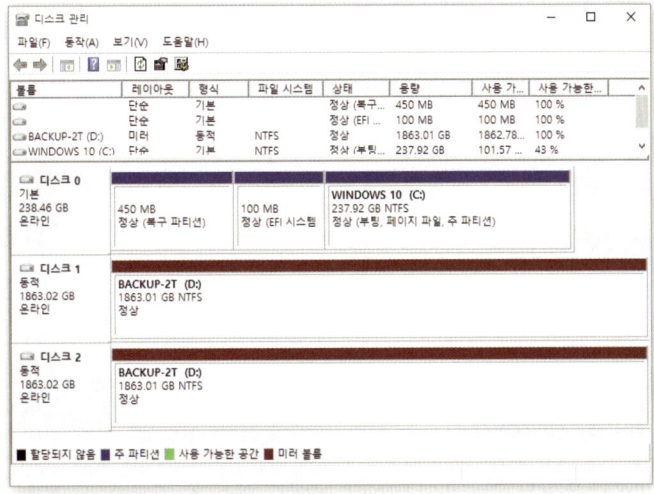

모든 작업이 완료되었습니다. 레이드 설정이 적용되면 하드디스크1, 2는 한 개의 미러볼륨 파티션 D:로 보입니다. 이제 D: 파티션에 평소와 같은 방식으로 데이터를 쓰고 읽으면 됩니다.

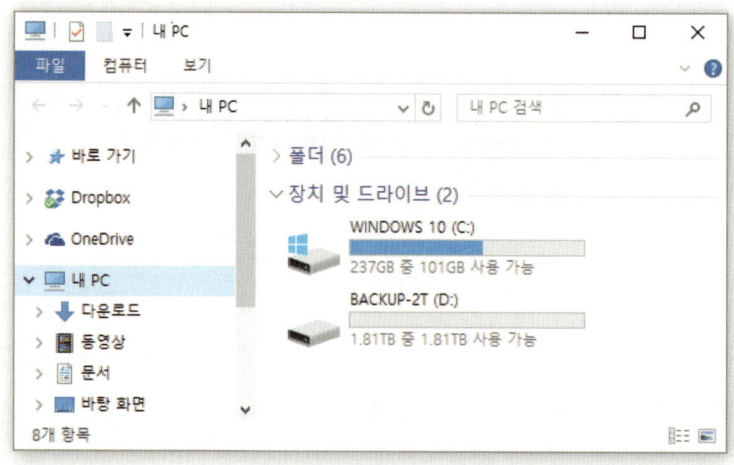

　시스템에서는 한 개의 드라이브 D:로 보이지만 여기에 데이터를 쓰면 내부적으로는 두 개의 하드디스크에 동시에 저장됩니다.

　이제 하드디스크 물리적 에러로 파일을 잃어버릴 염려는 안 해도 됩니다. 데스크톱 컴퓨터 본체에 장착된 두 하드디스크가 동시에 고장 날 확률은 매우 낮으므로 하드디스크의 에러로 인해 데이터를 잃을 가능성은 거의 없습니다.

맥에서 레이드 셋업하기

　모든 OSX 운영체제는 소프트웨어 레이드 기능을 기본으로 내장하고 있지만 맥 컴퓨터에 하드디스크를 여러 대 달기 어려워 맥 컴퓨터에서 레이드는 제한적으로 사용할 수 있습니다. 구형 아이맥, 해킨토시(윈도우용 컴퓨터에 OSX을 인스톨해서 사용하는 것) 또는 USB 3.0, USB 3.1, 파이어와이어, 선더볼트로 연결된 외장 하드 박스에서 소프트웨어 레이드를 사용할 수 있습니다. 2013년 이전 버전의 맥 프로에도 여러 개의 하드디스크를 장착할 수 있습니다. 어떤 방법으로든 두 개 이상의 하드디스크를 맥에 연결했다면 레이드-1을 셋업 할 수 있습니다.

응용 프로그램 항목의 "유틸리티" 폴더에서 "디스크 유틸리티"를 찾아 실행합니다.

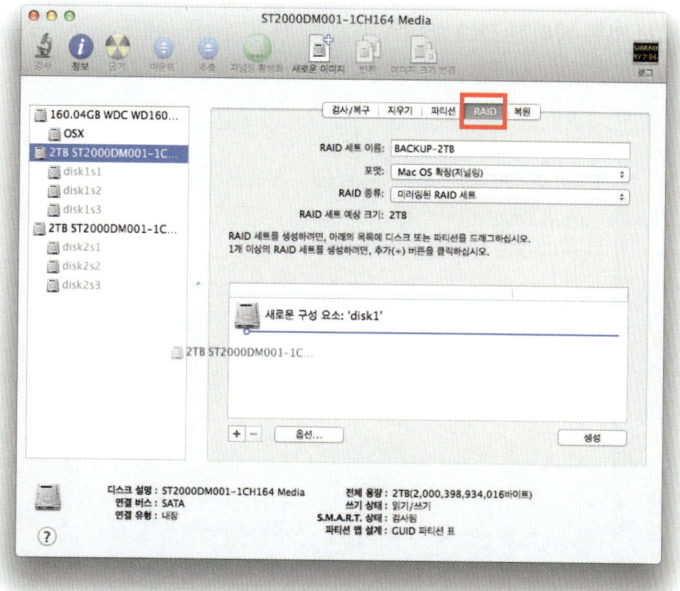

우측의 RAID 메뉴를 선택합니다. "RAID 세트 이름"을 BACKUP-2TB라고 적고 포맷은 "Mac OS 확장(저널링)"으로 RAID 종류는 "미러링된 RAID 세트"를 선택합니다. 이제 좌측의 2TB 하드디스크 두 개를 오른쪽 아래 빈 영역에 마우스로 끌어옵니다.

로컬 컴퓨터에 백업하기 169

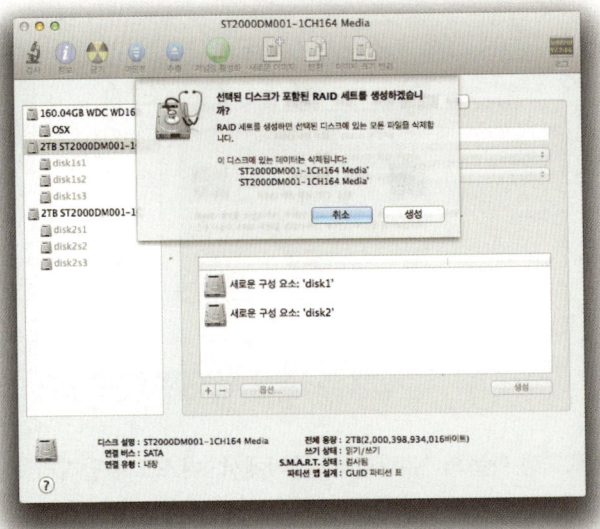

제대로 선택했는지 다시 한 번 확인하고 "생성"을 클릭하면 두 하드디스크에 있는 기존 파티션 정보를 삭제하고 한 개의 레이드 세트가 구성됩니다.

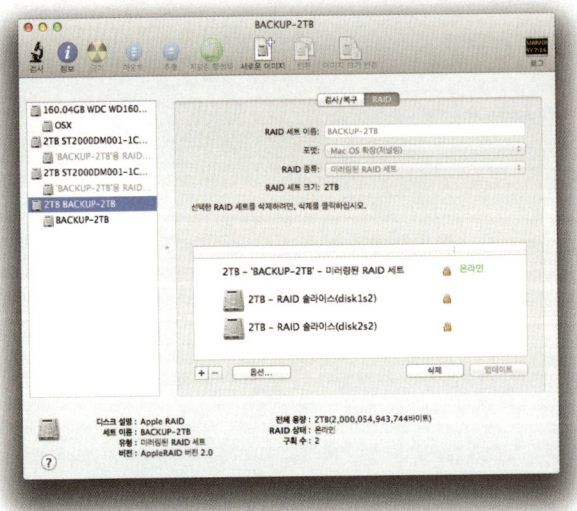

미러링 된 RAID 세트가 정상적으로 구성되어 온라인 상태로 사용 가능하게 되었습니다. 2TB짜리 논리 볼륨인 BACKUP-2TB를 파인더에서 볼 수 있습니다. 이제 프로그램에서 이 BACKUP-2TB에 데이터를 쓰면 동시에 두 하드디스크에 기록됩니다.

레이드 에러 해결하기

정상적인 상황이라면 미러 볼륨에 문제가 생기지는 않습니다. 하지만 레이드로 쓰는 하드디스크 케이블이 잠시 빠진다든지, 컴퓨터가 부팅할 때 하드디스크를 인식하지 못한다든지, 일시적인 장애가 발생했을 때 레이드에 문제가 생길 수 있습니다.

레이드의 일시적인 에러는 대부분 아래에 설명하는 소프트웨어적인 응급조치로 간단히 해결할 수 있습니다. 하드디스크가 고장 나는 심각한 상황이라도 두 개의 하드디스크가 동시에 고장 나지는 않으므로 고장난 하드디스크만 새 하드디스크로 바꾸면 레이드를 정상으로 복구할 수 있습니다.

하드디스크를 교체할 줄 안다면 고장 난 하드디스크를 직접 바꿔 끼운 후 레이드를 다시 동기화하면 됩니다. 직접 교체가 어렵다면 도와줄 수 있는 사람에게 부탁하시기 바랍니다. 이런 작업은 위험할 수도 있으므로 작업에 신중을 기하시기 바랍니다. 물론 이런 장애가 생겼다고 데이터에 문제가 생기지는 않으므로 데이터를 잃을까 봐 불안해 할 필요는 없습니다.

컴퓨터 사용 중에 레이드가 정상 동작하는지 가끔 확인하는 것이 좋습니다. 미러 볼륨은 한 개의 하드디스크에 문제가 있더라도 데이터 읽고 쓰기는 정상적으로 동작하기 때문에 하드디스크에 이상이 있어도 알아채지 못할 가능성이 큽니다. 그 상태로 그대로 사용하다가 두 개의 하드디스크가 모두 고장 날 수도 있으므로 레이드를 사용한다면 별 이상이 없더라도 한 달에 한 번 정도는 상태를 체크해 보는 것이 좋습니다.

윈도우 8 이상이라면 윈도우 시작 버튼을 마우스 오른 클릭으로 메뉴를 불러온 뒤 디스크 관리를 선택합니다. 윈도우 7이라면 시작 - 제어판 - 시스템 및 보안 - 관리도구 - 컴퓨터 관리 - 저장소 - 디스크 관리(로컬)을 차례로 선택합니다.

미러 볼륨은 한 개의 하드디스크에 문제가 있더라도 데이터 읽고 쓰기는 정상적으로 동작하기 때문에 하드디스크에 이상이 있어도 알아채지 못할 가능성이 큽니다. 그 상태로 그대로 사용하다가 두 개의 하드디스크가 모두 고장날 수도 있으므로 레이드를 사용한다면 별 이상이 없더라도 한 달에 한 번 정도는 상태를 체크해 보는 것이 좋습니다.

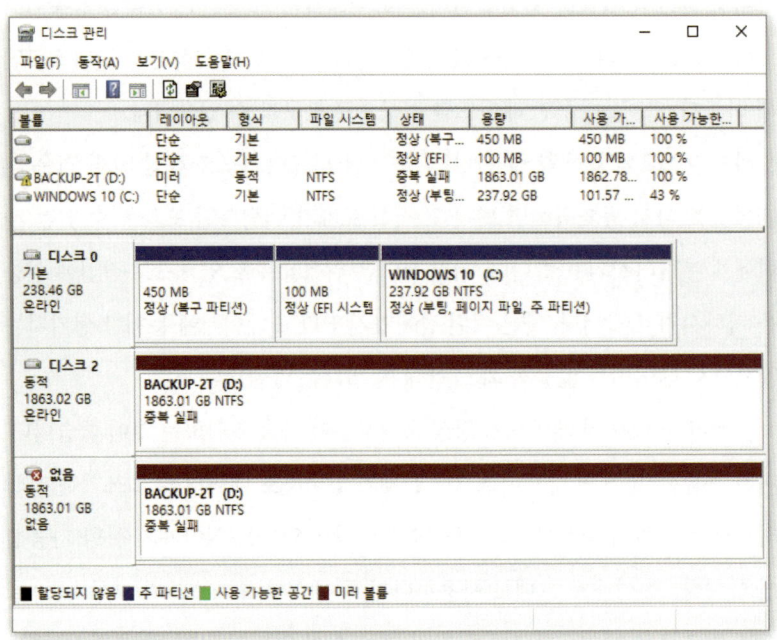

한쪽 하드디스크에 에러가 발생했습니다. 한쪽 하드디스크에 정상적으로 데이터를 쓸 수 없으면 양쪽의 데이터가 달라지므로 중복실패가 됩니다. 하드디스크가 실제로 고장 났을 수도 있지만, 대개는 하드디스크용 케이블이 잠깐 빠졌거나 부팅 할 때 하드디스크를 인식하지 못하는 경우입니다.

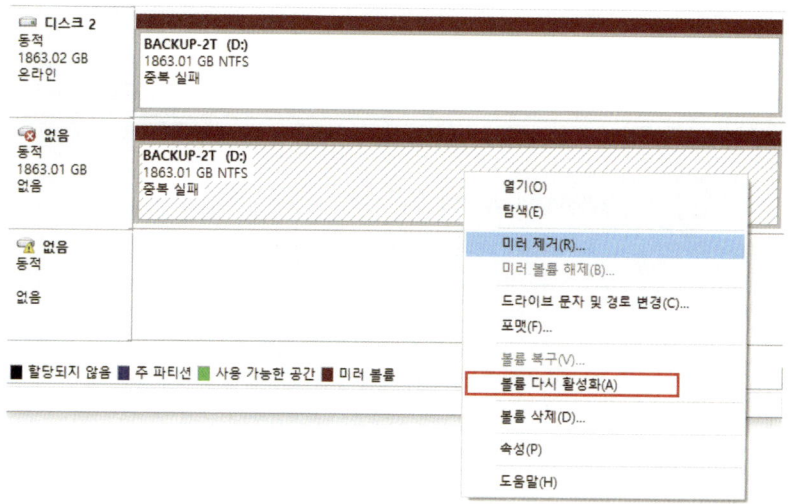

에러가 생겼을 때 케이블을 점검한 후 에러난 하드디스크에서 마우르 오른 버튼을 클릭해서 "볼륨 다시 활성화"를 선택하면 대개의 경우 정상화 되어 "다시 동기화 하는 중" 상태로 변합니다.

이렇게 해서 해결이 되지 않는다면 에러난 하드디스크를 레이드 설정에서 제거했다가 다시 붙여야 합니다. 에러난 하드디스크에서 마우스 오른 버튼을 클릭하고 메뉴에서 미러 제거를 선택합니다.

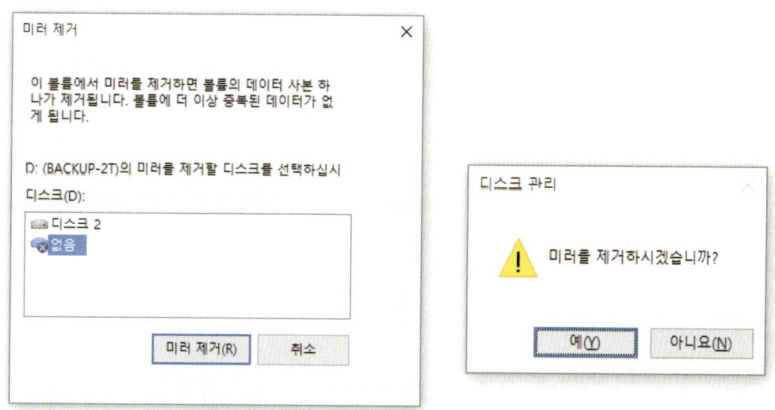

없음이라고 표시된 하드디스크를 선택하고 "미러 제거" 버튼을 클릭합니다. 미러를 제거한다고 데이터 자체가 사라지는 것은 아니므로 안심하고 "예"를 선택해도 됩니다.

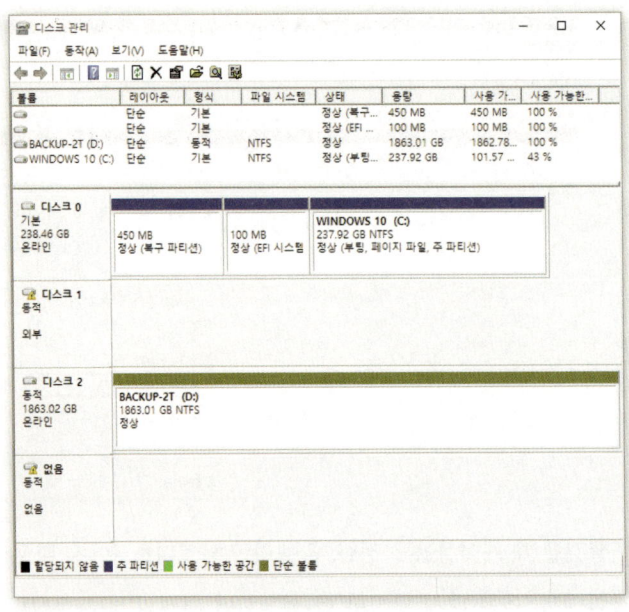

이제 미러 볼륨에서 한 개의 하드디스크만 남았습니다. 데이터가 한 개의 하드디스크에만 존재하므로 잃어버릴 위험이 커졌습니다. 빨리 하드디스크를 추가하여 정상적으로 데이터가 이중화되도록 해야 합니다.

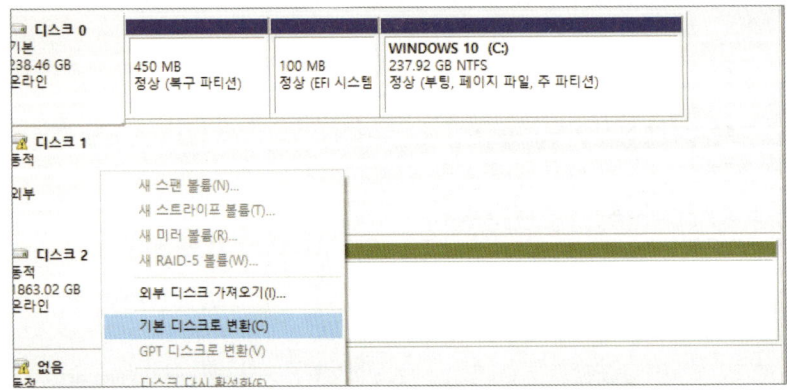

미러 볼륨에서 제거한 하드디스크에서 마우스 오른 클릭으로 메뉴를 불러 기본 디스크로 변환을 선택합니다. 기존 하드디스크에 문제가 생긴 것이 아니고 일시적인 에러 상황이라면 기본 디스크로 변환하는 작업이 정상적으로 진행됩니다.

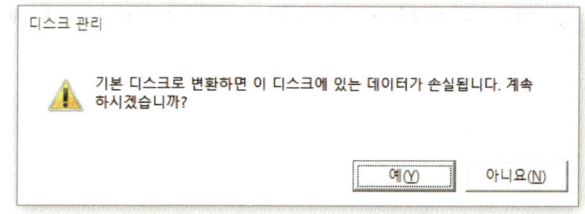

기본 하드디스크로 변환하면 이 하드디스크에 있는 데이터가 지워집니다. 하지만 레이드에는 정상 동작하는 다른 하드디스크가 있으므로 상관없습니다. 예를 선택합니다.

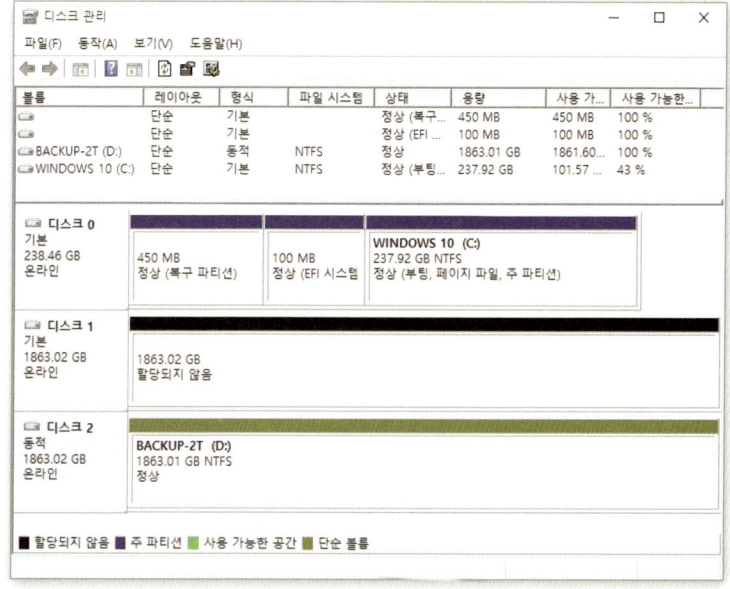

기본 디스크로 변환 작업이 성공하여 정상적인 기본 디스크가 생성되었습니다. 변환 작업이 정상적으로 이루어졌으므로 이 둘을 미러 볼륨으로 다시 엮도록 합니다.

만약 기본 디스크로 변환 작업이 정상적으로 이루어지지 않으면 이 하드디스크에 물리적인 에러가 있는 것입니다. 이때는 실제로 하드디스크를 교체한 다음 초기화를 하고 나서 미러 볼륨으로 엮는 작업을 진행해야 합니다.

미러 볼륨에 속해 있는 하드디스크를 마우스 오른 클릭으로 메뉴를 불러 "미러 추가"를 선택합니다.

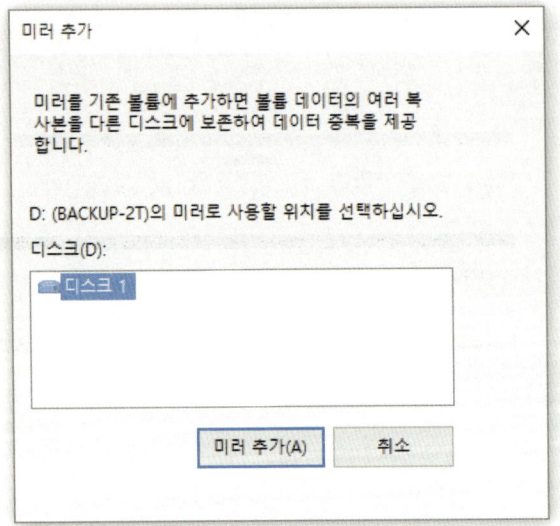

미러 볼륨에는 이미 한 개의 하드디스크가 있으므로 나머지 비어 있는 한 개의 하드디스크만 목록에 나타납니다. 디스크1을 선택하고 미러 추가를 클릭합니다.

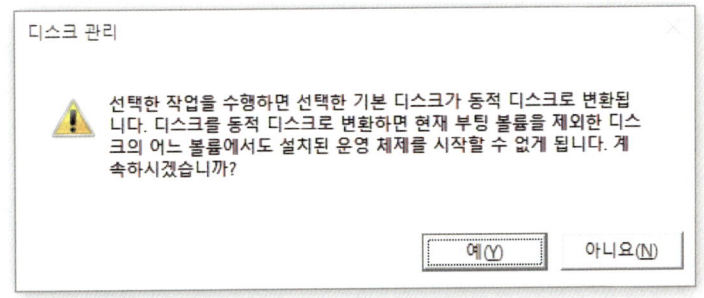

디스크 관리의 경고 메시지입니다. "예"를 선택합니다.

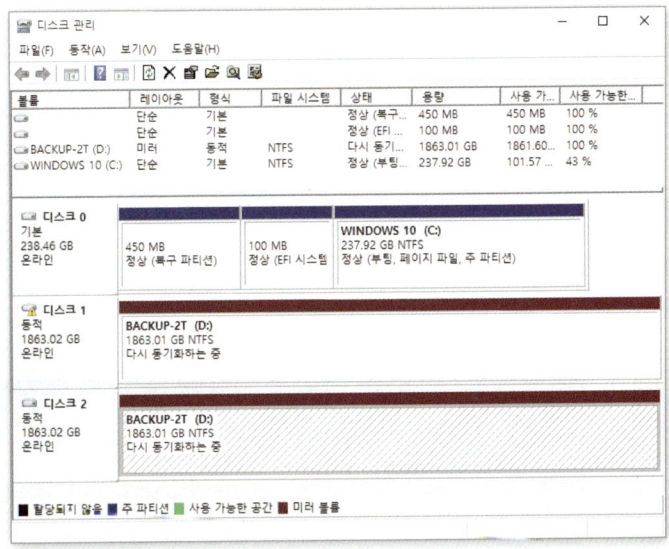

미러 볼륨이 업데이트되었습니다. 곧바로 새로 추가된 하드디스크에 기존 하드디스크의 데이터를 복제하는 동기화 작업이 진행됩니다. 용량이 클수록 많은 시간이 걸립니다. 2TB 하드디스크라면 10시간 이상이 걸릴 수도 있습니다. 자동으로 이중화되므로 그동안 이 미러볼륨에 대해서 데이터 쓰기, 삭제 등의 작업을 해도 됩니다.

에러가 생겼을 때도, 동기화가 진행되는 도중에도 논리적 저장소인 D:는 정상적으로 읽고 쓸 수 있습니다. 어떤 상황에도 논리 볼륨 D:에 있는 데이터는 안전하다는 뜻입니다.

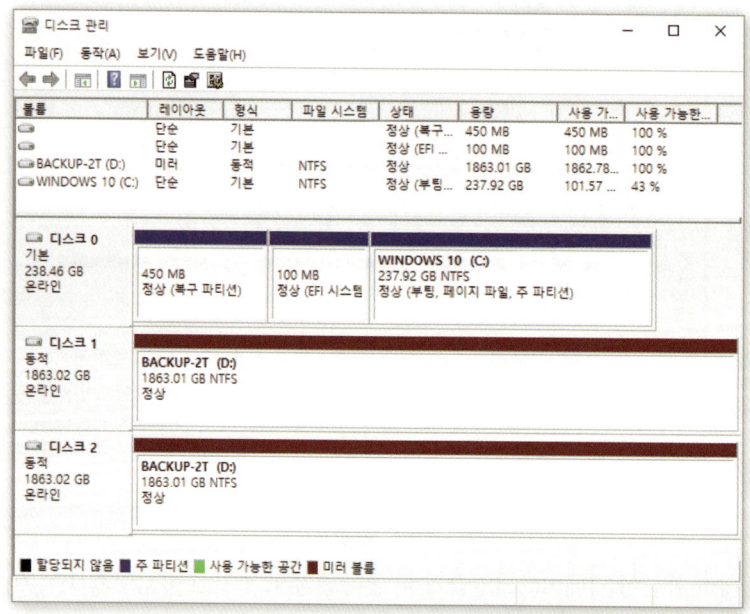

한참이 지난 후에 동기화가 완료된 정상 상태의 모습입니다. 이렇게 레이드-1을 사용하면 하드웨어 에러 걱정 없이 안심하고 작업에 몰두할 수 있습니다.

03 최적화

개인용 컴퓨터의 성능은 충분히 향상되었습니다.
그럼에도 언제나 느리고 문제가 발생하는 이유는 최적화가 되어 있지 않기 때문입니다.
최소 비용으로 최대 효과를 내는 하드웨어 최적화와 최단 시간으로 가능한 소프트웨어 최적화 기법을 알려 드립니다.
최적화를 통해 컴퓨터를 처음 샀을 때의 쾌적한 기분을 다시 느껴보시기 바랍니다.

컴퓨터 최적화

컴퓨터 최적화는 컴퓨터에 대한 일상적인 관심입니다. 컴퓨터 쓰다 보면 점점 느려지기 때문입니다. 알 수 없는 에러가 뜨는 것을 방치하면 중요한 프로그램까지 문제가 생기게 되고 결국 부팅이 안 될 정도로 악화됩니다. 하지만 이를 알고 있어도 최적화를 부탁할 곳이 없다는 것이 문제입니다.

서비스센터, 회사의 전산 부서나 외부 업체, 동네 컴퓨터 수리점에서는 대부분 윈도우를 새로 깔아주는 이상의 서비스를 기대하기는 어렵습니다. 하루에 컴퓨터 열 대는 고쳐야 겨우 생계를 유지할 수 있는 분들에게 악성코드를 잡기 위해 백신을 돌리고, 쓸데없는 프로그램을 지우고, 디스크를 정리하는 등 시간이 오래 걸리는 작업을 부탁하기는 어렵습니다. 이 분들에게 정당한 대가를 지불한다면 한 나절이 걸리는 최적화 작업 비용은 컴퓨터를 새로 사는 비용과 비슷할 것입니다.

컴퓨터가 느려지는 등 뭔가 문제가 있는 것 같아 스스로 해결해보려고 해도 어디를 어떻게 조사해야 할지 감조차 잡기 어렵습니다. 평소에 잘 동작하던 프로그램이 실행이 안 될 때 검색을 통해 답을 찾아 보려해도 뭐라고 검색해야 할지 알 수 없고, 억지로 검색을 하더라도 해결책이라고 제시된 것들이 무슨 소리인지 알아듣기 힘듭니다. 한글로 된 설명도 어려운데 검색 결과에 영어 페이지만 뜨면 답답함만 더해질 뿐입니다. 어렵게 해결책을 따라 해 봐도 제대로 되지도 않고 시스템 설정을 잘못 건드려 오히려 문제만 더 키우게 됩니다.

때문에 간단한 고장으로 보이는 경우 주변에 컴퓨터를 잘 아는 사람들에게 고쳐달라고 부탁을 하게 됩니다. 부탁을 받은 분들은 대개 컴퓨터를 전공한 친구나 컴퓨터를 잘 아는 대학생 조카 등 컴퓨터 자체가 취미인 분들이기 마련인데 이 분들은 열성적으로 문제를 해결해줄 뿐만 아니라 앞으로 문제가 생기지 않게 하려면 어떻게 하면 좋은지 설명을 하곤 합니다. 하지만 이들이 밤새워 컴퓨터를 고쳐줘 봤자 대가는 보통 밥 한 끼 수준을 넘기 힘듭니다. 잘못하면 남의 컴퓨터에 한 번 손을 댔다는 이유로 24시간 대기 영구 수리 기사가 될 수도 있습니다. 이런 일을 몇 번 겪고 나면 그들도 자신의 컴퓨터 지식을 감추고 "윈도우 다시 깔아보라"거나 "대기업 컴퓨터 사라"며 컴맹 행세를 하게 됩니다. 노하우에 대해 비용을 지불하는 데 인색한 현실로 인해 이렇게 남의 컴퓨터를 열심히 고쳐 주는 분들도 점차 사라져 가고 있습니다.

컴퓨터 전공자는 민간 처방으로 어떤 병이든 해결하던 조선시대의 동네 의원과 비슷합니다. 그들은 주변에 아는 사람들로부터 "내 컴퓨터가 이상한데 좀 봐 줄래?"란 요청을 자주 받습니다. 그래서 컴퓨터 전공자들은 이런 티를 입고 다니게 됩니다.

회사 컴퓨터든 개인 컴퓨터든 아무 문제없이 정상적으로 동작하고 언제나 제 성능을 낼 수 있도록 관리해야 할 필요가 있습니다. 오래된 컴퓨터를 아예 최신 컴퓨터로 바꾸면 좋겠지만 그 비용을 쉽게 내 줄 회사는 별로 없습니다. 개인 컴퓨터는 사비를 들여 바꿀 수 있어도 회사 컴퓨터는 함부로 바꾸기도 어렵습니다.

소프트웨어 최적화만으로 성능을 높일 수 있긴 해도 전반적인 최적화 방법을 모른다면 제대로 하기 어렵습니다. 윈도우가 느려질 때마다 아예 새로 깔아 버리면 간단할 것 같지만 새로 깐 윈도우에 필요한 프로그램을 다시 인스톨하고 개인 설정을 손 보는 데 더 많은 시간이 걸릴 수도 있기 때문에 별로 효율적인 방법은 아닙니다. 더구나 윈도우를 새로 깔더라도 제대로 관리가 안 되면 금방 원래처럼 느려지고 알 수 없는 프로그램이 활개치는 상태로 되돌아 갈 뿐입니다.

컴퓨터 하드웨어는 발전을 거듭해서 이제 일반적인 상황에서 요구되는 성능을 훨씬 웃돌고 있습니다. 운영체제와 소프트웨어의 완성도도 좋아져 최근에 나온 윈도우 10 운영체제의 하드웨어 성능 요구량이 이전 윈도우보다 더 낮아졌습니다. 최근 5년 이내에 구입한 컴퓨터라면 하드웨어적인 업그레이드는 크게 필요하지 않을 정도입니다. 물론 최신 하드웨어와 비슷한 정도의 성능을 내려면 업그레이드가 필요하기는 합니다.

이 장에서는 최소한의 비용으로 최대의 성능을 얻는 방법을 알려 드립니다. 최고의 가격대비 성능 향상을 가져올 하드웨어 업그레이드를 여러분이 직접 할 수 있도록 안내하겠습니다. 또한 여러분들이 직접 할 수 있는 소프트웨어 최적화 방법도 알려 드리겠습니다.

사실 컴퓨터를 사용할 때 속도를 떨어뜨리는 주요 요인은 소프트웨어일 가능성이 큽니다. 운영체제 업그레이드가 제대로 되지 않은 상태에, 백신 업그레이드를 제 때 하지 않아 악성 코드가 활개를 치고 있는 데다가, 쓸데없이 많은 프로그램이 동작하고 있고 설정마저 꼬여 있다면 어떤 고성능 하드웨어를 사용하더라도 제 성능이 나오기 어렵습니다. 앞에서 이야기했듯이 하드웨어 최적화는 남의 손을 빌릴 수 있지만 현실적으로 소프트웨어 최적화는 본인 이외에는 아무도 할 수 없는 일이 되었습니다.

물론 직접 해보겠다고 마음만 먹는다면 크게 어려운 일은 아닙니다. 전문적인 기술이나 복잡한 소프트웨어 사용법을 익혀야 하는 것도 아닙니다. 시스템에 대한 깊은 이해나 복잡한 작업 과정이 필요하지도 않습니다. 시스템을 한 번만 제대로 최적화시키고 나면 그 후부터는 다시 최적의 상태로 만드는 데 시간이 많이 들지도 않습니다.

1 하드웨어 최적화

최근 5년 내 구입한 컴퓨터라면 일상 업무를 위한 하드웨어 성능이 부족하다고 말하기는 어렵습니다. 운영체제가 7에서 8, 8.1, 10으로 버전업 되었지만 7 이후에 하드웨어 요구량이 크게 높아지진 않았습니다. 다만 윈도우 XP 때는 메모리가 2GB로도 충분했지만 7 이후는 메모리가 최소 4GB가 되어야 쾌적하게 사용할 수 있습니다. 또한 스마트폰과 태블릿에 주로 채택되고 있는 낸드플래시 저장장치의 반응 속도에 익숙해진 사용자라면 하드디스크만 달려 있는 컴퓨터가 상대적으로 느린 느낌을 받을 수 있습니다.

이 문제는 128GB나 256GB 정도의 SSD를 장착하는 것으로 해결 가능합니다. SSD를 추가하면 획기적인 성능 향상을 얻을 수 있습니다. CPU나 메모리 업그레이드는 포기하더라도 SSD 만은 반드시 추가하시기 바랍니다. 성능 향상을 경험할 수 있는 하드웨어 최적화는 메모리 증설, SSD추가 정도면 충분합니다. 물론 여기에 27인치 정도의 모니터로 교체한다면 느리고 문제 많았던 애물단지를 빠르고 넓은 화면의 새 컴퓨터로 변모시킬 수 있습니다.

실제로 시스템 최적화가 필요한 구형 컴퓨터(이하 "대상 컴퓨터"라고 부름)입니다. 250GB 하드디스크라 용량도 모자라고 전체적으로 느려서 하드웨어와 소프트웨어 최적화가 필요한 상태입니다.

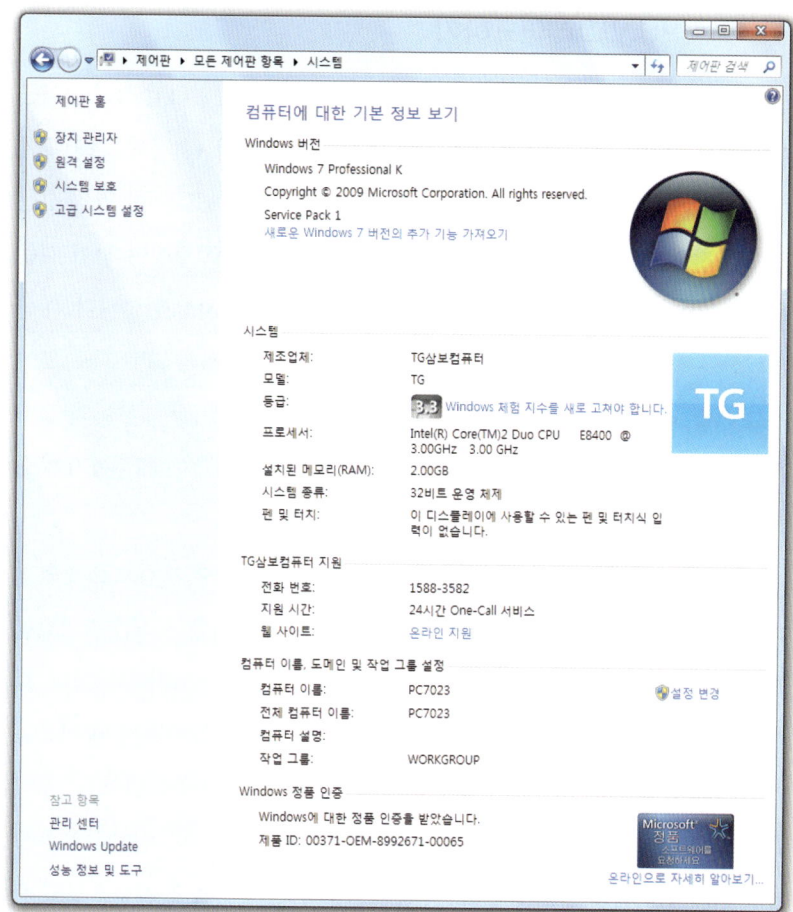

제어판의 시스템 항목으로 살펴본 컴퓨터 정보입니다. 최적화하려는 컴퓨터는 2010년 경 출시된 3GHz의 듀얼코어 CPU와 2GB의 메모리 그리고 32bit 윈도우 7이 깔려 있는 평범한 제품입니다. TG 브랜드 제품이기 때문에 전용 케이스와 전용 하드웨어로 구성되어 업그레이드에 지장이 있을 수 있습니다.

1 CPU 업그레이드하기

CPU의 경우 매 18개월마다 2배씩 지속적으로 성능이 증가하긴 했지만 최근에 와서는 원자 수준에서 물리적인 한계에 다다른 상태라 4기가헤르쯔(GHz) 이상의 고속 CPU는 나오지 못하고 있습니다. 그보다 고속 CPU를 만들 수는 있으나 전력 사용량이 크게 증가하고 냉각 장치를 추가로 달아야 하기 때문에 서버용을 제외하고 일반용 제품으로는 상용화되지 못하고 있습니다. 대신 소형화와 병렬화가 진행되어 한 개의 물리 CPU에 여러 개의 CPU 회로(코어라고 부름)를 집어 넣는 방식으로 진화해왔습니다. 현재 거의 대부분의 CPU는 2개에서 4개의 코어를 내장하고 있고 서버용으로는 32코어 제품까지 나오고 있습니다.

고성능 게임이나 영상 처리를 하지 않는 한 CPU는 2코어 제품으로 충분합니다. 제대로 된 2코어 CPU 제품(인텔 코어 2 듀오)이 나온 지 9년이 넘었기 때문에 그 후에 구입한 컴퓨터라면 CPU 성능은 크게 문제되지 않습니다. 코어 2 듀오 이후의 CPU는 64비트가 가능하므로 윈도우를 인스톨 할 때 하드웨어를 제대로 활용할 수 있는 64비트 버전을 설치하는 것이 좋습니다.

만약 CPU를 새로 구입한다면 용도에 따라 고르시면 됩니다. 일반적인 용도로는 10만원 이하의 인텔 g시리즈나 10만원대 초반의 인텔 i3 제품으로도 충분하며 욕심을 낸다면 i5 제품으로 가시면 됩니다. 새로운 CPU는 그에 맞는 새 메인보드가 필요하고 이 메인보드와 호환되는 새 메모리가 필요합니다. 이 정도만 바꾸어도 사실 새 컴퓨터를 구입하는 것과 별로 다르지 않습니다.

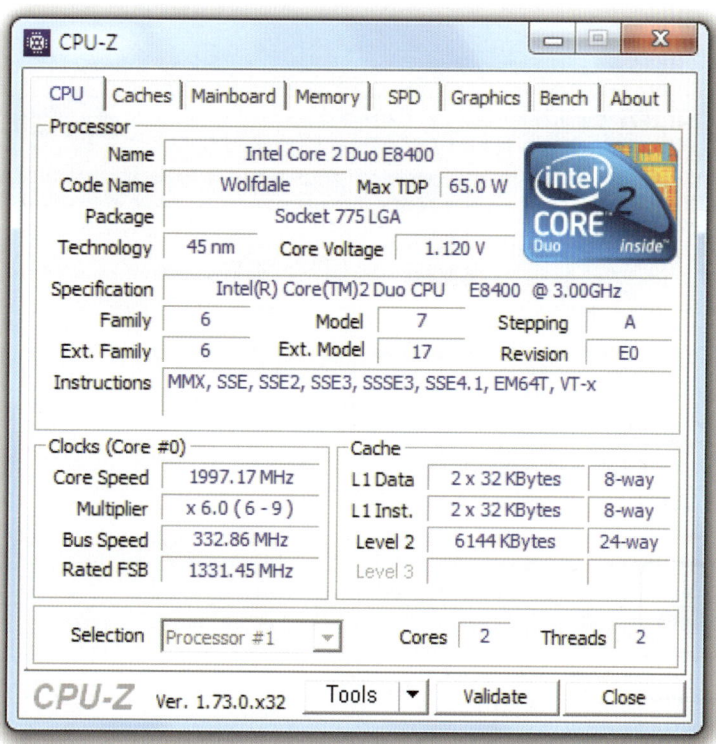

벤치마크 프로그램 : 컴퓨터 하드웨어에 대한 정보를 간편하게 확인하려면 AID64나 CPUID라는 프로그램을 사용하면 됩니다. 최적화 대상 컴퓨터의 CPU는 Intel Core 2 Duo E8400입니다. 듀얼코어(CPU코어 2개를 한 개의 물리 CPU에 내장한 제품)이며 64비트가 가능하고 클럭이 3.0GHz라 아직도 현역에서 뛸 수 있는 훌륭한 제품입니다.

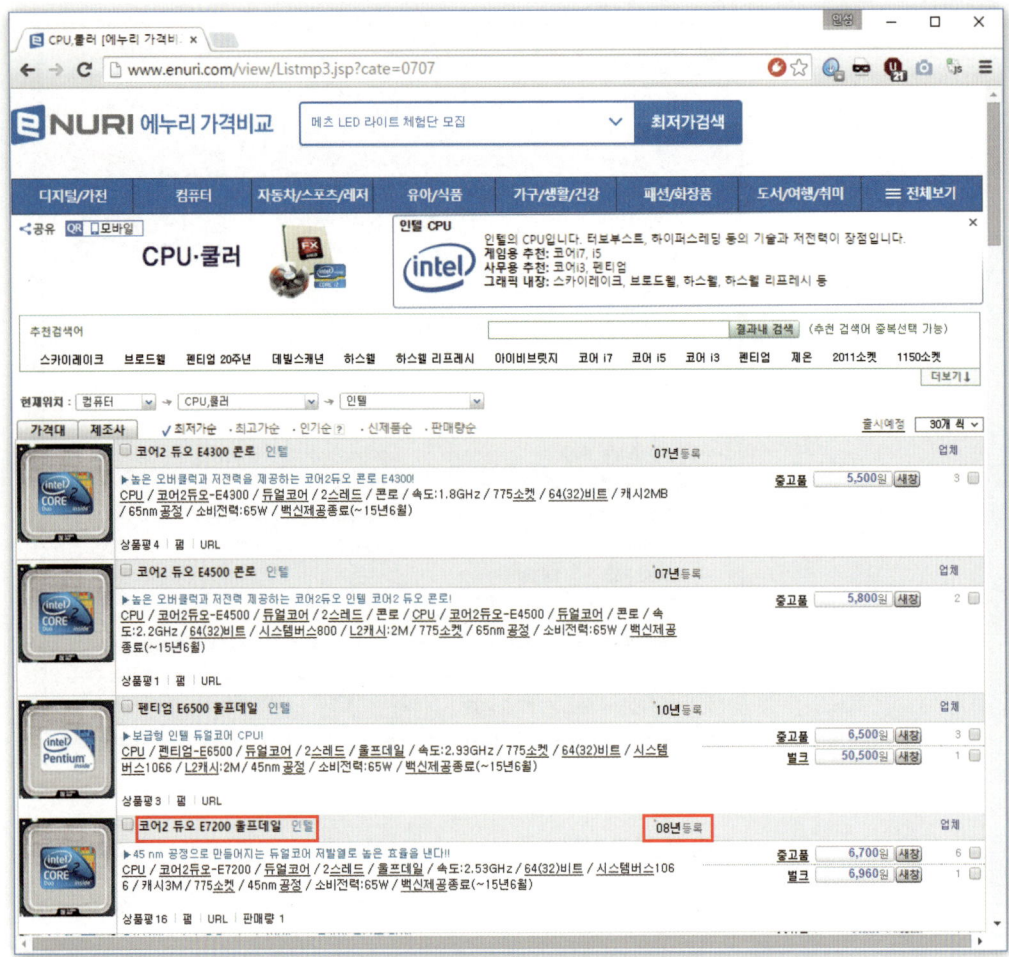

인텔의 코어 2 듀오 제품 정도라면 성능은 크게 딸리지 않습니다. 이 책을 보시는 사용자 분들의 컴퓨터는 거의 다 2008년에 출시된 코어 2 듀오 제품인 울프데일 E7200 CPU보다 최신일 것입니다. 윈도우 10의 경우 CPU가 2.5GHz 이상이라면 사용할 때 속도 면에서 조금도 답답하지 않습니다.

② 메모리 업그레이드하기

메모리는 많을수록 좋지만 일상적으로 사용할 때 4GB 정도면 충분합니다. 8GB면 메모리가 모자라 작업이 안 되는 경우는 거의 없습니다. 8GB를 사용하려면 64비트 윈도우 운영체제를 사용해야 합니다. 메모리는 DDR1부터 DDR4까지 구분이 있으므로 메모리를 증설할 때는 메인보드와 호환이 되는지 잘 확인하시고 구입해야 합니다.

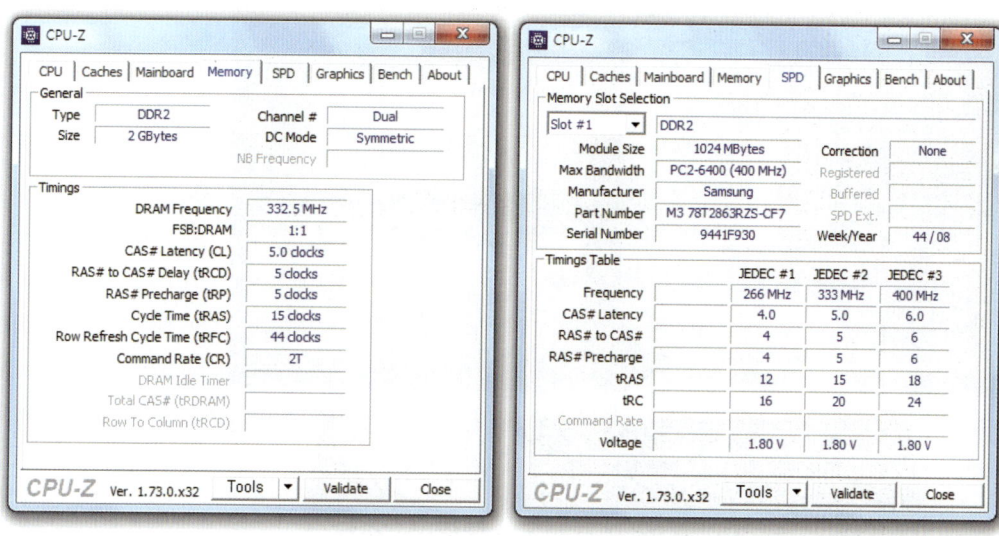

최적화하려는 대상 컴퓨터에는 DDR2 등급의 메모리가 2GB 꽂혀 있습니다. 메인보드에 메모리를 꽂을 수 있는 슬롯이 2개뿐인데 여기에 1GB 메모리 2개가 꽂혀 있으므로 용량을 늘리려면 기존 메모리는 빼고 새 메모리를 장착해야 합니다. 2GB 메모리 2개로 4GB를 만들거나 4GB 메모리 2개로 8GB를 만들 수 있습니다.

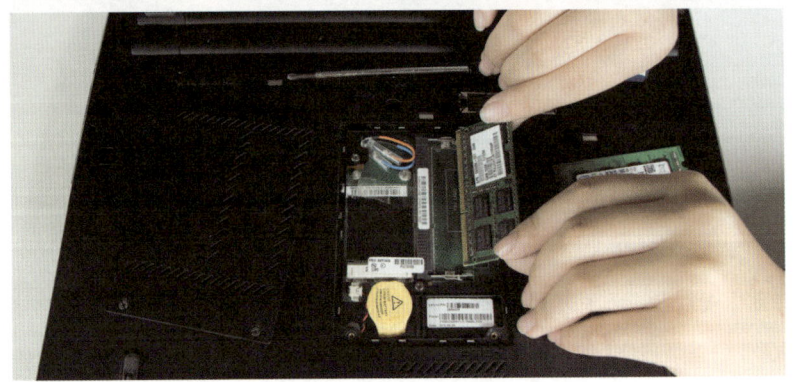

데스크톱 컴퓨터에 장착된 메모리와 노트북에 장착된 메모리 모습입니다. 데스크톱 메모리 업그레이드는 상대적으로 간단합니다. 노트북은 조금 복잡한데 바닥 면에 있는 나사 몇 개를 풀어 간단히 교체할 수 있는 노트북도 있지만 케이스 전체를 분해해야 하는 제품도 있습니다. 노트북 메모리 교체는 해당 제품 매뉴얼을 참조하시기 바랍니다.

③ 하드디스크 SSD로 교체하기

하드디스크는 서서히 사양길로 가고 있습니다. 80년대 20MB 시절부터 현재 8TB 용량까지 꾸준히 증가해왔지만 테라바이트로 넘어 오면서 기술적 한계에 부딪혀 용량 증가가 느려지고 있습니다. 반면 SSD는 용량은 급속히 늘어나고 있고, 가격은 가파르게 떨어지고 있습니다. 소비자용 SSD가 처음 출시된 2008년 당시 32GB SSD가 100만원에 육박했지만 현재 256GB 제품이 10만원이 되지 않습니다. 하드디스크는 최대 8TB에 머물러 있으나 SSD는 이미 16TB 제품이 발표된 상태이며 원한다면 그 이상의 용량도 지금 당장 구입 가능합니다.

SSD는 브랜드에 연연할 필요가 없습니다. 가장 중요한 것은 MLC 낸드플래시를 사용했는지 여부입니다. 검색 조건에 반드시 MLC를 추가하시기 바랍니다. 검색 결과에 나온 제품의 안정성이나 신뢰성을 알고 싶으면 제품명으로 검색을 해서 구입자들의 평가를 확인하시기 바랍니다. 2016년 현재 가장 가격대 성능비가 좋은 용량은 256GB이며 가장 인기 있는 것은 삼성의 850 pro 시리즈이지만 샌디스크 제품이나 마이크론테크놀로지 제품도 사용자들이 선호하는 제품입니다.

하드디스크를 SSD로 복제하기 위해서 케이블에 연결한 모습 : SSD는 속도는 빠르지만 아직 가격이 비싸기 때문에 데이터 저장용이라기보다는 빠른 반응 속도가 필요한 운영체제와 응용 프로그램 그리고 작업용 데이터 임시 보관용으로 사용하는 것이 적당합니다. 따라서 SSD를 구입하면 기존 하드디스크에 설치된 운영체제를 그대로 SSD로 복제해 넣는 작업이 필요합니다. 사진에서 샌디스크(Sandisk) X110 제품은 SATA 케이블에 연결한 모습이고 아래쪽 트랜센드(Transcend) 제품은 USB(SATA-to-USB 케이블 사용)에 연결된 모습입니다. 어떤 방식으로 연결하든 하드디스크 복제가 가능합니다. 이후 작업은 SSD가 내장 하드디스크 케이블(SATA 케이블)에 연결되었다고 가정합니다.

윈도우 운영체제가 들어 있는 하드디스크를 SSD로 복제합니다. 윈도우가 부팅된 상태에서 그대로 복제 가능한 프로그램 중 하나인 macrium reflect를 사용하여 하드디스크에서 SSD로 복제를 합니다.

참고

윈도우 하드디스크를 다른 하드디스크나 SSD로 그대로 복제하는 방법은 여러 가지가 있습니다. 대개는 전용 프로그램을 USB에 복사한 후 이 전용 프로그램이 들어 있는 USB로 부팅하여 하드디스크를 복사하는 방법을 사용합니다. USB로 부팅해서 작업하면 하드디스크가 복사 중에 전혀 변하지 않으므로 이 방법이 가장 안전하고 신뢰성이 높습니다. 하지만 전용 USB를 만들어야 하고 USB 부팅이라는 까다로운 작업을 해야 하며 복사하는 동인 컴퓨디를 사용할 수 없는 문제도 있어서 일반 사용자에게 권장하기 어렵습니다.

이런 불편함 때문에 윈도우로 부팅한 후 그 윈도우가 동작하고 있는 상태에서 그대로 다른 하드디스크로 복사할 수 있는 방법이 개발되었습니다. 이것을 윈도우의 볼륨 섀도우 카피(VSS)라고 부릅니다. 볼륨 섀도우 카피 기능은 윈도우를 복사하는 중에 변경되는 파일까지 안전하게 복사되는 것을 보장합니다.

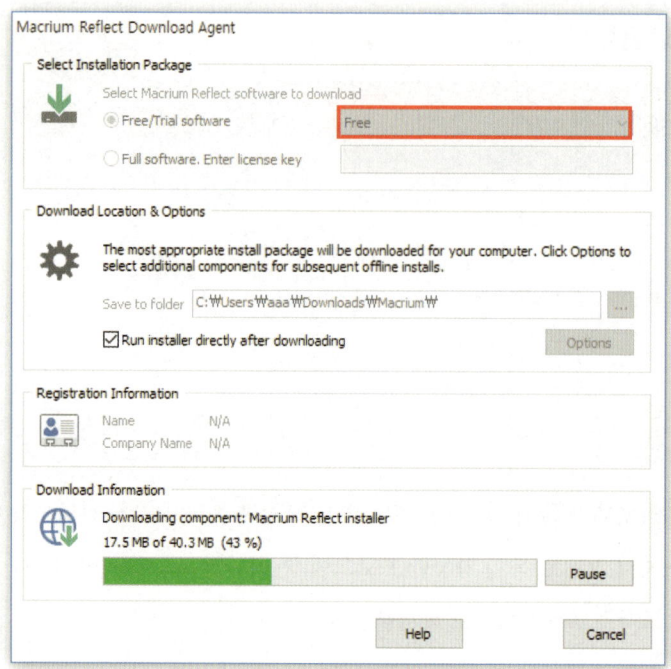

　Macrium Reflect를 다운 받습니다. Free 버전을 선택하는 것 이외에 크게 주의할 것은 없습니다.

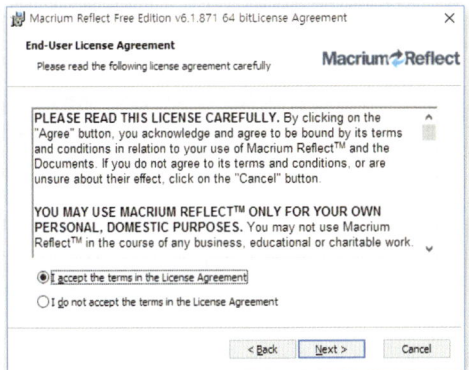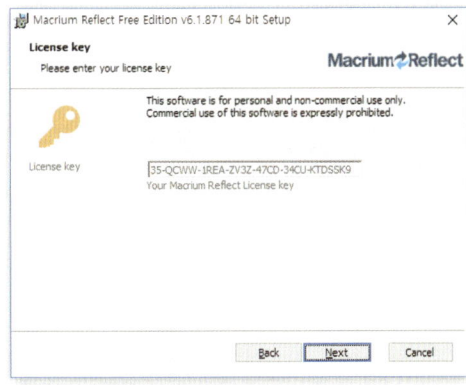

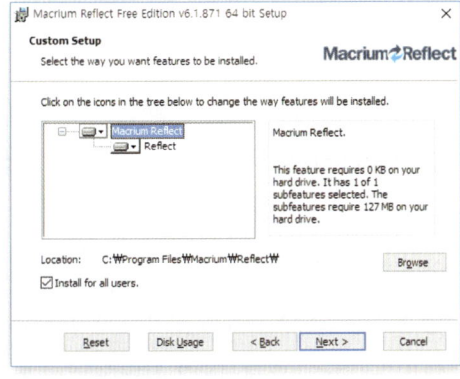

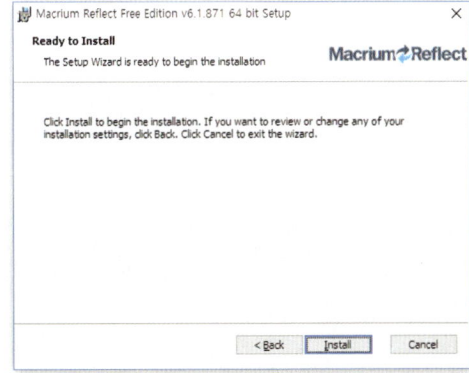

다운 받은 프로그램을 실행해 Macrium Reflect를 인스톨합니다. 라이선스 키는 자동으로 입력되며 개인 정보를 요구하는 등록 절차는 건너뛸 수 있습니다.

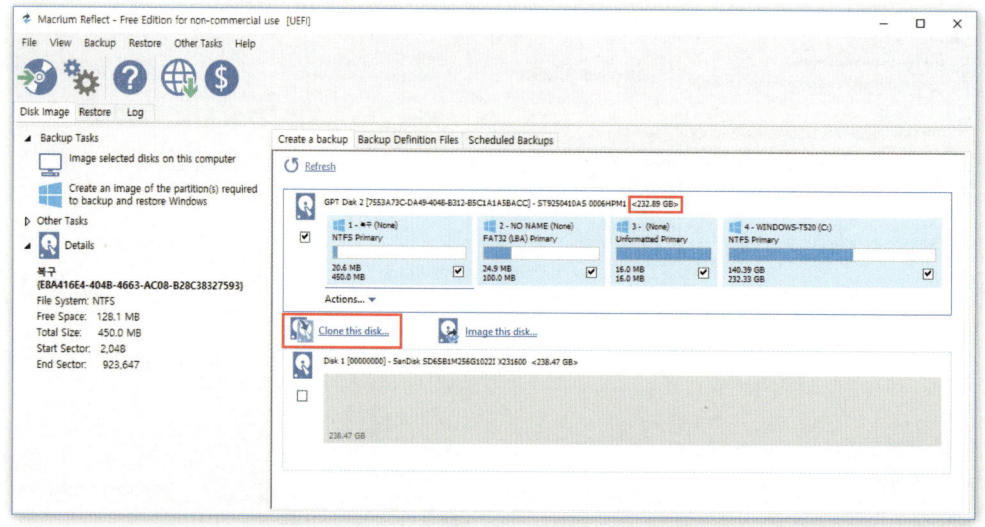

　컴퓨터에 SSD를 연결하고 Macrium Reflect를 실행합니다. 첫 번째 하드디스크에 C:가 있고 두 번째 SSD는 비어 있습니다. 첫 번째 하드디스크의 내용을 SSD로 복제합니다.

　첫 번째 하드디스크에 있는 여러 파티션 중에서 C: 앞에 있는 1-복구, 2-NO NAME, 3-(None) 파티션들은 부팅을 위해 운영체제가 만든 것이므로 무조건 다 선택해야 합니다.

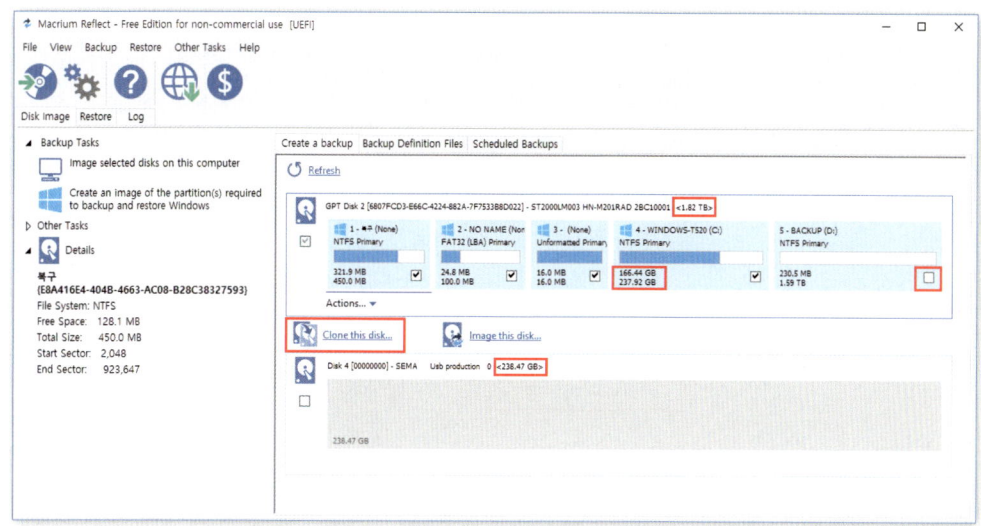

> **참고**
>
> 하드디스크 용량이 SSD에 비해 크다면 조정이 필요합니다. 만약 256GB의 SSD 보다 큰 하드디스크를 통째로 C:로 잡고 쓰고 있다면 그 안에 있는 데이터를 딴 곳으로 옮겨서 데이터 총 용량을 256GB보다 적게 만든 후에 복제를 해야 합니다.
>
> 만약 하드디스크를 C:와 D:로 나누어 쓰고 있었다면 D:는 제외하고 C:만 복제를 합니다. 이때도 C:의 데이터 총 용량을 256GB보다 적게 만들어야 합니다.
>
> 캡처 화면은 2TB 하드디스크를 복제하려는 모습입니다. 1.59TB 용량을 차지하고 있는 D:를 제외하고 C:만 선택해서 복제하려는 상태입니다. 하드디스크 총 용량은 2TB지만 파티션 C:의 크기는 237.92GB이고 그 안에 들어 있는 데이터 양은 166.44GB이므로 256GB의 SSD에 복제가 가능합니다.
>
> D:를 빼고 복제하더라도 D:가 기존 하드디스크에 그대로 남아 있기 때문에 데이터 분실을 걱정할 필요는 없습니다.

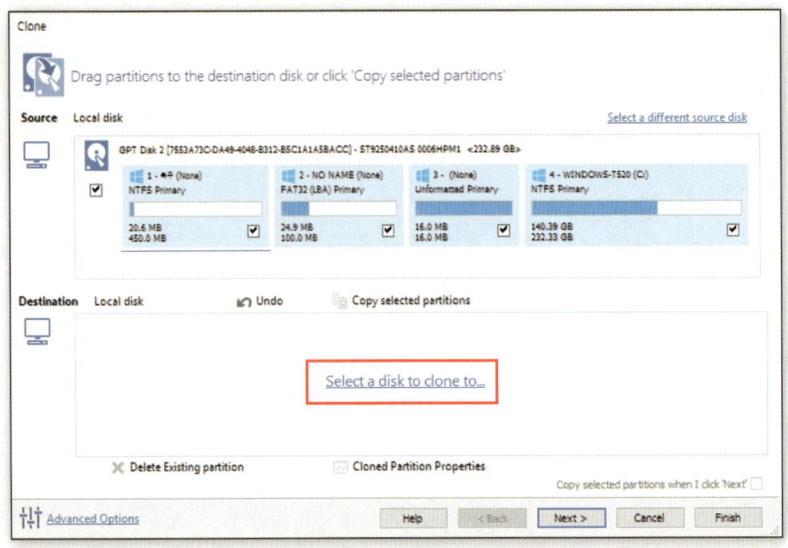

　복잡한 설명을 단순하게 요약하면 복사될 데이터 양을 SSD 용량보다 작게 만들고 나서 복제를 해야 한다는 것입니다. 여기서는 작업을 단순화시키기 위해 250GB 하드디스크를 256GB SSD에 복제하는 과정을 보여드립니다. 앞 화면에서 "Clone this disk"를 클릭했다면 이 화면과 같이 복제할 곳을 지정하는 화면이 나옵니다. "Select a disk to clone to…"를 선택합니다.

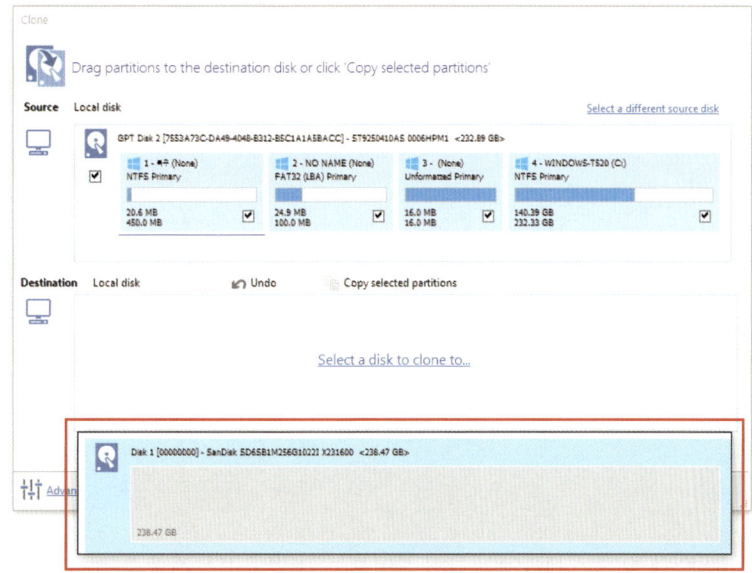

프로그램이 컴퓨터에 연결된 SSD를 발견하여 보여 주고 있습니다. SSD를 선택합니다.

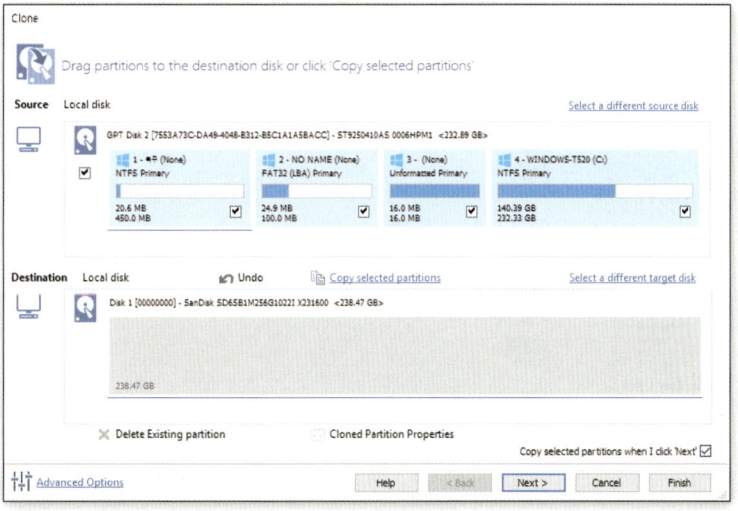

복제할 소스는 하드디스크의 C:이고 타겟은 SSD입니다. 제대로 셋업이 되었는지 다시 한 번 확인 한 후에 Next를 클릭합니다.

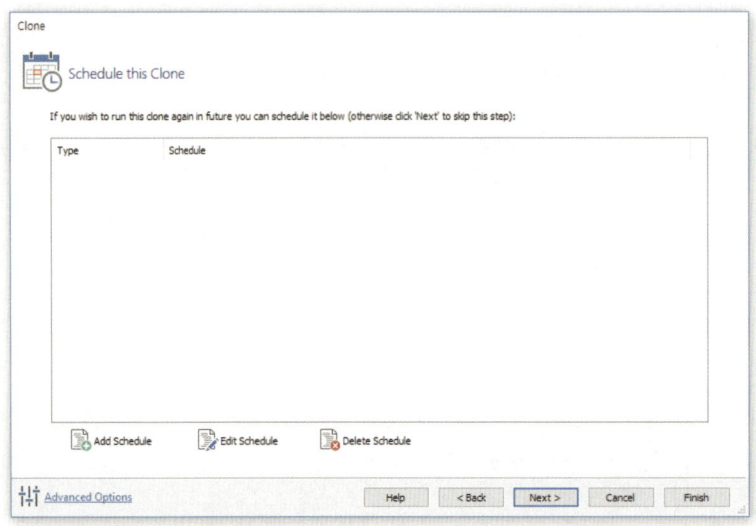

이 작업을 작업 스케줄에 넣을지 물어보는 화면입니다. 지금 복제 작업을 할 것이니까 Next를 선택합니다. 물론 나중에 작업을 하도록 예약할 수도 있습니다. 그에 관한 설명은 생략합니다.

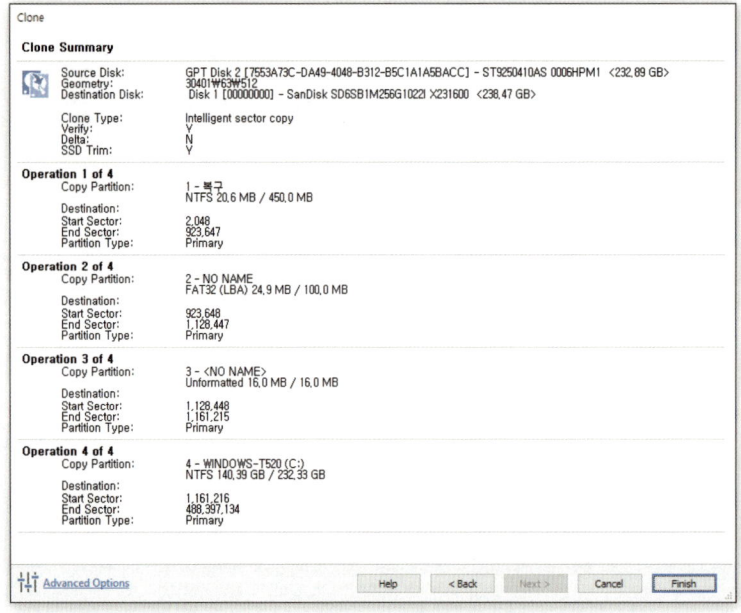

복제 작업의 구체적인 내용이 표시됩니다. 하드디스크의 4개의 파티션을 복제한다는 내용입니다. Finish를 클릭합니다.

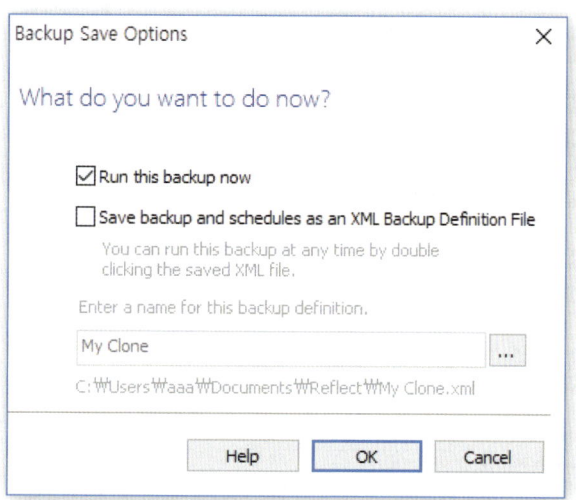

이제 무엇을 할 것인지 묻는 화면입니다. "Run this backup now"를 체크하고 OK를 누르면 됩니다.

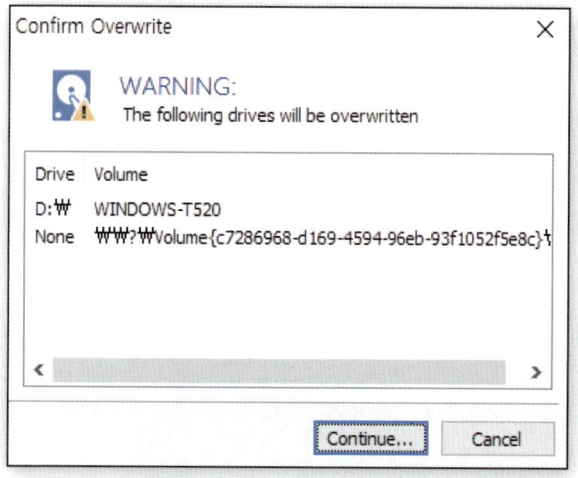

타켓 SSD에 있는 데이터가 지워진다는 마지막 경고 화면입니다. Continue…를 클릭하면 실제 복제 작업이 시작됩니다.

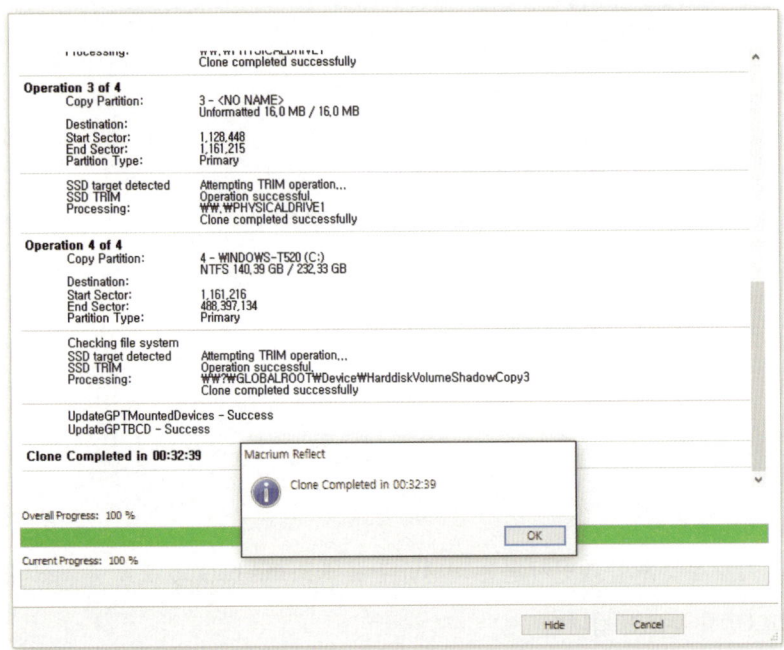

약 30분 걸려서 256GB의 하드디스크 복제 작업이 완료되었습니다.

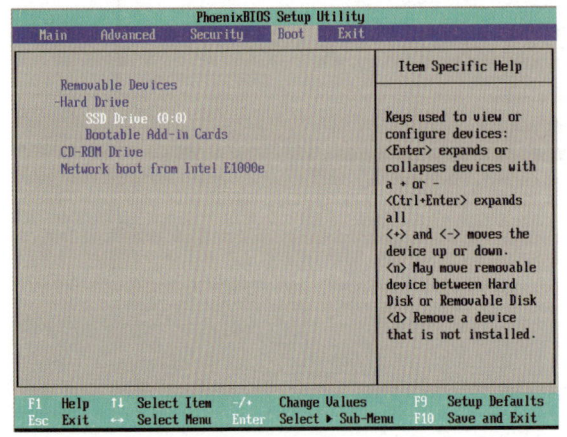

복제가 완료된 후 하드디스크와 SSD의 순서를 바꾸고 부팅을 합니다. 컴퓨터를 부팅할 때 Delete 키나 F2 키를 눌러 바이오스 화면으로 들어간 다음 부팅 순서에서 SSD를 제일 앞으로 보냅니다. +,- 키를 사용하여 부팅 순서를 바꿀 수 있습니다.

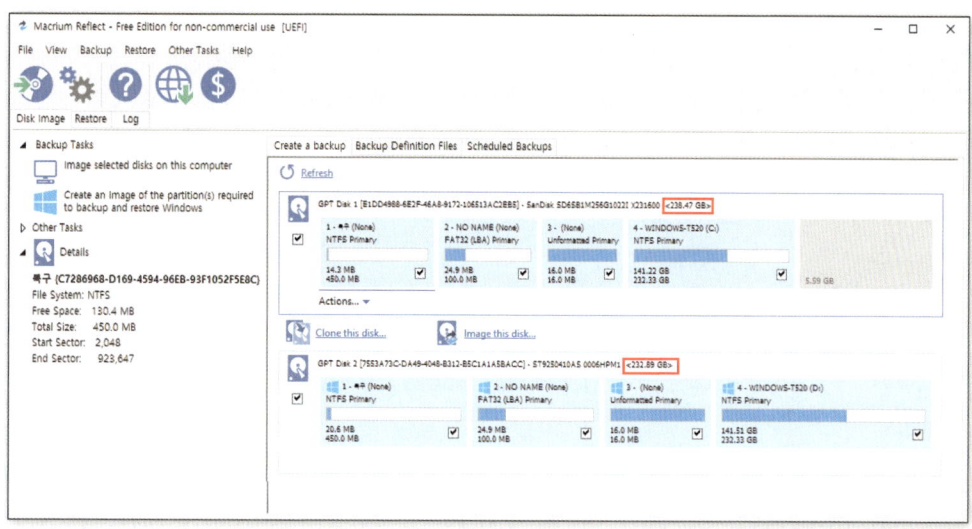

　　SSD로 부팅 후 내부 구조를 살펴 보면 하드디스크의 윈도우 시스템 파티션의 복제본이 성공적으로 만들어졌음을 알 수 있습니다. 화면 첫 번째가 SSD로 바뀌어져 있고 250GB를 그대로 복제한 탓에 5.59GB가 빈 공간으로 남아 있습니다.

　　만약 원본 하드디스크가 용량이 커서 미처 SSD로 복제하지 못한 파티션이 있다면 SSD로 부팅한 후에 두 번째 하드디스크의 데이터로 접근 가능하므로 그 안에 있는 데이터는 안전하게 사용할 수 있습니다.

　　Macrium으로 시스템 디스크를 한 개의 이미지 파일로 만들 수도 있습니다. 윈도우와 필요한 프로그램을 인스톨한 깔끔한 상태의 시스템 이미지를 파일로 만들어 놓으면 C:가 부팅이 안 되거나 악성코드가 깔려서 심각한 상태가 되었을 때 이 시스템 이미지를 하드디스크나 SSD에 그대로 덮어 써서 깔끔한 상태로 되돌아갈 수 있습니다. 이 방법은 4장에서 설명합니다.

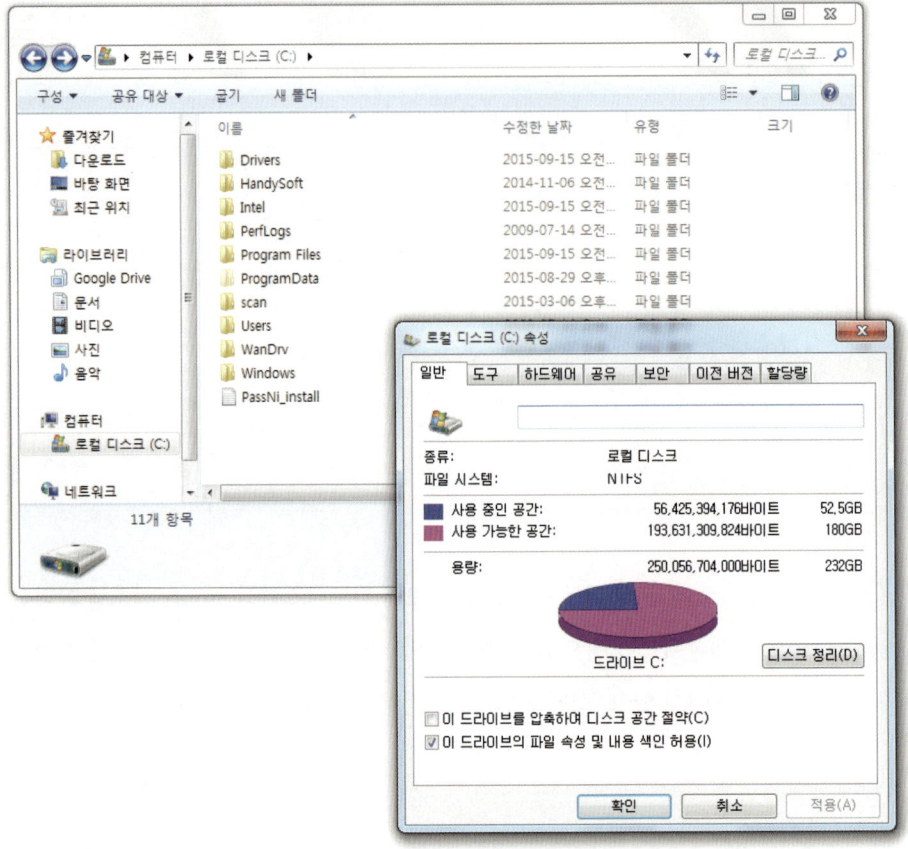

　최적화 대상 컴퓨터의 하드디스크 전체를 SSD로 완전히 이전한 모습입니다. 한 개의 SSD 전체를 C:로 쓰고 있습니다. C:에 데이터가 많지 않으므로 아직은 넉넉한 상태입니다. 데이터 안전을 위해서 백업용 하드디스크를 추가하고 파일백업 기능만 셋업 하면 될 것 같습니다. 좀 더 안전을 확보하려면 작업 폴더를 클라우드로 동기화시키도록 합니다.

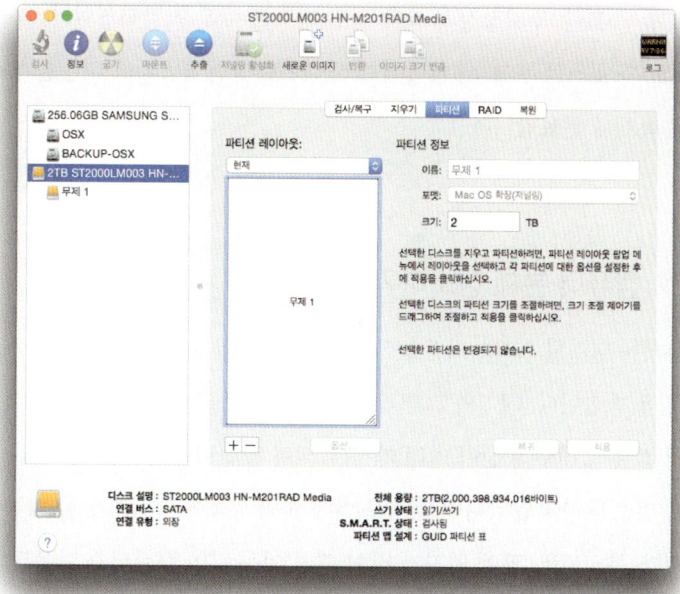

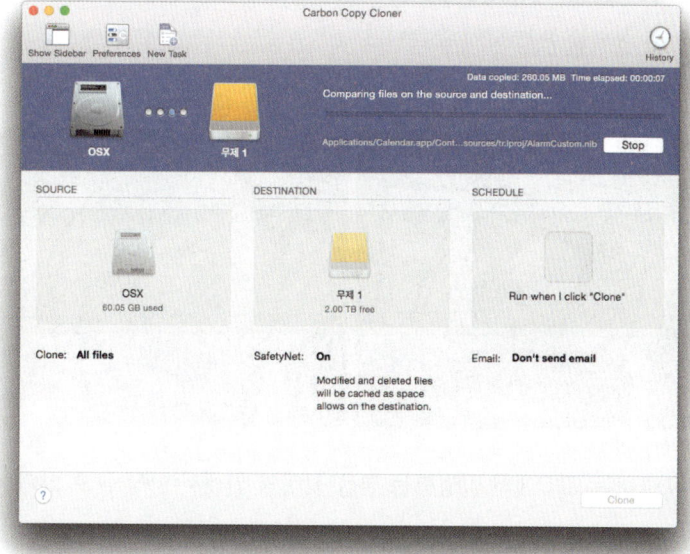

맥 운영체제가 들어 있는 하드디스크도 통째로 복제를 할 수 있습니다. 대표적인 프로그램으로 CCC(Carbon Copy Cloner)가 있습니다. 최근 5년 이내의 맥은 거의 다 SSD가 기본 장착되어 있으므로 시스템 영역을 복제할 필요는 별로 없지만 용량이 큰 SSD로 바꾼다든지 할 때 CCC로 작업하면 됩니다.

CCC를 사용한 맥 저장장치 복제 작업 과정은 매우 직관적입니다. 기존 시스템 SSD를 소스로 두고, 새 미디어를 타깃으로 정한 후 Clone 버튼을 누르는 것으로 복제가 완료됩니다.

④ 컴퓨터 본체 청소하기

컴퓨터는 디지털 기기이지만 먼지와 습도, 온도와 같은 아날로그 환경에 많은 영향을 받습니다. CPU와 그래픽 카드, 하드디스크 등이 내는 열을 식히기 위해서 컴퓨터 내부에 팬이 여러 개 장착되어 있습니다. 케이스 내부를 오래도록 청소를 하지 않았다면 먼지로 인해 팬의 성능이 떨어져 있을 가능성이 높습니다. 특히 CPU 팬에 먼지가 많이 끼면 이유 없이 컴퓨터가 다운되는 증상이 발생합니다. 이런 문제를 방지하려면 일 년에 한두 번 정도 컴퓨터 본체를 열어서 청소를 하는 것이 좋습니다.

CPU 쿨러는 CPU에서 발생하는 열을 식히기 위해서 항상 돌고 있기 때문에 주변의 먼지를 다 끌어 모으게 됩니다. 먼지가 별로 없는 환경에서도 2년 이상 동작하면 꽤 많은 먼지가 모입니다. 사진의 컴퓨터는 열악한 환경에서 작동하던 컴퓨터라서 먼지가 쿨링팬과 방열판 사이를 완전히 막아서 쿨링이 전혀 안 되고 있었습니다. 사진에서는 팬과 방열판을 분리했지만 여러분들이 작업하실 때는 분리할 필요까지는 없고 진공청소기로 팬의 먼지를 빨아 들이면 됩니다.

본체에도 팬이 달려 있습니다. 오랫동안 청소를 하지 않아서 본체에 장착된 팬도 먼지로 거의 막혀 있는 모습입니다. 진공청소기로 빨아들이면 간단히 깨끗하게 만들 수 있습니다.

2 소프트웨어 최적화

하드웨어가 아무리 빨라도 소프트웨어가 최적화되어 있지 않으면 제 속도를 낼 수 없습니다. 컴퓨터가 비정상적으로 느리거나, 사용 중에 자꾸 죽는 이유는 잘못된 소프트웨어 때문일 가능성이 큽니다. 시스템 전반에 걸친 최적화를 수행하여 이런 문제를 없애고 일상 점검을 통해 시스템을 항상 최상의 상태로 유지 시켜야 제 성능을 낼 수 있습니다.

소프트웨어 최적화는 첫 번째로 운영체제를 포함한 관리 프로그램을 업데이트하여 최신으로 유지하는 것부터 시작합니다. 운영체제 업데이트를 통해서 보안 문제와 소프트웨어 충돌을 해결하고 운영체제 성능도 향상 시킬 수 있습니다. 끊임 없이 새로운 악성 코드가 만들어지고 있으므로 백신도 최신으로 유지할 필요가 있습니다.

악성코드 실시간 감시를 위해서는 성능이 뛰어나면서도 시스템 자원을 덜 소비하는 백신을 선택하는 것도 중요합니다. 물론 최신 악성 코드까지 백신이 막아주지는 못하므로 의심스러운 사이트 방문을 자제하고 그런 곳에서 프로그램을 다운 받지 말아야 합니다. 문제가 생긴 컴퓨터를 조사해보면 대개 백신이 위험한 프로그램이라고 경고를 했는데도 이를 무시하고 프로그램을 실행한 경우가 대부분이었습니다. 내 컴퓨터의 안전은 내가 지켜야 합니다. 작업용 컴퓨터에서 확인되지 않은 프로그램은 사용해서는 안 된다는 것은 절대 원칙입니다.

외부의 공격을 막은 후 일상 점검 작업을 충실히 수행하는 것이 두 번째 소프트웨어 최적화입니다. 쓰지 않는 프로그램을 언인스톨하고, 필요 없는 파일이나 임시파일 그리고 중복 파일을 지우고, 필요 없는 시작 프로그램을 삭제하고, 하드웨어 드라이버를 최신으로 업데이트하는 작업들입니다. 윈도우가 동작할 때 필요로 하는 각종 설정들을 저장해 놓는 레지스트리 파일도 자주 청소해야 하고, 불 필요하게 떠 있는 각종 서비스 프로그램들도 제거해야 합니다. 이 모든 작업을 일일이 따로 할 필요는 없습니다. 이런 작업을 자동화 시켜주는 시스템 관리 프로그램을 잘 활용하면 됩니다. 평가가 좋은 시스템 관리 프로그램을 정해서 일 주일에 한두 번 점검을 하는 습관을 들이시기 바랍니다.

세 번째 최적화는 2016년에 특징적인 것으로 윈도우 업그레이드입니다. 이제 윈도우 10 시대입니다. 모바일이 대세가 되자 마이크로소프트가 이에 대응하기 위해 태블릿 기능을 강화한 윈도우 8을 출시했는데 기존 PC 사용법과 너무 달라서 받아들여지지 않자 다시 PC에 최적화된 모습으로 돌아온 것이 윈도우 10 입니다. 반드시 사용해야 하는 중요한 프로그램이 호환성 문제를 일으킨다면 어쩔 수 없지만 이런 문제가 없다면 윈도우 10으로 업데이트하는 것이 최선입니다. 윈도우 10은 성능과 안정성이 강화되었고 최신 기능으로 무장하고 있을 뿐만 아니라 윈도우 확산 정책을 위해 무료로 배포되고 있기 때문에 업데이트 하지 않을 이유가 없습니다. 윈도우 7에서 간단히 윈도우 10으로 업데이트하는 과정을 보여 드립니다.

네 번째 최적화는 한국의 특수한 인터넷 보안 상황때문에 필요한 것으로 가상 윈도우 사용입니다. 한국에서 관공서 사이트를 이용하거나 온라인 쇼핑, 금융 거래를 하기 위해서는 수많은 보안 프로그램을 설치해야 합니다. 여태까지는 액티브엑스 방식으로 보안 프로그램을 인스톨했으나 호환성 문제가 제기되자 이젠 아예 실행 파일 형태로 다운로드와 설치를 강요하고 있습니다. 보안을 위한 것이라는 일방적 주장을 믿고 어딘지도 모를 인터넷 사이트에서 어떤 동작을 하는지도 알 수 없는 프로그램을 다운로드 받아 실행하는 것이 오히려 최악의 보안 허점이 될 수 있습니다. 무조건 다운로드를 강요하는 정책이 일상화된 상황에서는 언제 어떤 프로그램이 여러분의 귀중한 작업 데이터를 훼손시킬지 알 수 없습니다. 또한 이런 프로그램은 쉽게 삭제도 어려울 뿐 아니라, 원하지 않는데도 항상 메모리에 상주하면서 각종 트러블을 일으키고, 시스템을 느리게 만듭니다. 사실 그 동작 방식으로 볼 때 악성 코드와 구별하기도 어려울 정도입니다.

하지만 인터넷을 통한 금융 거래를 하지 않을 수도 없습니다. 보안 프로그램을 사용해야 하는 경우를 위해서 가상 윈도우 사용을 권장합니다. 가상 윈도우란 프로그램으로 가상의 컴퓨터를 만들고 그 안에 또 다른 윈도우를 인스톨해서 사용하는 것입니다. 가상 컴퓨터 안에서 일어나는 일은 다른 프로그램에 영향을 미치지 않기 때문에 그 안에서 동작하는 윈도우에 인터넷 보안 프로그램을 다운로드 해서 사용해도 시스템에는 아무런 문제가 생기지 않습니다. 필요할 때만 가상 컴퓨터를 실행했다가 끌 수 있으므로 보안 프로그램으로 인한 시스템 성능 문제도 발생하지 않습니다. 아직 윈도우 10에서 국내 보안 프로그램의 호환성이 완벽하지 않으므로 윈도우 7이나 윈도우 8을 가상 컴퓨터에 깔아 쓰는 것이 좋습니다. 가상 윈도우 사용은 전혀 어렵지 않습니다. 무료 가상 프로그램을 인스톨하고 그 안에 윈도우 8.1을 깔아서 쓰는 가장 간단한 방법을 알려 드리겠습니다. 한국식 보안 프로그램과 액티브엑스가 없으면 컴퓨터의 성능과 안정성이 얼마나 좋아지는지 알게 되면 가상 윈도우 없이는 컴퓨터를 쓰고 싶지 않게 될 것입니다.

   마지막으로 각종 프로그램과 드라이브 인스톨로 시스템이 불안정해졌을 때 간단히 이전 상황으로 갈 수 있는 시스템 백업 설정 방법을 알려 드리겠습니다. 드라이버를 업데이트 했더니 블루 스크린이 뜨는 경우, 새로 인스톨한 프로그램이 어디서 꼬였는지 실행이 되지도 않고 언인스톨도 안 되는 경우, 시스템 설정을 건드렸는데 이로 인해 특정 파일 확장자와 실행 파일의 연결이 끊기는 경우(docx나 hwp 파일을 클릭해도 워드나 아래아한글이 실행이 되지 않는 경우) 등 해결하기 어려운 복잡한 시스템 에러 상황을 해결하기 위해서는 복원 기능을 사용할 필요가 있습니다. 문제가 발생한 이후 이를 처리하려면 컴퓨터 앞에 붙잡혀서 오랜 시간을 소비해야 하는데, 그보다는 문제가 발생하기 이전 상태로 돌아가는 것이 더 빠를 수 있습니다.

① 윈도우 업데이트 기능 사용하기

해커들은 오늘도 인터넷에 연결된 윈도우 컴퓨터를 찾아 다니며 윈도우의 알려지지 않은 허점을 악용해 침입을 시도합니다. 마이크로소프트는 이들로부터 윈도우를 지키기 위해 운영체제의 보안 허점을 막을 수 있는 업데이트를 배포합니다. 따라서 윈도우 업데이트를 최신으로 유지하는 것은 최소한의 보안 대책입니다. 물론 버그 있는 윈도우 업데이트로 오히려 문제가 생기기도 하지만 그런 일은 극히 드물게 일어나고 당연히 곧바로 해결책이 나오므로 보안을 우선한다면 윈도우 업데이트는 필수 사항이라고 생각하는 것이 좋습니다.

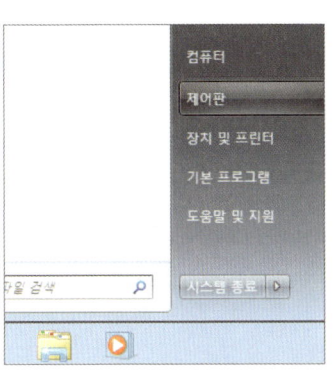 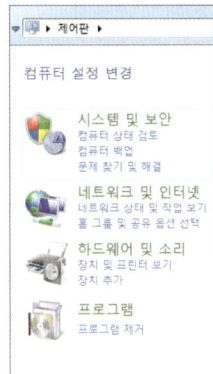 

윈도우를 업데이트 합니다. 윈도우 7에서는 시작 - 제어판 - 시스템 및 보안 - 윈도우 업데이트입니다. 윈도우 10에시는 시작 - 설정 - 업데이트 및 복구 입니다.

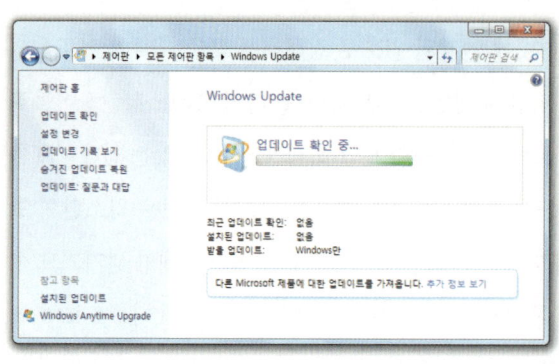
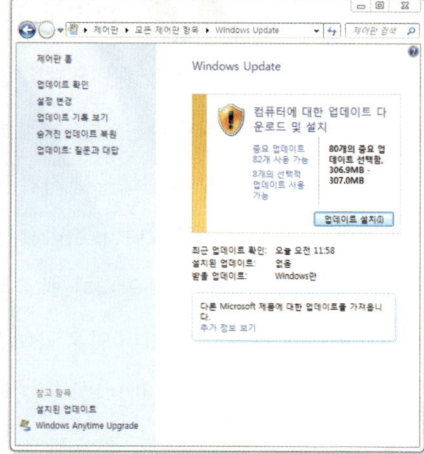

무엇을 업데이트할지 체크가 완료되었습니다. 자동 업데이트가 설정되어 있지 않았고 수동으로도 업데이트를 하지 않아 업데이트할 것이 무려 80개나 됩니다. 업데이트할 내용이 많으면 시간이 오래 걸릴 수 있습니다.

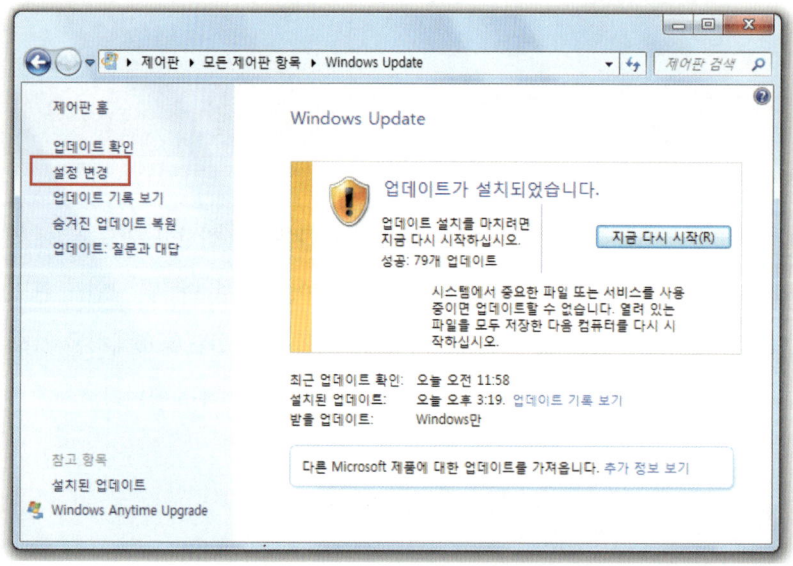

업데이트가 완료되었습니다. 좌측 메뉴에서 "설정 변경"을 클릭해 업데이트 자동 설치를 선택합니다.

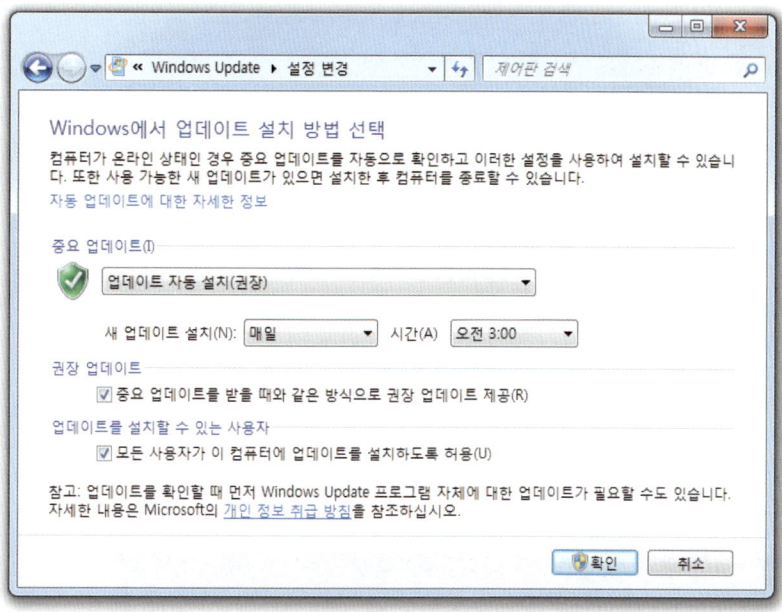

이제 항상 윈도우를 최신 상태로 유지할 수 있게 되었습니다. 업데이트 시간은 업무 시간 중에서 컴퓨터를 잘 안 쓰는 시간으로 바꾸는 것이 좋습니다. 예를 들어 낮 12시로 바꾸면 점심 식사로 자리를 비운 사이에 자동으로 업데이트가 됩니다.

② 백신으로 악성코드 검사하기

백신은 최신 버전으로 유지하고 실시간 감시가 동작하도록 설정해야 합니다. 한 개의 백신만으로는 부족하므로 최소한 국산과 외국 제품 한 개씩을 사용해야 합니다. 사용자 컴퓨터에 침입하여 피해를 주는 프로그램들은 바이러스, 웜, 트로이목마, 백도어, 해킹툴, 애드웨어, 스파이웨어, 그레이웨어 등 다양한 종류가 있습니다. 여기서는 이 모든 악성 프로그램들을 악성코드라고 부르기로 합니다.

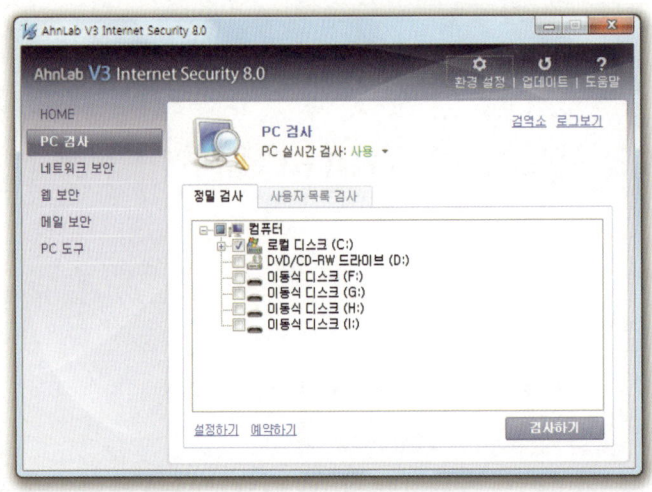

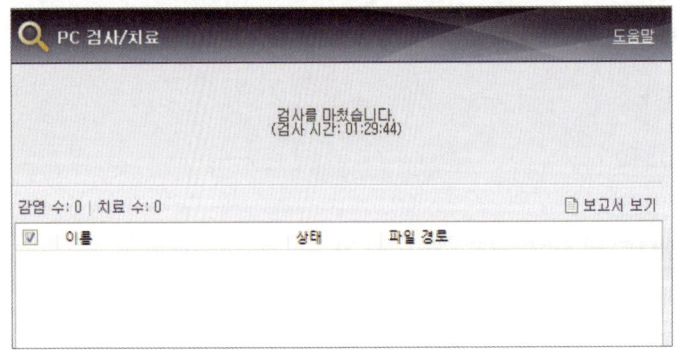

업무용 컴퓨터라면 대개 국산 백신이 미리 깔려 있는 경우가 많습니다. 국내에서 만들어진 악성코드는 국산 백신이 잘 치료할 가능성이 높으므로 적극적으로 활용하는 것이 좋습니다. 일 주일에 한 번 정도는 백신 업데이트를 확인하고 시스템 전체에 대한 검사를 실시하시기 바랍니다.

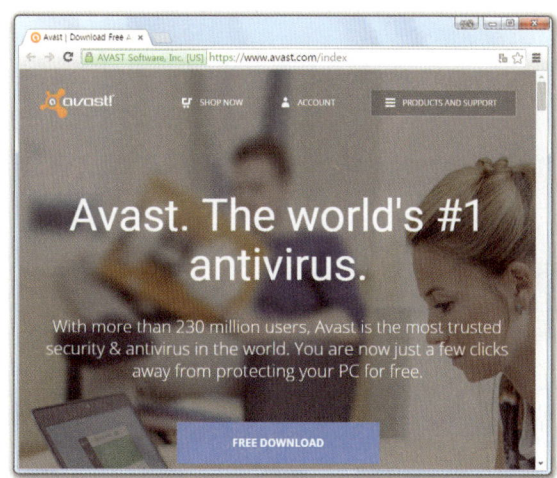

한 회사의 백신 제품이 전 세계 모든 악성코드를 다 잡을 수 있는 것은 아니므로 한 개의 백신에만 의존하는 것은 위험할 수 있습니다. 백신 성능으로 전 세계에서 인정 받는 외국 백신도 한 개 정도는 사용할 필요가 있습니다. 국산이든 외산이든 백신은 대개 개인은 무료로 사용할 수 있습니다. 여기서는 전 세계 백신 성능 순위 5위 안에 드는 avast를 사용하기로 합니다.

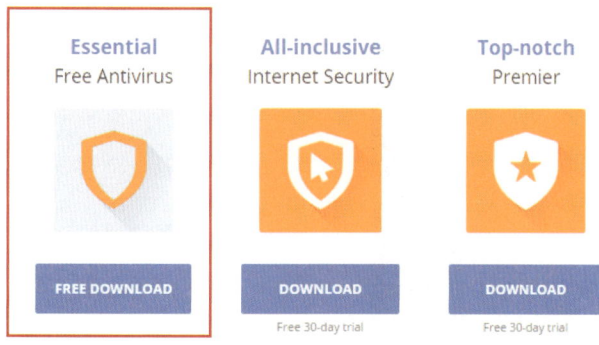

http://Avast.com에서 무료인 Essential 버전 avast를 인스톨합니다. Essential 버전은 스팸 방지, 자동 방화벽, 링크 변조 방지 기능 등이 빠져있긴 하지만 일반적인 상황에서 큰 문제는 되지 않으므로 무료 버전을 선택합니다. 물론 빠진 기능을 원한다면 유료 버전을 선택하면 됩니다.

인스톨 과정은 간단합니다. 다만 설치 도중 다른 백신을 제거하라는 안내문이 나오는데 크게 신경 쓸 필요는 없습니다. "닫기"를 누르면 됩니다.

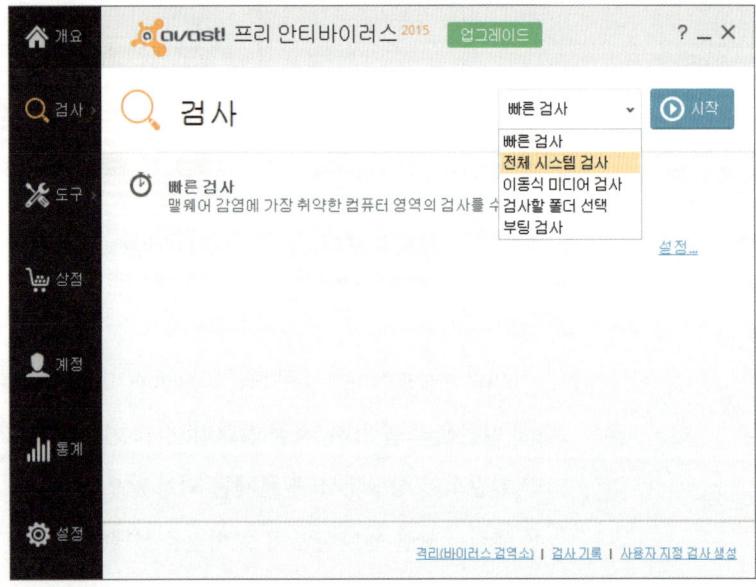

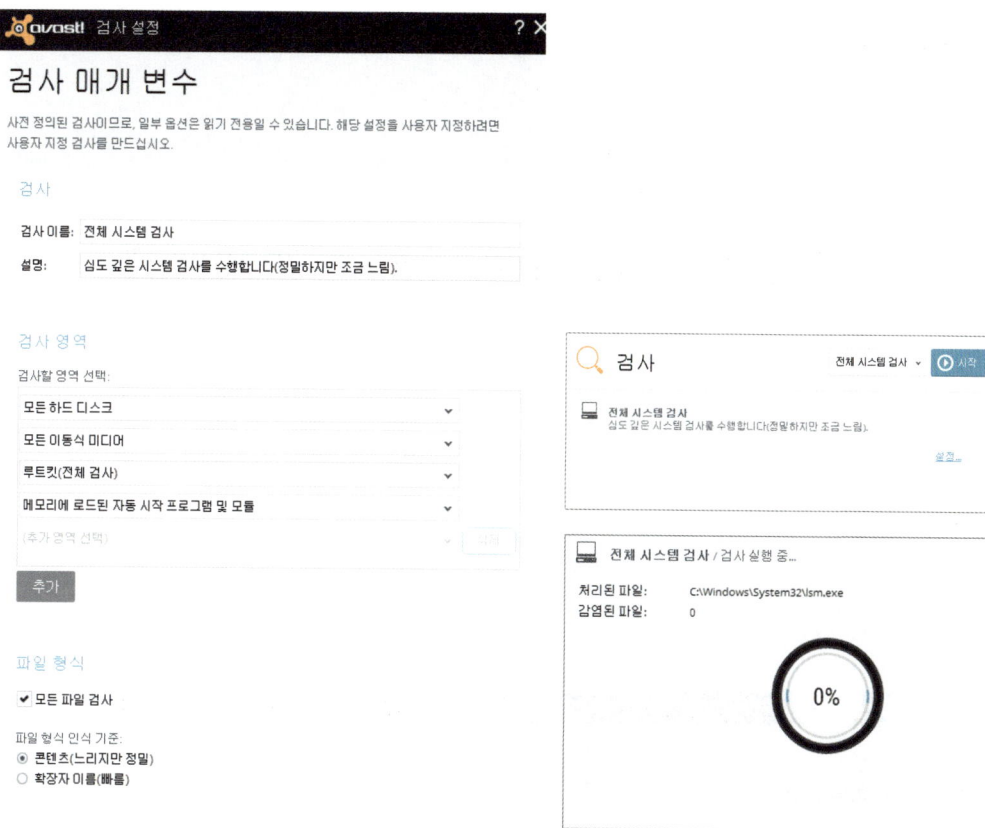

　　　　avast를 다운 받은 후 전체 시스템에 대한 검사를 수행합니다. 처음 검사하는 것이므로 모든 하드디스크와 이동식디스크, 루트킷, 메모리에 로드된 자동시작프로그램 및 모듈까지 전부 선택하고 파일형식은 모든 파일을 선택합니다. 시작 버튼을 누르면 검사가 시작됩니다.

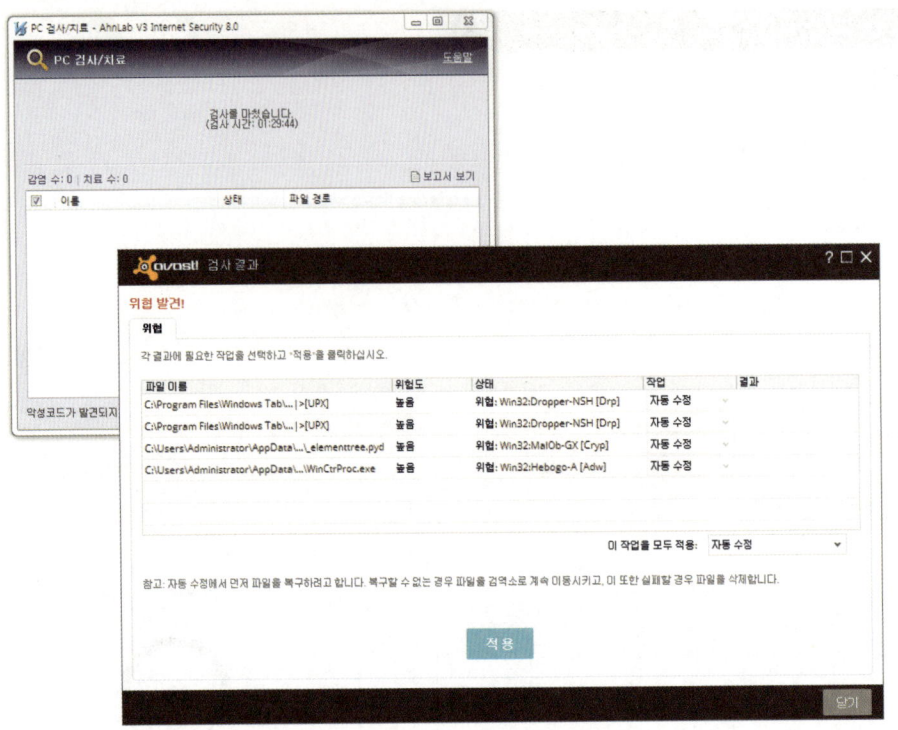

검사가 완료되었습니다. 국내 백신이 검사를 마친 컴퓨터에서 외국 백신을 한 번 더 돌려서 추가로 악성 코드를 잡은 모습입니다. 물론 외국 백신이 못 잡은 악성코드를 국내 백신이 잡는 경우도 있으므로 상황에 따라 두 백신을 병행할 필요가 있습니다.

avast가 발견한 악성코드를 치료합니다. 자동수정을 선택하면 악성코드에 감염된 파일을 치료하거나, 안전 구역으로 악성코드를 옮겨 놓거나, 감염된 파일을 삭제합니다. 이 컴퓨터에 있는 악성코드는 모두 삭제 되었습니다.

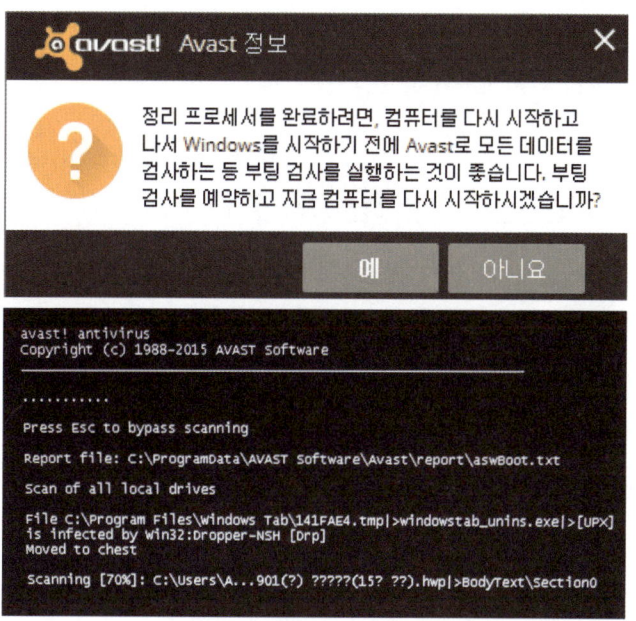

　심각한 악성코드는 컴퓨터가 부팅될 때 가장 먼저 시스템을 장악하므로 이런 악성코드를 제거하려면 컴퓨터가 켜질 때 백신이 제일 먼저 시스템을 검사하도록 해야 합니다. 백신이 부팅 검사를 예약하고 컴퓨터 재시작을 요구할 때 반드시 "예"를 선택하시기 바랍니다.

　백신을 최신 버전으로 유지하고 실시간 감시를 켜 놓으면 악성코드에 걸릴 위험이 크게 줄어듭니다. 인터넷에서 다운 받은 프로그램을 실행할 때 백신이 먼저 프로그램을 검사해서 악성 코드가 있으면 경고하고 곧바로 제거해 주기 때문입니다. 물론 백신노 감지하지 못하는 최신 악성코드에 대해서는 대책이 없습니다. 피해를 줄이려면 이상한 사이트에서 프로그램을 다운 받아 함부로 실행하지 않아야 합니다.

　요즘 유행하는 랜섬웨어는 컴퓨터에 있는 모든 문서 파일을 고강도 암호로 암호화 시켜 버리기 때문에 해커들에게 돈을 보내주지 않으면 암호를 풀 수 없습니다. 돈을 주고 풀더라도 암호 해독 중에 에러가 생겨 풀지 못하는 경우도 많이 발생하고 있습니다. 만약 파일을 클라우드에 동기화시키거나 백업본을 만들어두지 않았다면 복구가 불가능합니다. 이런 피해를 입지 않으려면 스스로 주의하는 수밖에 없습니다.

③ 시스템 관리 프로그램 활용하기

시스템 관리를 메뉴 선택만으로 처리할 수 있도록 자동화 해주는 프로그램이 많이 있습니다. 프로그램 언인스톨, 레지스트리 청소, 파티션 복구, 중복 파일 검사 등 각각의 기능에 최적화된 프로그램들도 있습니다. 각각의 상황에 맞추어 최적의 프로그램을 골라야 하는 복잡함을 줄이기 위해 여기서는 기본 시스템 관리 프로그램으로 Advanced SystemCare를 선택하고 특별한 경우에 CCleaner 등 다른 프로그램을 사용하는 과정을 보여 드립니다.

ASC(Advanced SystemCare)는 유료 제품이지만 개인 사용자에 한해 무료로 사용이 가능합니다. 일반적인 상황에서 유료 기능은 크게 필요하지 않습니다. ASC는 한 패키지 안에 모든 기능을 넣는 대신 각각의 상황에 맞는 프로그램으로 분리하고 필요할 때 추가로 다운로드 해서 사용하도록 하는 정책을 쓰기 때문에 다양한 기능에 비해 상대적으로 가볍다는 장점이 있습니다. ASC와 CCleaner는 예를 든 것일 뿐이므로 더 편한 프로그램이 있다면 그것을 사용하셔도 됩니다.

물론 ASC에 필적하는 프로그램이 많이 있으며 프로그램 언인스톨 등에 여러분에게 익숙한 프로그램이 있다면 이 책의 설명과 상관없이 그 프로그램을 사용하시면 됩니다. 화면의 프로그램은 auslogics 사의 BOOSTSPEED 입니다.

시스템 관리 프로그램 인스톨하기

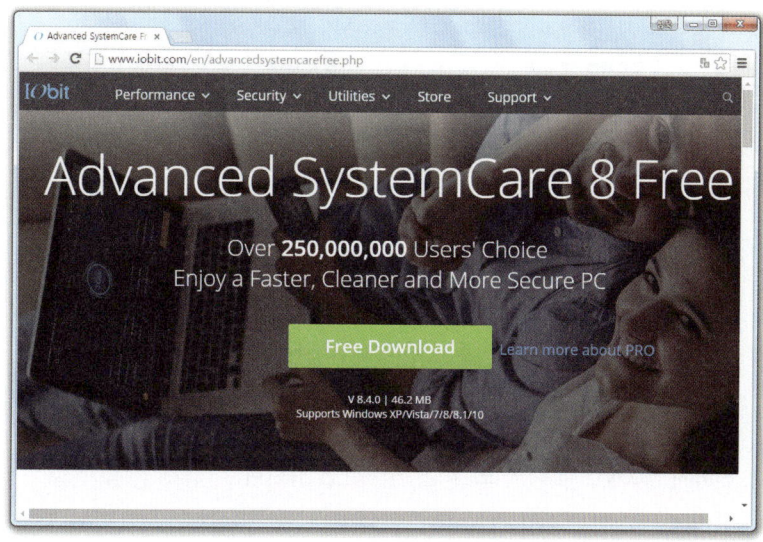

http://iobit.com에 접속하여 Advanced SystemCare를 다운 받습니다.

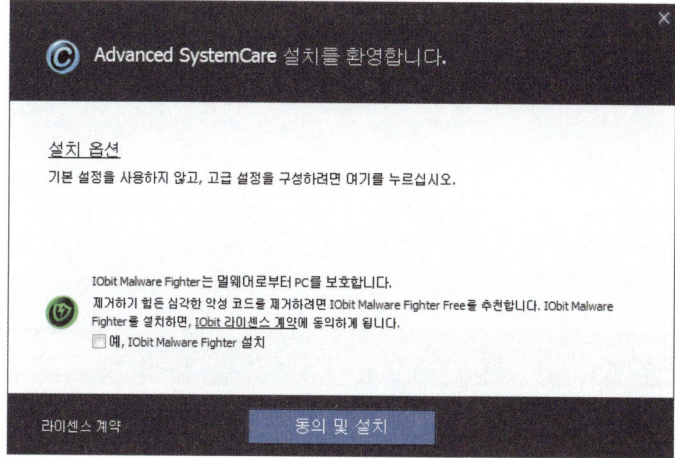

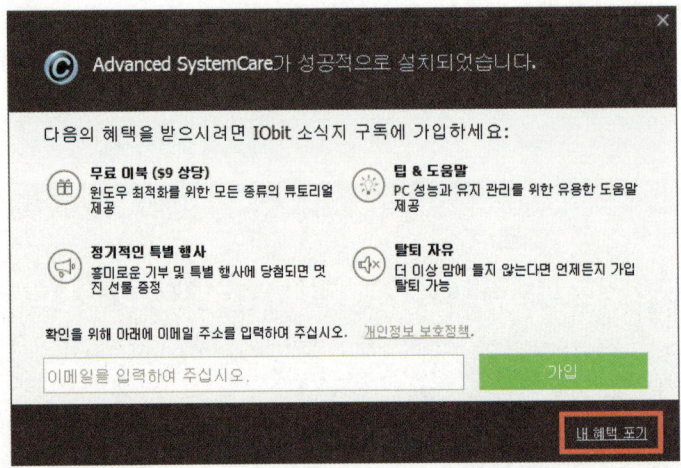

설치 과정은 간단합니다. 이메일 주소를 기입하면 ASC 회원으로 가입되는데, 원하지 않으면 "내 혜택 포기"를 선택하면 됩니다.

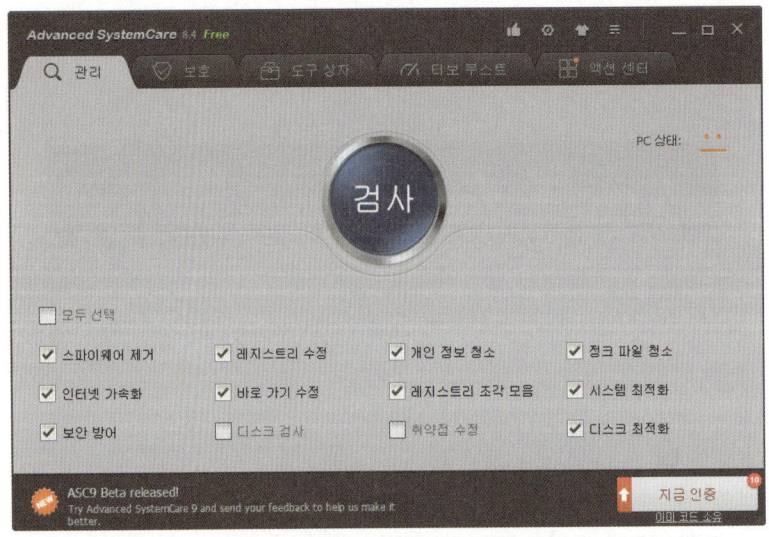

ASC 초기 화면입니다. 각종 최적화를 직관적인 방법으로 진행할 수 있습니다.

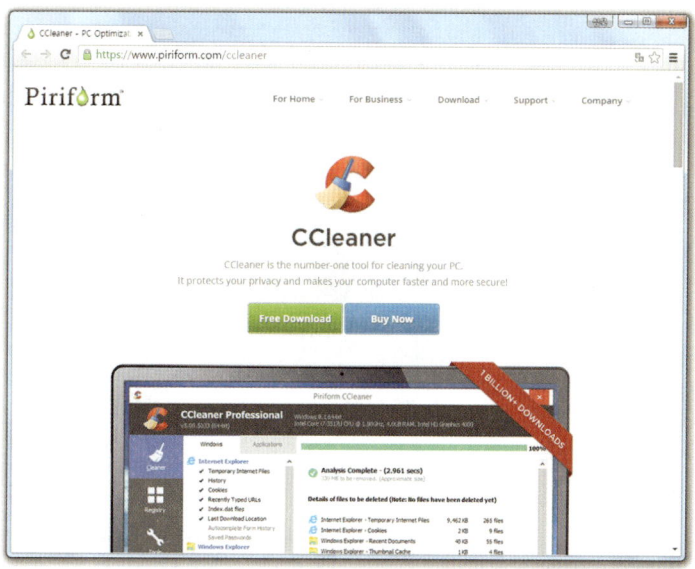

시스템 최적화를 위한 또 다른 프로그램입니다. http://piriform.com에서 CCleaner를 다운로드 받습니다.

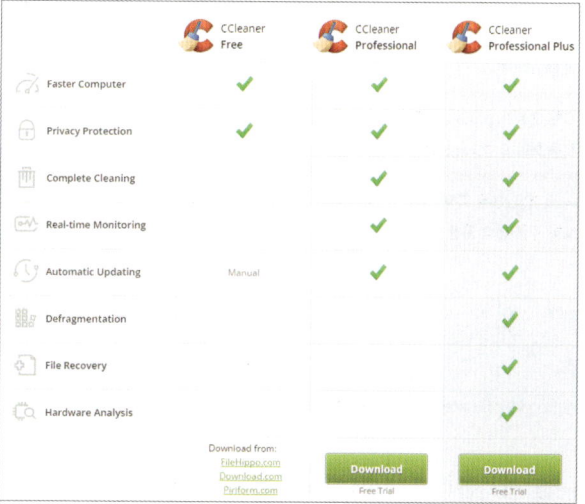

CCleaner도 개인인 경우에 한해서 무료로 제공됩니다. 일반적인 경우에 무료 버전으로 충분하지만 유료 버전의 기능이 필요하다면 구입하시기 바랍니다.

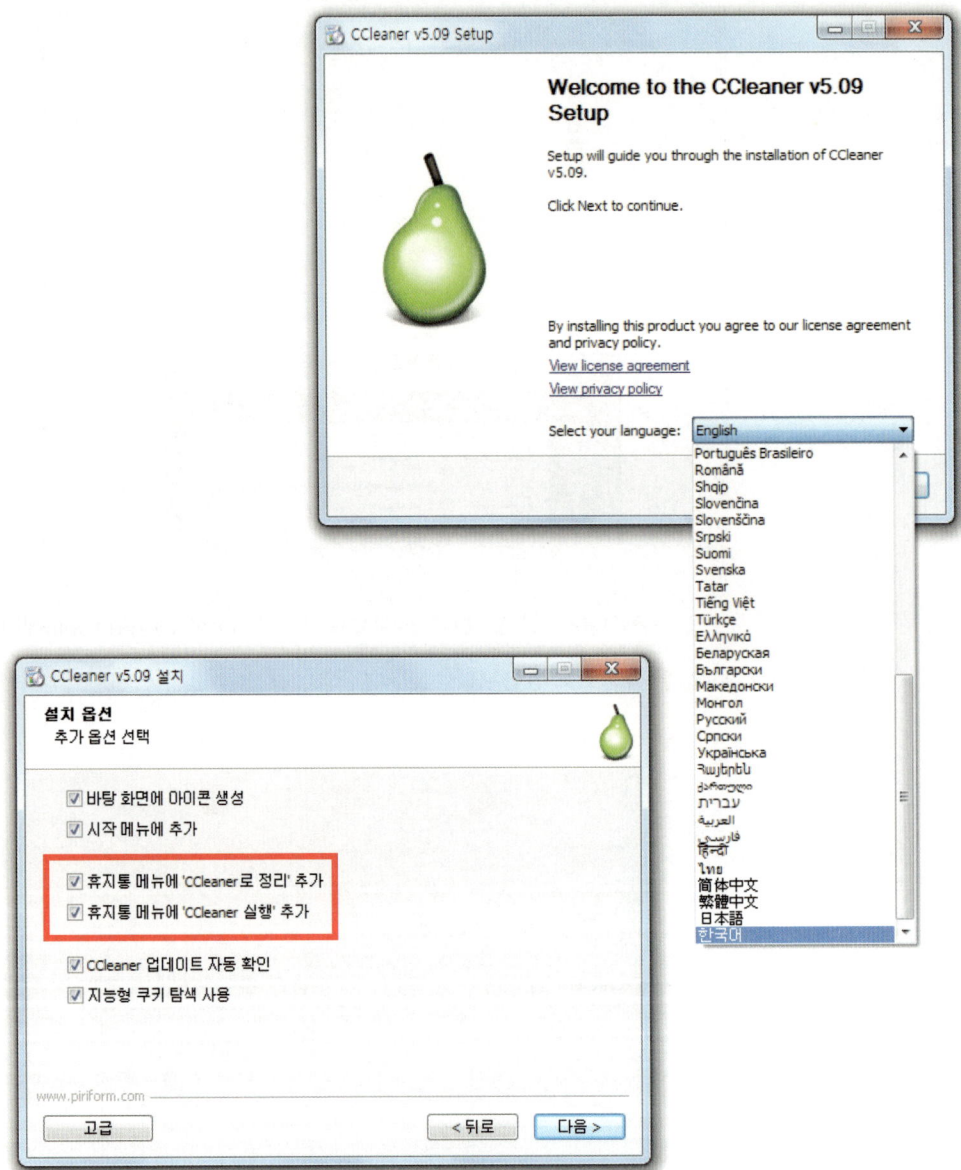

　　CCleaner를 설치합니다. 언어 선택 마지막에서 한글을 선택합니다. 설치 옵션에서 휴지통에 있는 파일을 "완전 삭제"하는 기능을 추가할 수 있는데 휴지통을 마우스 오른 클릭했을 때 복잡해지는 것이 싫다면 선택을 해제하시기 바랍니다.

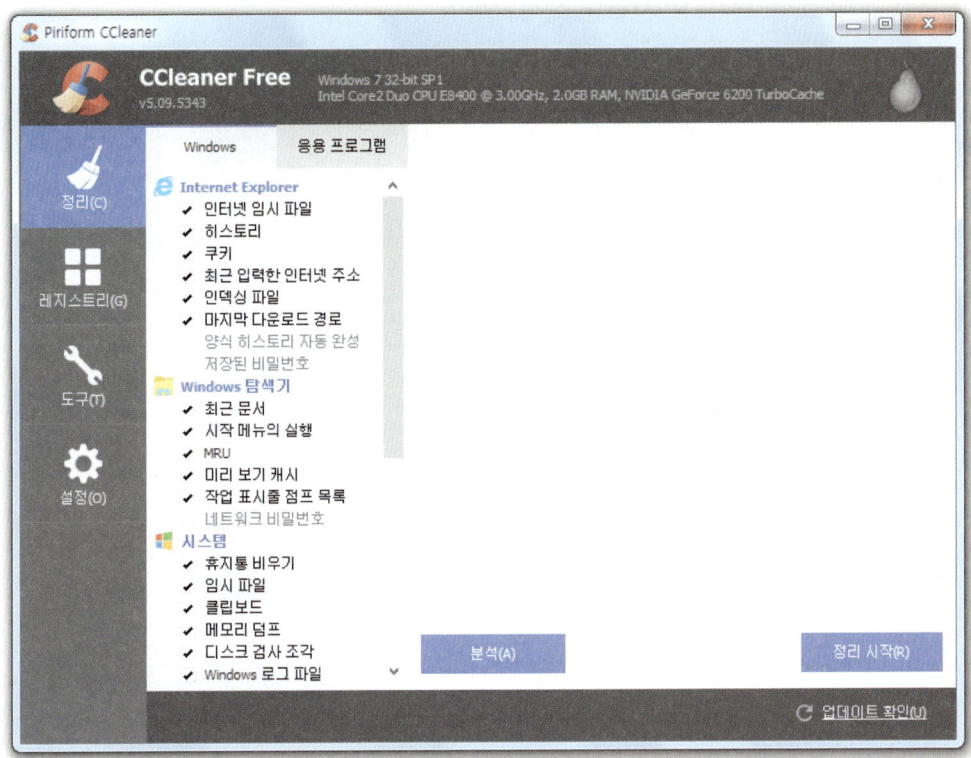

CCleaner 초기 화면입니다. ASC와 비슷한 기능이 많지만 독자적인 기능도 있기 때문에 각각의 상황에 맞게 ASC나 CCleaner를 선택해 사용하면 됩니다.

시스템 관리 프로그램으로 시스템 최적화하기

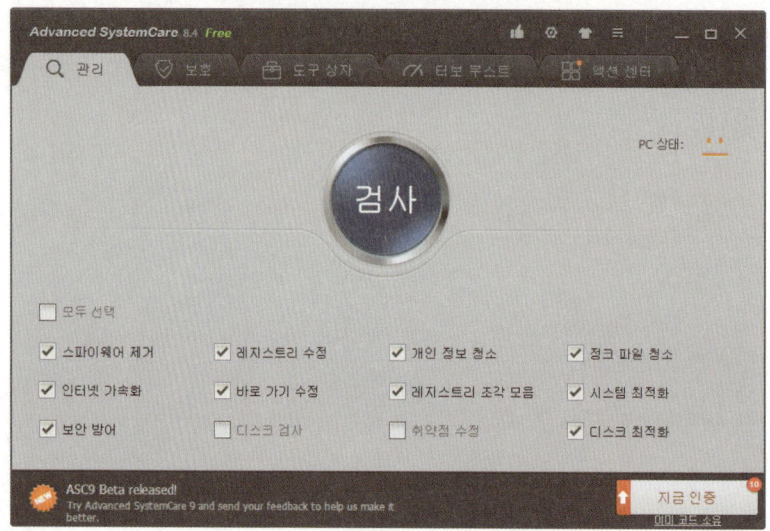

ASC를 실행하면 여러 가지 항목을 검사할 수 있습니다. 원하는 검사 항목을 체크하고 "검사" 버튼을 클릭합니다. 어떤 것을 선택할지 알 수 없다면 간단히 "모두 선택" 체크하고 진행하면 됩니다.

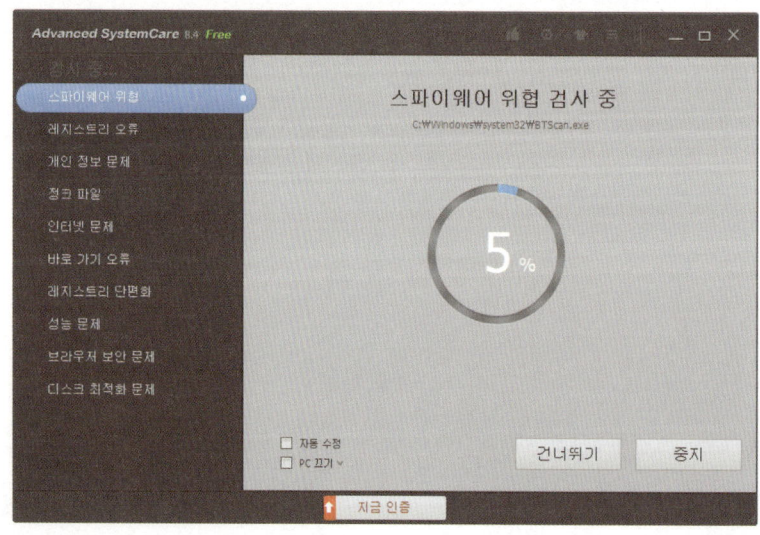

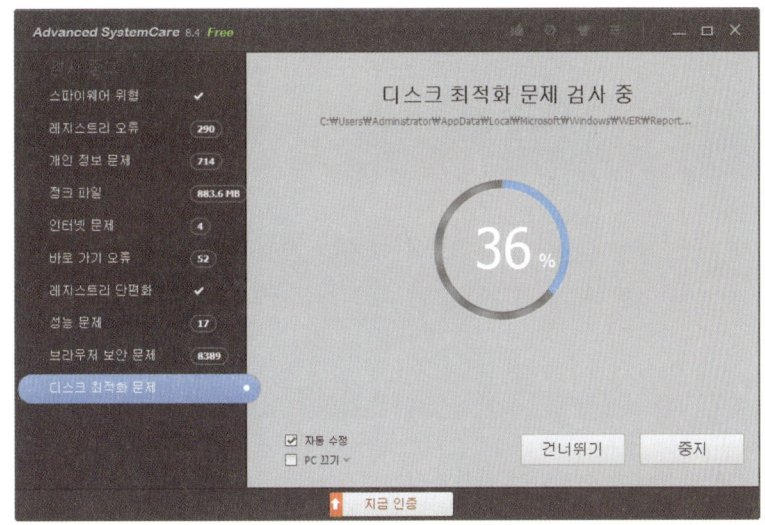

선택한 검사를 차례로 진행합니다. 290개의 레지스트리 오류, 883.6MB의 정크 파일(불필요하게 남아 있는 임시 파일), 8389개의 브라우저 보안 문제를 발견했습니다.

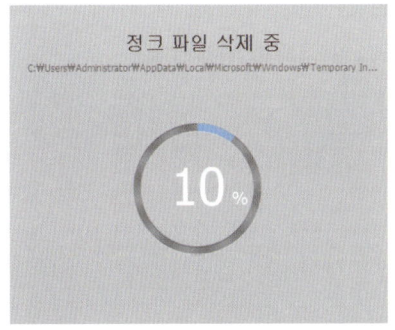 

발견한 문제를 처리합니다. 정크 파일을 삭제하고, 레지스트리 단편화를 제거하고, 브라우저 보안 문제를 수정합니다.

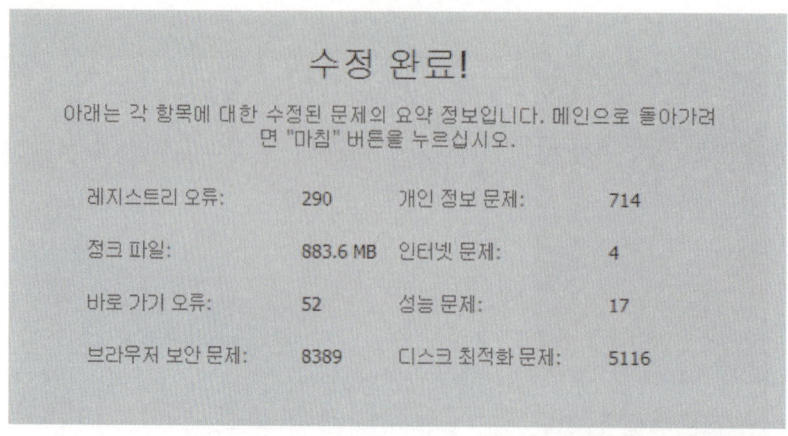

다양한 문제가 수정되었습니다. 컴퓨터를 쓰는 동안 이런 문제들이 계속 발생하기 때문에 한 달에 한 번은 이 과정을 반복하는 것이 좋습니다.

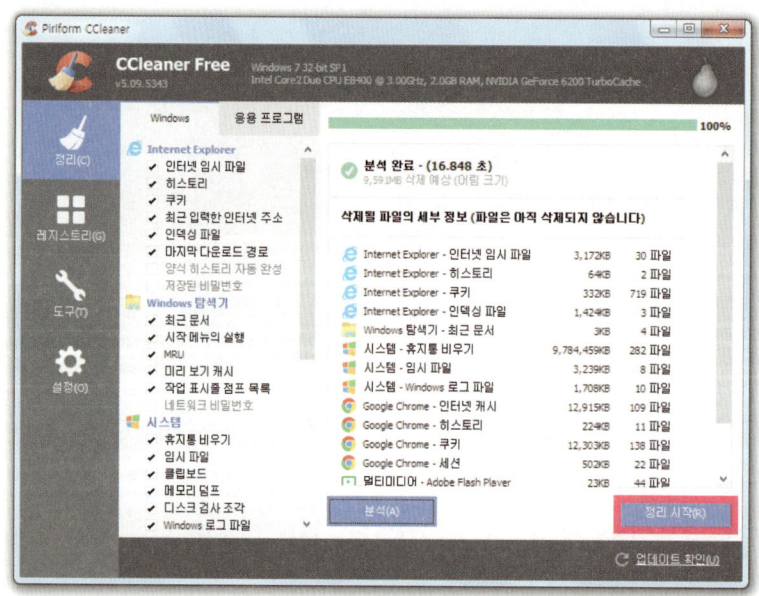

ASC 실행 이후에 CCleaner도 실행합니다. 정리- 분석을 선택하고 분석이 완료되면 "정리 시작"을 선택하여 문제를 수정합니다.

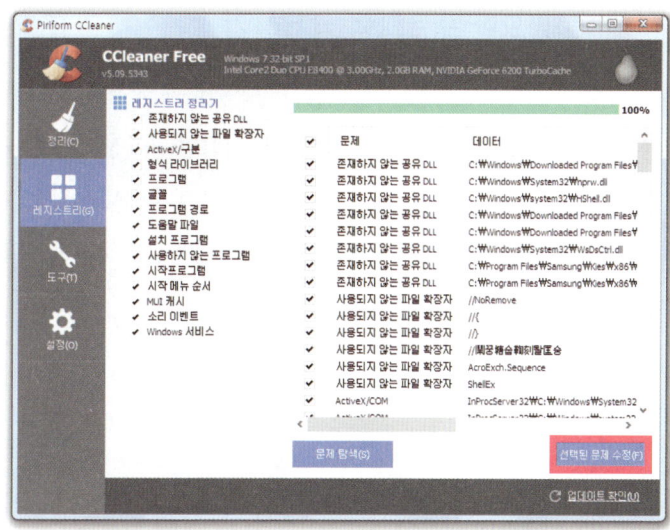

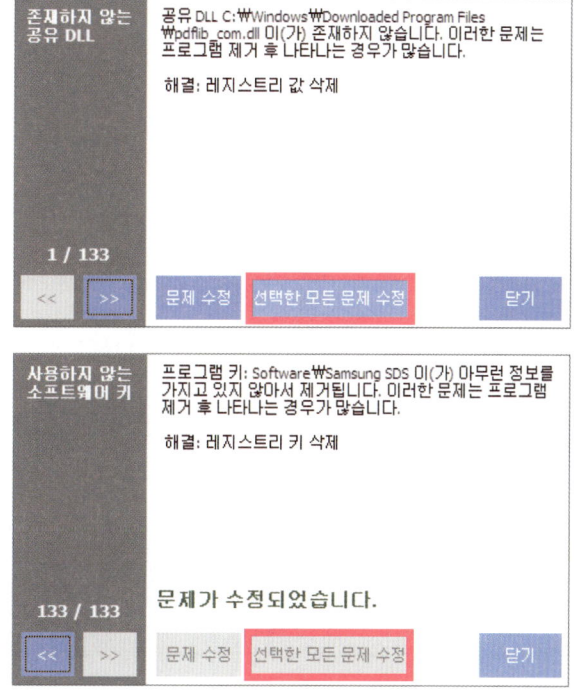

레지스트리도 정리합니다. 레지스트리 - 문제 탐색을 선택하여 탐색이 완료되면 선택된 문제 수정을 클릭합니다. 안내 팝업이 나타나면 선택한 모든 문제 수정을 클릭하면 됩니다.

소프트웨어 최적화

④ 불필요한 프로그램 삭제하기

컴퓨터 사용 중에 다양한 프로그램을 인스톨하게 되는데 그 모든 것을 사용하지는 않습니다. 쓰지 않는 프로그램을 방치하면 저장장치 용량을 차지할 뿐만 아니라 자동 실행되어 시스템 자원을 낭비하고 시스템 설정을 꼬이게 만들어 각종 트러블의 원인이 됩니다. 컴퓨터를 가볍게 유지하려면 사용하지 않는 프로그램은 가급적 제거하는 것이 좋습니다.

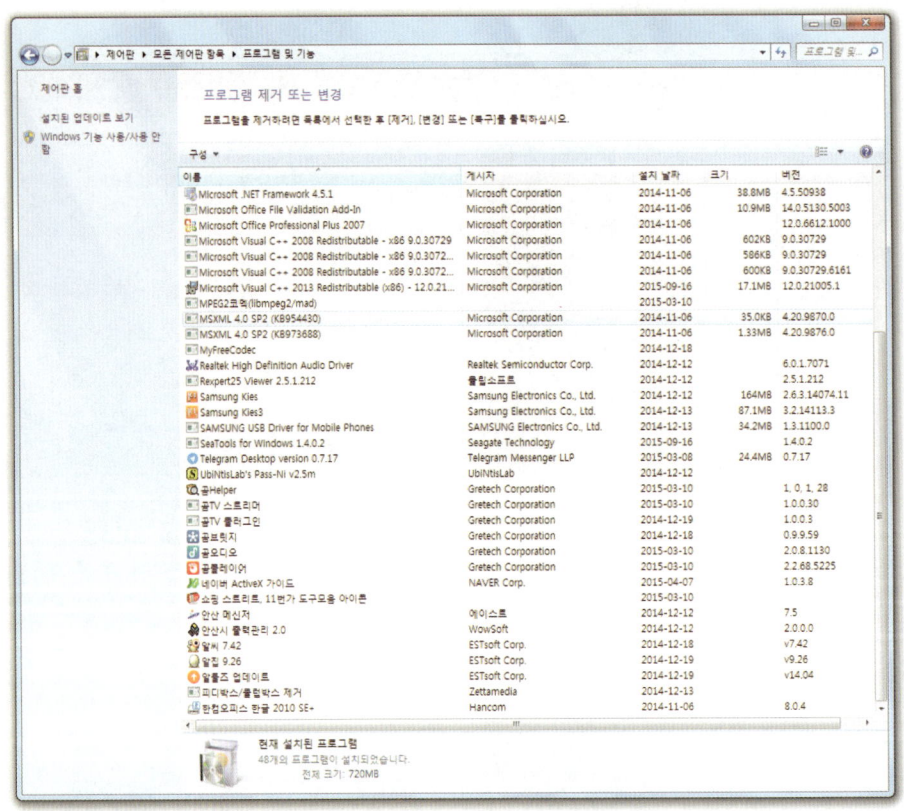

윈도우가 기본으로 제공하는 프로그램 제거 기능을 활용하여 쓰지 않는 프로그램을 언인스톨 할 수 있습니다. 제어판에서 "프로그램 제거"를 선택하고 삭제하려는 프로그램을 더블 클릭하면 됩니다. 어떤 프로그램을 삭제해야 할지 판단할 수 없다면 잘 모르는 프로그램은 일단 삭제해보시기 바랍니다. 여기에 보이는 프로그램은 시스템 파일이 아니므로 삭제한다고 해서 시스템에 이상이 오지는 않습니다. 만약 필요한 프로그램을 삭제했다면 대개 자동으로 다시 인스톨되거나 해당 프로그램이 없다고 경고가 나오므로 그때 다시 인스톨하면 됩니다.

아무리 컴퓨터를 몰라도 "한컴오피스 한글"을 지우지는 않겠지만 만약 지웠더라도 hwp 파일을 클릭했을 때 열리지 않는다면 누구나 한글 프로그램이 없다는 것을 알 수 있기 때문에 한글을 다시 설치해서 해결이 가능합니다. "Microsoft Visual C++ 20xx…" 파일들은 실행 파일을 위한 라이브러리이므로 삭제했을 경우 이 라이브러리가 필요할 때 경고가 뜨면서 인스톨 안내가 나오기 때문에 그 때 다시 설치하면 됩니다.

프로그램 제거 창을 설치 날짜로 정렬하면 컴퓨터에 윈도우를 인스톨한 후에 어떤 프로그램들을 설치했는지 날짜순으로 알 수 있어 내 컴퓨터에 깔려 있는 프로그램에 대한 이해가 깊어집니다. 또한 마지막으로 시스템 최적화를 한 이후에 어떤 프로그램들이 새로 인스톨되었는지 쉽게 알 수 있기 때문에 제거할 프로그램 선택도 쉬워집니다. 처음에는 어렵겠지만 몇 번 해보면 금방 목록 전체를 외울 정도가 되니까 이상한 프로그램이 깔렸는지 여부도 스스로 판단할 수 있을 것입니다.

하지만 윈도우의 프로그램 제거 기능만으로는 프로그램이 인스톨된 후에 생성된 각종 설정과 레지스트리에 삽입된 옵션들이 깨끗하게 제거되지 않습니다. 이런 찌꺼기들이 문제를 일으키기도 합니다. 예를 들어 프로그램 제거 후에 다시 인스톨하려고 할 때 남아 있는 찌꺼기 정보들 때문에 인스톨이 거부되는 경우도 발생합니다. 하지만 시스템 관리 프로그램의 언인스톨 프로그램을 사용하면 프로그램과 관련된 거의 모든 파일과 설정을 찾아서 제거해주므로 좀 더 시스템을 깔끔하게 만들 수 있습니다.

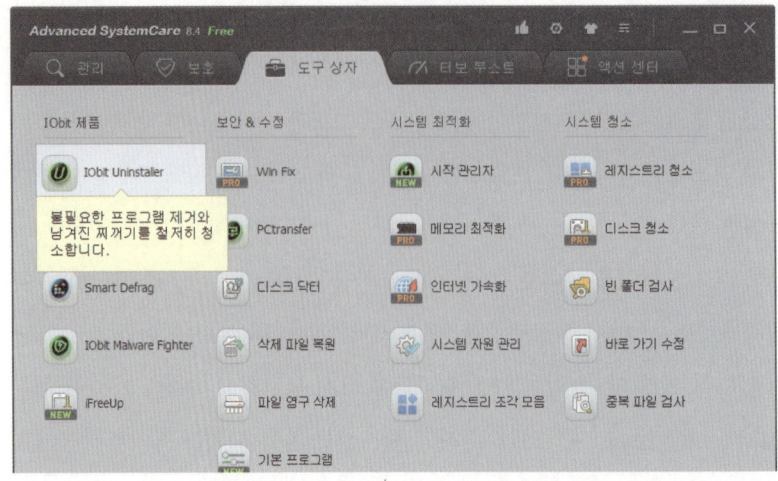

ASC에서 제공하는 언인스톨 프로그램을 사용해 보도록 하겠습니다. ASC의 도구상자를 클릭한 후 IObit Uninstaller를 선택합니다. Uninstaller 프로그램이 자동 다운로드 되어 실행됩니다.

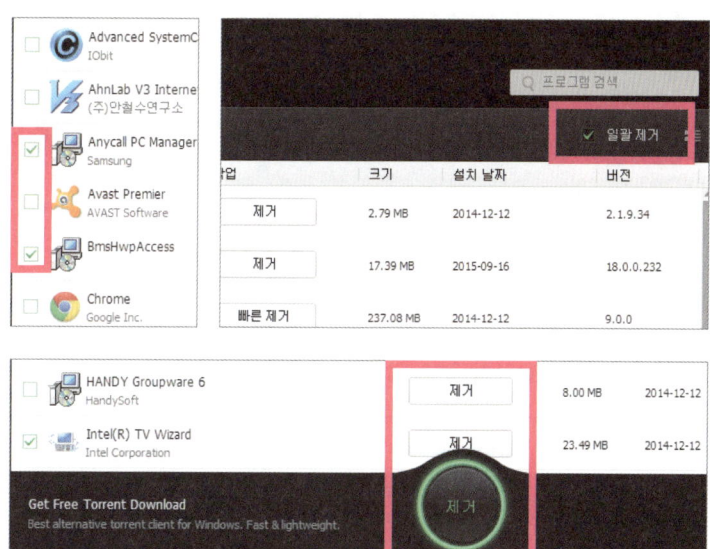

제거를 원하는 프로그램을 선택하고 그 프로그램과 같은 줄에 있는 "제거" 버튼을 클릭합니다. 또는 우측 상단의 "일괄 제거"를 체크하고 제거하려는 프로그램의 좌측에 있는 네모칸을 체크한 다음 하단 중간의 원형 "제거" 버튼을 클릭합니다.

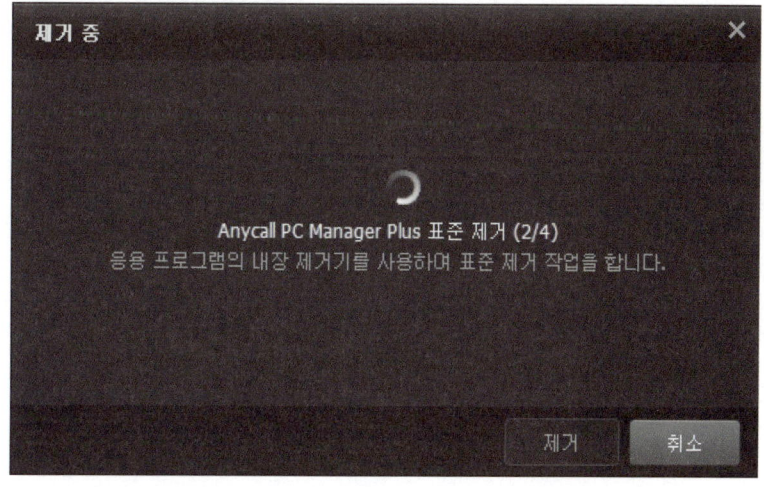

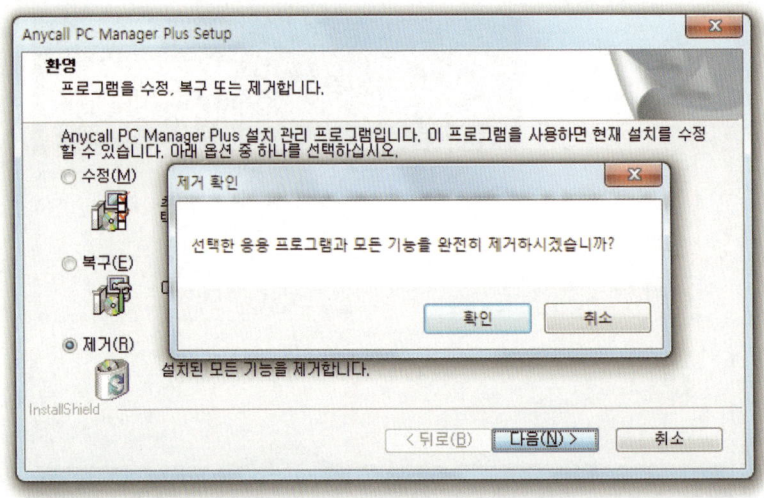

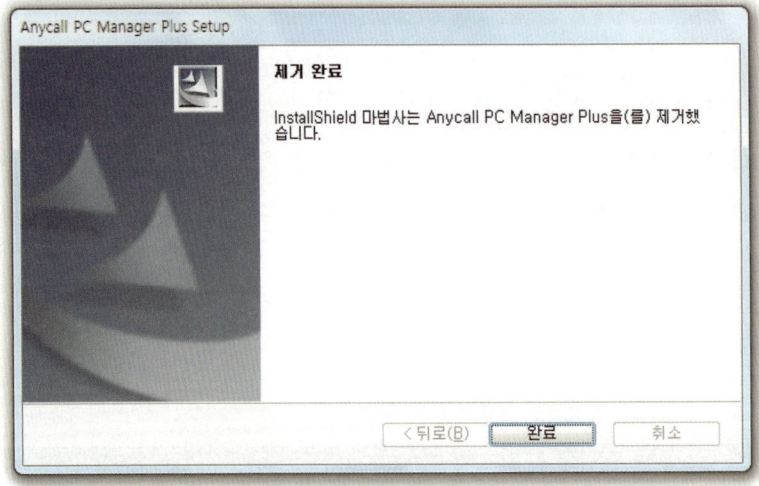

제거 과정에서 ASC가 직접 모든 제거 작업을 진행할 때도 있고 해당 프로그램의 언인스톨 기능이 호출될 때도 있습니다.

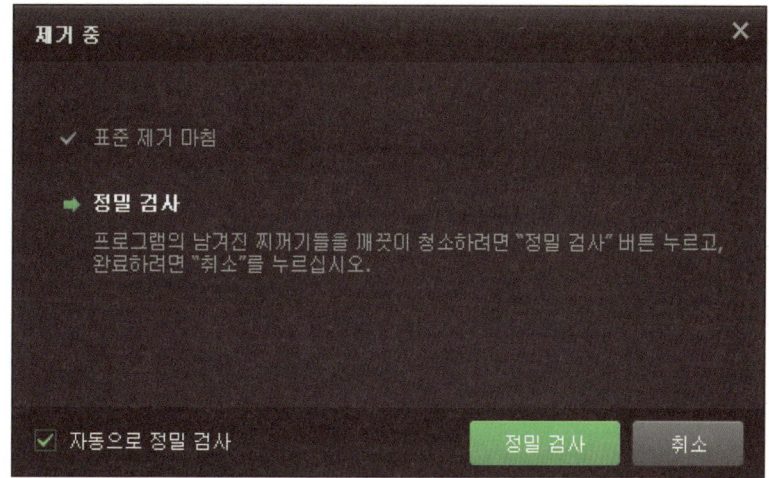

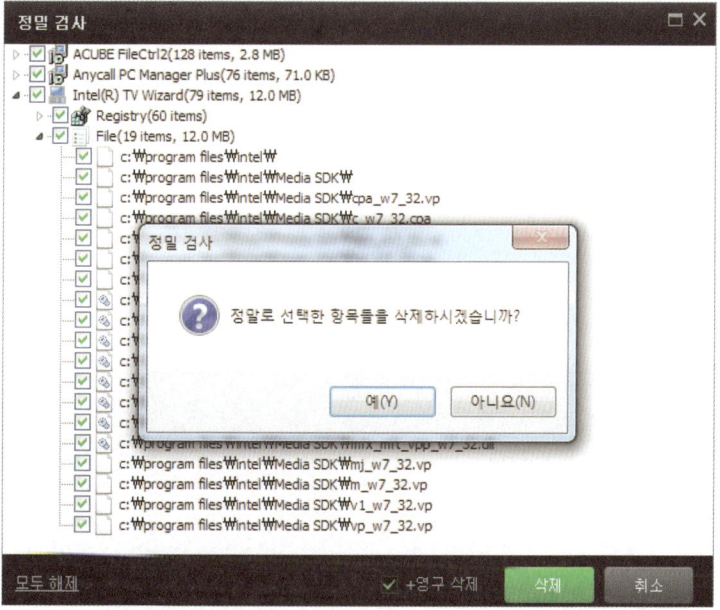

소프트웨어 최적화

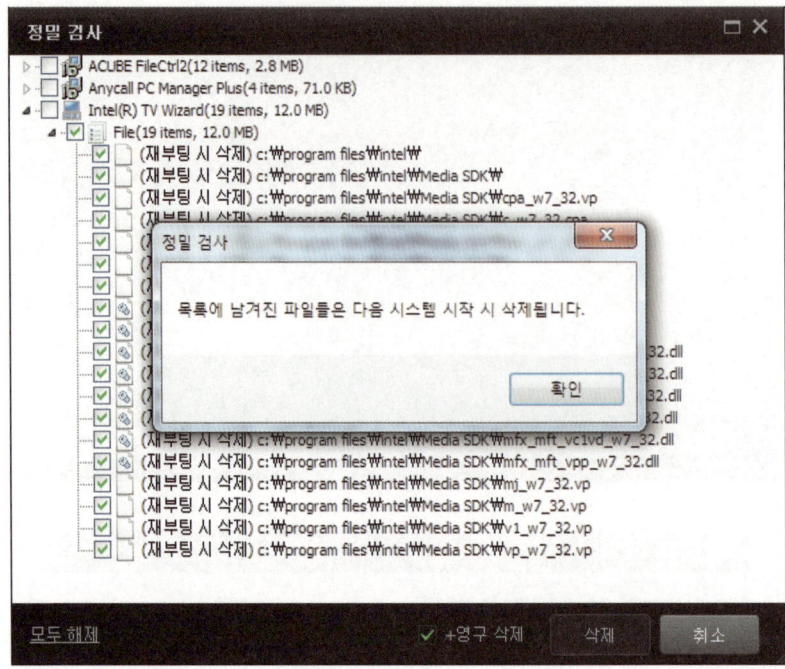

언인스톨 후에는 정밀 검사를 통해 시스템 전체에서 해당 프로그램과 관련된 파일을 삭제합니다. 삭제해야 할 파일이 사용 중이라면 리부팅을 해야할 수도 있습니다.

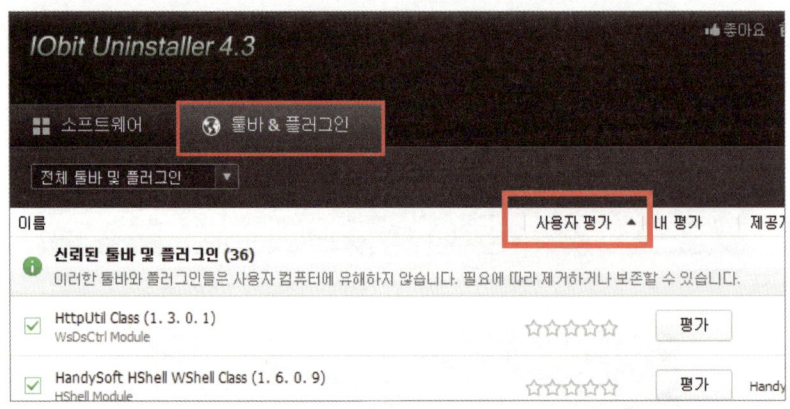

툴바와 플러그인도 삭제합니다. "사용자 평가" 순으로 정렬하여 별점이 낮은 것들은 지우는 것이 좋습니다. 물론 별점이 높더라도 잘 쓰지 않는 것은 지워도 됩니다.

불필요한 툴바와 플러그인은 웹브라우저를 느리게 만들기 때문에 가능하면 제거하는 것이 좋습니다. 필요할 경우 자동으로 다시 다운로드 되니까 필요해서 일부러 다운로드 받은 것들이 아니라면 모두 제거하시기 바랍니다.

⑤ 시스템 드라이버 소프트웨어 업데이트하기

시스템과의 충돌이나 보안 문제 또는 성능 향상을 위해 드라이버 소프트웨어를 최신 버전으로 유지할 필요가 있습니다. 어떤 드라이버가 업데이트되었는지 알기 어려우므로 최신 버전을 직접 찾아 다니기보다는 관리 프로그램의 도움을 받는 것이 더 좋습니다.

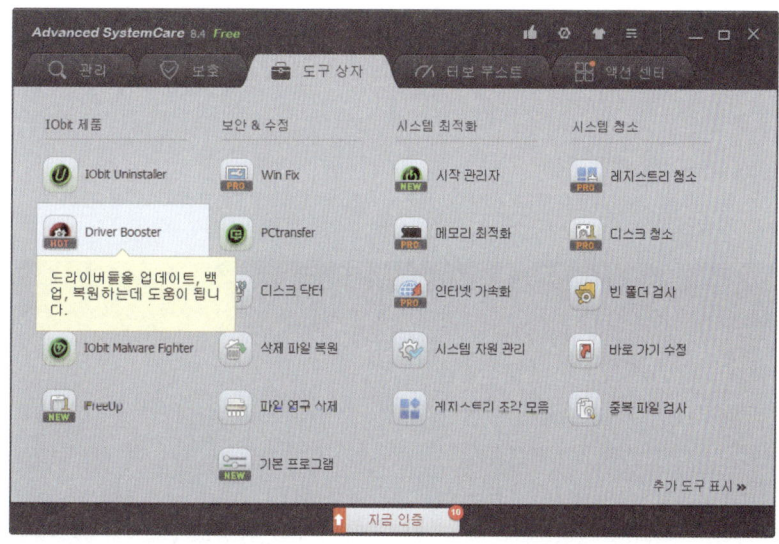

ASC의 도구상자에서 Driver Booster를 선택합니다. 처음 선택하는 경우 드라이버 부스터 프로그램이 자동으로 다운로드 된 후에 실행됩니다.

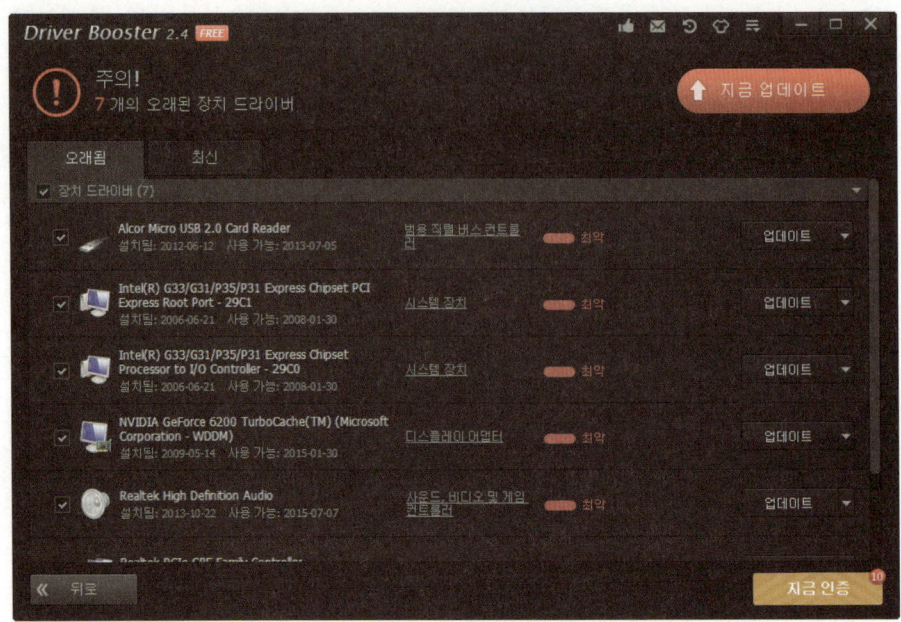

검사 결과 오래된 드라이버가 7개 있다는 진단이 내려졌습니다. 업데이트 해야 할 필요가 있는 드라이버는 상태가 "최악"이라고 표시됩니다. 업데이트가 필요한 드라이버 좌측의 네모 상자에 체크하고 우측 상단 "지금 업데이트"를 클릭합니다.

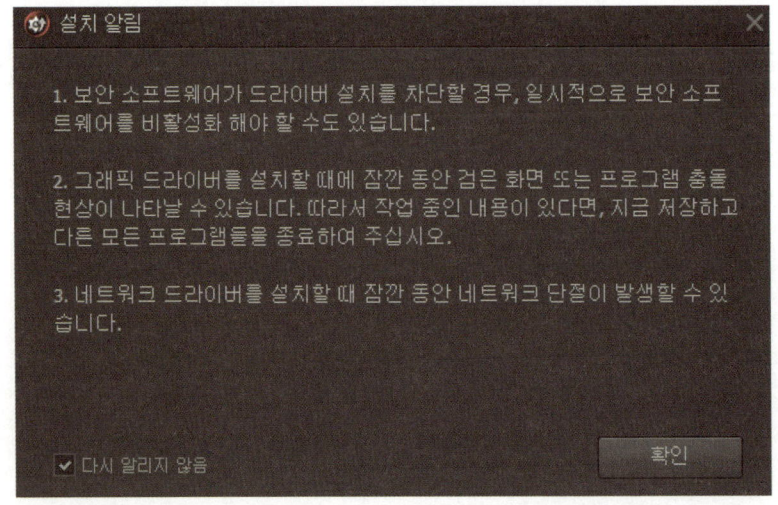

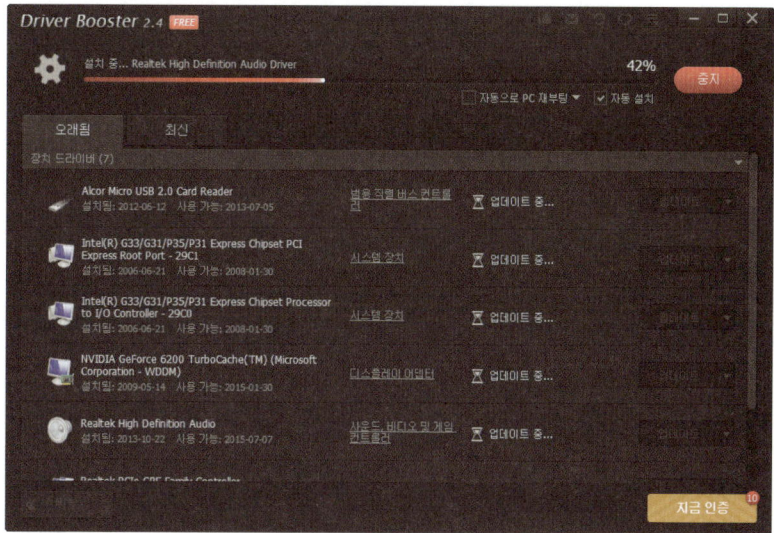

업데이트에 대한 경고가 나온 후에 자동으로 업데이트를 합니다. 일일이 하드웨어 최신 드라이버를 찾으러 다닐 필요 없이 한 번에 해결되어 무척 편리합니다.

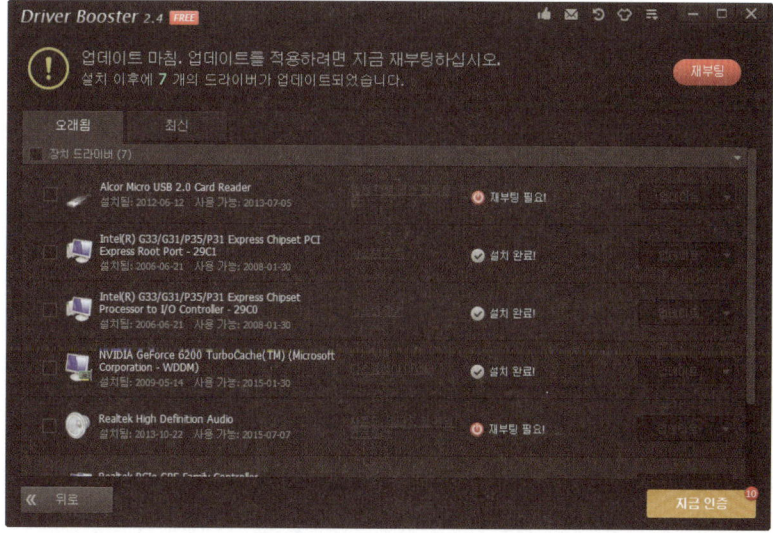

최신 드라이버로 업데이트되었습니다. 새 드라이버를 사용하기 위해서는 리부팅이 필요할 수도 있습니다. 리부팅 후에 시스템이 이상이 없는지 반드시 확인하시기 바랍니다.

⑥ 윈도우 디스크 체크하기

윈도우 운영체제가 인스톨된 하드디스크에 대한 디스크 검사도 필요합니다. 하드디스크의 물리적 에러보다는 파일시스템에 논리적 에러가 있는지 체크하는 기능입니다.

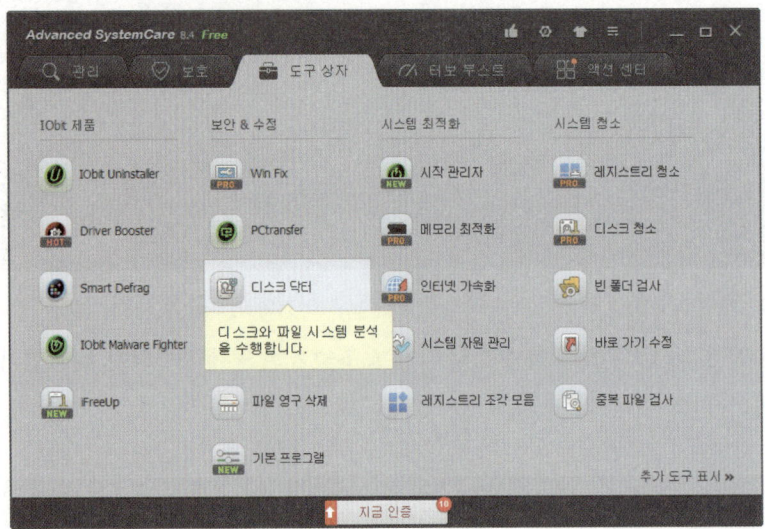

ASC의 도구 상자에서 디스크 닥터를 선택합니다. 처음 선택하면 디스크 닥터 프로그램이 자동으로 다운로드 된 후에 실행됩니다.

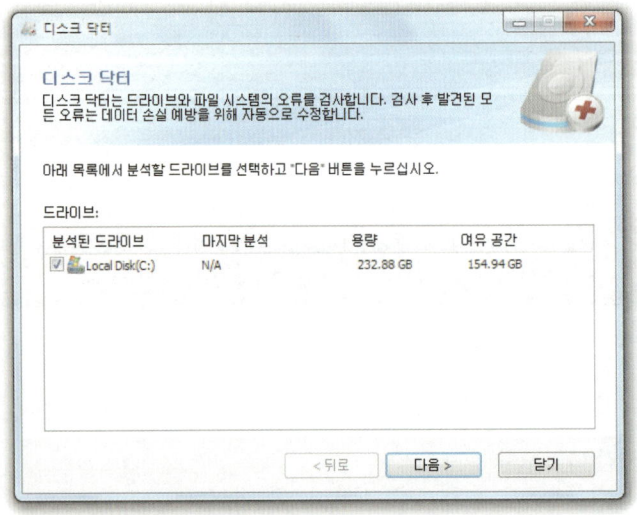

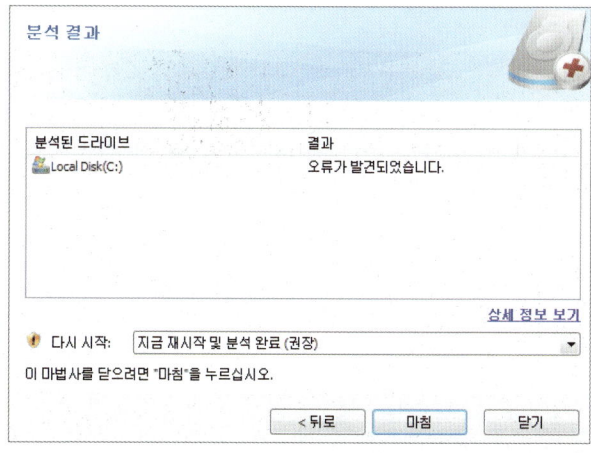

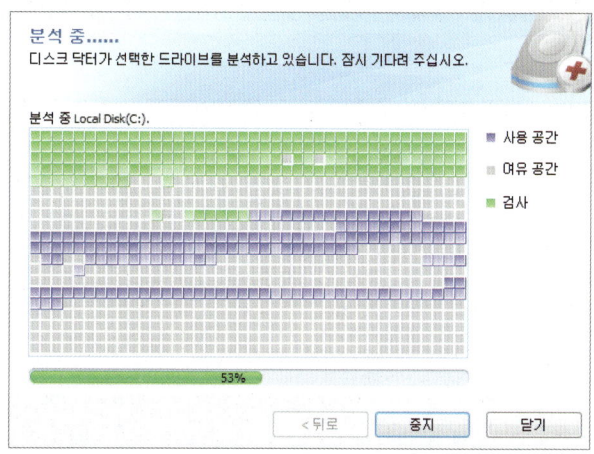

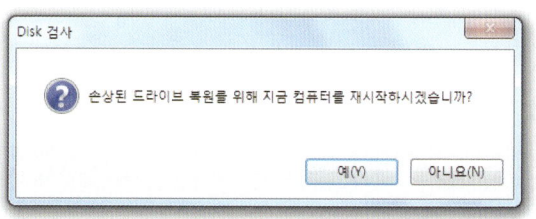

디스크 검사가 진행됩니다. 드라이브에 손상된 부분이 발견되면 프로그램이 재부팅을 요구합니다. "예"를 선택하면 컴퓨터가 재부팅되면서 디스크 검사 프로그램이 가장 먼저 실행되어 시스템 체크를 통해 오류를 해결합니다.

시스템 체크를 직접 수행할 수도 있습니다. 시작 – 명령 프롬프트(관리자)를 선택(윈도우 8 이상에서는 시작 – 마우스 오른 버튼 – 명령 프롬프트(관리자))하고 직접 "chkdsk /r c:"라고 적은 후 엔터를 누릅니다. 재시작할 때 볼륨 검사를 하겠냐는 질문(다음에 시스템이 다시 시작할 때 이 볼륨을 검사하도록 하시겠습니까?)에 Y를 선택하면 C:에 대한 시스템 체크가 예약됩니다. 이후 리부팅을 하면 윈도우가 실행되면서 시스템 체크를 진행하는 화면을 볼 수 있습니다.

윈도우 7 이상에서는 명령 프롬프트에서 "sfc /scannow"를 치고 엔터를 누르면 윈도우 시스템 파일 검사 도구(System File Checker)가 실행됩니다. 이 명령은 윈도우가 관리하고 있는 시스템 파일들이 삭제되거나 손상된 부분이 있는지 검사하는 것으로 다른 시스템 체크 프로그램으로는 잡을 수 없는 에러를 찾아 줍니다.

윈도우 8 이상에서는 SFC 뿐만 아니라 DISM(Deploment Image Servicing and Management: 윈도우 배포 이미지 서비스 및 관리)툴도 있습니다. 이 프로그램은 윈도우 시스템 파일을 검사하여 삭제되거나 손상된 파일이 있으면 인터넷을 통해 자동으로 다운로드 받아 시스템을 복구합니다. 명령 프롬프트에서 "dism.exe /Online /Cleanup-image /Restorhealth"라고 적고 엔터를 치면 이 작업을 완료할 수 있습니다.

❼ 불필요한 시작 프로그램 제거하기

프로그램을 인스톨할 때 자동 시작으로 설정한 프로그램들은 컴퓨터를 부팅하면 자동으로 실행됩니다. 물론 자동 시작을 하겠냐고 물어오는 경우보다는 알아서 설정되는 경우가 대부분입니다. 자동 시작 프로그램은 시스템 성능에 직접적인 영향을 미치는 만큼 수시로 확인하여 필요 없는 것들을 제거할 필요가 있습니다.

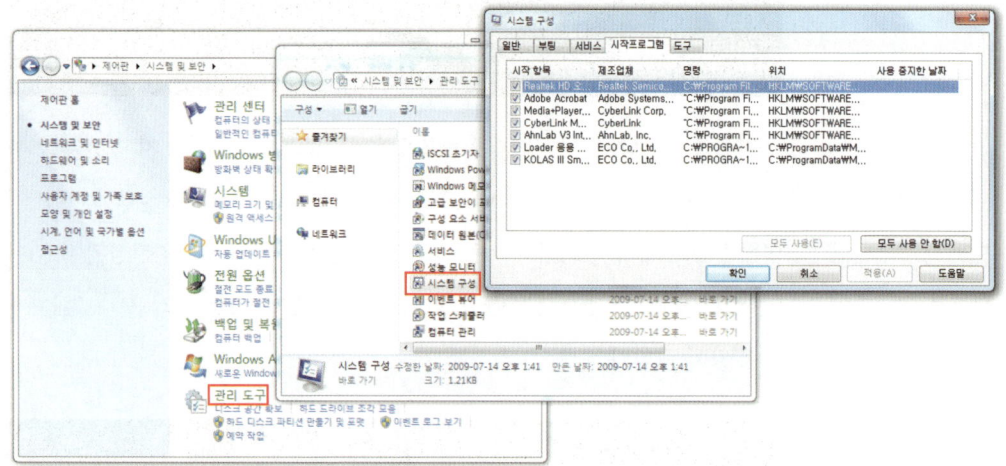

윈도우7에서는 시작 - 제어판 - 시스템 및 보안 - 관리도구 - 시스템 구성 - 시작프로그램으로 찾아 갈 수 있습니다.

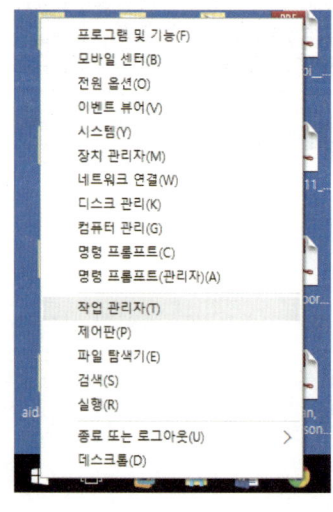 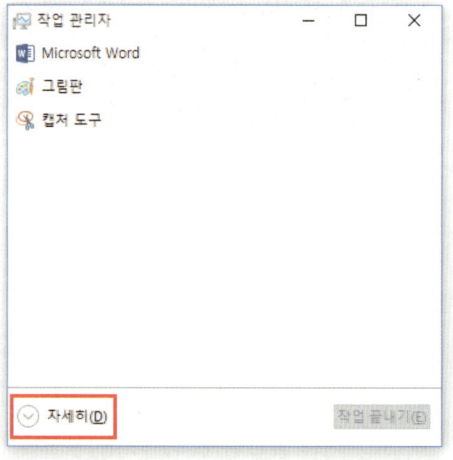

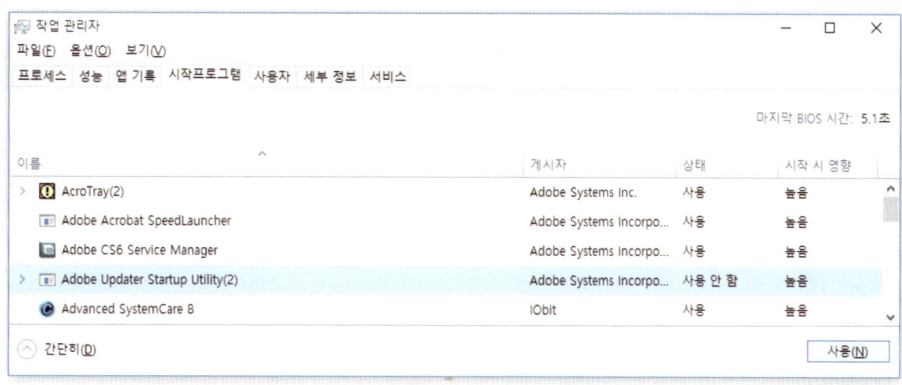

윈도우 8 이상에서는 시작 - 마우스 오른 버튼 클릭 - 작업 관리자 - 자세히 - 시작프로그램을 선택합니다.

윈도우7에서는 프로그램 왼편의 체크 박스를 해제하면 실행되지 않습니다. 윈도우8 이상에서는 해당 프로그램에 마우스 오른 클릭으로 메뉴를 불러 "사용 안함"을 선택하면 됩니다.

이렇게 설정해도 스스로 상태를 다시 "사용"으로 바꾸는 프로그램들이 많기 때문에 시스템 최적화 작업을 할 때마다 매번 다시 확인해야 합니다. 시작프로그램에 있는 것들이 무슨 일을 하는 프로그램인지 알 수 없다면 일단 실행되지 않도록 만드는 것이 좋습니다. 필요하다면 알아서 다시 시작되기 때문입니다.

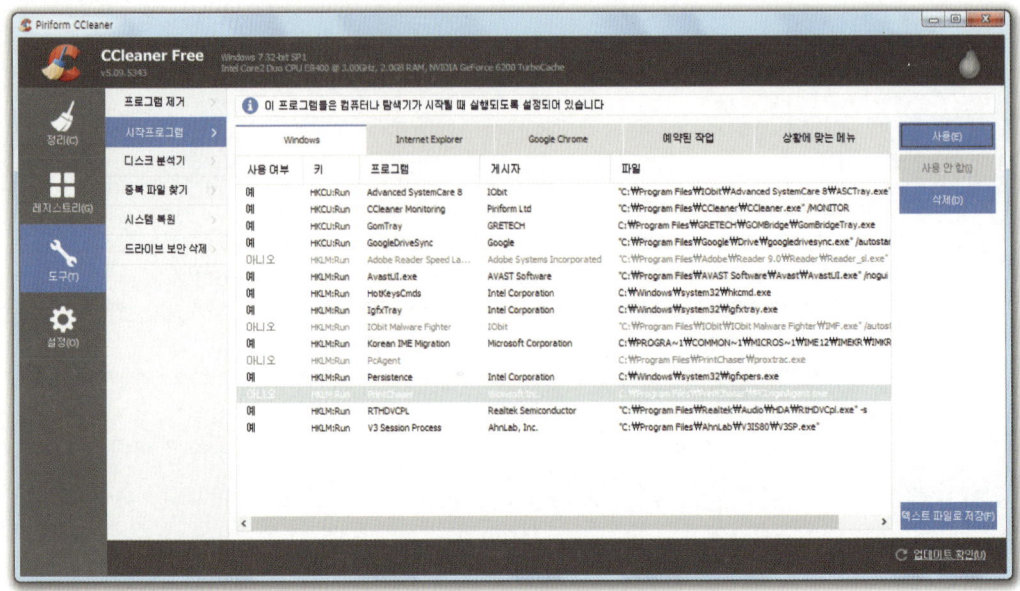

　CCleaner과 같은 관리 프로그램으로도 시작프로그램 삭제가 가능합니다. 관리 프로그램은 윈도우 시작 프로그램 안내 창보다 더 많은 프로그램을 찾아 내주고 그것들이 어떤 프로그램인지 좀 더 자세한 정보를 제공하기 때문에 시작 프로그램 관리를 더 쉽게 할 수 있습니다.

⑧ 불필요한 서비스 중지시키기

　백신과 같은 프로그램은 항상 시스템을 감시해야 하기 때문에 서비스 모드로 동작하게 됩니다. 서비스 모드는 응용 프로그램 자동 실행보다 좀 더 운영 체제에 가까운 높은 권한을 가지고 동작하는 상태입니다. 문제는 프로그램 자동 업데이트와 같이 항상 동작하고 있을 필요가 없는 것들도 서비스 모드로 동작하려는 데 있습니다. 서비스 모드 프로세스가 많을수록 시스템이 느려지므로 필요 없는 서비스는 제거하는 것이 좋습니다.

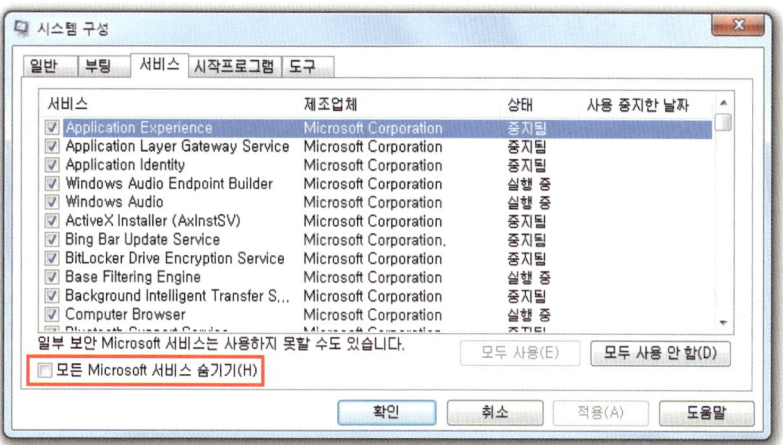

좌측 하단 시작 - 제어판 - 시스템 및 보안 - 관리도구 - 서비스로 찾아갈 수 있습니다. 모든 서비스가 다 표시되어 복잡하므로 "모든 Microsoft 서비스 숨기기" 옵션을 체크 하여 윈도우 운영체제에 속하는 서비스는 손대지 않도록 설정합니다.

"모든 Micosoft 서비스 숨기기"를 체크하고 나면 응용 프로그램이 수행하는 서비스만 남습니다. 불필요한 서비스는 왼쪽의 체크 박스를 해제해서 실행되지 않도록 할 수 있습니다. 물론 어떤 서비스를 선택해야 하는지 잘 알 수 없다면 일단 중지시켜 보시기 바랍니다. 필요한 서비스라면 알아서 자동으로 실행되기 때문입니다.

소프트웨어 최적화   247

9 중복 파일 제거하기

복사, 이동, 백업 등을 하다 보면 중복 파일이 생겨 관리가 복잡해지므로 중복 파일을 정리해야 합니다. 하드디스크 용량이 테라바이트 단위로 커졌기 때문에 수많은 파일을 일일이 찾아서 비교하는 것은 불가능하므로 유틸리티의 도움을 받는 것이 좋습니다. 중복 파일 제거 프로그램 중에서 신뢰성 있고 속도도 빠르며 제거할 파일 선택도 쉬운 제품을 소개합니다.

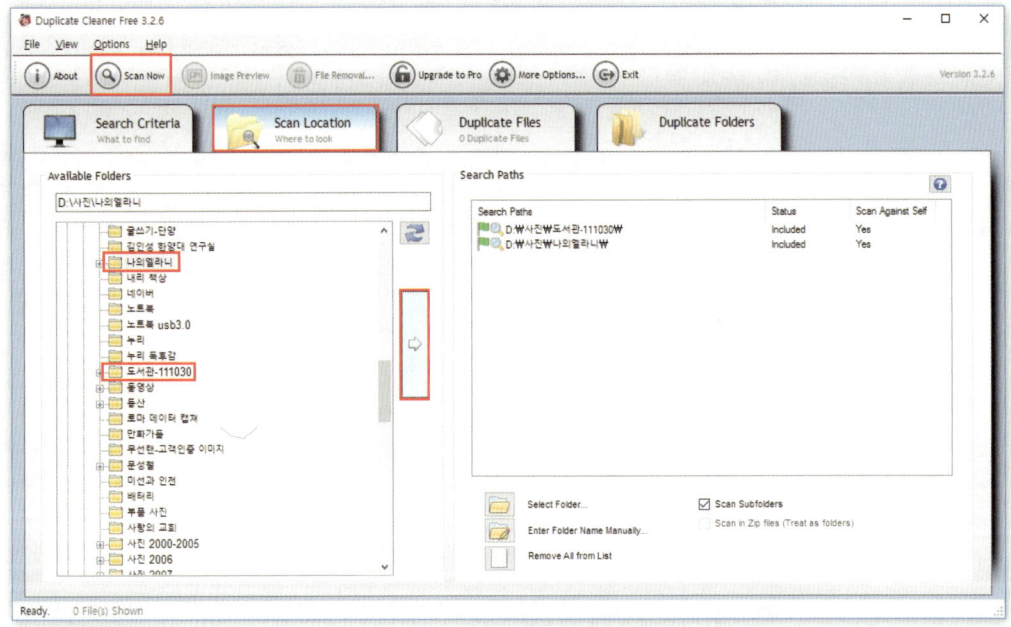

http://www.digitalvolcano.co.uk에서 "Duplicate Cleaner" 무료 버전을 다운 받습니다. 간단한 인스톨 과정을 거친 후 프로그램을 실행합니다. 초기화면에서 Scan Location을 클릭하고 왼쪽에서 원하는 폴더를 선택하고 중간 화살표를 클릭해 오른쪽으로 보냅니다. 선택이 끝나면 메뉴의 Scan Now를 클릭합니다.

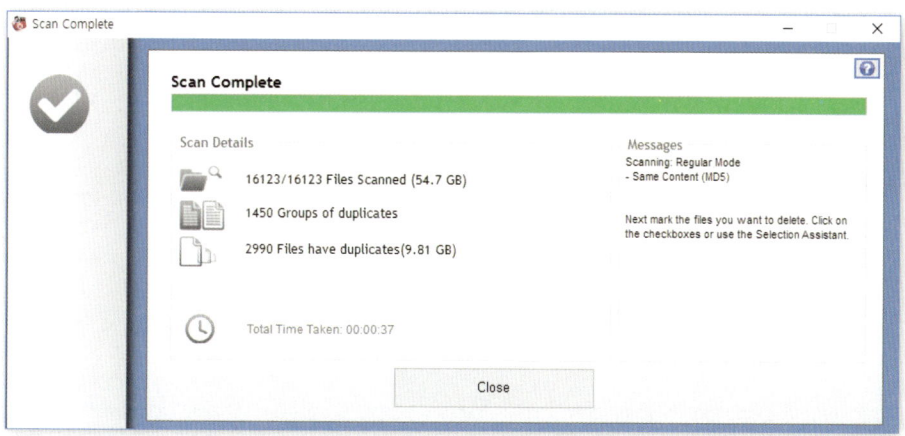

선택한 폴더에서 중복된 파일을 조사합니다. 이 프로그램은 파일 내부까지 조사하면서도 찾는 속도가 빨라 54.7GB를 차지하는 16123개의 파일을 검사하는 데 약 5분 내외가 걸립니다. 중복 파일 전체 용량은 9.81GB입니다. 테라 단위의 하드디스크 전체를 검사한다면 시간이 오래 걸리므로 느긋하게 기다리면 됩니다.

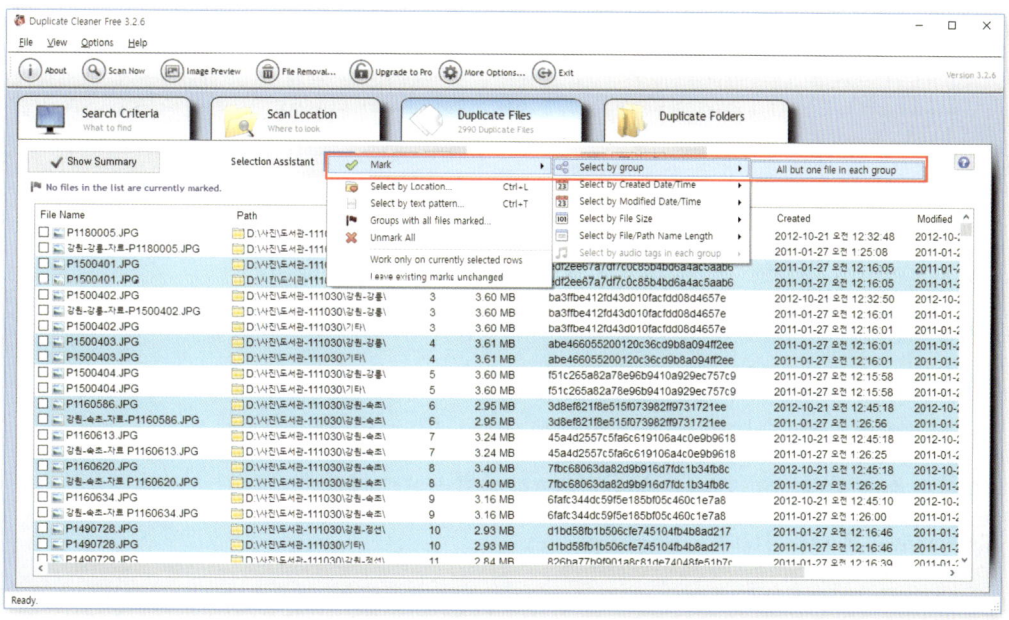

소프트웨어 최적화 249

중복 파일 조사가 완료되었습니다. 중복된 파일을 지우거나 옮기기 위해서는 대상 파일을 체크해야 합니다. 많은 파일을 일일이 체크하는 것은 어려운데 다행히 프로그램에 선택을 도와주는 부분이 있습니다. 메뉴 부분에 Selection Assistant를 선택하고 마크 - 그룹별(Select by group) - 각 그룹에서 한 파일만 남기고 모두 마크하기(All but on file in each group) 옵션을 선택합니다.

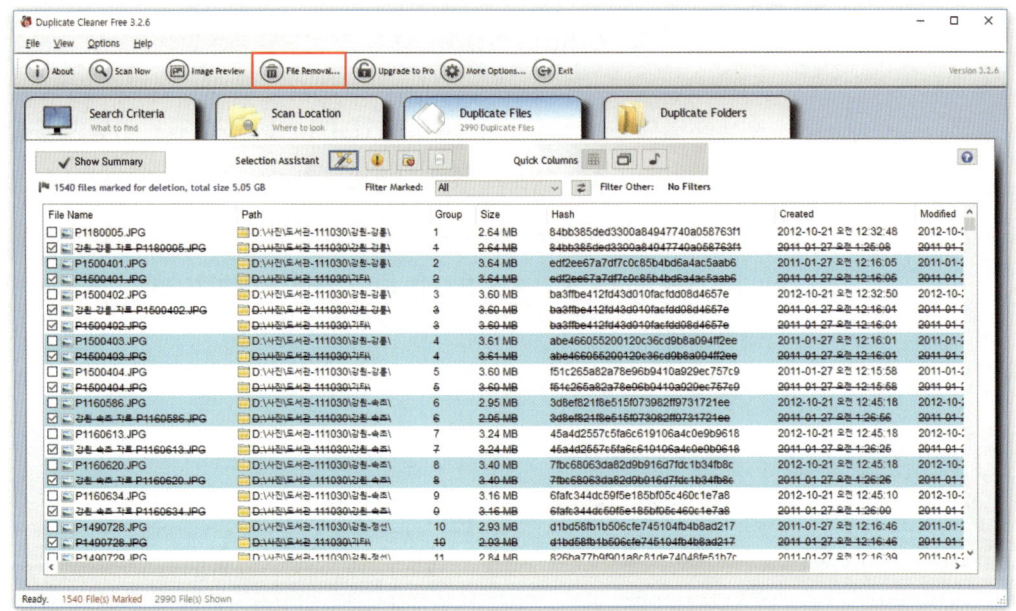

중복 파일마다 한 개만 남고 나머지는 모두 체크가 되었습니다. 파일명은 같지만 내용이 다를지 모른다는 걱정은 할 필요가 없습니다. 프로그램이 자동으로 파일 내부를 조사하여 전자지문이라고 말하는 해시값을 계산하여 내용이 일치함을 검증했기 때문입니다. 해시값이 일치하면 내용은 완벽히 동일한 파일임을 수학적으로 증명할 수 있습니다. 체크한 파일 삭제를 위해 메뉴에서 File Removal..을 선택합니다.

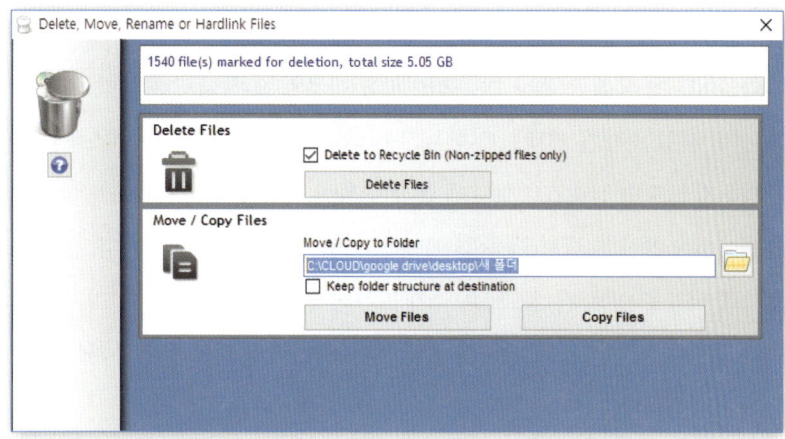

중복 파일 1540개를 삭제할 수 있습니다. 삭제될 파일 총 용량은 5.05GB입니다. 선택한 파일을 삭제할 수도 있고(Delete Files) 다른 폴더에 복사하거나 이동(Move Copy files) 시킬 수도 있습니다. 중요한 파일들이라면 안전을 위해서 일단 삭제가 아닌 이동을 선택한 후 결과를 확인한 후에 삭제하시기 바랍니다.

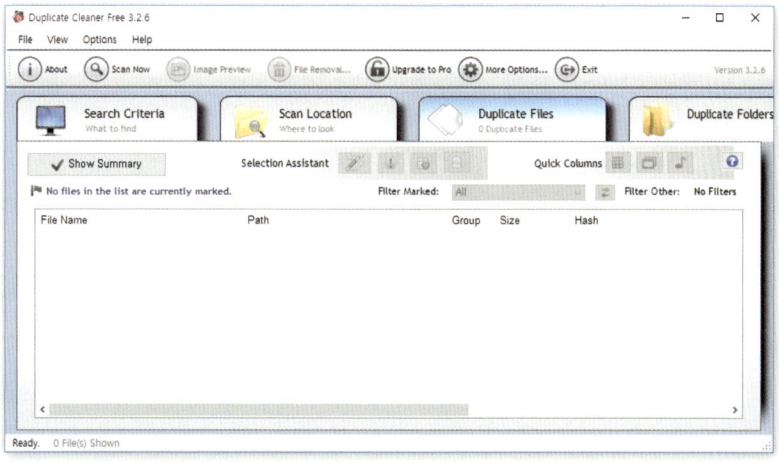

중복 파일이 모두 이동되었습니다. 54GB 중에서 약 5GB의 용량을 절약했습니다. 사실 중복 파일 제거는 용량 확보 효과도 있지만 시스템을 깔끔한 상태로 유지하기 위한 목적이 큽니다. 필요하다면 시스템의 모든 하드디스크에 대해서 중복 체크를 하시기 바랍니다.

⑩ 복잡한 컨텍스트 메뉴 정리하기

　파일이나 폴더 혹은 C:나 D: 드라이버를 마우스 오른 클릭했을 때 여러 가지 선택 사항이 담긴 컨텍스트 메뉴가 나타납니다. 프로그램을 인스톨할 때 주의하지 않으면 컨텍스트 메뉴에 온갖 항목이 끼어듭니다. 컨텍스트 메뉴에 옵션이 많으면 오른 클릭 했을 때 메뉴 뜨는 반응 속도가 느려집니다. 간혹 프로그램 버그로 인해 컨텍스트 메뉴가 뜨는데 엄청 오랜 시간이 걸리기도 합니다. 쓸데없는 컨텍스트 메뉴를 없애 마우스 클릭에 빠르게 반응하도록 만들어 보겠습니다.

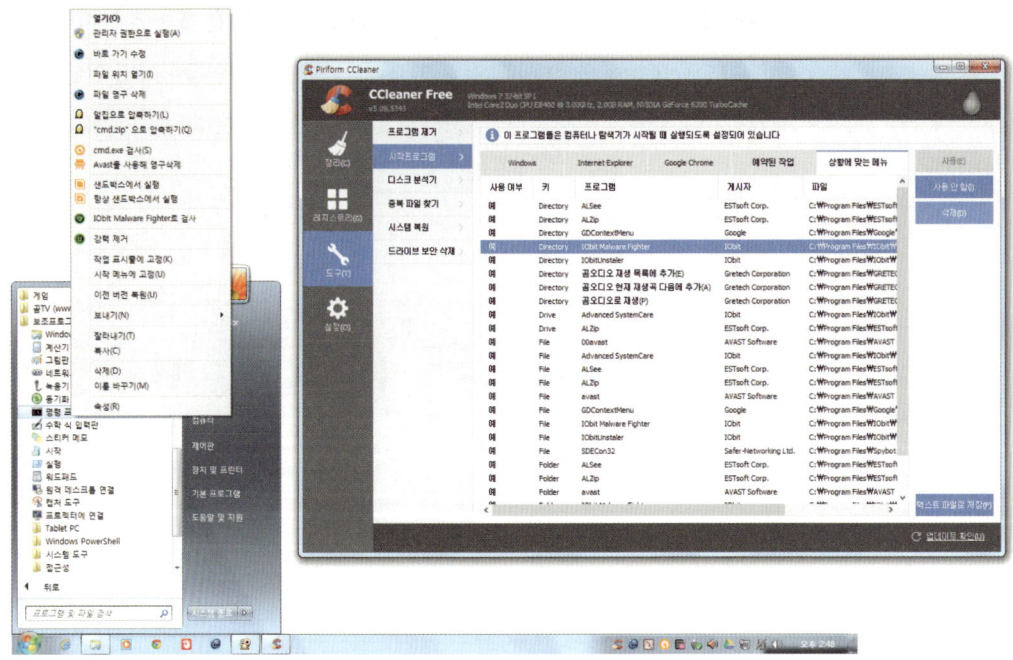

　좌측은 여러 가지 불필요한 옵션이 들어 있는 컨텍스트 메뉴 모습입니다. 컨텍스트 메뉴를 정리하려면 CCleaner을 실행하고 도구 - 시작프로그램 - 상황에 맞는 메뉴를 선택합니다.

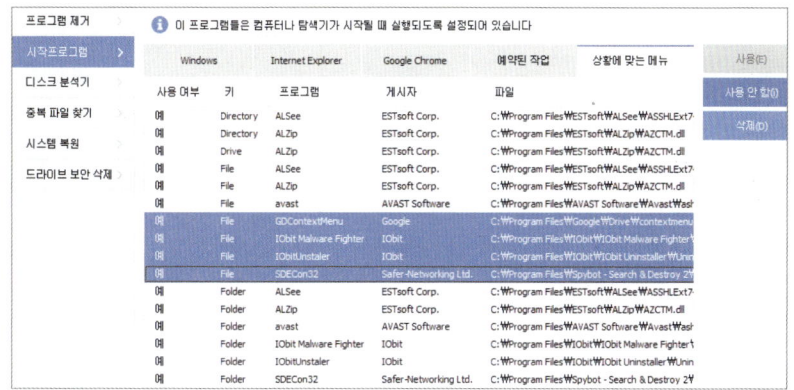

불필요해 보이는 항목들을 선택하고 삭제합니다. 어떤 것이 불필요한지 잘 모르겠다면 일단 제거합니다. 필요한 것이라면 다시 인스톨하면 됩니다.

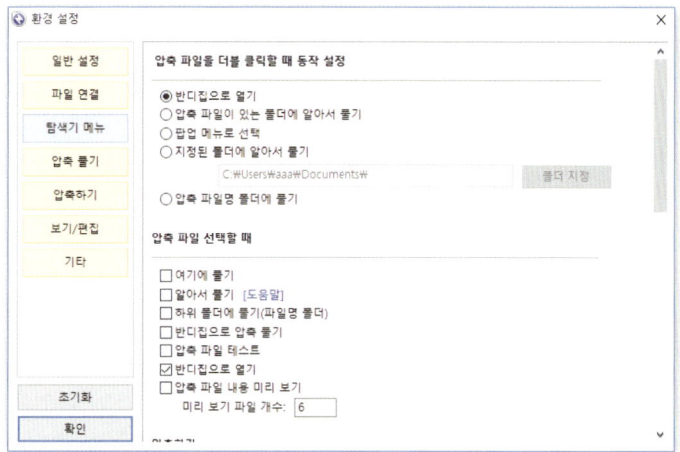

관리 프로그램에 표시되지 않는 컨텍스트 메뉴는 해당 프로그램 설정에서 제거해야 합니다. 화면은 압축프로그램 반디집의 환경 설정 메뉴 중에서 탐색기 메뉴 부분입니다. 컨텐스트 메뉴의 압축 파일 관련 항목을 여기서 조정할 수 있습니다. 켄텍스트 메뉴에서 불필요한 항목을 발견하면 차분히 시간을 두고 관리 프로그램이나 해당 프로그램 설정에서 하나씩 제거해 나가시기 바랍니다.

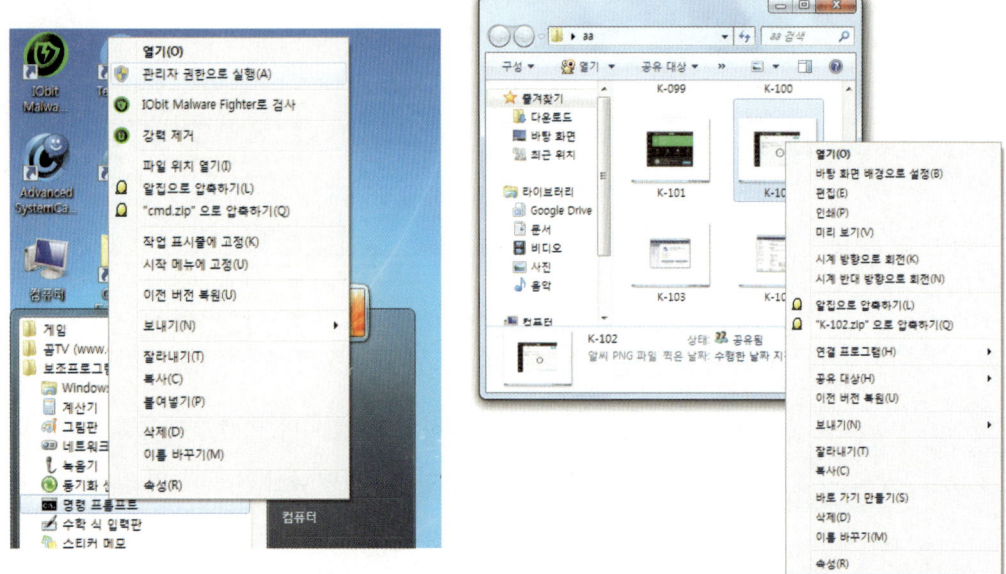

불필요한 항목을 제거하자 컨텍스트 메뉴가 한결 깔끔해졌습니다. 메뉴의 반응 속도도 빨라졌습니다. 복잡한 컨텍스트 메뉴에 시달리고 있었다면 지금 바로 제거를 시작하시기 바랍니다.

최적화가 완료된 시스템입니다. 이전에는 지저분한 휴지통에서 컴퓨터를 쓰는 기분이었다면 지금은 산뜻하고 깨끗한 곳에서 작업하는 기분을 느낄 수 있습니다. 최적화 전에는 프로그램을 클릭하면 한참 있다가 반응했는데 이젠 즉각 실행됩니다. 한 달에 한 번 정도 일상 점검을 하면 이런 상태를 계속 유지할 수 있습니다. 일단 최적화가 완료된 후에는 다시 최적화하는 데 시간도 얼마 걸리지 않습니다.

3 윈도우 10 업데이트하기

윈도우 8, 8.1은 데스크톱과 모바일 모드가 뒤섞여 혼란스러운 운영체제이므로 윈도우 10으로 업그레이드하는 것이 좋습니다. 꼭 써야 하는 프로그램이 운영체제와 충돌하는 경우가 아니라면 윈도우 7도 윈도우 10으로 업데이트를 하는 것이 좋습니다.

마이크로소프트는 모바일 시대를 대비하기 위해서 운영체제를 윈도우 10으로 단일화하려고 노력 중입니다. 성능 좋은 최신 운영체제를 거의 모든 기기에 무료로 제공하고 있을 정도로 강력한 의지를 보이고 있습니다. 2016년은 윈도우 10으로 전 세계 PC가 단일화되는 해라고 말해도 과언이 아닙니다. 마이크로소프트가 미래를 어떻게 준비해놓았는지는 모르지만 새로운 조류에 동참해 보는 것도 나쁘지는 않을 것입니다.

❶ 윈도우 10 업그레이드 예약으로 업데이트하기

윈도우 7 이상을 쓰다 보면 화면 아래 오른쪽 알림 영역에 윈도우 10 업데이트 알림 아이콘이 뜹니다. 아이콘을 클릭해 윈도우 10 다운로드 알림 창이 뜨면 무료 업그레이드 예약 버튼을 눌러 예약을 합니다.

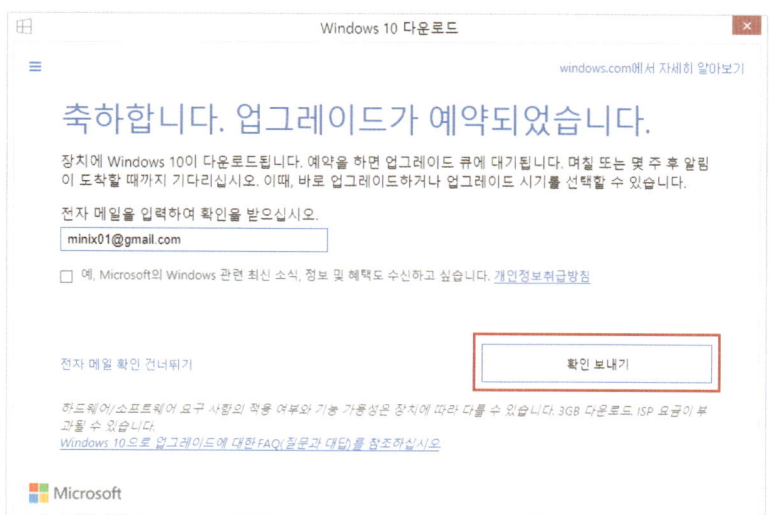

이메일 주소창에 이메일을 적고 "확인 보내기"를 클릭하면 업그레이드가 예약됩니다.

예약을 하고 나면 마이크로소프트에서 내부적으로 확인 절차를 진행합니다. 확인 작업에 시간이 걸리기 때문에 금방 알림이 뜨지는 않습니다. 몇 분 안에 될 때도 있고 며칠이 걸리기도 합니다. 확인이 끝나면 윈도우 10 다운로드 알림 메시지가 뜹니다.

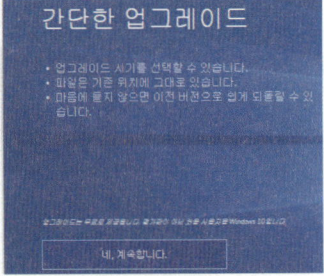

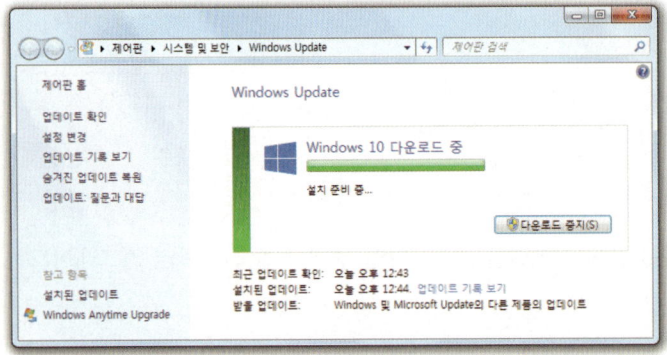

기다리다 보면 업그레이드 가능한 상태로 바뀝니다. "지금 업그레이드"를 선택합니다. 다음 화면에서 "네, 계속합니다."를 클릭하면 파일이 다운로드 후 설치 준비 상태가 됩니다.

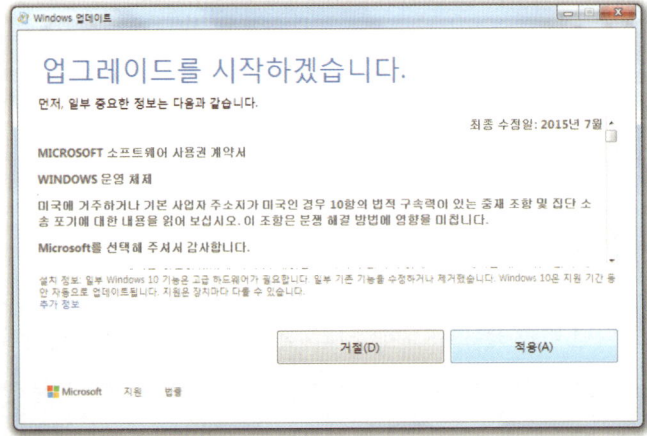

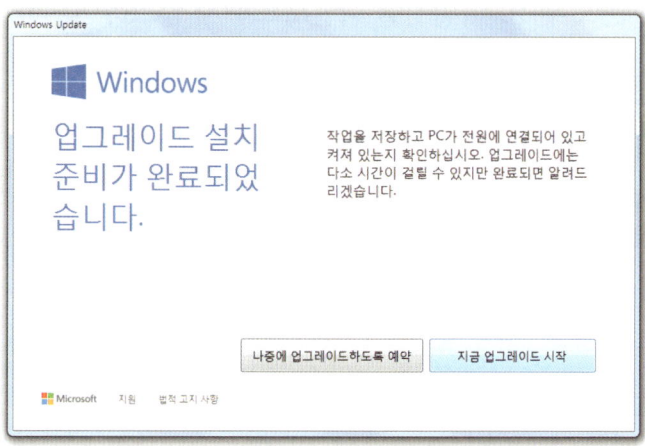

마지막 업그레이드 확인입니다. "적용"을 선택하고 "지금 업그레이드 시작" 버튼을 클릭하면 저절로 몇 번의 리부팅을 거친 후 업데이트가 완료됩니다.

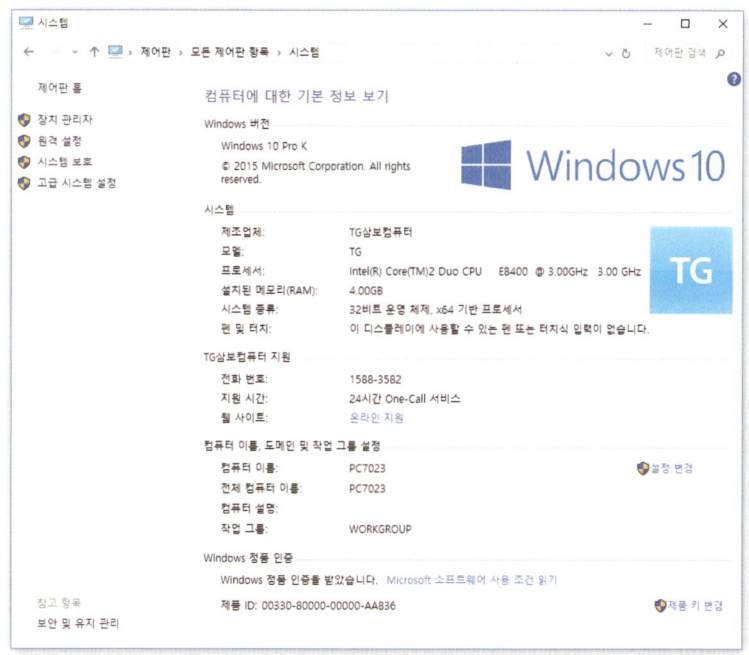

윈도우 7에서 윈도우 10으로 무료 업그레이드가 완료되었습니다.

❷ 윈도우 10 이미지를 다운로드해서 업그레이드하기

윈도우 10 자동 업데이트 알림이 뜨지 않는 컴퓨터도 있습니다. 이런 경우를 위해 마이크로소프트는 직접 윈도우 이미지를 다운 받아서 업그레이드하는 방법도 제공하고 있습니다. 윈도우 7, 8, 8.1을 사용 중인데 업데이트 알람이 뜨지 않는다면 이 방법을 사용해 보시기 바랍니다.

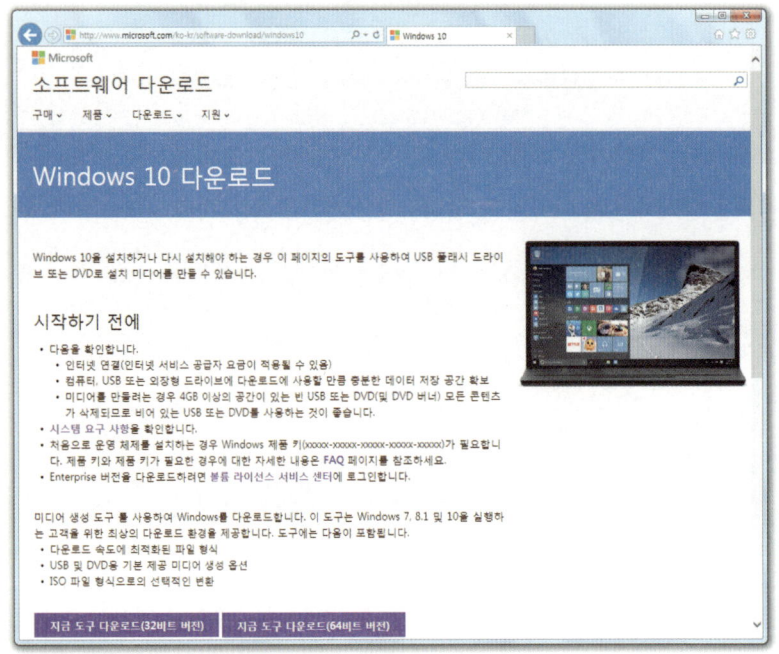

"http://microsoft.com/ko-kr/software-download/windows10"로 가서 윈도우 10 설치 프로그램을 다운로드 받습니다. 화면 아래 "지금 도구 다운로드" 중에서 내 컴퓨터에 맞는 버전(32비트 또는 64비트)를 클릭합니다. 메모리가 4GB 이상이라면 지금 쓰고 있는 윈도우가 32비트 버전이라도 64비트 버전으로 업데이트 하는 것이 좋습니다.

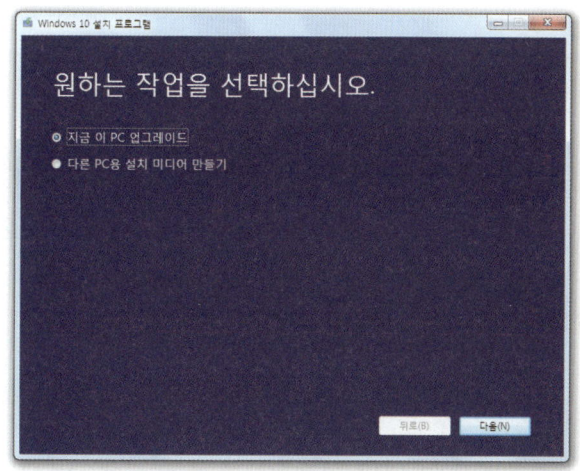

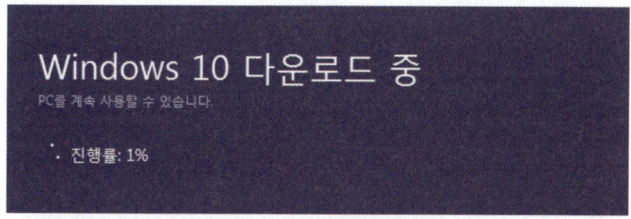

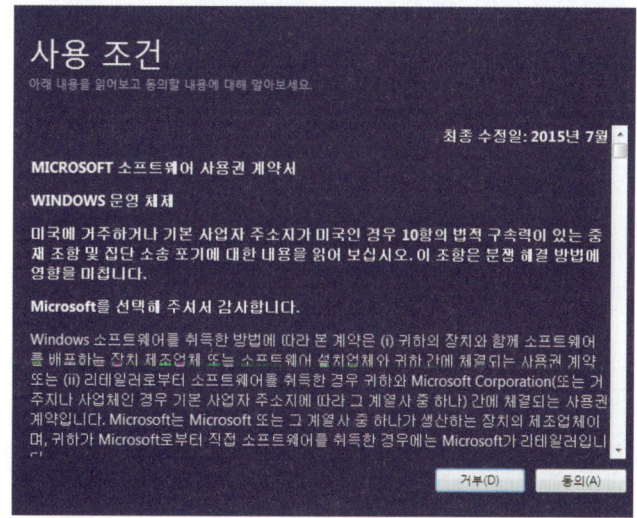

업그레이드 과정을 진행합니다. 원하는 작업 선택 창에서 "지금 이 PC 업그레이드"를 선택하고 윈도우 10과 업데이트를 다운로드 받습니다. 사용 조건 창에서 "동의"를 클릭합니다.

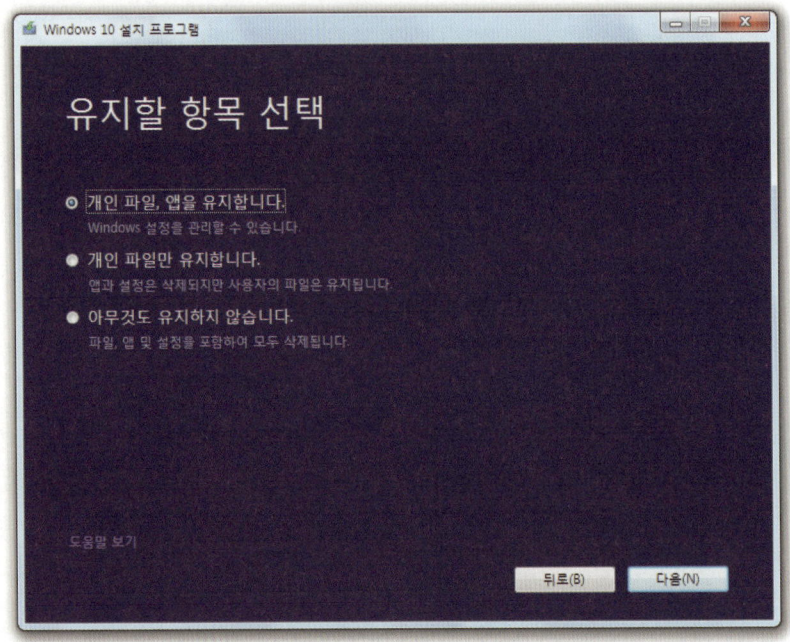

유지할 항목은 "개인 파일, 앱"을 모두 유지하거나 "개인 파일만 유지"할 수도 있고 "아무것도 유지하지 않을" 수도 있습니다. 작업 파일과 사용하던 프로그램 그리고 작업 환경까지 그대로 유지하고 싶으면 "개인 파일, 앱을 유지합니다"를 선택합니다. 개인 파일만 유지하고 싶으면 "개인 파일만 유지합니다"를 선택합니다. 모든 파일을 다 삭제하고 깔끔하게 새 윈도우를 쓰고 싶으면 "아무것도 유지하지 않습니다"를 선택 하면 됩니다.

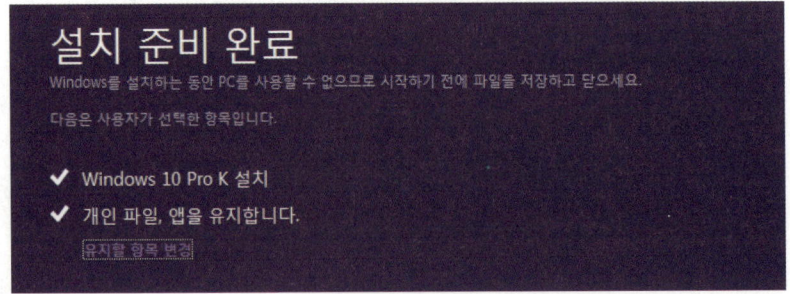

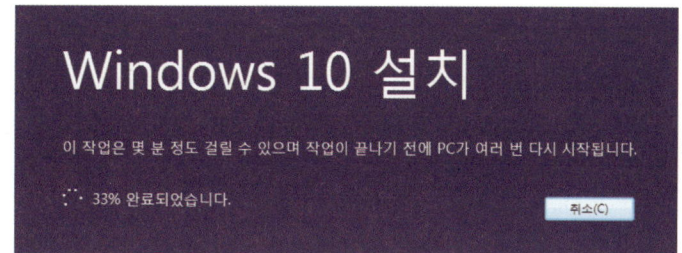

설치 준비가 완료 되었습니다. "설치"를 클릭하면 그 후에는 모든 과정이 자동으로 진행됩니다.

윈도우 7에서 윈도우 10으로 업그레이드가 완료되었습니다. 빠른 부팅 속도와 개선된 성능, 강화된 보안과 편리한 인터페이스의 최신 윈도우 운영체제는 구형 컴퓨터를 마치 최신 제품인 것처럼 느끼게 해 줄 것입니다.

4 가상 윈도우 사용하기

　한국 인터넷 환경은 대단히 열악합니다. 시스템 최적화를 열심히 해도 금융 거래를 할 때 다운 받아야 하는 각종 보안 프로그램 때문에 금방 컴퓨터가 지저분해집니다. 액티브엑스란 보안 프로그램 다운로드 방식은 컴퓨터의 보안 상태를 최악으로 떨어뜨립니다. 액티브엑스 방식의 보안 프로그램이 마이크로소프트의 인터넷 익스플로러만 지원해서 호환성이 부족하다는 비난을 받아 왔는데, 이런 비난을 피하기 위해 최근에 아예 실행 파일 형태로 다운 받게 만들고 있습니다.

　액티브엑스는 보안 서명이라는 최소한의 안전장치라도 있었지만 실행 파일 다운로드는 이마저도 무기력화된 커다란 보안 구멍입니다. 이제 어떤 인터넷 사이트라도 자기들이 원하는 프로그램을 보안 프로그램이라며 다운로드 받게 강제할 수 있게 되었습니다. 그 프로그램이 사용자 컴퓨터를 마음대로 조작하더라도 막을 방법이 없습니다.

　한국식 보안 프로그램은 필요 없을 때도 항상 메모리에 상주하고 있어 시스템을 불안정하게 만듭니다. 정상적인 프로그램이 내 컴퓨터에서는 이상하게 동작하지 않거나, 수시로 알 수 없는 에러가 발생하거나, 컴퓨터를 쓰지 않고 있는데도 뭔가가 끊임 없이 하드디스크를 사용하고 있다면, 이런 보안 프로그램이 동작 중일 가능성이 큽니다. 강제로 죽여도 다시 살아나고 컴퓨터에서 지우기도 어려우며 시스템 안정성을 떨어뜨리는 이런 보안 프로그램은 그 자체를 악성 코드라고 불러도 전혀 틀리지 않을 정도입니다.

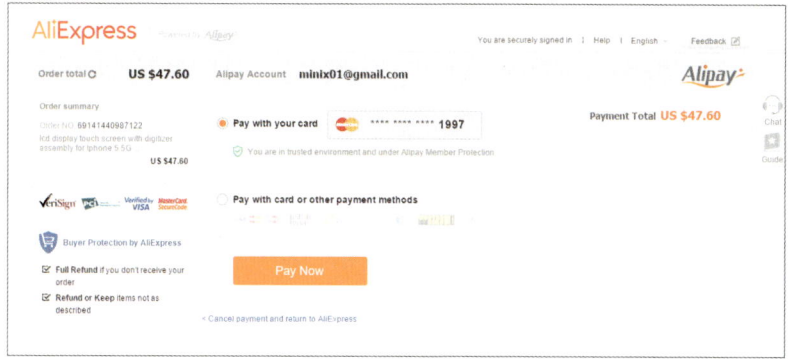

> **참고**

선진화된 중국 : 미국의 온라인 환경과 마찬가지로 이제 중국 온라인 환경도 한국보다 선진화되고 있습니다. 중국의 수출 전문 면세 쇼핑몰 알리익스프레스에서 구매부터 결제 완료 때까지 아무런 소프트웨어 다운로드가 필요 없습니다. 그 과정도 간단하고 신속하며 결제도 깔끔하게 처리됩니다.

중국의 쇼핑몰 알리익스프레스에 카드 번호를 알려주면 번잡하게 공인인증서 프로그램, 안전결제 프로그램, 방화벽, 백신을 깔 필요도 없고 거추장스러운 화면 키보드 입력 창도 나타나지 않습니다. 모든 보안은 알리익스프레스에서 책임집니다.

원래부터 전 세계 모든 전자상거래의 보안은 업체 책임이었습니다. 업체들은 각각의 거래에 대한 위험 관리를 통해 보안성을 향상시켜 왔습니다. 예를 들어 점심 시간에 카드 소유자가 다니는 회사 근처의 식당에서 10만원 이하의 카드 결제는 정상이라고 판단하지만, 중국 IP로 편딘되는 컴퓨터에서 미국 온라인 쇼핑몰에 접속하여 한국에서 발행된 카드 번호로 한도에 가까운 금액의 핸드백을 결제한 후 배송지를 북유럽으로 선택한다면 위험한 거래라고 판단하여 승인을 내주지 않습니다. 한국을 제외하면 이 모든 과정을 인터넷 업체가 내부 프로세스로 처리하기 때문에 보안을 위해 사용자에게 아무런 것도 요구하지 않으므로 사용자 편의는 극대화되고 있습니다.

중국조차도 이런 세계적 조류에 따르고 있는데 한국은 여전히 기업이 책임을 모면하려고 사용자 컴퓨터에 프로그램을 다운로드 시키는 후진적인 보안 방식을 못 벗어나고 있습니다. 한국식 보안에 관한 문제점이 무엇인지 구체적으로 알고 싶으면 제가 쓴 책 "도난당한 패스워드"를 참조하시기 바랍니다.

문제는 한국 인터넷 사이트를 사용하려면 이런 보안 프로그램을 쓰지 않을 수 없다는 점입니다. 필요할 때만 사용하고 수시로 지우더라도 어느새 악성 보안 프로그램이 인스톨되어 버젓이 동작하고 있는 것을 발견하게 됩니다. 컴퓨터의 보안성과 안정성을 높이려면 이런 악성 보안 프로그램을 격리할 필요가 있습니다. 한국식 보안 프로그램을 차단하는 가장 효율적인 방법은 가상 컴퓨터를 사용하는 것입니다.

가상 컴퓨터는 소프트웨어적인 방법으로 컴퓨터 안에 또 다른 컴퓨터가 있는 것처럼 만드는 것입니다. 윈도우의 응용 프로그램인 가상 컴퓨터 소프트웨어를 깔면 그 안에 가상 컴퓨터가 만들어집니다. 가상 컴퓨터에 윈도우를 인스톨하면 원래 윈도우와 완전히 독립적인 또 하나의 윈도우를 사용할 수 있습니다. 실제 컴퓨터에서 동작하는 윈도우를 부모 윈도우라고 한다면 가상 컴퓨터에 깔린 윈도우를 자식 윈도우라고 부를 수 있습니다.

물론 가상 컴퓨터는 윈도우 위에서 동작하는 소프트웨어이므로 부모 윈도우만큼의 성능이 나오지는 않습니다. 하지만 최근에는 하드웨어 성능이 비약적으로 발전해 대부분의 컴퓨터가 2개 이상의 CPU를 사용하고 메모리도 4GB 이상이라 가상 윈도우의 성능도 크게 나쁘지 않습니다. 특히 인터넷 쇼핑이나 은행 거래 정도의 작업은 큰 어려움 없이 할 수 있습니다.

가상 컴퓨터 안에 깔린 윈도우는 부모 윈도우와 완전히 독립적으로 동작하므로 금융 거래에 필요한 각종 액티브엑스, 보안 프로그램 등을 이 안에 사용하더라도 부모 윈도우에는 아무런 영향을 미치지 않습니다. 가상 윈도우는 한국적 상황에서 액티브엑스로부터 탈피하여 보안성을 높이고 작업용 컴퓨터를 쾌적하게 만들 수 있는 최선의 선택입니다. 이 장에서는 가상 윈도우 사용법을 알아보겠습니다.

① 윈도우 이미지 다운받기

가상 컴퓨터에 윈도우를 인스톨하기 위해서는 CD나 CD를 이미지로 만든 ISO 이미지 파일이 필요합니다. 윈도우 CD가 있거나 따로 윈도우 ISO 파일이 있다면 이 부분을 건너뛰어도 됩니다.

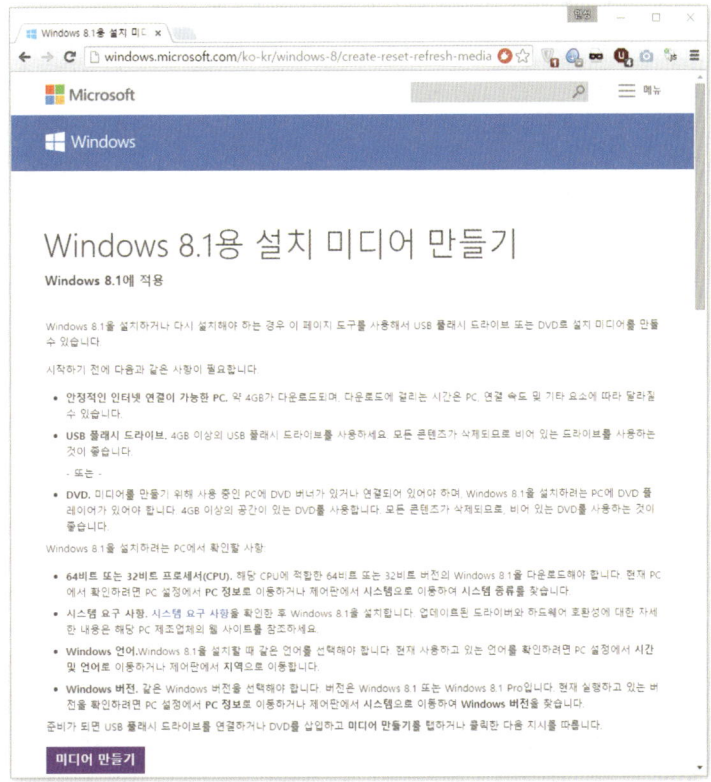

윈도우 이미지가 없다면 마이크로소프트 사이트에서 정품 라이센스가 있는 버전을 직접 다운로드를 받을 수 있습니다. 여기서는 액티브엑스 사용에 문제가 없는 윈도우 8.1을 다운로드 받기로 합니다.

구글에서 "윈도우 8.1용 설치 미디어 만들기"를 검색하면 "http://windows.microsoft.com/ko-kr/windows-8/create-rreset-refresh-media" 사이트로 갈 수 있습니다. 이 페이지에서 "미디어 만들기" 링크를 클릭하면 윈도우 8.1 ISO 파일을 만들어 주는 "Mediacreationtool.exe"이 다운로드 됩니다.

다운로드된 "Mediacreationtool.exe"를 실행하면 다운로드 받을 윈도우 종류 선택 화면이 나옵니다. 윈도우 홈 버전, 프로페셔널 버전 등을 고를 수 있는데 여기서는 "윈도우 8.1 K"를 선택합니다. 64비트 윈도우는 한국의 보안 프로그램이 지원하지 않을 가능성이 있으므로 32비트 버전을 선택합니다.

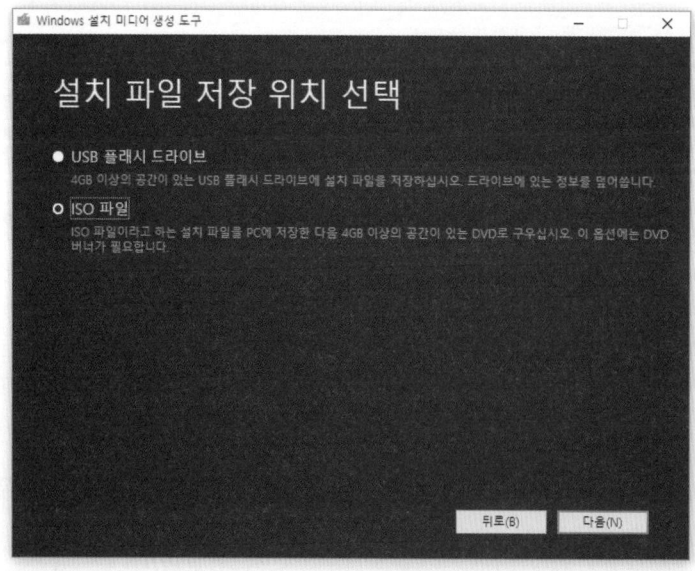

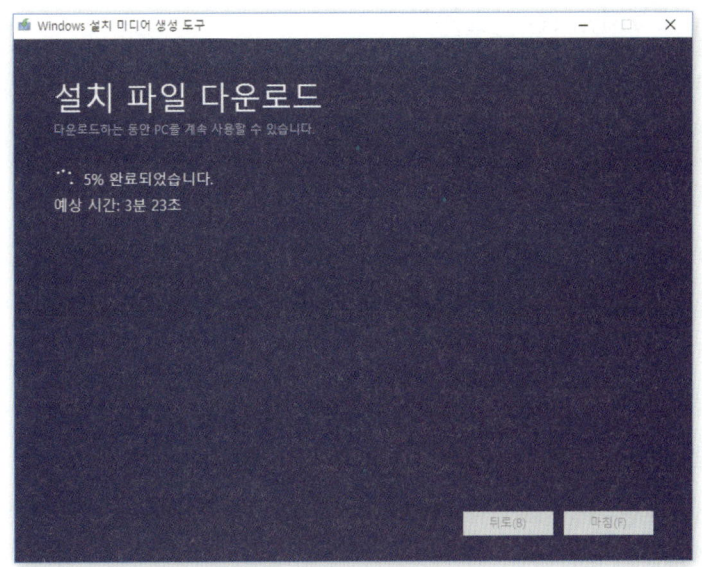

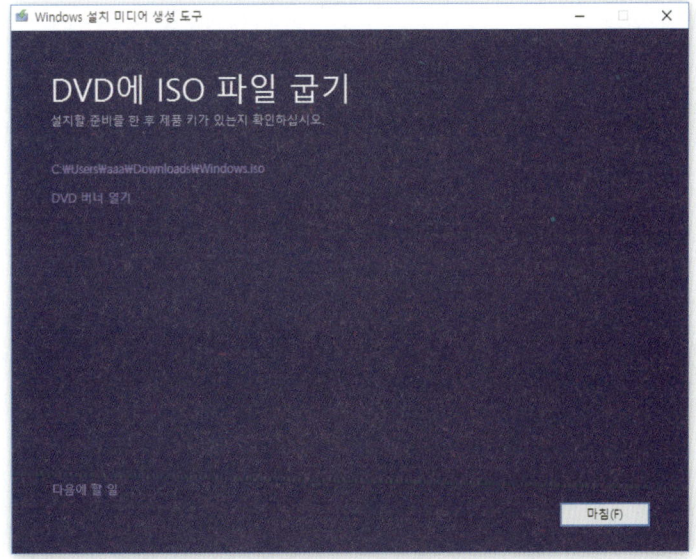

설치 파일 저장 위치는 "ISO 파일"로 선택합니다. 다운로드가 완료된 후 DVD에 ISO 파일 굽기 화면에서 "마침"을 선택하면 windows.iso 파일이 만들어집니다.

② VMware 인스톨하기

가상 컴퓨터 소프트웨어도 유,무료를 포함해서 많은 종류가 있습니다. 그 중에서 현재 가장 많이 사용하고 있는 것은 VMware입니다. VMware는 역사가 길고 호환성이나 다양한 기능을 가지고 있는 데다가 성능도 검증되어 믿고 쓸 만 합니다. VMware는 유료이지만 개인인 경우 무료로 사용할 수 있기 때문에 비용 부담도 없습니다. 물론 다른 익숙한 가상 소프트웨어가 있다면 그것을 사용하시기 바랍니다. 다만 일부 가상 소프트웨어는 가상화가 불충분하여 키보드 해킹 방지 프로그램이 정상 동작하지 않는 문제가 있기 때문에 잘 확인하고 사용하셔야 합니다. 키보드 해킹 방지 프로그램이 제대로 동작하지 않으면 가상 소프트웨어를 쓰는 가장 중요한 이유인 금융 거래를 할 수 없기 때문입니다.

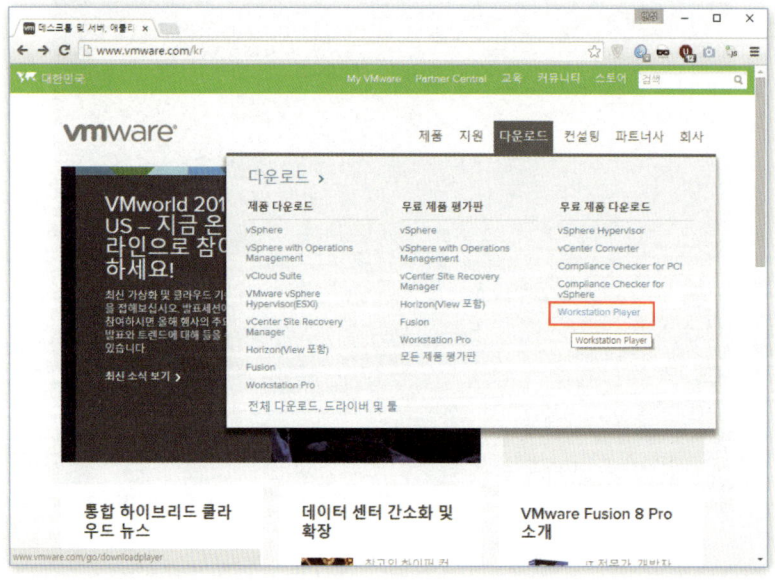

Vmwarre 사이트에서 "다운로드"를 선택하고 "무료 제품 다운로드" 중에서 "Workstation Player"를 선택합니다.

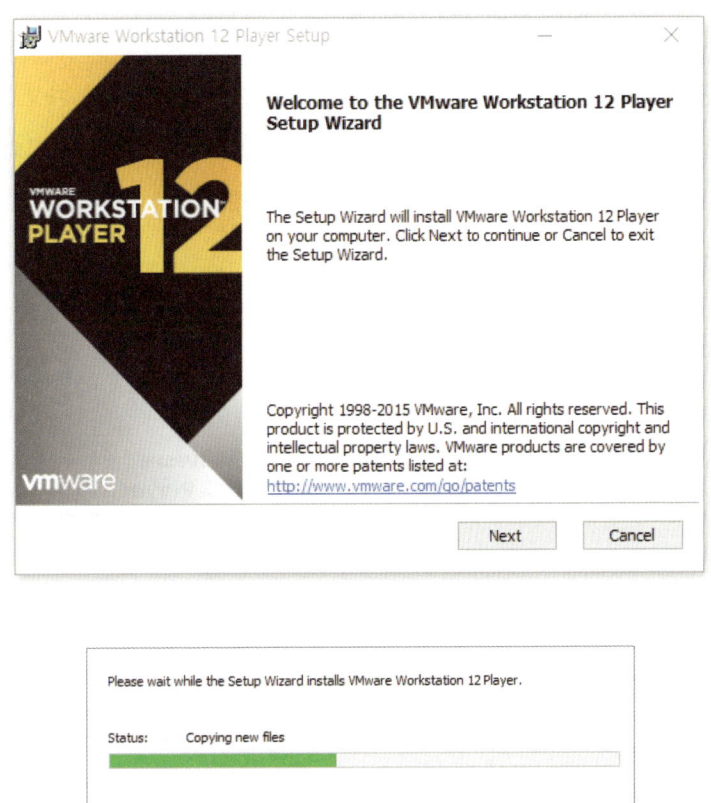

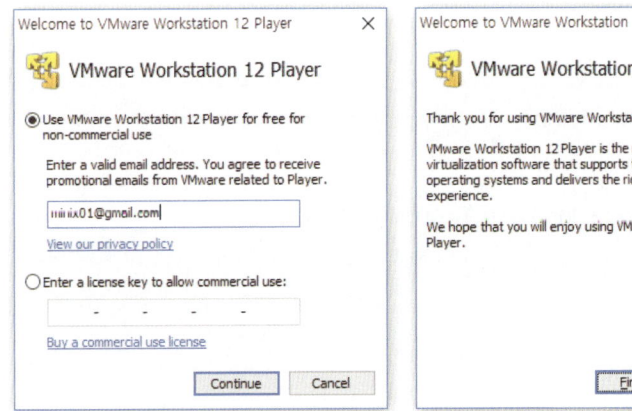

프로그램을 인스톨하고 실행합니다. 라이선스 없이 무료로 쓸 것이기 때문에 이메일 주소만 기입하면 됩니다.

가상 윈도우 사용하기

③ 가상 윈도우 만들기

 가상 컴퓨터 안에 윈도우를 인스톨하여 가상 윈도우를 만듭니다. 가상 윈도우 만들기는 전혀 어렵지 않습니다. 메뉴에 따라 몇 가지 설정만 하면 거의 자동으로 만들어집니다. 세세한 설정은 나중에 익숙해졌을 때 손보기로 하고 일단 디폴트 세팅 그대로 사용하기로 합니다.

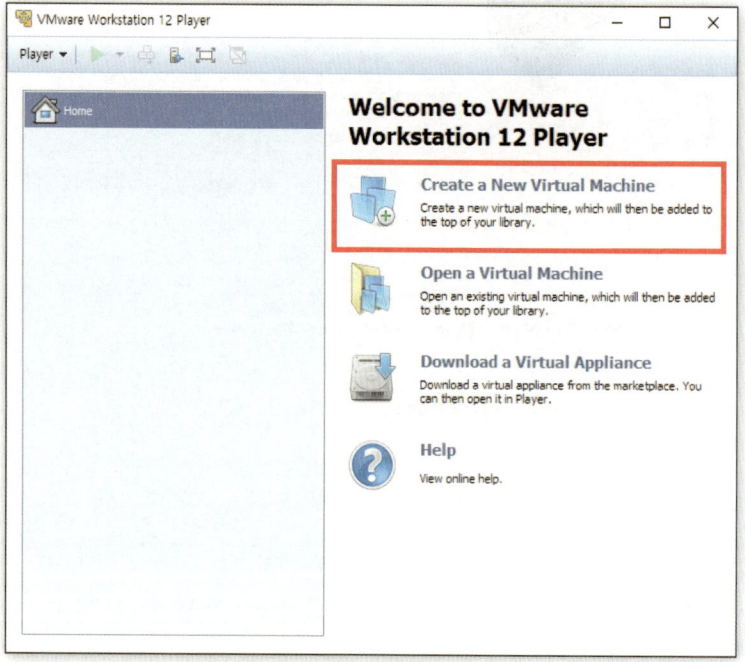

 VMware Workstation Player를 실행하고 "Create a New Virtual Machine"을 선택합니다.

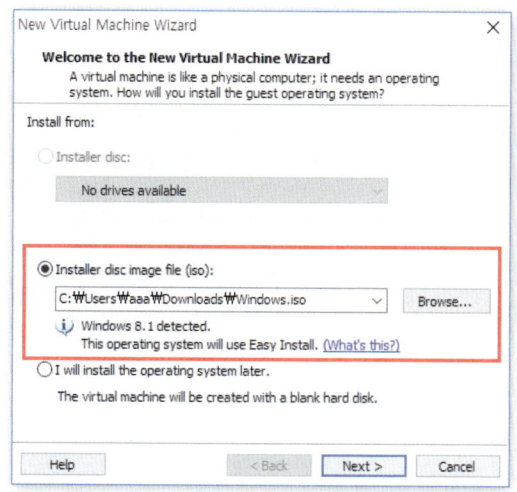

새 가상머신 마법사(New Virtual Machine Wizard"에서 새 가상 컴퓨터를 만들고 윈도우를 인스톨합니다. 윈도우 인스톨은 ISO 이미지 방식을 사용합니다. "Installer disc image file (iso)"를 체크하고 다운로드 받아 놓은 윈도우 이미지를 선택합니다.

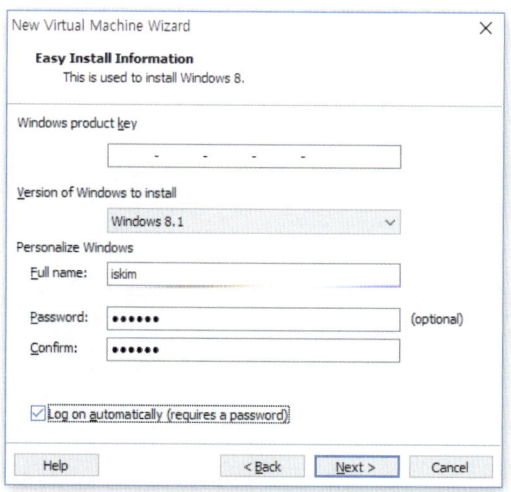

윈도우 사용자 계정과 비밀번호를 만들고 "Log on automatically"를 클릭합니다.

가상 윈도우 사용하기   273

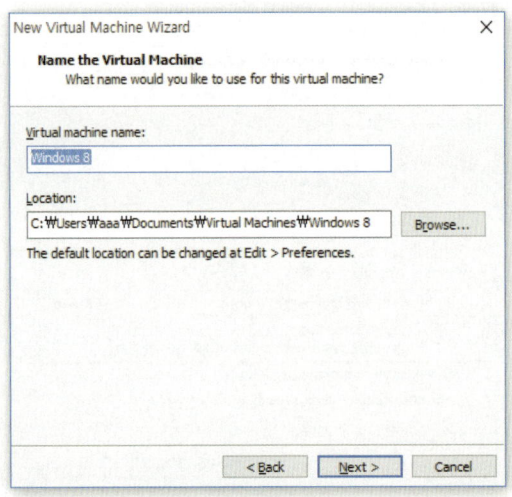

가상 윈도우 이름은 원하는 대로 만들면 됩니다. 여기서는 "Windows 8"로 정했습니다. 가상 윈도우 파일이 만들어질 폴더를 지정합니다. 특별히 기본 위치를 바꿀 필요는 없습니다.

가상 하드디스크 크기도 결정합니다. 기본 크기가 60GB인데 사용 가능한 최대 크기일 뿐 실제 사용량은 그보다 적기 때문에 바꾸지 않고 그대로 선택해도 상관없습니다.

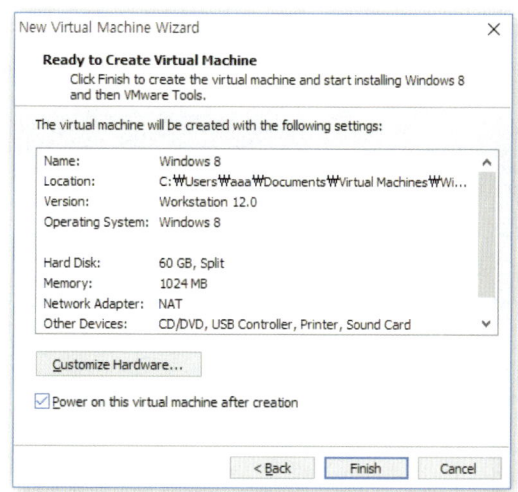

기본 하드웨어 설정 화면입니다. Customize Hardware…"를 클릭해 CPU 갯수, 메모리 양 등을 바꿀 수 있습니다. 복잡함을 줄이기 위해 일단은 그대로 두고 진행합니다. "Finish"를 클릭합니다.

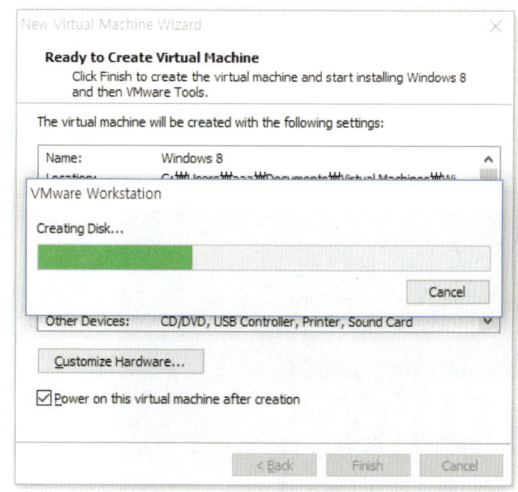

이제 가상 윈도우용 가상 하드디스크 C:가 만들어지고 곧바로 윈도우 인스톨 화면으로 진행합니다.

가상 윈도우 사용하기 275

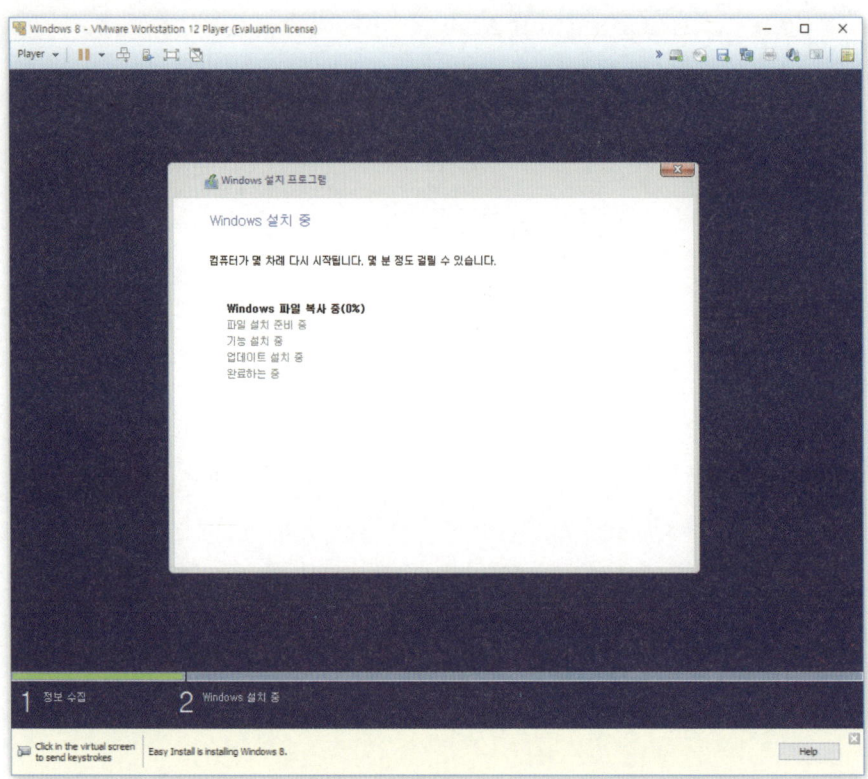

윈도우 인스톨 과정은 자동으로 진행됩니다.

인스톨 과정에서 알아서 몇 번 부팅을 합니다. 윈도우 인스톨이 완료될 때까지 그대로 두면 됩니다.

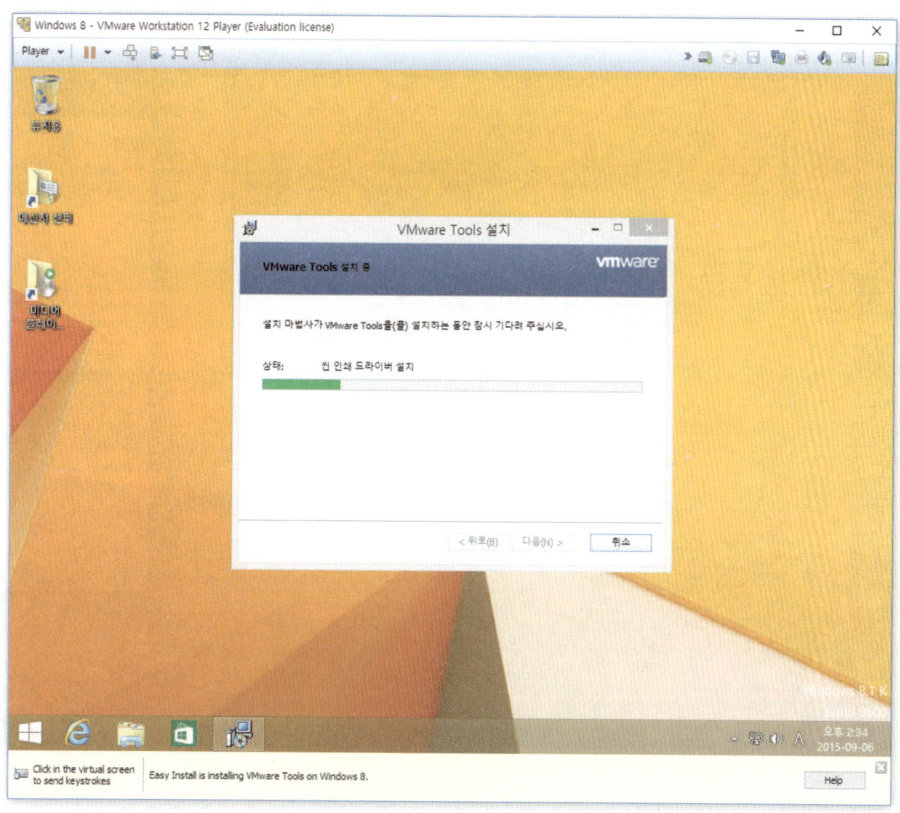

윈도우 인스톨이 끝난 후 가상 컴퓨터의 성능 향상과 부모 윈도우와의 파일 교환 등을 가능케 하는 "VMware tools"까지 자동으로 깔립니다. 이로써 가상 윈도우가 만들어졌습니다.

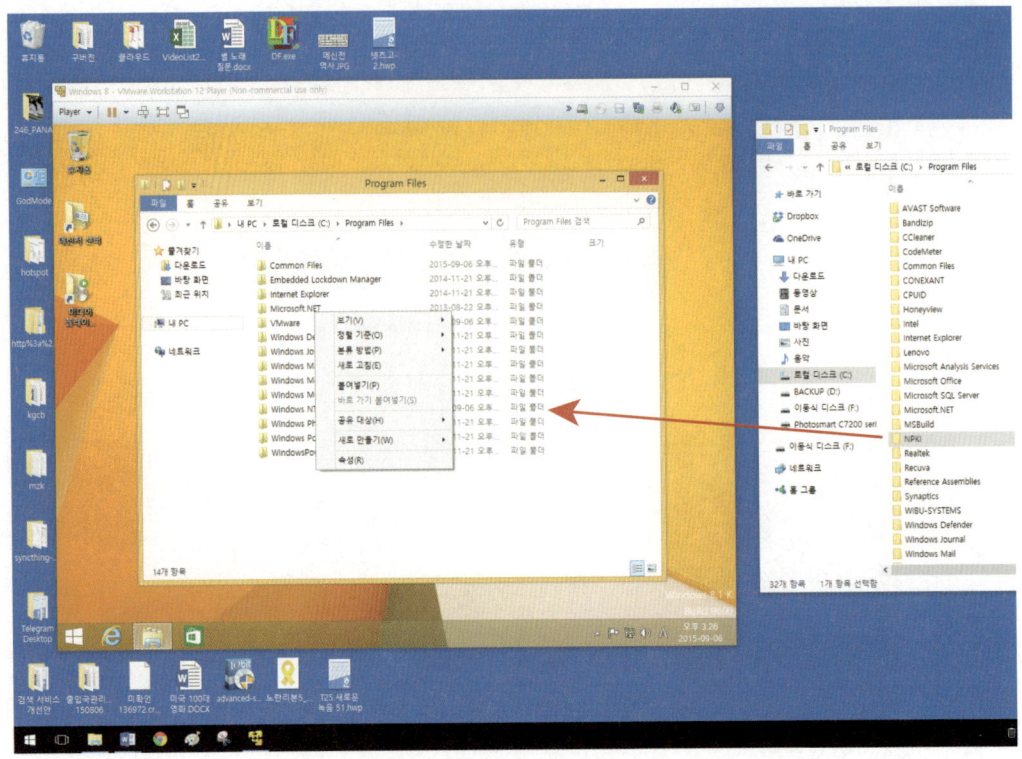

　실제 컴퓨터에서는 이렇게 보입니다. 윈도우 안에 가상 컴퓨터 응용 프로그램이 동작하고 그 안에 또 다른 윈도우가 동작하는 모습입니다.

　금융 거래를 하려면 부모 윈도우에 있는 공인인증서를 복사합니다. "C:\Program Files\NPKI", "C:\Program Files (x86)\NPKI", "C:\사용자\사용자 ID\AppData\LocalLow\NPKI" 폴더를 모두 통째로 가상 윈도우 C:\Program Files\에 복사하면 됩니다.

　복사는 부모 윈도우의 원하는 폴더에서 마우스 오른 클릭 후 복사를 선택한 다음 자식 윈도우로 와서 오른 클릭 후 붙여 넣기를 선택하면 됩니다. 가상 컴퓨터 소프트웨어가 부모 컴퓨터와 자식 컴퓨터 사이의 파일 교환을 처리하기 때문에 마우스만으로 복사를 할 수 있습니다. NPKI를 복사할 때 덮어 쓸지 여부를 선택하는 화면이 나오면 덮어 쓴다고 하면 됩니다.

　　자식 윈도우에서 은행 사이트를 열면 보안 프로그램을 새로 다운로드 받으라고 합니다. 자식 윈도우에서 어떤 프로그램을 다운로드 받든, 무슨 일이 일어나든 부모 윈도우는 아무런 영향을 받지 않으므로 이제 마음껏 다운로드 받아도 됩니다. 다만 안전을 위해 인증서 복사가 끝나면 부모 윈도우에서 C:\Users\내_아이디\Documents\Virtual Machines\Windows8 폴더 전체를 백업해 놓으시기 바랍니다. 자식 윈도우가 이상할 경우 이 폴더를 지우고 백업해 놓은 폴더 전체를 다시 복사하면 간단히 가상 윈도우를 정상화 시킬 수 있습니다.

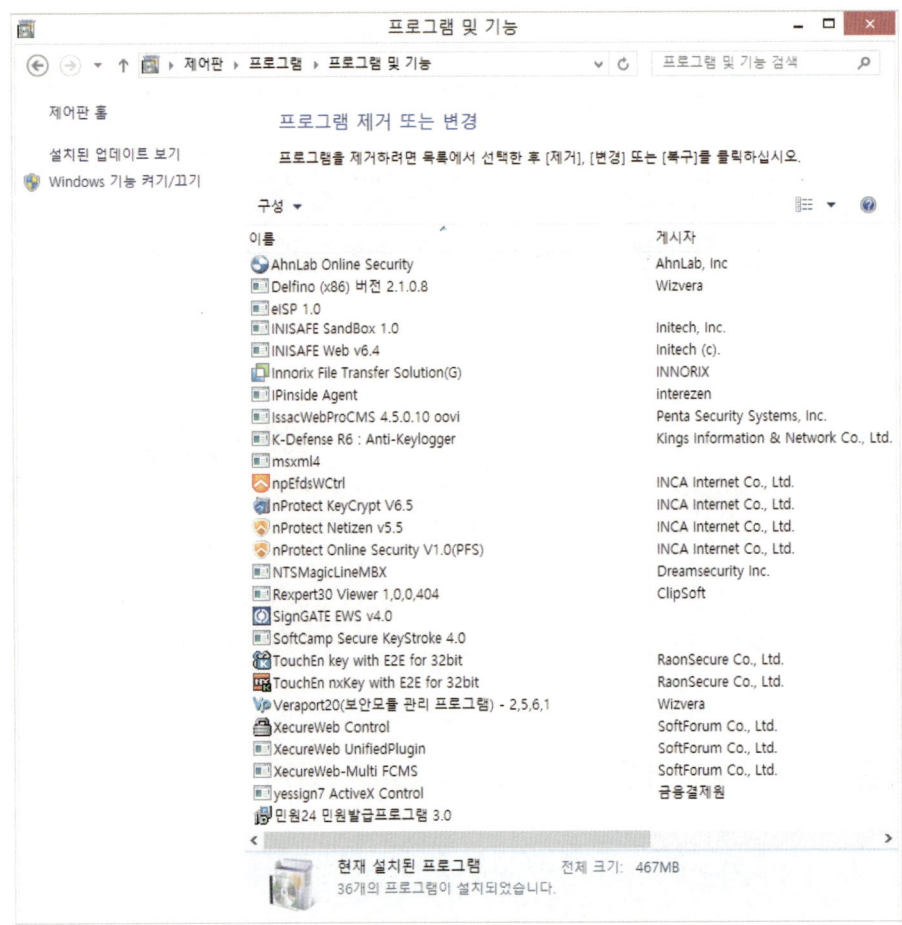

　가상 윈도우에 인스톨된 액티브엑스와 각종 보안 프로그램 모습입니다. 가상 윈도우는 이런 프로그램으로 범벅이 되겠지만 부모 윈도우의 성능에는 아무런 지장이 없으므로 신경 끄고 살아도 됩니다.

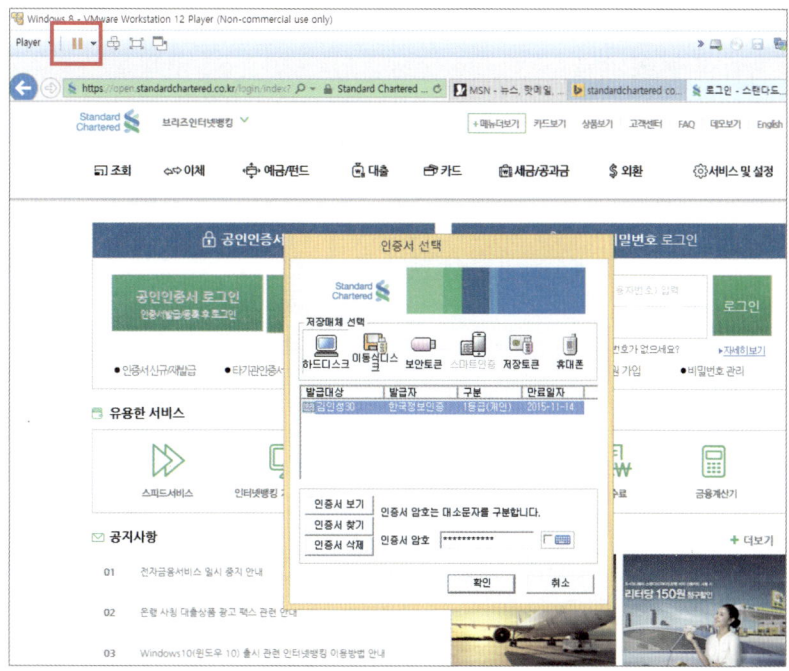

가상 윈도우에서 공인인증서 로그인을 해서 금융 거래도 가능합니다. 문제 많은 한국 인터넷 환경에서 해방되는 순간입니다.

금융 거래가 잘 안 될 때 해당 은행의 온라인 지원팀에 전화를 걸어 원격 지원을 요청해야 할 경우도 있습니다. 가상 윈도우 안에서의 원격 지원도 정상적으로 동작합니다. 은행 지원팀의 원격 지원 프로그램을 자식 윈도우에서 실행하면 원격 지원자에게는 부모 윈도우가 아예 보이지 않습니다.

원격 지원자는 가상 윈도우가 정상적으로 독립된 실제 컴퓨터라고 생각하고 문제를 처리해 줍니다. 여태까지 VMware를 쓰면서 금융권 원격지원을 포함해서 어떤 경우에도 가상 윈도우라는 점이 문제가 된 적은 없었습니다. 참고로 안랩의 "안랩 온라인 시큐리티"의 키보드 해킹 방지 기능은 일부 가상 프로그램과 충돌하지만 VMware와는 문제가 없었습니다.

가상 윈도우 사용이 끝나면 위쪽의 포즈 버튼을 눌러 슬립 모드로 만들 수 있습니다.

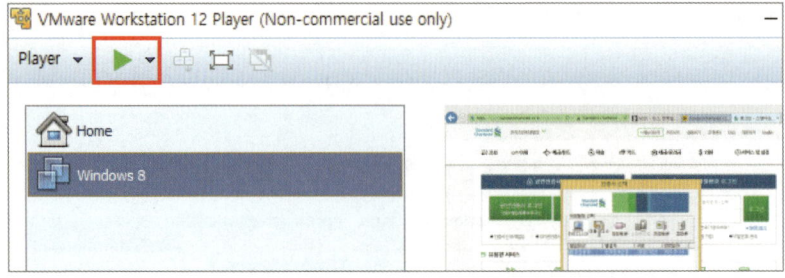

잠들어 있는 가상 윈도우를 다시 깨우려면 위쪽 메뉴의 플레이 버튼을 클릭하면 됩니다.

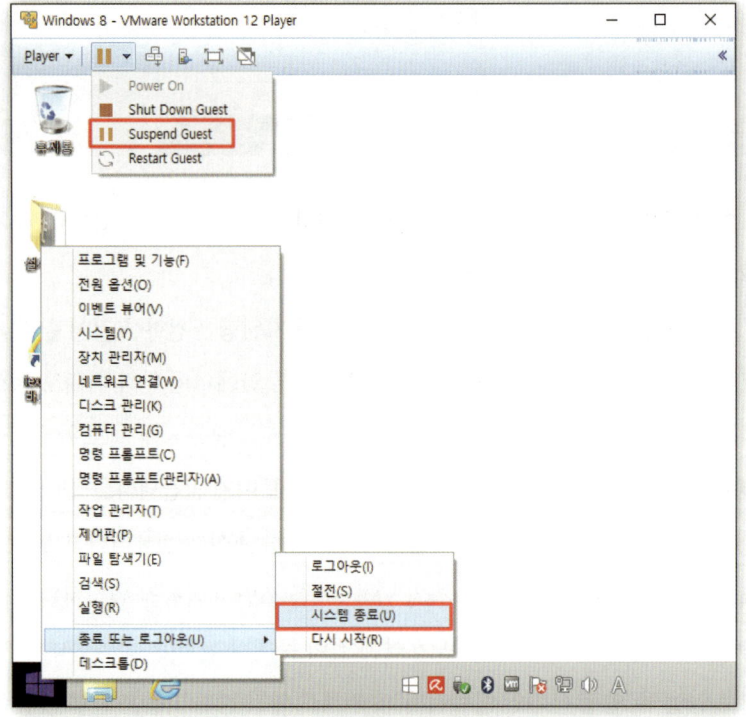

평소에 가상 윈도우를 끌 때는 잠자기(Suspend Guest) 모드로 끄면 가상 윈도우 재 시작 시간을 줄일 수 있습니다. 가상 컴퓨터의 하드웨어 설정을 변경하기 위해서는 가상 윈도우 안에서 "시스템 종료" 모드로 끝내야 합니다.

❹ 가상 컴퓨터 설정 최적화

가상 컴퓨터 하드웨어 설정을 바꾸면 성능을 높일 수 있습니다. 설정을 변경하려면 가상 윈도우 안에서 "컴퓨터 끄기"로 종료한 후 VMware 메뉴에서 "Edit virtual machine settings"를 선택하면 됩니다.

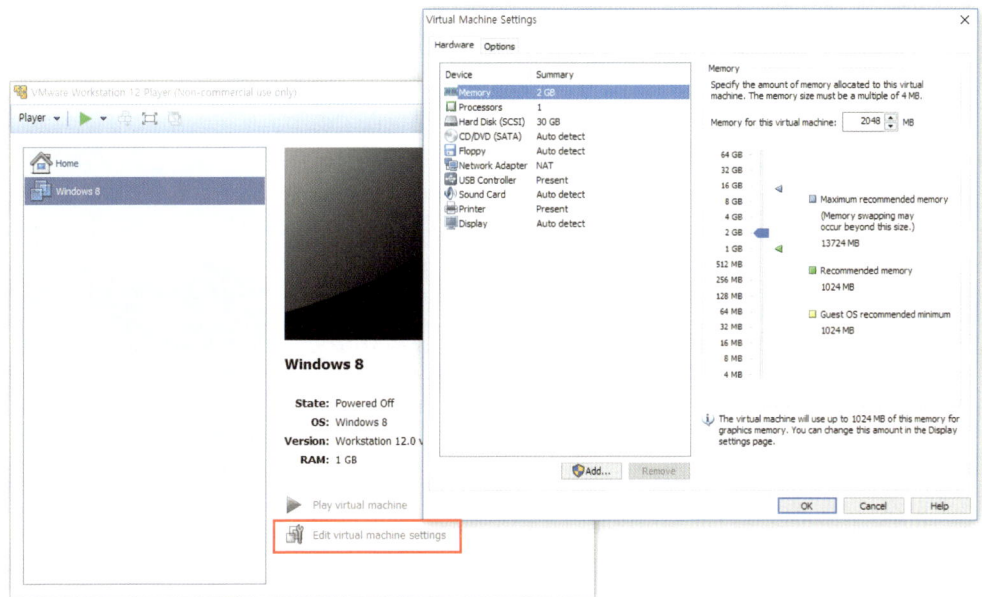

가상 컴퓨터에 기본적으로 1GB의 메모리가 할당됩니다. 컴퓨터에 메모리가 여유가 있다면 2GB 이상을 할당하는 것이 좋습니다. . CPU 코어가 2개라면 가상 컴퓨터에 1개를 할당하는 것이 적절하지만 CPU 코어가 4개 이상이라면 가상 컴퓨터에 2개를 할당해도 좋습니다.

메모리를 많이 할당하면 가상 컴퓨터가 쾌적하겠지만 너무 많이 할당하면 슬립 상태의 가상 컴퓨터를 활성화하는 시간만 늘어날 뿐입니다. 가상 컴퓨터가 슬립 상태로 들어갈 때 메모리 내용을 하드디스크에 저장하는데 활성화될 때 이것을 다시 읽어들이기 때문입니다. 가상 윈도우를 32비트 버전을 사용한다면 어차피 메모리를 3GB 이상 쓰지 못하므로 3GB 정도면 충분합니다.

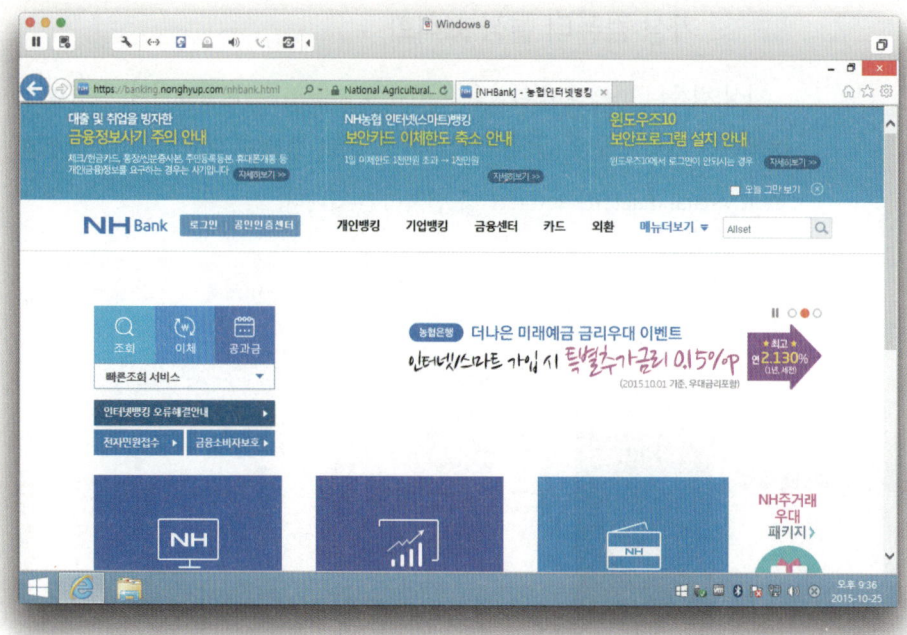

　애플의 맥을 사용하다가 윈도우가 필요할 때도 가상 윈도우를 사용하는 것이 부트캠프 등 복잡한 방식을 쓰는 것보다 더 편리합니다. 부트캠프를 사용해 맥을 윈도우로 부팅하면 프로그램 실행 속도가 훨씬 빠르긴 하지만 윈도우를 쓰는 동안 OSX 프로그램을 쓰지 못하기 때문에 편리성 면에서 가상 윈도우를 따라가기 힘듭니다. 맥에서도 가상 윈도우를 사용하면 한국식 금융 거래가 충분히 가능하므로 금융 거래만을 위해서라면 가상 윈도우를 쓰지 않을 이유가 없습니다.

　맥에서 가상 컴퓨터 셋업 방법은 윈도우와 동일하기 때문에 설명은 생략합니다. 다만 맥용 VMware는 무료 버전이 없으므로 유료 제품인 VMware fusion을 사용하시기 바랍니다.

5 윈도우 시스템 백업하기

파일 백업 기능을 사용해 작업 파일들을 백업할 수 있듯이, 윈도우의 시스템 보호 기능을 사용하면 운영체제에 문제가 생기거나, 인스톨한 프로그램이 비정상 동작할 때 간단히 이를 해결할 수 있습니다. 프로그램을 인스톨을 하기 전이나 시스템 설정을 변경하기 전에 시스템 보호 기능으로 현재의 시스템 상태를 저장해두면 인스톨한 프로그램이나 변경한 시스템 설정에 문제가 있을 때 그 전 상태로 완벽하게 되돌아갈 수 있습니다.

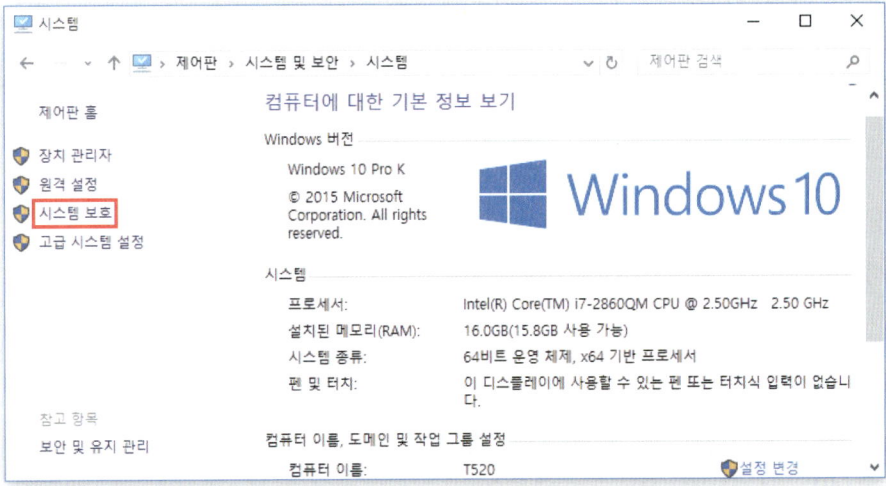

시작 – (윈도우 8.1이상에서는 마우스 오른 클릭) – 제어판 – 시스템을 열고 좌측의 "시스템 보호" 메뉴를 클릭합니다.

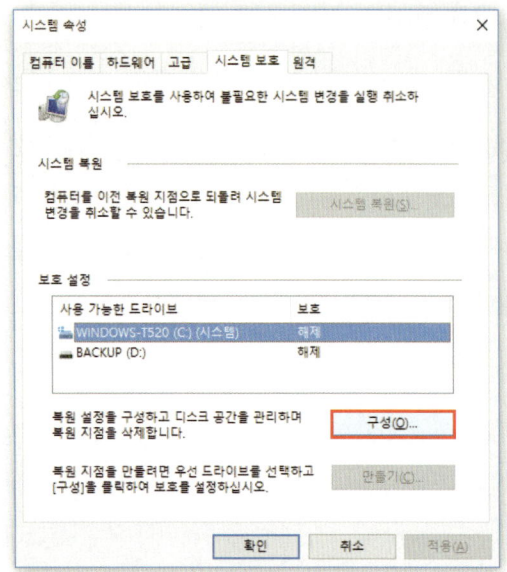 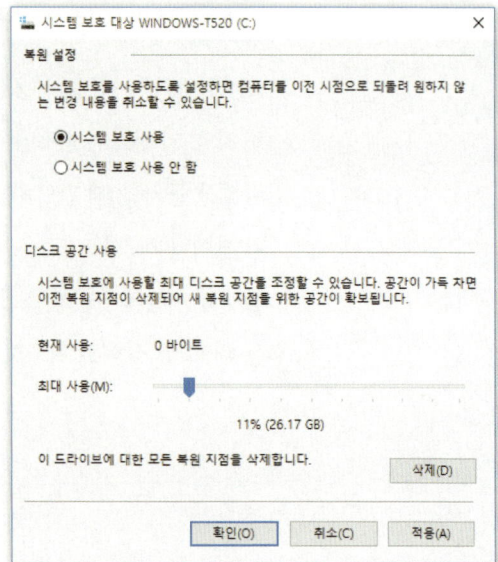

운영체제가 있는 C:에 대해서 시스템 보호를 선택합니다. 백업 데이터를 저장할 공간을 20GB 내외로 할당합니다. 백업 데이터가 이 용량을 초과하면 오래된 백업 데이터부터 자동으로 삭제됩니다.

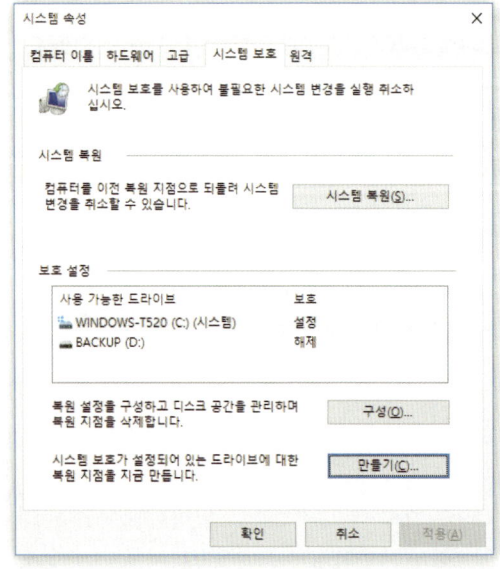 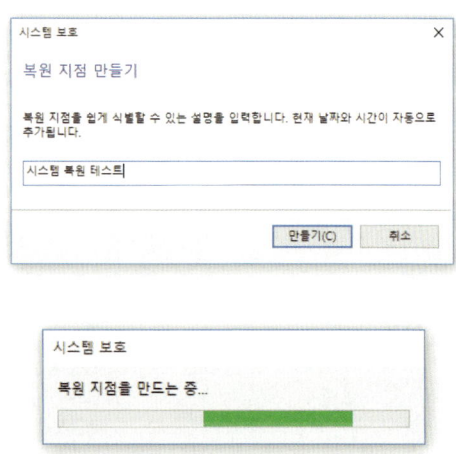

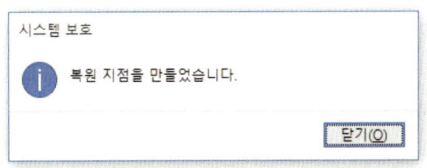

시스템 속성 윈도우에서 복원지점 지금 "만들기"를 클릭합니다. 복원 지점 명칭은 "시스템 복원 테스트"로 하고 "만들기"를 클릭하면 복원 지점이 만들어 집니다.

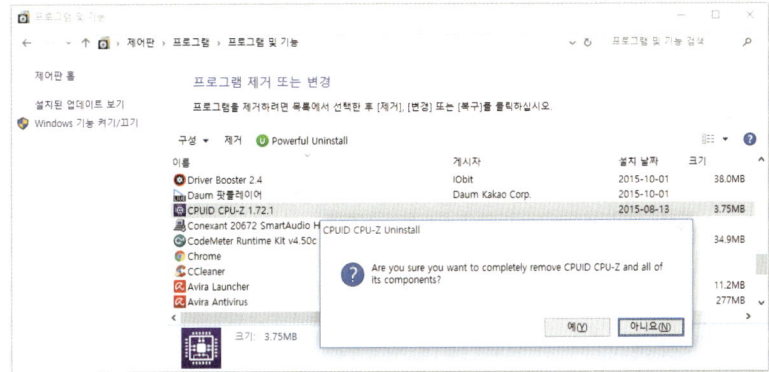

복원 기능을 테스트하기 위해서 프로그램 제거 기능을 사용하여 CPU-Z를 언인스톨 합니다.

CPU-Z가 언인스톨되었습니다. 실제로 하드디스크에서는 CPU-Z 프로그램을 찾을 수 없습니다.

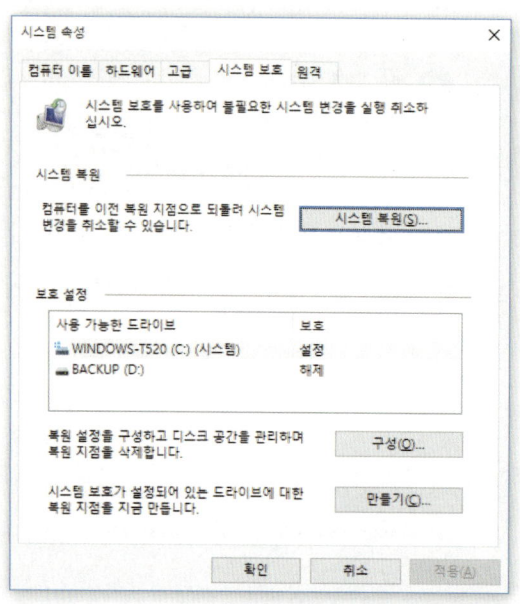

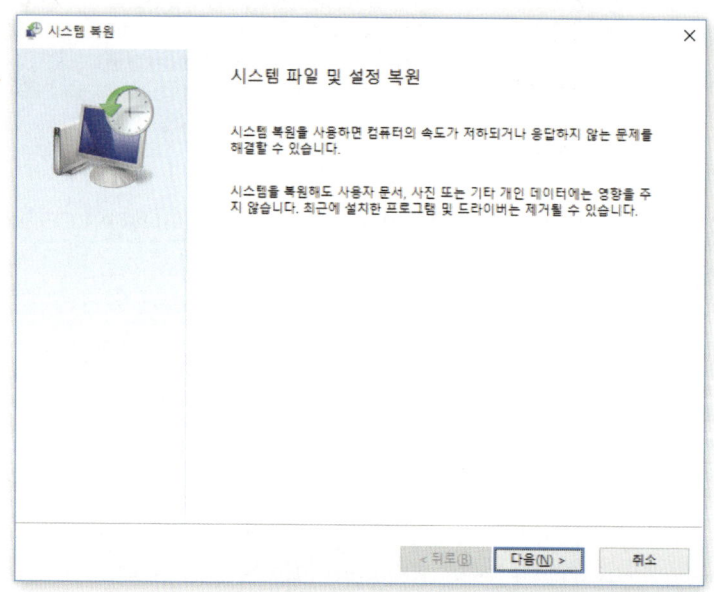

CPU-Z를 되살려 보겠습니다. 시스템 보호를 열어서 시스템 복원을 선택합니다.

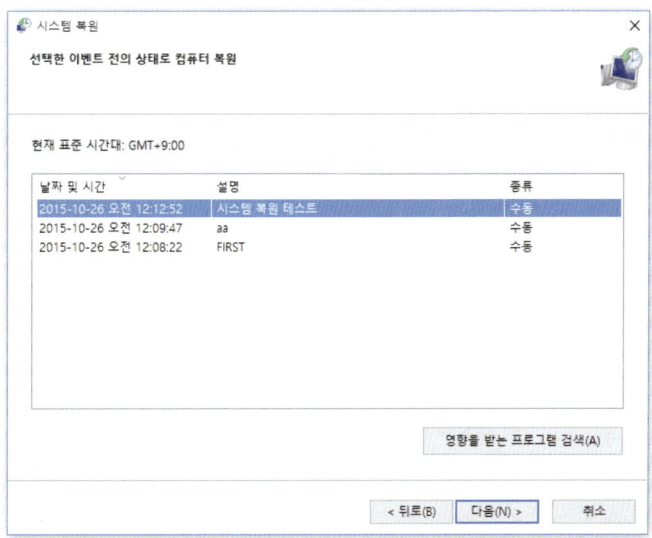

최근에 백업한 지점을 선택하고 "영향을 받는 프로그램 검색"을 선택하여 복원 지점 생성 이후에 어떤 프로그램이 변경되었는지 알아봅니다.

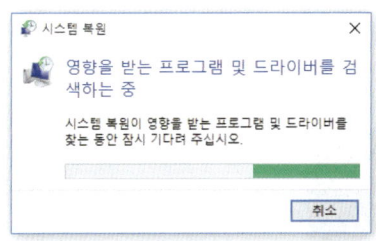

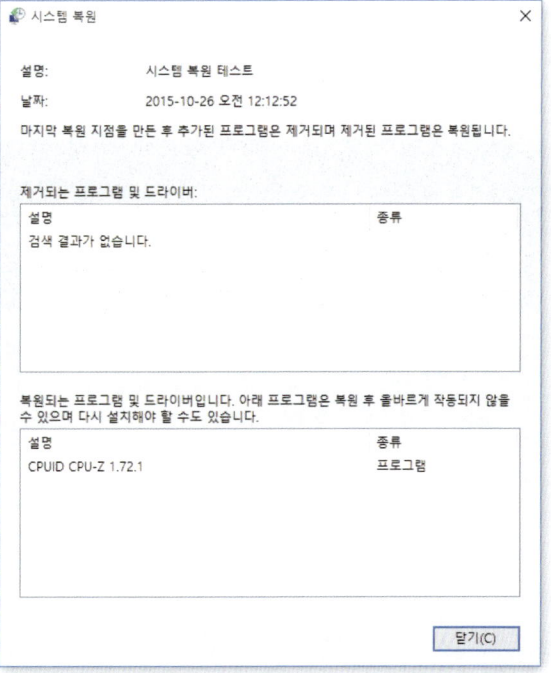

방금 삭제한 CPU-Z가 영향을 받는다고 확인되고 있습니다. "닫기" 버튼을 클릭합니다.

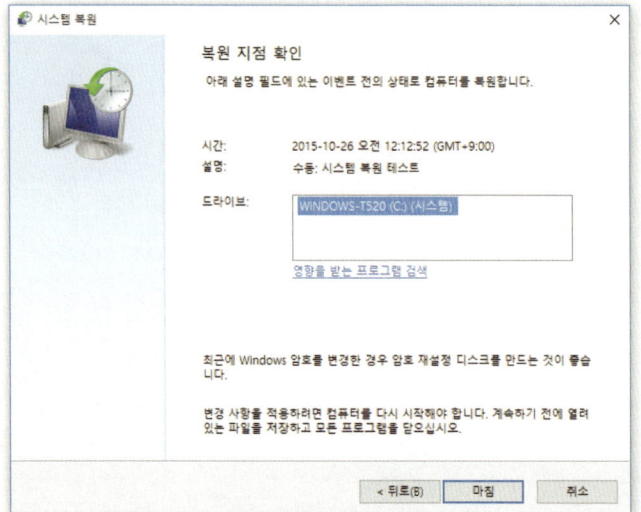

시스템 복원 창에서 시스템 복원 시점을 선택하고 "마침"을 클릭합니다.

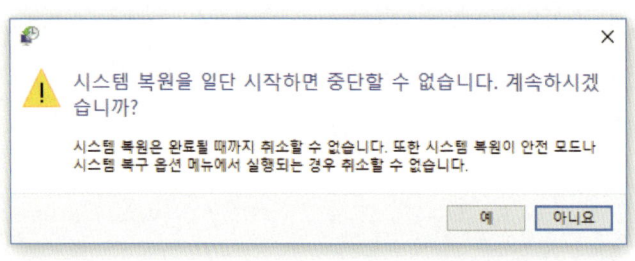

시스템 복원에 대한 경고를 확인하고 예를 선택하면 복원 작업이 진행됩니다.

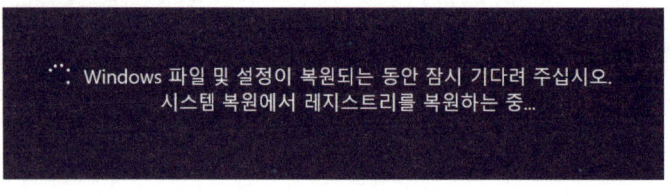

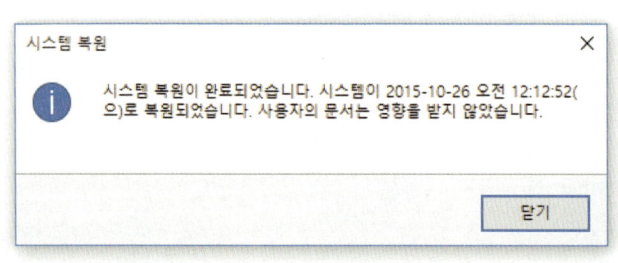

복원작업은 자동으로 진행되며 중간에 멈출 수 없습니다. 작업이 끝나면 저절로 리부팅되어 이전 상태로 돌아갑니다.

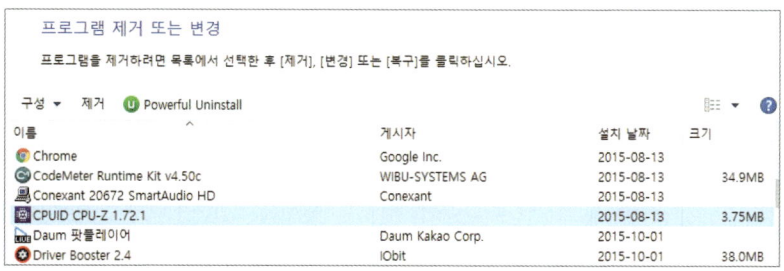

사라졌던 CPU-Z가 다시 나타났습니다. 시스템 복원은 프로그램 파일 인스톨, 레지스트리 변경, 시스템 파일 삭제, 변경 등 시스템에 대한 변경을 백업하는 기능입니다. 사용자 작업 파일은 백업되지 않으며 복원을 하더라도 사용자 파일은 변경되지 않습니다.

만약 시스템 복원으로도 문제가 해결되지 않아 차라리 복원하기 이전 상태가 더 낫다고 생각되면 복원을 취소하면 됩니다. 시스템 복원 실행 취소는 복원을 실행하기 전 상태, 즉 컴퓨터를 사용하던 가장 마지막 상태로 복귀시켜 줍니다.

복원지점 생성은 자동으로 되는 것이 아니므로 의심스러운 프로그램을 인스톨하거나 시스템 상태를 변경할 때 "시스템 백업"을 실행해 복원 지점을 직접 만들어야 합니다. 시스템을 변경할 때 복원 지점부터 만드는 것을 습관화하시기 바랍니다.

04 보안

클라우드와 빅데이터의 시대,
이제 프라이버시는 존재하지 않습니다.
디지털 기기는 추적 도구로, 인터넷은 실시간 감시와 여론 조작의 통로로 활용되고 있습니다.
더구나 무차별 해킹까지 난무하는 이 위험한 세상에서 데이터의 안전은 어떻게 지킬 수 있을까요?
이제 그 방법을 찾아보겠습니다.

감시, 해킹 그리고 데이터 보안

디지털 기기는 우리에게 제6감에 해당하는 능력을 더해주는 편리한 도구입니다. 인간의 여섯 번 째 감각은 텔레파시와 같은 초능력을 말하는 것인데 IT 기술은 이미 인간의 능력을 그 이상으로 끌어 올리고 있습니다. IT를 활용하면 배우지 않은 용어도 즉석에서 파악 가능하며, 한 번도 가보지 못한 장소에 조금도 헤매지 않고 한 번에 갈 수 있습니다. 지구 반대편에 있는 친구가 어디서 누구와 만나서 무엇을 하는지, 그 친구가 어떤 생각을 하고 있는지 알아낼 수 있습니다.

IT 서비스의 최종 목표는 똑똑한 개인비서가 되는 것입니다. SF에 나오는 지능이 뛰어난 로봇처럼 사용자가 뭘 원하는지 파악하여 사용자가 요구하기 전에 미리 준비해 놓는 수준이 되기 위해 노력 중입니다. 아직 그정도는 되지 못하지만, 커피 취향을 저장해놓고 어떤 매장에 가더라도 같은 레시피로 제조해 주는 커피 프랜차이즈처럼 서비스의 개인화 노력은 끊임없이 진화하고 있습니다.

이를 위해서는 수많은 디지털 기기를 통해 각종 정보를 수집해서 클라우드에 올려놓고 빅데이터 기법으로 통계적 분석을 해야 합니다. 기상 시간, 식사 메뉴, 운전 경로, 직업, 직장, 자주 접속하는 웹 사이트, 주 관심사, 소셜 활동 내역, 친구 관계, 영화 취향, 쇼핑 내역 등등 당신에 대해 더 많은 정보를 모을수록 더 정확한 예측이 가능합니다. 이를 근거로 영화 채널을 틀면 당신의 취향에 맞는 영화가 추천되고, 방문하는 모든 웹사이트의 광고란에 관심이 있는 제품이 나타납니다. 뉴스를 보더라도 당신의 생각과 다른 기사는 배제되고 불편한 친구의 글은 아예 보이지도 않습니다. 주인의 만족을 위해 24시간 노력하는 충성스러운 비서는 이미 당신 곁에 와 있습니다.

수집된 데이터와 분석 결과를 테러 방지와 같은 사회적으로 의미 있는 일에 쓸 수도 있습니다. 테러를 막기 위해서 3억이 넘는 미국 거주자를 모두 감시할 필요는 없습니다. 아랍계이면서 특별한 이유 없이 정기 적금과 상해보험을 해지한 자, 그중에서 집을 팔고 월세로 전환했으며 최근 1년 동안 아랍을 방문한

자, 이들 중 민병대 훈련지로 알려진 지역에서 카드 사용 기록이 있거나 비행 교습을 신청한 자를 걸러내면 테러 용의자를 수천 명으로 줄일 수 있습니다. 좀 더 세밀한 근거로 임박한 테러를 수행할 가능성이 큰 수백 명을 걸러낸 다음 집중적인 감시를 통해 실제 일어날 테러를 막는 것도 가능합니다. 위협이 확실하다면 감시 작업은 합법적인 방법뿐만 아니리 비 합법, 반 합법을 넘어 불법적인 수단까지 동원하게 됩니다.

CCTV와 블랙박스, 자동차 번호판 인식 기능, 내비게이션 이동 기록, 목적지 검색 기록, 신용카드, 체크카드, 버스카드, 하이패스 등 각종 카드 사용 내용, 휴대폰 기지국과 위치 정보, 통화 목록, 문자, 메신저 대화 내용, 와이파이 접속 내역, 유무선 랜 고유 번호(맥 어드레스), 인터넷 사용 기록, 포털 검색 정보, 게임 로그인, 소셜미디어 사용 기록, 게시판 활동…. 당신을 분석하기 위해 디지털 비서가 활용하는 정보는 당신을 감시하는 정보로 바뀔 수 있습니다. 정보가 모이는 곳은 해킹의 위협도 존재합니다. 해커들은 이런 내용뿐만 아니라 아이디, 비밀번호, 계좌번호, 주민등록번호, 보안카드 번호, 공인인증서 파일을 획득하기 위해 당신의 디지털 기기를 끊임없이 해킹하고 있습니다.

이 장에서는 디지털 감시를 위해서 IT가 어떻게 활용되고 있는지 알아봅니다. 어떻게 하면 이런 감시를 피할 수 있는지 그 방법을 찾아봅니다. 또한 각종 해킹 시도가 어떻게 이루어지는지 실제 상황에서 발견된 증거와 함께 그 과정을 알려 드립니다. 물론 해킹으로부터 자신을 지키기 위한 방법도 알아봅니다. 사실 해킹은 이런 노력으로 어느 정도 방어를 할 수 있지만, 디지털 감시로부터의 자유는 사회적 고립을 감수하지 않으면 얻기 힘든 것이란 점을 미리 언급해둡니다.

프라이버시는 지켜져야 합니다. 사상의 자유와 표현의 자유도 지켜져야 합니다. 저장된 데이터를 통해 누가 어떤 생각을 하고 있는지 적나라하게 파악할 수 있기 때문에 개인적인 데이터를 안전하게 지켜야 할 수단도 필요합니다. 개인 데이터에 접근하려는 불법적인 시도뿐만 아니라 합법적인 시도까지도 본인이 원한다면 막을 방법이 필요합니다. 그리하여 당신의 허락이 없이는 그 누구도 개인 데이터를 볼 수 없도록 만들어야 합니다.

이런 관점에서 스마트폰, 태블릿, 개인용컴퓨터와 저장 미디어 그리고 인터넷과 클라우드에서 여러분의 데이터를 지키는 방법을 알아봅니다. 그 방법은 안전하게 지키는 것도 있지만 안전하게 파괴하는 것도 포함한다는 점도 미리 밝혀둡니다.

1 감시도구로써의 IT

디지털 기기는 동작에 필요한 각종 정보를 내부에 저장하거나 서버로 전송합니다. 이 모든 데이터는 수집 대상이 될 수 있습니다. 정부 기관은 영장으로 데이터를 합법적으로 확보하거나, 협조 요청을 통해 비공식적으로 취득할 수도 있습니다. 사용자 정보를 취득한 기업들은 법이 정비되거나 사용자가 항의하지 않는 한 적극적으로 사용자 정보를 활용하기를 주저하지 않습니다. 보안이 허술한 조직이 확보한 정보들은 해커들이 해킹을 통해 불법적으로 빼돌리고 있습니다.

이전에는 표본을 통한 통계 조사만 가능했지만, 클라우드와 빅데이터로 인해 이제 상시 전수조사가 가능한 시대가 되었습니다. 사람들이 무슨 생각을 하고 어떤 것을 좋아하는지 여론조사를 할 필요가 없습니다. 검색 통계로 조사하고 소셜미디어 빅데이터 분석을 거치면 전 국민의 생각을 실시간으로 파악할 수 있습니다. 다양한 기기로부터 취합된 개인 정보도 여러 용도로 활용되고 있습니다.

아직 법이 이런 변화를 따라오지 못한 상태입니다. GPS 활용, 카톡 사찰 등 특정 기기를 통해 무차별 감시를 한 사실이 알려진 후 여론이 환기되면 그때마다 새로운 규정이 만들어지는 식으로 대응하고 있습니다. 디지털 감시에는 상상할 수 있는 거의 모든 방법이 알게 모르게 동원되고 있습니다. 어떤 식으로 IT가 감시 도구로 활용되고 있는지 알아보기로 합니다.

① CCTV, 블랙박스

한겨레

사회 사회일반

'이완구 3천만원' 관련 CCTV·하이패스 기록 등 분석

등록 :2015-04-17 19:36 수정 :2015-04-18 00:29

'성완종 리스트'를 수사하는 검찰 특별수사팀(팀장 문무일 검사장)이 방대한 분량의 압수물 분석을 통해 불법자금 전달 의혹이 제기된 상황들의 '재구성'에 나섰다. 특별수사팀은 특히 불법자금 전달 방법이 구체적으로 거론된 이완구 국무총리와 홍준표 경남지사에 대해 관련 인물들의 일정·동선·통신·금융거래 내역 추적을 통해 사실관계 확인에 집중하고 있다.

특별수사팀은 전·현직 경남기업 임직원한테서 휴대전화 21대, 하드디스크와 유에스비(USB) 등 디지털 증거 53개, 다이어리 및 수첩 34개, 회계전표 등 관련 파일철 257개, 기타 파일철 16개를 확보해 분석하고 있다고 17일 밝혔다. 수사팀은 지난 15일 성 전 회장의 측근 11명의 경남기업 본사 사무실과 그들의 집 등 모두 15곳을 압수수색했다. 수사팀은 성 전 회장이 타던 차량의 하이패스 단말기 기록도 압수해 생전의 동선을 확인하고 있다.

이런 작업은 이 총리와 홍 지사에게 우선 집중되는 것으로 전해졌다. 특별수사팀은 성 전 회장이 2013년 재선거 때 이 총리에게 3000만원을 건넸다는 충남 부여 선거사무소 주변 폐회로텔레비전(CCTV) 자료를 확보했다. 수사팀은 당시 부여 인근에서 사용된 성 전 회장의 신용카드 결제 내역, 하이패스 기록 등을 동원해 그의 동선을 최대한 확인한다는 방침이다. 수사팀은 홍 지사한테 1억원을 전달한 것으로 지목된 윤아무개 전 경남기업 부사장이 입원한 병실의 폐회로텔레비전 자료도 확보했다.

보안뉴스

전국 지자체 통합관제센터, 지능형 영상분석 도입 추세

입력날짜 : 2014-03-03 13:25

지능형 관제 서비스와 VMS 연동 사회안전망 구축

[보안뉴스= 이노뎁] 최근 통합관제센터 구축사업이 활발히 진행되는 가운데 CCTV 관제 환경은 급격히 고도화되고 있다. 또한, CCTV 역시 추가적으로 증설되면서 보다 많은 시스템 자원을 필요로 하고 있다.

CCTV 영상정보에 대한 통합적인 운영과 관리를 위한 필요성이 대두되면서 국가차원에서 통합관제센터 구축을 위한 가이드라인 수립과 함께 지원정책이 시행되고 있다.

2010년을 기점으로 전국 자치단체는 그동안 분리 운영되고 있던 개별 목적의 CCTV들을 통합관제센터를 중심으로 물리적, 관리적 통합운영이 시작됐으며, 수많은 CCTV들을 통합운영하기 시작했다.

지능형 관제 서비스 도입 요건

통합관제센터뿐만 아니라 CCTV 영상을 활용한 지능형 관제 서비스를 적용하기 위해서는 기존 통합관제센터에서 운영 중인 VMS가 차량번호 인식 시스템, 안면인식 시스템, 이상음원 분석 시스템, 기타 지능형 영상분석 시스템 등 이기종 시스템을 위한 시스템 간의 인터페이스를 지원해야 한다.

CCTV는 지나가는 사람과 차량을 기록합니다. CCTV를 인터넷으로 연결하고 그 영상 데이터를 취합한 다음 차량 번호판 인식 시스템, 안면 인식 시스템 등 지능형 영상 분석 시스템과 연동하면 전국의 모든 도로를 지나가는 수배차량이나 용의자를 실시간으로 감시할 수 있습니다. 이미 이런 기술은 모두 개발, 운영되고 있고 전국적인 시설까지 갖추어지고 있습니다. 전국 모든 고속도로 나들목에는 하이패스 단말기가 설치되어 있어 하이패스를 창작한 차량이 어느 톨게이트에서 들어와 어느 톨게이트로 나갔는지 곧바로 파악됩니다. 물론 번호판 인식 시스템까지 갖추고 있으므로 하이패스를 장착하지 않았더라도 어떤 번호판의 차량이 들고났는지 모두 파악하고 있습니다.

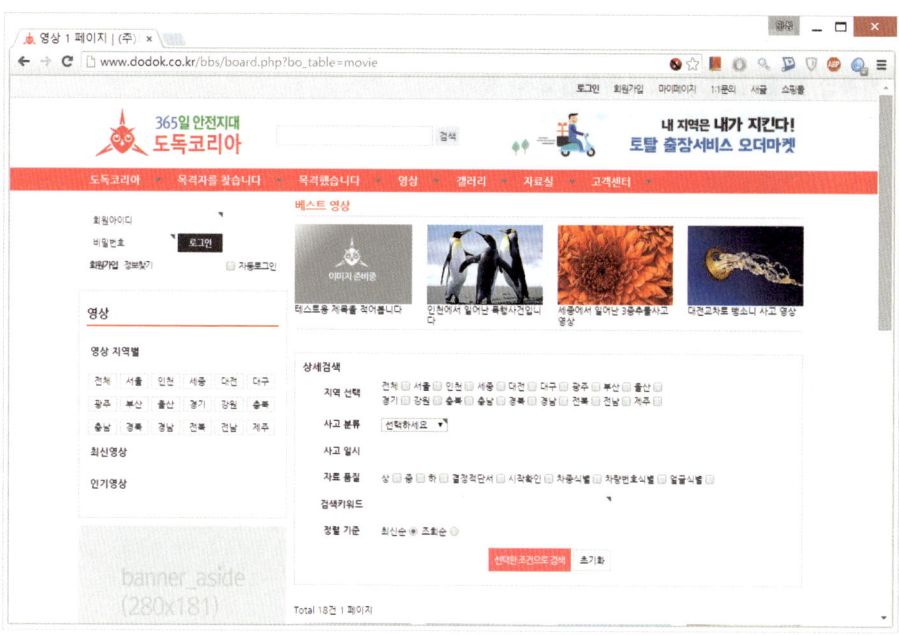

블랙 박스 영상 거래 사이트 : 차량용 블랙박스가 일반화되고 있어서 지나가는 차량이 감시 도구가 될 수 있습니다. 거의 모든 사람이 카메라가 달린 스마트폰을 지니고 다니므로 이들 또한 언제든지 내 모습을 영상으로 담을 준비가 되어 있습니다. 자동차 블랙박스 영상이나 스마트폰으로 찍은 사건 증거 영상은 돈을 주고받는 거래 대상이 되고 있습니다. 이제 공공장소에서 조금이라도 남들 눈에 띄는 행동을 하게 되면 나도 모르게 영상에 담겨 인터넷에서 조롱의 대상이 될 수 있습니다. 인터넷에 한 번 퍼진 영상은 결코 지울 수 없으며 어떤 해명으로도 한 번 깎인 이미지를 회복할 방법은 없습니다. 집 바깥에서의 프라이버시는 존재하지 않는다는 점을 명심하시기 바랍니다.

② 내비게이션

카톡만 볼 줄 알았지? 내비게이션도 다 봤어

'송치재', '언남초등학교'. 스마트폰 내비게이션으로 이러한 키워드를 검색한 적이 있다면, 당신의 위치정보가 수사기관에 제공되었을 수 있다. 위치정보는 법원의 영장이 있어야 하지만 과잉 압수수색에 브레이크는 없었다.

2014년 10월 14일 (화) 11:36:54 [370호]
고제규 기자

당신이 스마트폰에 내비게이션 앱을 깔았고, 지난 4월16일~7월17일 서울 서초구 언남초등학교를 목적지로 설정하고 길 안내를 받았다면, 당신의 1~3개월치 위치정보가 통째로 검찰과 경찰에 넘어갔을 가능성이 높다.

최근 카카오톡 사찰 논란이 불거진 가운데, <시사IN>은 검찰과 경찰이 스마트폰의 내비게이션 앱을 운영하는 회사에 대한 압수수색 검증영장을 발부받아 광범위한 사용자 정보를 요구한 것을 확인했다. 이 과정에서 내사 대상자뿐 아니라 일반 이용자들의 위치정보도 요청한 것으로 드러났다.

<시사IN>은 유병언 일가 수사와 관련한 압수수색검증영장 두 가지를 확보했다. 지난 7월3일 서울중앙지법이 발부한 압수수색 영장의 대상은 T맵을 운영하는 SK플래닛, 올레맵과 올레내비를 운영하는 KT, U+Navi를 서비스하는 LG U+ 등 국내 스마트폰 내비게이션 서비스를 제공하는 6개 업체였다(<사진 1>). 내비게이션 서비스를 운영하는 국내 모든 업체가 대상이었다. 서울경찰청 사이버범죄수사대는 검찰 지휘를 받아, 당시 유병언의 장남 유대균의 도피를 도울 것으로 예상되는 내사 대상자와 이들 가운데 4명 이상과 통화한 430명 명단을 압수수색 검증 대상 업체에 제시했다. 그러고는 이들이 내비게이션 서비스 이용을 위해 회원 가입을 했는지를 알기 위해 개인정보 일체를 요구했다. 여기까지는 통상적인 압수수색 검증 대상일 수 있다.

문제는 다음 항목이다. 2014년 4월19일~5월26일 출발지나 목적지를 전남 순천에 위치한 '송치재휴게소' '송치골가든' '송치골'로 검색한 모든 사용자의 자료를 요청했다. 구원파와 아무 상관이 없는 일반인이 이 세 항목 가운데 하나만 검색해도 압수수색 검증 대상에 포함시킨 것이다. 게다가 430명 내사 대상자뿐 아니라 송치재휴게소, 송치골가든, 송치골을 검색한 일반 사용자의 약 3개월치(4월19일~7월3일) 위치정보 모두를 압수수색 검증 대상에 포함했다. 이름 밝히기를 꺼려한 업체 관계자는 "압수수색 영장을 한참 들여다보았다. 영장 내용대로라면 ㄱ이라는 이용자가 여행을 하다 송치재휴게소를 검색했다면, 그 사람의 3개월 정보도 찾아내야 했다. 작업 분량이 어마어마해서 정말 법원이 내준 영장이 맞나 싶었다"라고 말했다.

> 검찰과 경찰이 스마트폰의 내비게이션 앱을 운영하는 회사에 대한 압수수색 검증영장을 발부받아 광범위한 사용자 정보를 요구한 것을 확인했다.

> 압수수색 영장의 대상은 T맵을 운영하는 SK플래닛, 올레맵과 올레내비를 운영하는 KT, U+ Nvai를 서비스하는 LG U+ 등 국내 스마트폰 내비게이션 서비스를 제공하는 6개 업체였다.

> 2014년 4월 19일~5월 26일 출발지나 목적지를 전남 순천에 위치한 '송치재휴게소' '송치골가든' '송치골'로 검색한 모든 사용자의 자료를 요청했다.

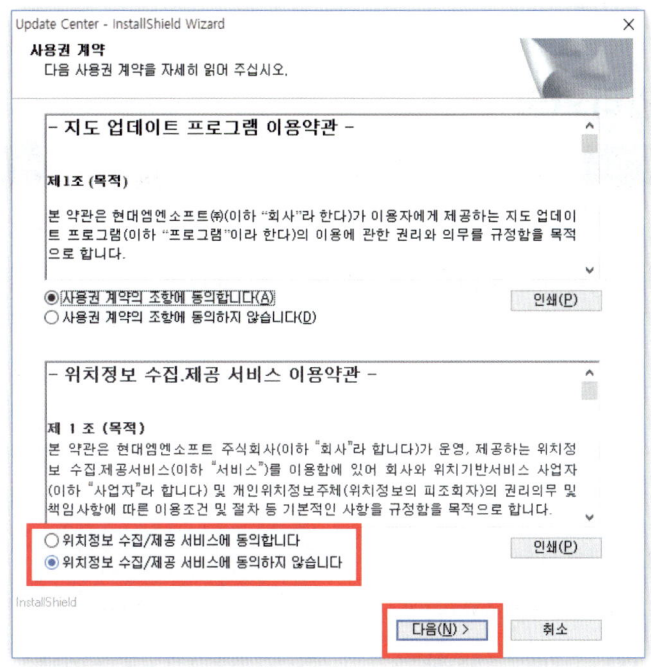

 스마트폰 내비게이션에서 목적지를 검색할 경우 그 데이터는 업체로 전송됩니다. 검찰과 경찰은 수사상 필요하다는 이유로 이 데이터를 압수해갔습니다. 차량에 장착하는 전용 내비게이션도 지도를 업데이트할 때 위치정보 수집/제공 서비스에 대한 동의를 요구합니다. 이에 동의하게 되면 내비게이션에 기록된 차량 운행 정보가 업체로 넘어갑니다. 내비게이션 업체는 도로 정보 업데이트와 길 안내 정확도 향상을 위해 사용할 목적으로 가져가겠지만, 정확히 어떤 용도로 활용되고 있는지, 남용되고 있지는 않은지 확인된 바는 없습니다. 물론 영장을 제시받으면 당연히 이 정보를 수사 기관에 넘길 수밖에 없습니다. 참고로 내비게이션 업데이트를 할 때 이 부분에 동의하지 않아도 업데이트하는 데 아무 지장이 없으나 업체는 이를 정확히 알려 주지 않습니다.

③ 카드

　　버스카드, 신용카드, 체크카드, 하이패스는 사용할 때마다 그 기록이 업체의 서버에 기록됩니다. 이 정보는 해당 기업의 업무 이외에도 다양한 용도로 활용되고 있습니다. 만약 감시를 받고 있다면 본인 카드뿐만 아니라 직계 가족 카드도 해당된다는 점을 알 수 있습니다. 디지털 감시에서 벗어나려면 사용 기록이 남는 모든 디지털 장비는 버릴 수밖에 없습니다.

④ 인터넷 검색

　　범죄를 저지른 범인은 뉴스를 통해 사건 진행 상황을 확인하려 합니다. 예전에는 방송을 보거나 신문을 사서 읽겠지만, 요즘은 인터넷 검색으로 간단히 알아볼 수 있습니다. 만약 비밀 수사 중이라면 검색으로 찾을 수 있는 정보가 제한적일 것이고 답답함을 느낀 범인은 결국 범인이 아니면 알기 힘든 피해자의 인적 사항까지 검색하게 될 것입니다.

인터넷 검색어 입력 기록은 포털 서버에 저장됩니다. 검찰과 경찰은 오래 전부터 이 정보를 적극적으로 활용해 오고 있습니다. 따라서 수사기관은 누가 언제 어느 IP에서 피해자에 대해서 검색했는지 확인할 수 있습니다. 로그인한 상태라면 곧바로 용의자 인적 사항을 알게 될 것이고 로그인을 하지 않았더라도 IP 정보를 통해 어떤 기기로 검색했는지 알 수 있습니다. 만약 스마트폰으로 검색했다면 누구 휴대폰인지, 어디서 검색했는지 알 수 있고 컴퓨터로 했다면 통신사에 해당 IP를 가진 컴퓨터가 있는 장소를 확인해서 용의자를 잡으러 출동하게 됩니다.

5 스마트폰

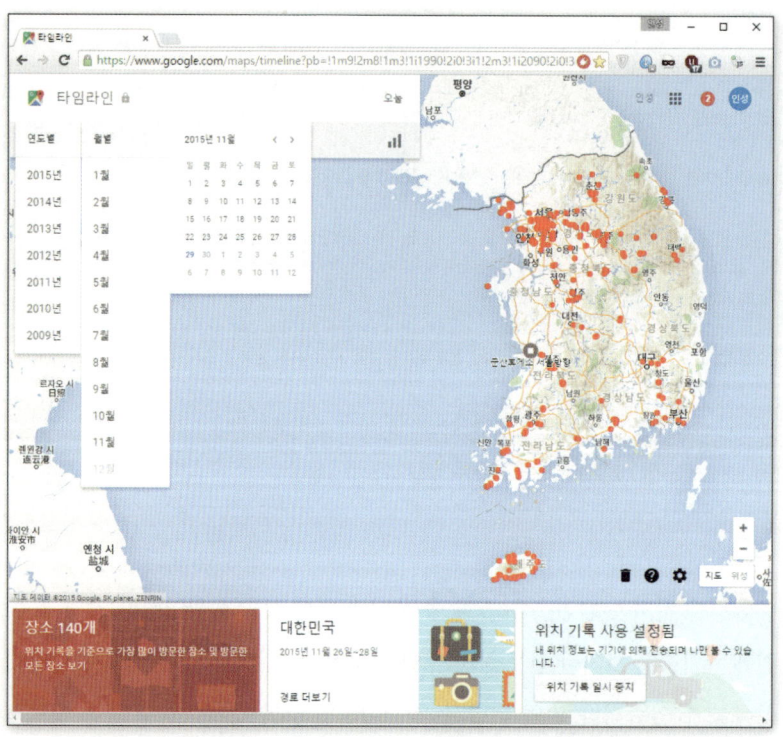

안드로이드 기기를 사용한 이후의 모든 이동 기록은 인터넷에 저장되어 있습니다. 휴대폰은 24시간 통화가 보장되어야 하므로 언제 어느 기지국과 연결

되어 있는지 확인되어야 합니다. 이 정보는 통신사 서버에 저장됩니다. 휴대폰 운영체제도 내장 GPS와 무선랜 접속 정보를 근거로 자신이 어디에 있는지 확인하며 이 기록은 내부에 저장합니다.

이런 기능이 있기 때문에 사진을 찍은 위치를 사진 정보란에 적을 수 있습니다. 애플과 구글이 성능 향상을 위해 이 정보를 과도하게 오래 보관하고 있다가 문제가 되자 보관 기간을 줄이긴 했지만 활용하기로 마음먹는다면 언제 어디에 있었는지 오래도록 기록하는 것은 아무 일도 아닙니다.

영장을 제시하면 휴대폰의 위치 정보를 거의 실시간에 가깝게 받아낼 수 있습니다. 체포 영장이 발부된 사람의 휴대폰 위치 정보를 수사에 활용한 사례도 드러나고 있습니다. 실시간 감시에 대한 우려가 컸지만 이런 시도는 여전히 계속되고 있습니다.

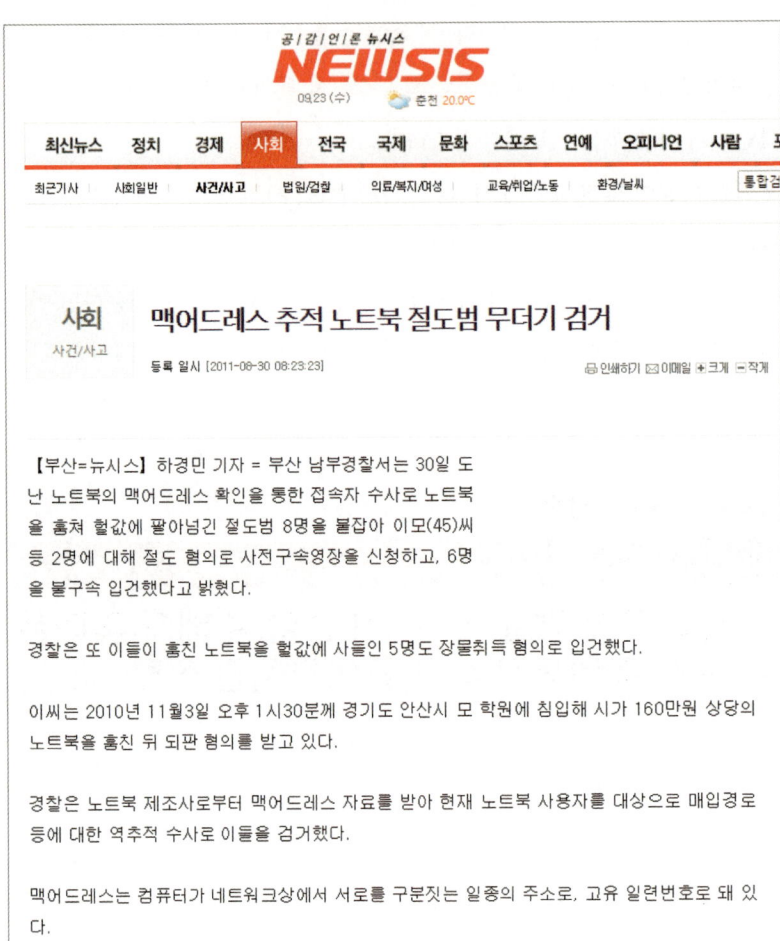

컴퓨터와 스마트폰에 장착된 유무선 랜카드와 같은 네트워크 기기에는 맥어드레스라는 고유 정보가 있습니다. 스마트폰에는 IMEI란 단말기 고유 일련번호도 있습니다. 맥 어드레스는 각각의 네트워크 기기에 부여된 고유한 숫자값입니다. 이 값은 전 세계를 통틀어 유일합니다. 장비 제조사는 이 번호를 기기에 내장하여 출하하기 때문에 함부로 바꿀 수가 없습니다. (공유기에 맥어드레스 변경 기능이 있지만 공유기를 초기화하면 다시 원래값으로 설정됩니다)

통신사는 맥 어드레스와 단말기 고유 번호로 특정 기기가 어디에서 접속했는지 실시간으로 알 수 있습니다. 통신사는 또 특정 기기가 언제 어떤 IP를 할

당받았는지 그 이력을 저장해 놓기 때문에 시간이 지난 후의 사용 내역도 알 수 있습니다. 물론 통신사는 영장이 제시될 경우 사용자에게 알리지 않고 이 기록을 모두 수사기관에 넘겨 줍니다.

⑥ 모바일 메신저

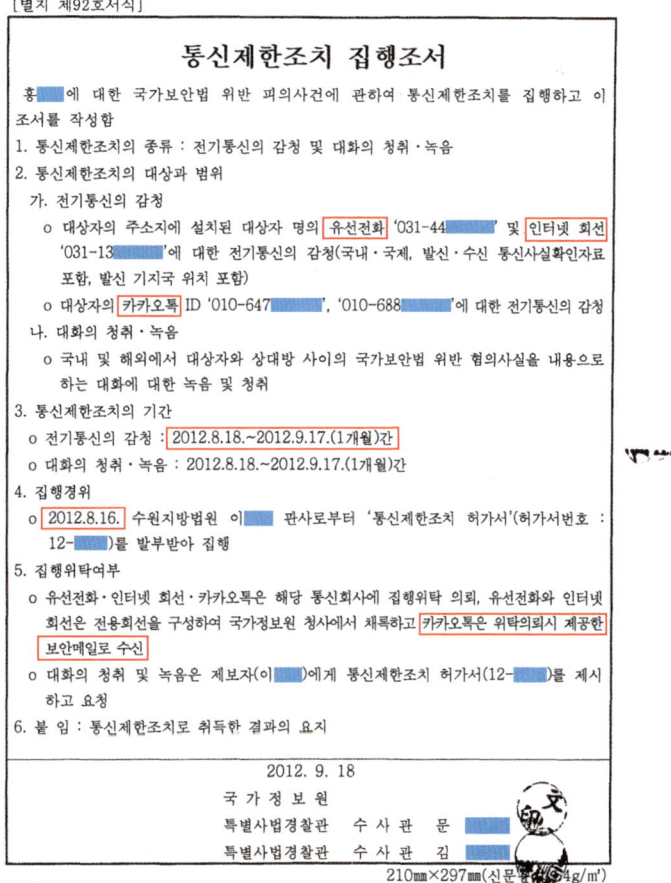

압수수색 영장이 과거의 자료를 획득하기 위한 것이라면 통신제한조치 집행조서는 미래의 데이터를 획득하기 위한 영장입니다. 국가정보원은 2012년 8월 16일에 통신제한조치 집행조서를 발부받아 그 날부터 한 달간 용의자가

사용하는 유선전화, 인터넷 사용 내용, 카카오톡 대화 내용을 모두 감시했습니다. 유선 전화와 인터넷 회선은 국정원을 경유하도록 해서 실시간 감청을 하며 통화 내용과 인터넷 접속 내용을 채록했습니다. 카카오톡은 카카오 측에서 며칠 단위로 대화 내용을 모아서 보안 메일로 국정원에 전송했습니다. 이런 감청이 이루어지는 동안 본인에게 통보하지 않았기 때문에 용의자는 자신이 감청당하고 있다는 사실은 전혀 알 수 없었습니다.

⑦ 인터넷 접속 기록

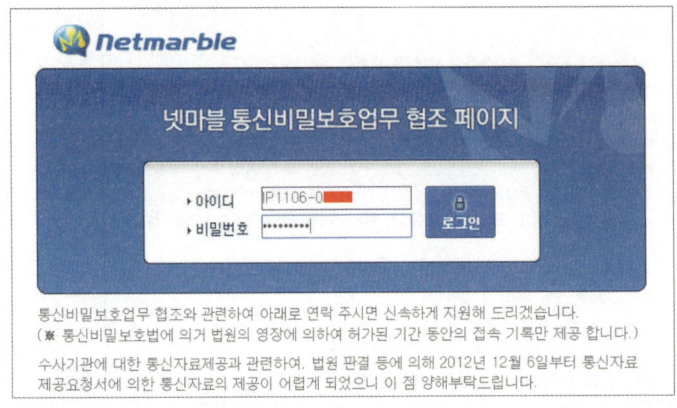

온라인 게임 접속 기록도 중요한 정보가 될 수 있습니다. 온라인 게임 회사는 용의자의 신상 정보와 일치하는 사용자가 게임에 로그인하게 되면 이를 즉각 경찰에 알려 줍니다. 이 IP를 추적하여 도피 중에 잠시 피시방에서 게임을 하고 있는 용의자를 체포할 수 있습니다. 작업의 효율을 위해서 게임회사는 홈페이지에 경찰과의 전용 창구까지 만들어 두기도 했습니다.

⑧ 빅데이터

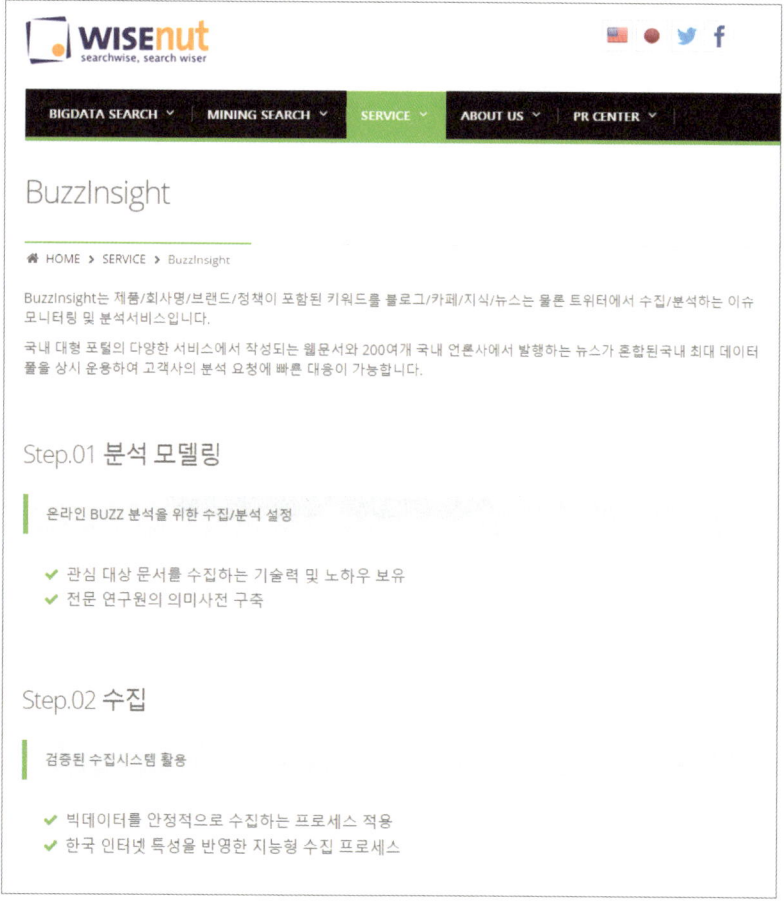

Step.03 자동분석

세계일류기술로 선정된 국내 최고 텍스트 마이닝

- 형태소 분석을 이용한 화제어, 신규 키워드 추출
- 단순 키워드가 아닌 "이용자 언급 의미 표현"을 추출

Step.04 리포팅

인터넷을 통한 직관적인 웹리포트 제공

- 온라인 서비스: 웹을 통한 상시 분석 리포팅
- 심층 분석 리포트 제공

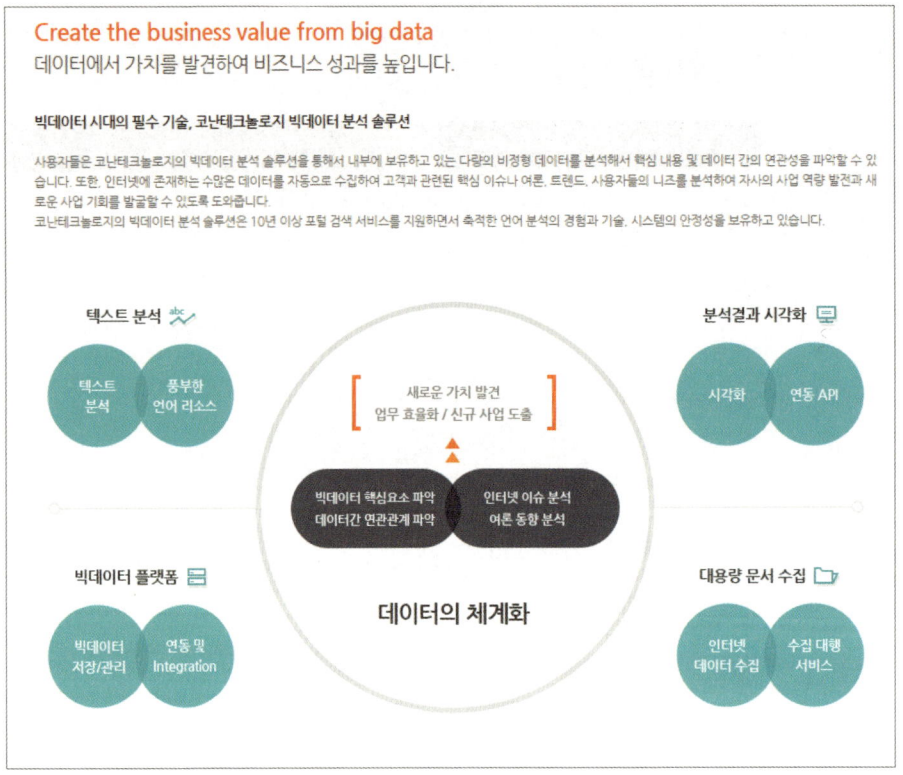

빅데이터 업체들은 이미 오래전부터 기업들을 위해서 정보를 수집해 왔습니다. 인터넷 사이트의 게시판, 포털의 카페 글, 소셜미디어에 올린 글들이 모두 취합되어 사용자들이 특정 기업의 제품에 대해서 어떻게 생각하고 있는지 리포트로 제공됩니다.

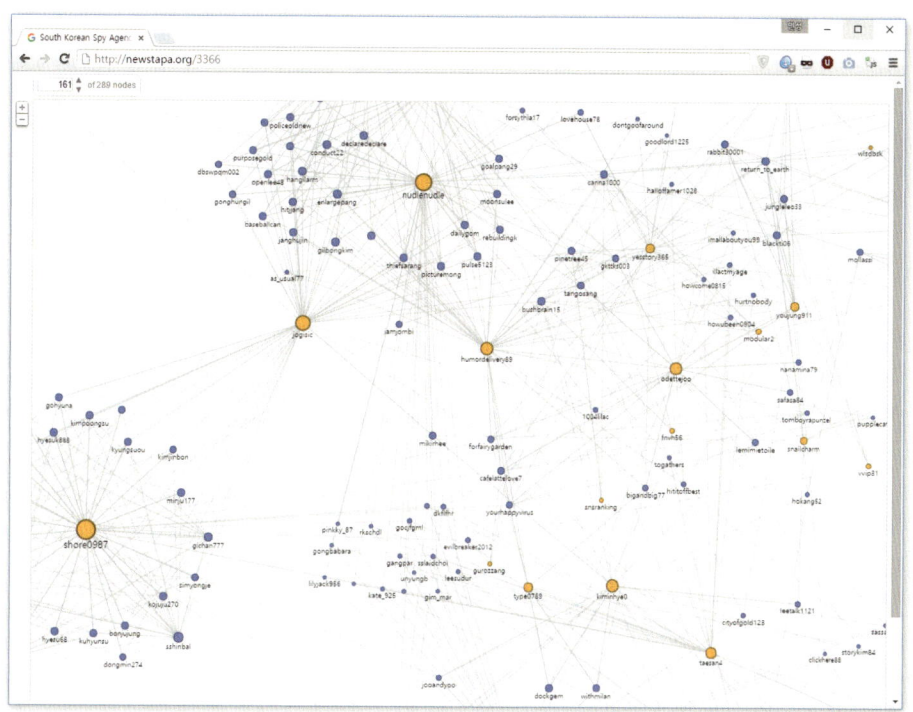

　　빅데이터 분석은 역으로 인터넷 여론 조성에 악용되어 왔습니다. 블로그나 카페에 특정 기업에 대한 부정적인 글이 올라올 경우 그 기업 홍보팀은 포털에 즉시 삭제를 요구하여 언로를 차단합니다. 특정 게시판에서 자사 제품에 대한 부정적인 의견이 많을 경우 알바가 투입되어 여론을 바꾸거나 일부러 논란을 일으켜 부정적인 의견을 제시하는 사용자를 몰아냅니다.

　　이런 방식이 진화하여 정치권으로 흘러들어 갔고 급기야 선거 시기에 특정 후보를 위한 여론 조성 행위가 발생했습니다. 노란색으로 표시된 논리 제공자의 글들이 파란색의 알바들에 의해서 전파된 경로가 소셜미디어 추적 결과 적나라하게 드러나고 있습니다.

⑨ 소셜미디어

facebook

　소셜미디어 페이스북은 익명의 인터넷에서 자발적 실명제를 끌어낸 놀라운 서비스입니다. 실명제를 선택한 이후 사용자들은 거의 모든 개인 정보를 페이스북을 통해 노출 시키고 있습니다. 나이, 성별, 인종, 거주지, 결혼 여부, 출신 지역, 학력, 직장, 현재 위치 등 IT 기업이 알고자 했던 모든 정보를 스스로 제공하고 있는 것입니다. 페이스북은 이를 바탕으로 친구 관계, 좋아요 버튼 사용 콘텐츠, 가장 클릭을 많이 한 뉴스에 대한 분석으로 여러분들의 사상과 정치적 입장과 기호를 파악하고 있습니다.

　이를 통해 여러분들이 원하는 기사만을 노출하고 여러분들이 좋아하는 인물을 소개하고 여러분들이 구입할 가능성이 있는 제품만을 광고하고 있습니다. 그동안 기업들은 비싸기만 할 뿐 효과가 검증되지 않는 매스미디어의 무차별 광고에 불만을 품고 있었는데 지역별, 연령별, 성별, 인종별, 계층별 구분을 통한 타겟 광고가 가능한 페이스북은 기업들이 꿈꾸던 완벽한 광고 플랫폼이라서 열광적인 호응을 얻고 있습니다.

⑩ 인터넷 활동 기록

　구글 검색은 당신이 숨기고 싶은 과거를 적나라하게 드러냅니다. 재판을 통

해 무죄 판결을 받았음에도 여전히 검색 결과에는 잘못된 과거 기사가 검색되어 피해를 입고 있는 사람들이 많습니다. 이들은 잊혀질 권리를 위해 검색 결과에서 잘못된 정보를 제거해달라고 구글과 싸우고 있지만, 아직 완전한 승리를 거두지는 못하고 있습니다. 회사 인사팀은 구글의 뛰어난 검색 기능을 활용하여 여러분들이 인터넷에서 어떤 활동을 하며 어떤 글을 썼는지 뒤지고 있을 것입니다. 때문에 별 생각 없이 인터넷 게시판이나 소셜미디어에 적은 글이 당신의 미래를 망칠 수도 있습니다.

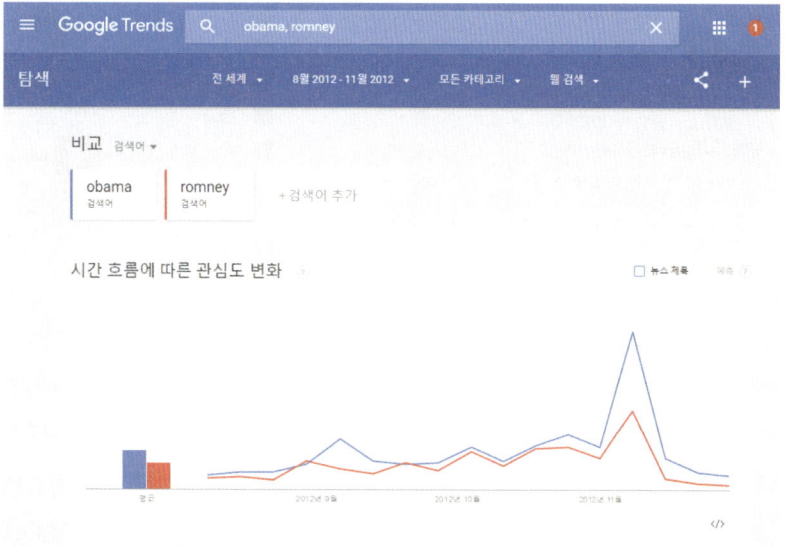

인터넷 사용자들의 검색 통계로 여론 동향을 정확하게 알 수 있습니다. 수백에서 수천 명 정도의 표본조사를 통한 통계적 추측이 아닌 수억 명의 검색 기록 전체를 활용하므로 전수조사라고 부를 수 있습니다. 2012년 미 대선 직전 두 후보에 대한 검색량 통계로 이미 누가 이길지 예측 가능했음을 알 수 있습니다. 2016년의 미 대선도 마찬가지일 것입니다.

11 개인화

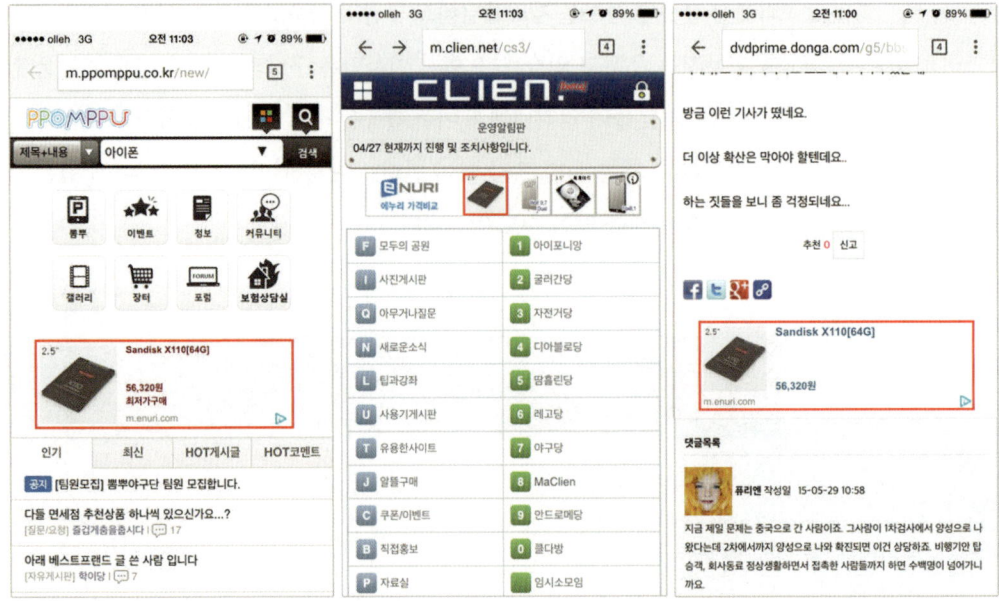

여러분들이 사용하는 웹 브라우저에 저장된 사용자 정보와 인터넷 활동 정보도 서버에서 활용합니다. 쇼핑몰에서 특정 제품을 검색하기만 해도 그 후부터 여러분이 방문하는 모든 사이트 광고란에 같은 제품이 노출됩니다. 빅데이터 분석을 통해 당신이 비 오는 날 충동 구매하는 경향이 있고 주말에 평소보다 비싼 제품을 많이 구입한다는 사실이 확인되면 비 오는 주말에 당신이 구입하기 부담스러운 제품이 끊임없이 노출되는 현상을 목격하게 될 것입니다.

⑫ P2P

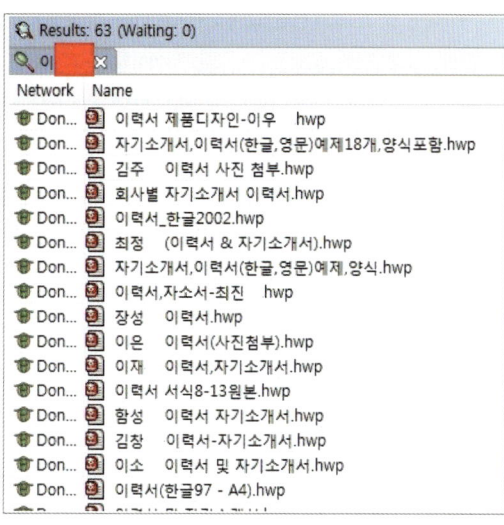

인터넷은 인류가 만들어낸 모든 콘텐츠가 담겨 있는 영구저장소가 되고 있습니다. 피투피(P2P : 네트워크망의 한 방식, 여기서는 파일 공유를 하는 네트워크를 의미합니다) 네트워크에 올라온 한 개의 파일은 수많은 사람들에게 복제됩니다. 여기에는 사람들이 실수로 공유시킨 이력서와 사진, 동영상 같은 개인 파일들도 공유되고 있습니다. 전 세계 컴퓨터 중 한대에만 그 파일이 있어도 모든 사람이 볼 수 있습니다. 공유된 파일은 인터넷에 영원히 존재하게 됩니다. 때문에 개인적인 파일은 실수로라도 공유되도록 해서는 안 됩니다. 수치스러운 파일이 공유되어 자살한 사람들도 적지 않기 때문입니다.

⑬ 디지털 포렌식

이제 모든 사건은 IT 사건입니다. 사건이 발생하면 디지털 포렌식 전문가는 용의자의 컴퓨터와 휴대폰부터 압수 수색을 합니다. 대부분의 증거는 카카오톡 대화 내용에서 드러납니다. 범행 장소 주변의 CCTV를 역추적해서 용의자가 어디서 출발하여 몇 번 버스를 타고 언제 범행을 시도했는지 영상으로 증명하는 것도 가능합니다. 막걸리 보안법 시대에는 술집에서 권력자를 욕하는 사람 한두 명을 잡아서 징벌함으로써 일벌백계 효과를 노렸으나 지금은 인터넷의 모든 게시판, 카페, 소셜미디어를 뒤져 맘에 안 드는 말을 하는 자를 콕 집어낼 수 있습니다. 각종 카드 사용 기록, 인터넷 검색 기록, 휴대폰 위치 정보로 우리가 언제 어디서 누구와 어떤 이야기를 했는지 훤히 알 수 있습니다.

사실 이런 것은 조사할 필요도 없습니다. 증거 사진을 우리가 자발적으로 페이스북에 올리고 있으니까요.

요약

훌륭한 개인 비서가 되기 위한 IT의 목표에 도달하기 위해서는 개인정보 수집과 클라우드와 빅데이터를 통한 분석이 점점 더 강화될 수밖에 없습니다. IT의 편리성을 강화시킬 수 있다는 장점에 비한다면 사용자 감시를 위한 데이터의 악용과 상업적 이용이란 단점은 눈에 띄지도 않을 정도입니다. "난 아무것도 감출 게 없다"거나 "죄를 짓지 않으면 된다"는 논리로 무장한 일반 대중의 생각 앞에 프라이버시 보호란 명분은 그저 논쟁에서 이기기 위한 억지 논리로 치부되는 것도 사실입니다.

하지만 빅데이터 시대는 아직 인류가 한 번도 가보지 않은 새로운 세계입니다. 새로운 환경에서 프라이버시 보호를 위해서 어떻게 해야 하는지에 대한 고민이 필요합니다. 구글, 애플과 같은 외국 기업들은 자체적으로 새로운 윤리를 만들어 이를 지키려고 스스로 노력하고 있지만, 국내 기업은 아무런 고민 없이 사용자 데이터를 권력 기관에 무차별적으로 제공하고 있습니다. 전 지구적으로 통합된 빅데이터 시대에 한 나라에 갇힌 서비스는 결코 살아남을 수 없습니다. 글로벌한 기준에 맞춘 글로벌한 윤리로 무장한 기업이 나올 수 있는 환경을 조성하는 데 노력해야 할 시점입니다.

2   다양한 해킹 사례

해킹은 언제나 일어나고 있습니다. 여러분들이 크게 체감하지 못하는 이유는 해킹 대상이 개인보다는 기업, 그중에서도 대량의 사용자 정보를 가지고 있는 인터넷 사이트에 집중되고 있기 때문입니다. 해킹도 하나의 돈벌이 수단이라고 할 때 한 명씩 공격하여 정보를 캐오는 것보다는 대형 포털에 저장된 수천만 명의 사용자 정보를 한꺼번에 터는 것이 훨씬 효율적이기 때문입니다.

한국의 대형 사이트들은 대부분 해커들에 의해서 사용자 정보를 탈취당해 왔습니다. 해커들은 각자 사이트에서 모은 정보를 취합하여 공유함으로써 거대한 데이터베이스를 만들고 있는 중이라 한국 사용자들의 개인 정보는 거의 다 파악되었다고 봐야 합니다. 여러분의 페이스북 계정을 이용해 누군가 스팸을 보냈거나, 중국에 간 일이 없는데도 중국에서 네이버 로그인 성공 기록이 있다면 여러분의 모든 개인 정보는 이미 해커 손에 있는 것입니다.

해커들은 또 무차별적으로 악성 코드를 뿌리고 있습니다. 보안을 게을리하면 여러분의 컴퓨터가 어느새 좀비 피시가 되어 있을 수도 있습니다. 좀비 피시가 되면 악성 코드가 여러분의 공인인증서 파일과 보안 카드를 찍은 사진 파일을 해커에게 전송합니다. 은행 사이트에 접속하면 악성 코드가 해킹 사이트를 먼저 보여 주는데 여기서는 모든 보안 카드 번호를 다 적으라고 유도합니다. 사실 아무리 조심하더라도 파밍이라는 해킹 수법에 걸리면 무사히 빠져나올 수 있는 사용자는 거의 없습니다.

최근에는 컴퓨터의 파일을 암호화한 다음 해독하려면 돈을 달라고 요구하는 랜섬웨어가 활개를 치고 있습니다. 말 그대로 악성 코드가 여러분의 데이터를 유괴하는 것입니다. 복잡하고 긴 비밀 키를 사용하기 때문에 키가 없으면 해독이 불가능합니다. 해독 프로그램에 버그가 있어서 돈을 주더라도 제대로 해독하지 못하는 경우가 대부분이라고 알려져 있습니다.

이런 각각의 해킹 사례들을 구체적으로 알아보기로 합니다.

① 개인 정보 수집

요즘은 워낙 악랄한 악성 코드들이 많아서 컴퓨터를 느리게 만들거나 프로그램 실행이 안 되도록 하는 것들은 애교로 봐줄 정도입니다. 해커들은 악성 코드를 배포하여 여러분 컴퓨터를 감염시킵니다. 일단 감염되고 나면 여러분의 개인 정보 특히 금융 거래에 필요한 모든 정보가 빠져나갑니다. 이 정보는 클라우드에 모이고 해커들이 협업으로 각 피해자의 개인 정보 퍼즐을 맞추어 완벽한 해킹 준비에 돌입합니다. 이제 여러분의 은행 계좌에 있는 돈은 언제든지 해커가 가져갈 수 있으며 알 수 없는 나라에서 신용카드가 한도까지 사용될 가능성도 있습니다.

클라우드 시대라서 해커들도 해킹 작업을 클라우드에서 하고 있습니다. 개인 컴퓨터는 IP 등 작업 기록이 남을 수 있으므로 클라우드 업체에서 가상 컴퓨터를 빌립니다. 아마존 같은 대형 클라우드 업체에는 수백 만개의 가상 컴퓨터가 있으므로 들키지 않고 작업하기에 적당합니다. 모든 데이터는 에버노트 등 협업이 가능한 공유 프로그램을 사용해 관리합니다. 이렇게 하면 각각의 해커가 모은 데이터를 공유하기가 쉬울 뿐만 아니라 해킹에 이용된 가상 컴퓨터가 발각되어도 또 다른 가상 컴퓨터를 마련하면 이전 데이터를 그대로 사용할 수 있기 때문입니다.

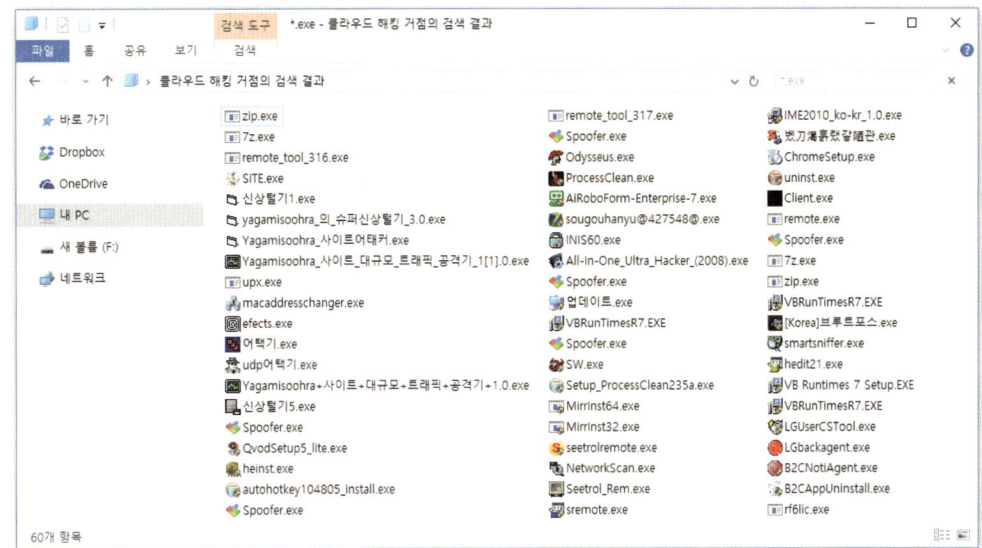

해커들은 오늘도 악성 코드에 감염된 프로그램들을 배포합니다. 실제 해킹에 악용된 클라우드의 가상 컴퓨터에서 추출한 악성 코드와 원격제어 프로그램들입니다.

웹 해킹 툴로 사이트를 해킹한 다음 각종 악성 코드를 심어 놓습니다. 해킹된 사이트는 사용자가 웹 브라우저로 접속하기만 해도 악성 코드에 감염되도록 설정됩니다.

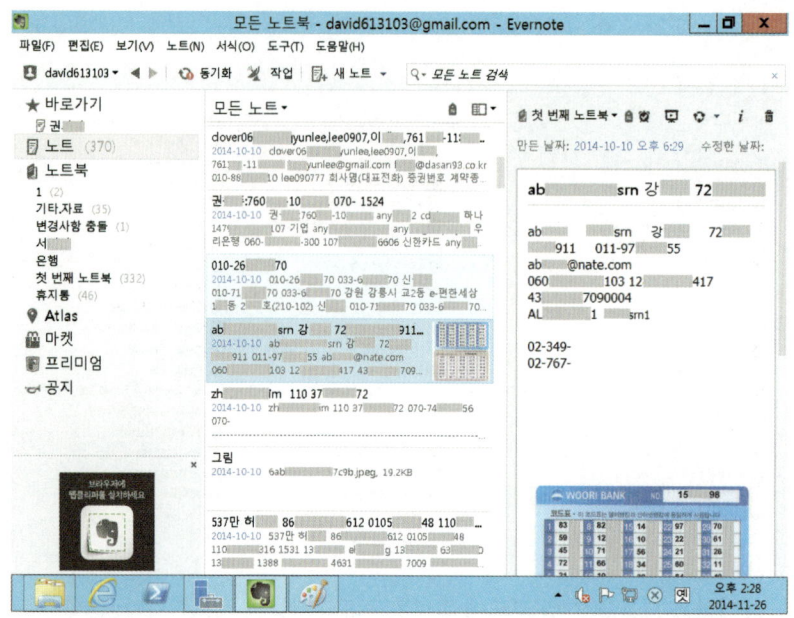

해커는 윈도우가 인스톨된 가상 컴퓨터를 빌렸습니다. 거기에서 찾은 에버노트 파일에는 수많은 사용자들의 개인 정보 데이터가 들어 있습니다. 이 모든 데이터는 활성 데이터로 은행 계좌에서 실제로 로그인이 가능한 것들입니다. 개인별로 취합된 정보를 보면 이름, 전화번호, 주민등록번호, 은행 계좌번호, 아이디, 비밀번호, 이메일 주소, 보안카드 실물 데이터 등입니다. 허XX 씨의 경우 은행 계좌 잔액이 537만 원이라는 정보도 추가되어 있습니다.

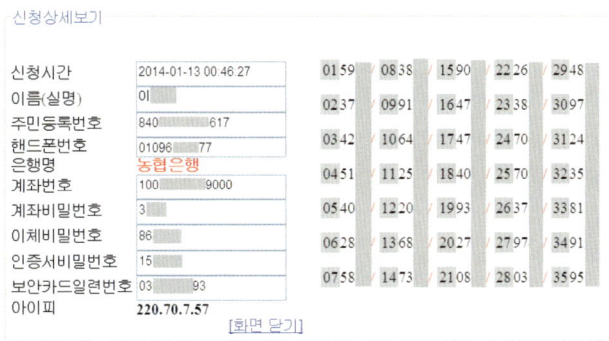

악성 코드에 감염된 컴퓨터에서 은행 사이트에 접속하면 해커가 지정한 사이트가 먼저 뜹니다. 이 사이트는 보안 강화를 위해서 필요하니까 각종 개인정보와 비밀번호 그리고 보안카드에 있는 모든 숫자까지 적으라고 요구합니다. 한국 사용자들은 인터넷 사이트에서 보안을 위해 뭔가 하라고 하면 아무 의심 없이 다 하도록 길들여져 있어서 이런 속임수 화면이 나오면 귀찮다고 투덜거리면서도 모든 칸을 다 채우게 됩니다.

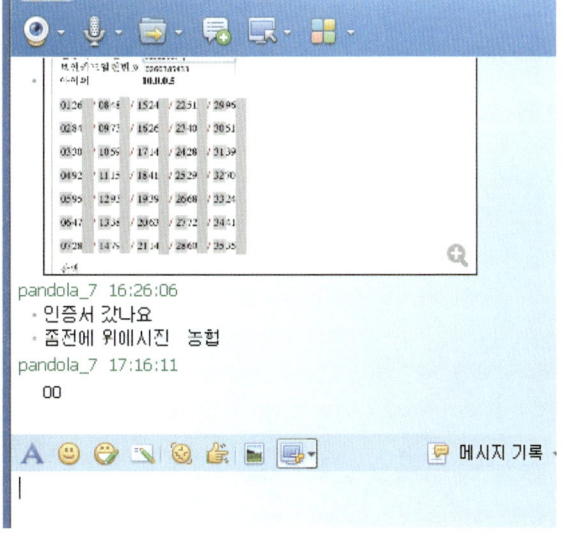

정보가 확보되는 대로 즉시 인출을 시도하기 위해 해커들은 보안카드 정보를 메신저를 통해 실시간으로 공유합니다

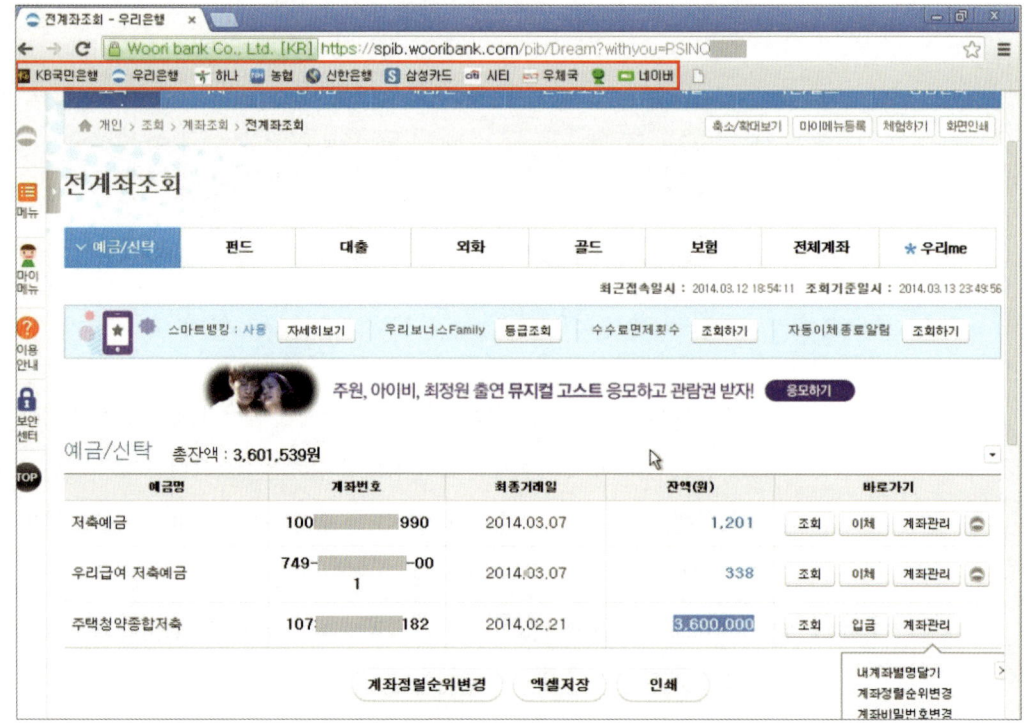

　탈취한 정보로 확인한 계좌 조회 내역입니다. 공인인증서만 있으면 이 돈을 빼갈 수도 있습니다. 웹 브라우저 즐겨 찾기는 이 해커의 공격 목표가 어디인지 보여 주고 있습니다.

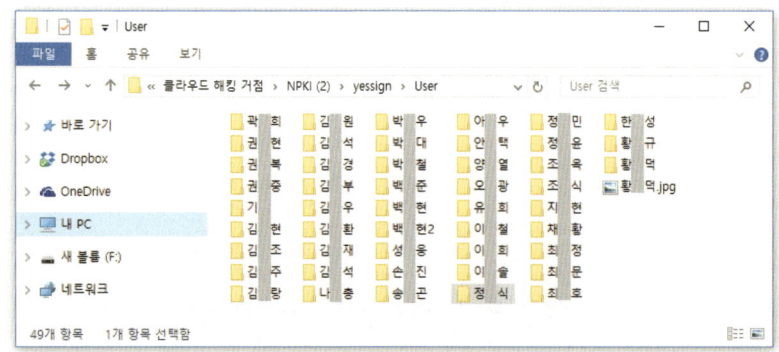

322　4장　보안

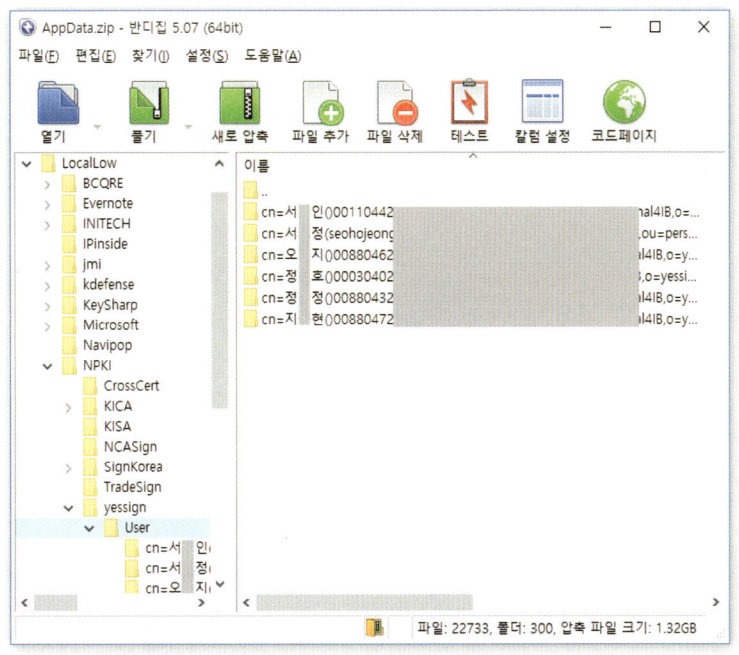

악성 코드가 컴퓨터에서 동작하면 우선 공인인증서를 해커에게 전송합니다. 공인인증서는 일반 파일 형태로 보관되기 때문에 간단히 복사할 수 있습니다. USB에 넣고 쓰더라도 USB를 컴퓨터에 연결하는 순간 악성 코드가 공인인증서를 탐지하여 빼갑니다. 악성 코드가 이미지 파일도 가져가므로 보안 카드를 찍어서 파일로 보관하고 있다면 이것도 해커 손에 넘어갈 가능성이 큽니다.

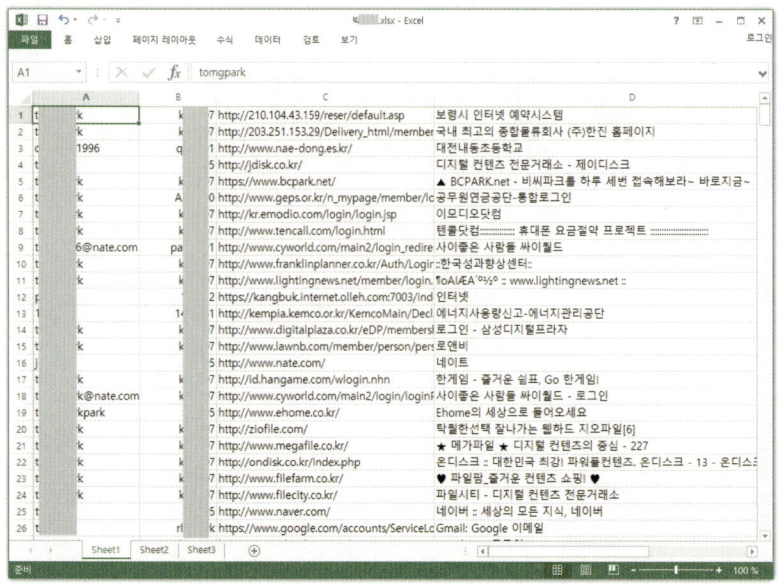

악성 코드는 컴퓨터에 상주하면서 접속하는 인터넷 사이트의 아이디와 비밀번호를 탈취해가기도 합니다.

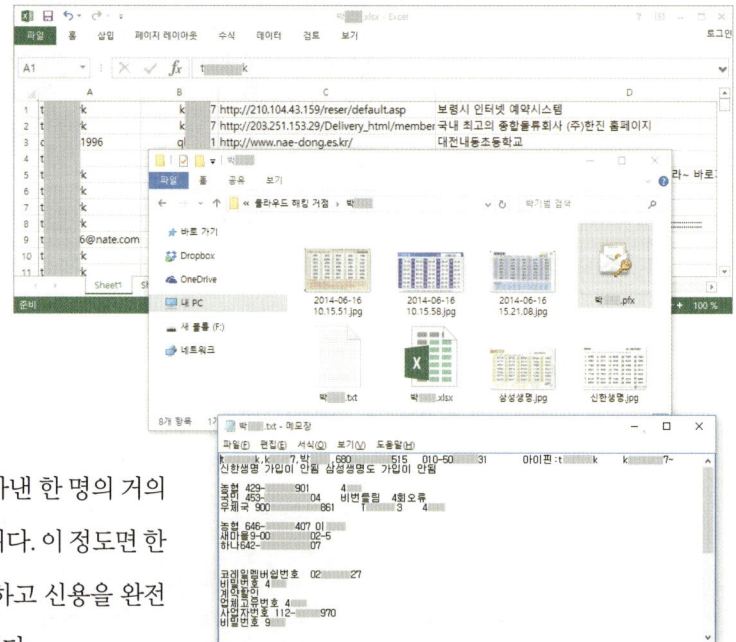

다양한 공격을 통해 알아낸 한 명의 거의 모든 개인 정보 데이터입니다. 이 정도면 한 개인의 모든 재산을 탈취하고 신용을 완전히 망가뜨리기에 충분합니다.

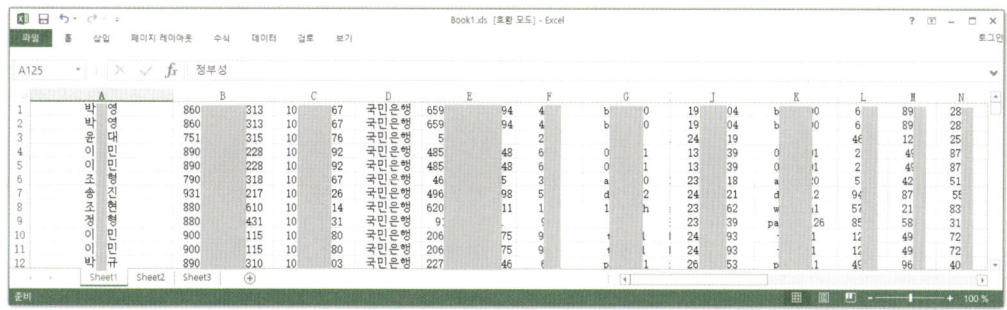

이렇게 확보한 각 개인의 금융 거래 정보를 엑셀로 깔끔하게 정리하여 해커들이 서로 공유합니다.

해커들이 보유한 문서 중에는 주유소에서 찍은 것으로 보이는 카드 사진도 있었습니다. 해커와 연계가 되어 있는 주유소 직원들이 결제하면서 카드 사진을 찍어 돈을 받고 넘겼을 것으로 판단됩니다. 이를 막으려면 여러분이 보는 앞에서 카드 결제를 하도록 요구해야 하겠지만, 주유소마다 상황이 다르기 때문에 현실적으로 지키기 어렵습니다. 사실 몰래카메라가 발달하여 아무리 주의해도 이런 도촬을 막을 방법은 없으므로 사후 대처를 잘하는 수밖에 없습니다.

해커들은 끊임없이 우리를 노리고 있습니다. 해커들 손에서 벗어나는 유일한 방법은 다른 사람보다 좀 더 보안에 주의를 기울이는 것입니다. IT가 발달할수록 해킹 방법은 더 늘어나기 때문에 주의하지 않는다면 언제든지 해커의 먹이가 될 수 있음을 깨닫고 개인 보안을 철저히 해야 할 것입니다.

② 파밍

여러분이 아직도 안전하게 살아가고 있는 이유는 해커가 다른 사람들을 공격하느라 바쁘기 때문입니다. 해커가 바로 당신을 해킹하기로 마음을 먹는다면 당신은 결코 해커 손에서 빠져나올 수 없습니다. 특히 한국 인터넷 상황에 최적화된 "파밍"이란 해킹 방법에 걸려들면 아무런 대책이 없습니다. 아직 해커의 전화를 받지 않아서 안전한 것일 뿐 해커에게서 전화가 오는 순간 당신은 끝장이 날 수밖에 없습니다.

파밍이란 해킹 기법은 악성 코드가 컴퓨터에 상주하면서 사용자가 정확한 주소를 입력해도 가짜 웹 페이지로 사용자를 속이는 기술을 말합니다. 파밍 공격에 당하게 되면 naver.com이라고 정확하게 치고 들어가더라도 갑자기 보안 강화를 위한 보안 카드 번호 입력 창이 뜰 수 있습니다. 이것은 네이버가 해킹 당한 것이 아니라 여러분 컴퓨터가 악성 코드에 감염된 것입니다. 파밍은 그 자체로 악랄한 해킹 방법이지만 해커와 연계된 조직이 여러분에게 전화로 치명적인 피해를 줄 수 있습니다.

실제 사례를 알아봅니다. 이 사례는 한국 포렌식 법률 분야 권위자이며 프라이버시 보호 분야에서 영향력을 가지고 있는 모 교수의 부인에게 일어난 사례입니다. 교수님의 부인(이하 A씨)은 회사를 운영하고 있었는데 어느 날 그 회사로 전화가 걸려왔습니다. 전화를 건 사람은 "당신 명의로 피싱 사기용 출금 계좌가 만들어지고 있다."며 본인 확인을 요구했습니다. A씨는 사기전화라고 판단하고 코웃음을 치며 전화를 끊었지만, 상대방은 계속해서 전화를 걸었습니다. 결국, 전화를 다시 받자 상대방은 자신이 경찰이라고 밝히며 정 못 믿겠으면 네이버에서 서울지방경찰청을 검색해서 확인해보라고 말했습니다.

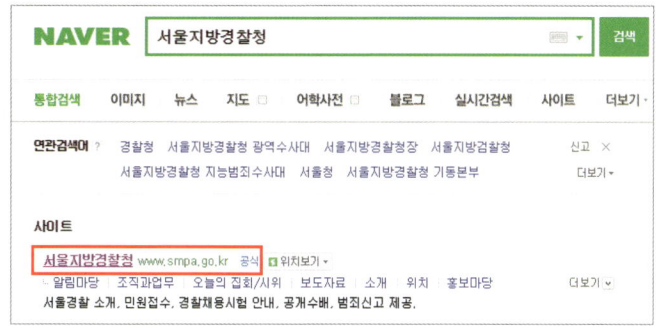

그러면서 A씨의 주민등록번호, 계좌번호, 최근 거래 내역 등 개인 정보를 불러주었습니다. 수사 기관이 영장으로 조회하지 않으면 도저히 알 수 없는 내용까지 다 알고 있었기 때문에 A씨는 여전히 의심하면서도 네이버에서 서울지방경찰청을 검색해서 공식 사이트라고 적힌 곳을 찾아 들어가 보았습니다.

상대방은 서울지방 경찰청 첫 페이지에서 특정 항목을 클릭하라고 시키며 자신은 이런 일을 전담하는 사람이라고 주장했습니다. 그 페이지는 실제 경찰청 페이지가 맞았고 그 사람이 하는 말과도 일치했습니다. 이 정도면 전화를 건 사람이 하는 말이 사실이라고 믿을 만 했습니다.

하지만 남편인 교수께서 평소에 보안 피해 사례에 관해서 해 준 말을 기억하고 있었던 덕분에 A씨는 겨우 의심의 끈을 놓지 않을 수 있습니다. 그래서 비밀번호 등 개인 정보를 알려주는 대신 좀 더 확인한 후에 연락을 주겠다며 버텼습니다. 그러자 상대방은 화를 내면서 "지금도 피싱 피해자가 계속 늘어나고 있다. 조사를 거부하는 것으로 보아 당신도 명의도용자들과 공범으로 의심된다. 경찰서로 출두하고 싶은가?"라고 계속 다그쳤고, 직접 확인하라며 명의도용 차단 서비스 사이트를 알려 주었습니다.

A씨는 직접 명의도용 차단 서비스 사이트에 가입한 후 실시간 명의도용 차단 내역 확인을 한 결과 실제로 자신의 명의가 계속 도용되는 중임을 알게 되었습니다. 결국 상대방이 하라는 대로 경찰청 사이트에서 본인 인증을 위해 비밀번호 등 중요한 개인 정보를 입력할 수밖에 없었습니다.

그동안 상대방은 전화를 끊지 못하게 했고, 전화를 끊으면 곧바로 다시 전화를 걸었으며, 전화를 받으면 상황이 급박하다며 끊지 못하게 하는 방법으로 다른 사람과 확인 통화를 할 수 없도록 만들었습니다. 결국 상대방이 원하는 것을 다 알려 준 후에야 남편인 교수님과 통화가 되었습니다.

통화가 된 후 상황을 파악한 교수님이 무조건 은행에 전화해서 출금 정지 요청을 하라며 소리를 지른 후에야 A씨는 정신이 들어서 급하게 출금 정지 요청을 했습니다. 하지만 회사 건물 임대 보증금을 올려 주기 위해 준비해 놓은 일억 원 중에서 이미 오천만 원이 빠져나간 상태였습니다. 은행에 전화하지 않았다면 나머지 오천만 원도 다 빠져나갔을 것입니다.

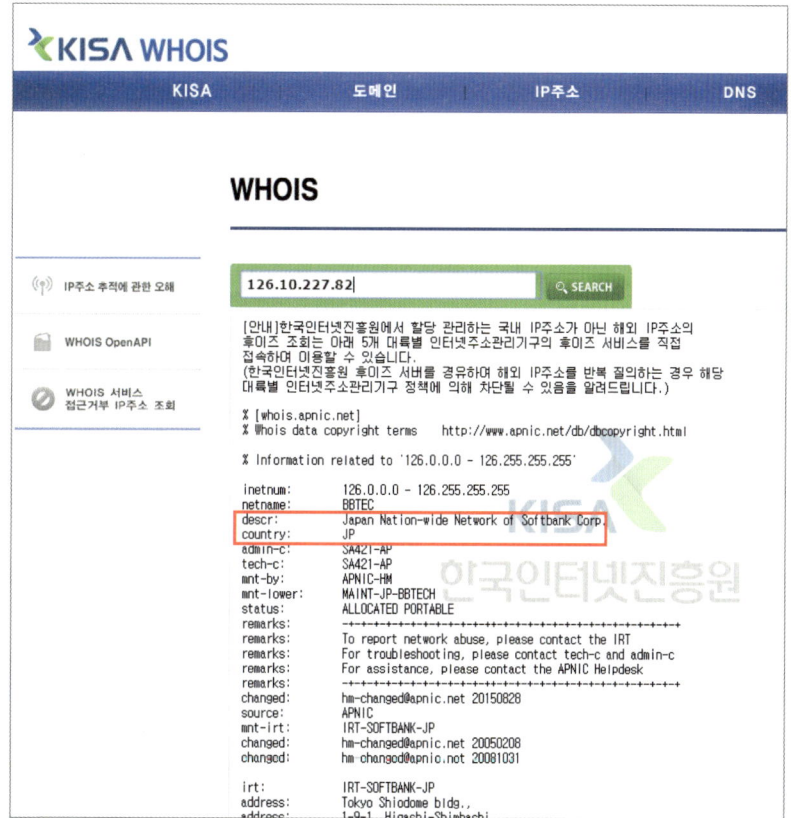

이 사건에 대해 경찰이 조사에 나섰습니다. 사건 당시 A씨는 네이버 검색을 통해 경찰청 홈페이지를 방문했는데, 그 과정에 이상은 없었습니다. 네이버 검색 결과도 이상이 없고 경찰청 홈페이지 주소도 정상이었습니다. 해커가 전화를 건 시점에 네이버가 해킹되거나 경찰청이 해킹된 것도 아니었습니다. 명의 도용 차단 서비스 사이트도 마찬가지였습니다.

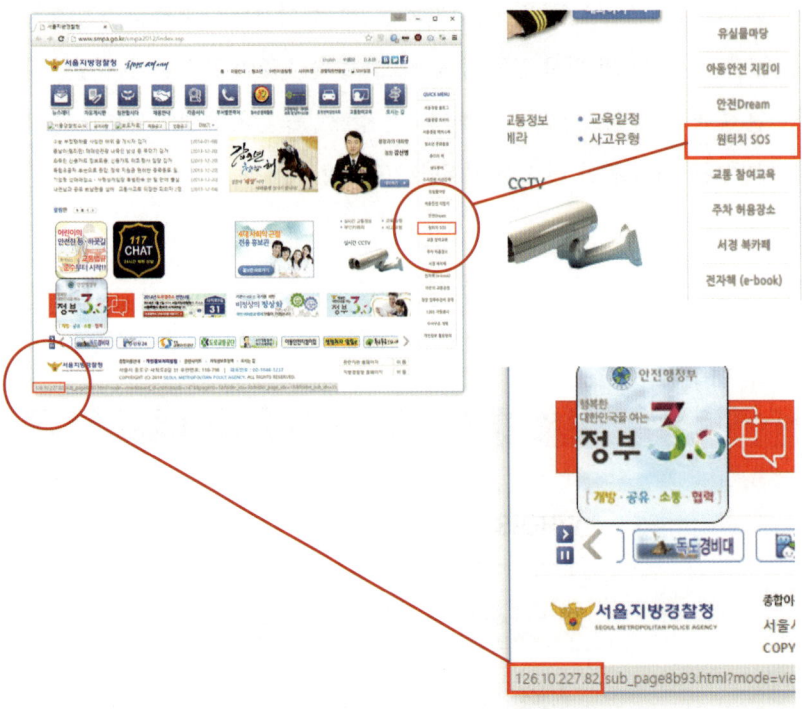

하지만 피해자 컴퓨터를 조사한 결과 피해자 컴퓨터에 저장되어 있는 경찰청 홈페이지는 실제 경찰청 홈페이지와 딱 한 군데가 달랐습니다. 바로 해커가 알려 준 특정 항목의 링크 주소가 경찰청 내부 페이지가 아닌 126.10.227.82란 곳으로 되어 있었습니다.

파밍 프로그램은 램에 상주하면서 웹 브라우저가 정상적인 웹 페이지 화면을 사용자에게 보여 주기 직전에 특정 항목만 바꿔치기하도록 설계된 프로그램입니다. 이 경우 정상적인 경찰청 웹 페이지가 사용자 컴퓨터에 다운로드되었으나 파밍 프로그램이 "원터치 SOS" 항목의 링크만 126.10.227.82로 바꿔치기 했던 것입니다. 이 IP는 일본에서 사용하는 IP였습니다. 즉 경찰청 홈페이지와 똑같지만 단 한 군데 링크가 변조되어 그곳을 클릭할 경우 해커가 미리 준비해 놓은 일본 사이트로 가게 되어 있었던 것입니다.

> **6. 보이스 피싱-파밍으로 이어진 금융사기 경로 추정**
> (하기 경로는 피해 고객에서 제시한 정황과 관련 로그기록, 기술적 검토를 통하여 추정한 의견이며, 최종적으로 수사기관의 조사결과를 통해서 확인되어야 함)
>
> ○ 피해자의 악성코드 감염
> - 네이버 검색을 통해 SI▇▇▇에 진입하기 전, IP주소(126.10.227.82)를 통하여 피싱 사이트로 추정되는 서울지방경찰청 위조 사이트에 접속시켜 Spy Eye 등과 유사한 악성코드 감염시켰을 가능성 높음
> - 정황증거 : 온라인상의 계좌이출을 위해서는 사용자의 공인인증서가 필요,
>   OTP 요구이전에 이미 PC내의 공인인증서 정보 탈취 가능성 매우 높음
>
> ○ 파밍 사이트로의 접근
> ① '명의도용에 의한 금융사고'라는 거짓 정황을 믿도록 유도하기 위해 네이버 검색을 통해 SI▇▇▇로 진입하도록 유도
> ② 이어 대외신뢰도 높은 SI▇▇▇의 명의도용서비스에 가입, 장시간 명의도용방지 서비스 이용내역을 확인하도록 유도하면서 피해 고객의 판단력을 혼란시키고
> ③ 계획했던 특정 시점, 특정 페이지에 접속할 때, 악성코드 프로그램을 사용 사용자의화면 내용을 위조/변조하여 화면 우상단에 "내 정보 보호"라는 파밍 페이지로 접속할 수 있는 배너를 노출
> ④ 피해고객에게 배너를 클릭하도록 하고, 계좌정보, 비밀번호, 폰뱅킹 비밀번호 탈취
> ⑤ 악성코드로 사전 탈취한 공인인증서 정보로 은행 사이트 접속, OTP 번호 요구
> ⑥ 탈취한 모든 정보로 계좌 이체

명의도용 차단 서비스 사이트도 마찬가지였습니다. 해커가 알려준 차단 서비스 특정 링크를 클릭하면 해커가 만들어 놓은 사이트로 가게 되고 거기서는 피해자의 계좌가 계속 명의도용되고 있다고 나오도록 설계되어 있었습니다. 때문에 포털, 경찰청, 차단 서비스 모두 자신들은 책임질 부분이 없다고 주장했습니다. 경찰도 범인이 경찰을 사칭한 것일 뿐이므로 본인이 좀 더 신중하게 대처했어야 한다며 범인을 잡아봐야 어떻게 할지 결정할 수 있고 잡더라도 돈을 되찾기는 어려울 것이라고 말했습니다. 또 사용자가 범죄자에게 자발적으로 개인 정보를 알려주었으므로 은행도 사라진 돈에 대해 책임질 수 없다는 입장이었습니다.

범인들은 돈을 빼가기 위해 수금 계좌(돈을 송금받을 계좌)를 만듭니다. 수금 계좌 만들기도 쉽지 않기 때문에 한 계좌를 여러 범행에 사용하게 됩니다. 은행이 범죄에 사용되는 수금 계좌에 대한 조치를 강화한다면 이런 범죄를 줄일 수 있습니다. 이 사건에서도 수금 계좌로 돈이 빠져나가는 피해자가 계속해서 발생하고 있었기 때문에 만약 첫 번째 피해자의 신고를 받자마자 은행이 곧바로 수금 계좌를 동결시켰다면 이런 피해가 계속되기 어려웠을 것입니다.

수집 정보 목록

접속일시	로그인 ID	거래구분	OS언어	Web IP	VPN Nat IP	Nat IP	Client IP	MAC	우회 형태	위험등급	액션
(P)2011-11-19 12:12:10	KY___31	로그인	ko	115.___	182	112.___109		192.168.100.4	00-53-___00	vpn	심각	-
(P)2011-11-19 11:36:59	KY___31	로그인	ko	115.___	182	112.___109		192.168.100.4	00-53-___00	vpn	심각	-
(P)2011-11-19 11:14:27	KY___31	로그인	Korean	115.___	182	112.___109	115.___182	192.168.100.4	00-53-___00	vpn	심각	-
(P)2011-11-14 09:38:54	KY___31	로그인	Korean	59___	13		59___	13	192.168.0.5	00-11-___-37	미사용	정상	-
(P)2011-11-08 10:08:46	KY___31	로그인	Korean	59___	13		59___	13	192.168.0.5	00-11-___-37	미사용	정상	-
(P)2011-11-08 09:58:25	KY___31	로그인	Korean	59___	13		59___	13	192.168.0.5	00-11-___-37	미사용	정상	-
(P)2011-11-04 10:03:09	KY___31	로그인	Korean	59___	13		59___	13	192.168.0.5	00-11-___-37	미사용	정상	-
(P)2011-11-03 10:54:51	KY___31	로그인	Korean	59___	13		59___	13	192.168.0.5	00-11-___-37	미사용	정상	-
(P)2011-11-02 15:04:19	KY___31	로그인	Korean	59___	13		59___	13	192.168.0.5	00-11-___-37	미사용	정상	-
(P)2011-11-02 14:42:37	KY___31	로그인	Korean	59___	13		59___	13	192.168.0.5	00-11-___-37	미사용	정상	-

총 10 건

실제로 은행들은 모든 거래의 위험도를 측정하고 있으며 사기의 가능성이 큰 거래에 대해서도 실시간으로 판단하고 있습니다. 위 자료는 법정에 제출된 은행 거래 기록입니다. 이 기록에 따르면 은행은 외국으로 의심되는 IP, VPN 접속 등 비정상적인 상황이 겹치는 거래에 대해서 심각한 위험등급이라고 실시간으로 분류하고 있음을 알 수 있습니다. 참고로 VPN(Virtual Private Network, 가상 사설망)은 자신의 IP를 숨기기 위해서 사용하는 네트워크 기술입니다.

하지만 한국 법정은 정부가 요구하는 통상적인 보안 조치를 했다면 사기 거래에 대해서도 은행 책임은 없다고 판결을 해왔기 때문에 은행들이 피해를 미리 방지하는 데 비용을 들일 이유가 없습니다. 오천만 원이란 거금이 사라졌는데도 한국에서는 피해를 복구해주기는커녕 책임지는 사람조차 없는 것이 현실입니다.

이 모든 것의 시작은 사실 한국 보안의 근본적인 문제 때문입니다. 한국인들은 보안을 위해서 뭔가 내려받아 실행하라고 하면 무조건 예를 누르도록 훈련되었기 때문에 악종 해킹과 피싱과 파밍을 피해갈 방법이 없습니다.

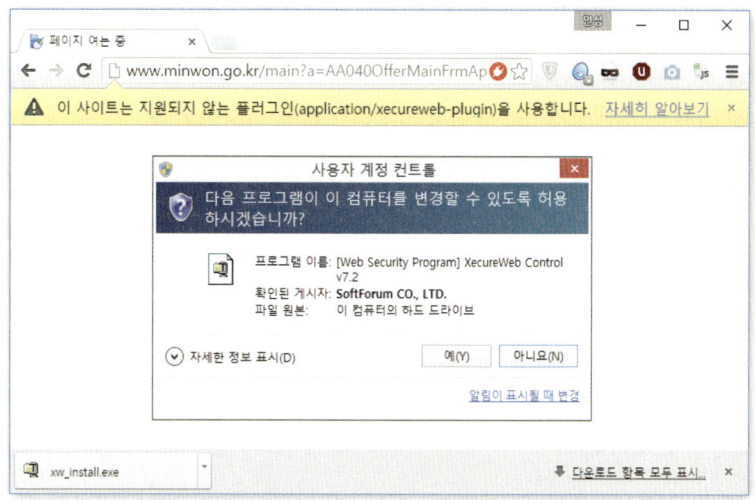

화면에서 보듯이 정부가 운영하는 민원 사이트에서조차 보안에 필요하다는 명분으로 화면에 아무것도 보여 주지 않고 다짜고짜 뭔가를 다운로드하도록 만듭니다. 내가 올바른 사이트에 들어왔는지, 다운로드받는 프로그램이 보안 프로그램이 맞는지, 이걸 실행하면 어떤 일이 일어나는지 전혀 알 길이 없습니다.

오천만 원의 손해를 입은 A씨도 마찬가지였습니다. 웹 접속 로그 기록으로 사건을 재구성하는 과정에서 A씨는 해커가 자신에게 전화를 걸었을 때 어떤 IP를 불러주며 접속하라고 했었다는 것을 기억해 냈습니다. 그 사이트에 접속하자 무조건 뭔가를 다운로드받으라고 했고 A씨는 평소처럼 예를 누르고 다운로드 받은 프로그램을 실행했던 것입니다. 그 프로그램이 바로 웹 사이트를 조작하는 악성 파밍 프로그램이었고 이 프로그램이 경찰청, 명의도용 방지 사이트 등 접속하는 모든 사이트의 지정된 페이지를 조작했습니다.

경찰이라고 주장하는 자가 급하다고 소리를 치는 상황에서 전화기를 들고 웹 사이트를 방문했을 때 뭔가를 실행하라는 화면을 보면 한국사람은 누구라도 무의식적으로 예를 누를 것입니다. 그 후부터는 아무리 정신을 차리더라도 결국 피해를 볼 수밖에 없습니다.

누구나 마찬가지입니다. 여러분의 계좌에 남아 있는 잔액은 해커가 아직 전화를 걸어오지 않아서 남아 있는 것입니다. 해커 전화가 오면 그 누구도 예외 없이 당할 수밖에 없습니다. A씨와 교수님은 현재 잃어버린 오천만 원은 포기했지만, 한국 인터넷을 이 모양으로 만든 공인인증서와 액티브엑스 제도 그리고 보안 프로그램 강제 다운로드를 강요하는 한국 보안 현실을 개선시키기 위해 국가를 상대로 한 소송을 준비 중입니다.

③ 랜섬웨어

랜섬웨어(RansomWare)는 유괴범이 인질의 몸값을 요구하는 것처럼 여러분의 데이터를 암호화한 다음 해독을 원하면 돈을 내라고 요구하는 악성 코드입니다. 기존의 악성 코드들은 사용자 데이터를 가져가는 것뿐이지만 랜섬웨어는 여러분이 작업한 파일에 암호를 걸어서 못쓰게 만든다는 점에서 최악의 악성 코드라고 말할 수 있습니다.

랜섬웨어는 메일에 첨부 파일 형태로 침투하거나, 메신저에서 링크를 클릭할 때 실행되는 방식이었는데 최근에는 해킹된 사이트에 접속만 해도 감염되도록 진화했습니다. 일단 랜섬웨어가 실행되면 워드, 엑셀 문서, pdf 문서, 이미지 파일, 압축 문서 등을 암호화해버립니다. 암호화된 파일은 해독 키가 없으면 절대로 풀 수 없기 때문에 해커에게 돈을 주고 풀거나 데이터를 포기하는 수밖에 없습니다. 물론 돈을 지불한다고 해서 암호가 풀린다는 보증은 없습니다. 현재 보안 업체에서 해독 방법을 제시하고 있지만 완전한 해결책은 아닌 데다가 랜섬웨어 자체에 버그도 있어 모든 파일을 복구하지는 못하는 것으로 알려져 있기 때문입니다.

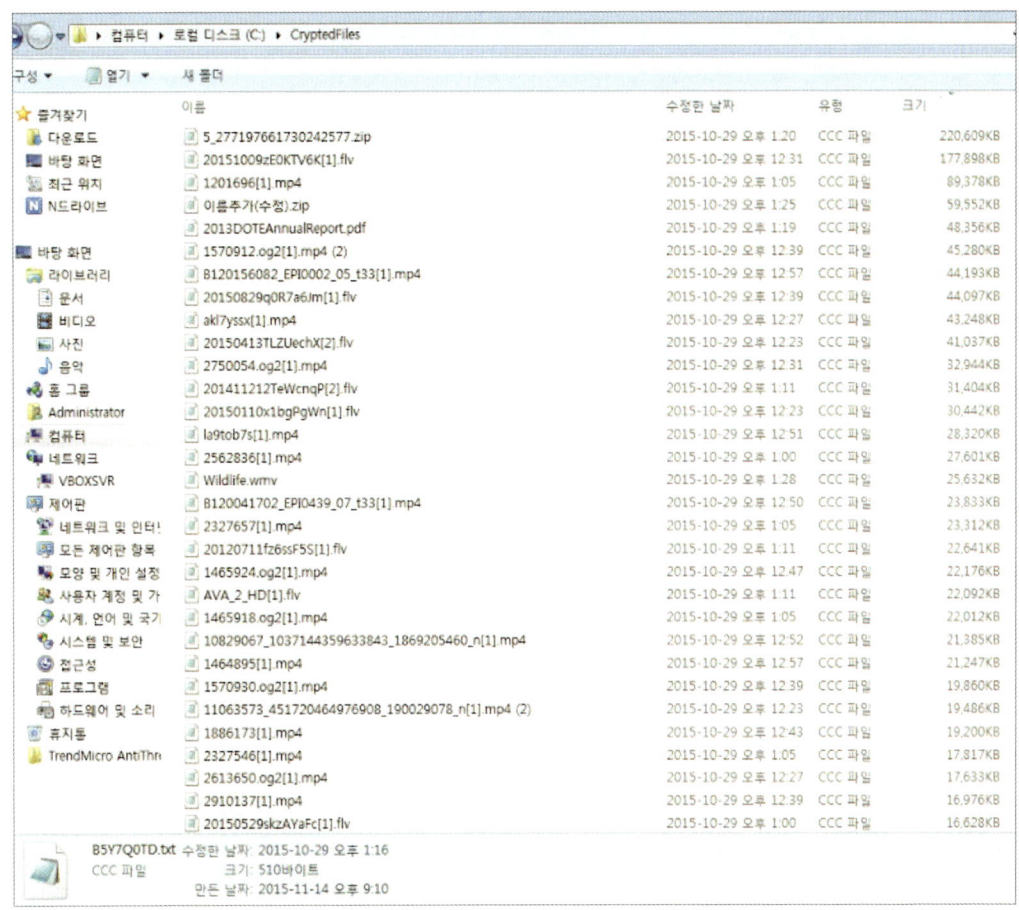

랜섬웨어에 걸리면 사용자가 모르는 사이에 감염된 컴퓨터의 모든 하드디스크뿐만 아니라 네트워크로 공유된 파일 서버 등 접근 가능한 모든 저장 장치에 있는 파일들이 암호화됩니다. 화면은 하드디스크에 있는 파일이 모두 암호화되어 확장자가 CCC로 바뀌어 있는 상태입니다.

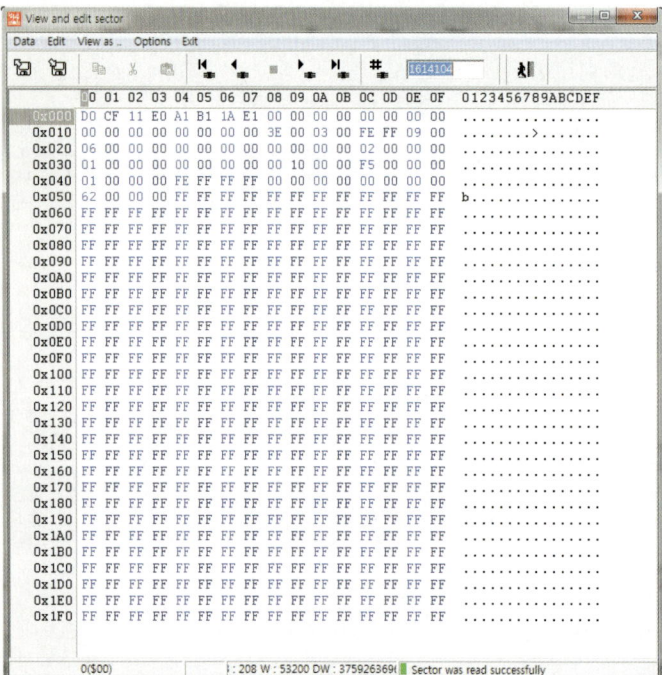

정상적인 파일의 내부 모습입니다.

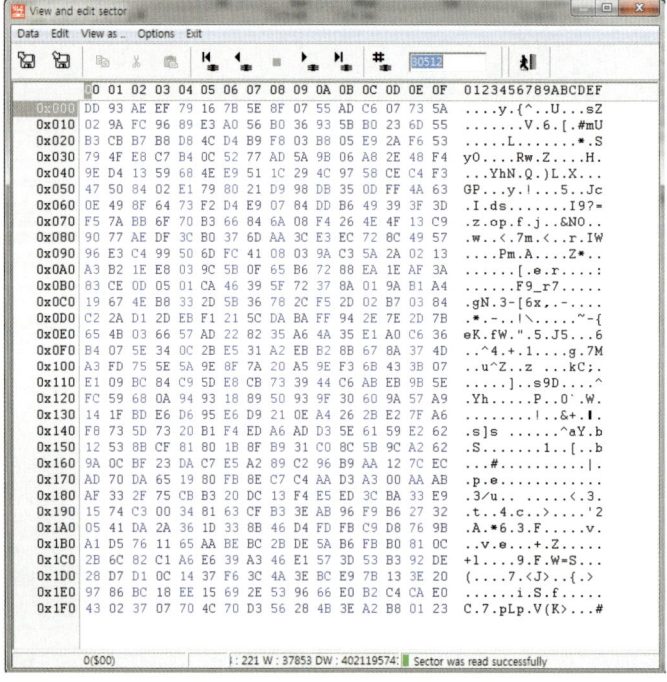

암호화된 파일의 내부 모습입니다.

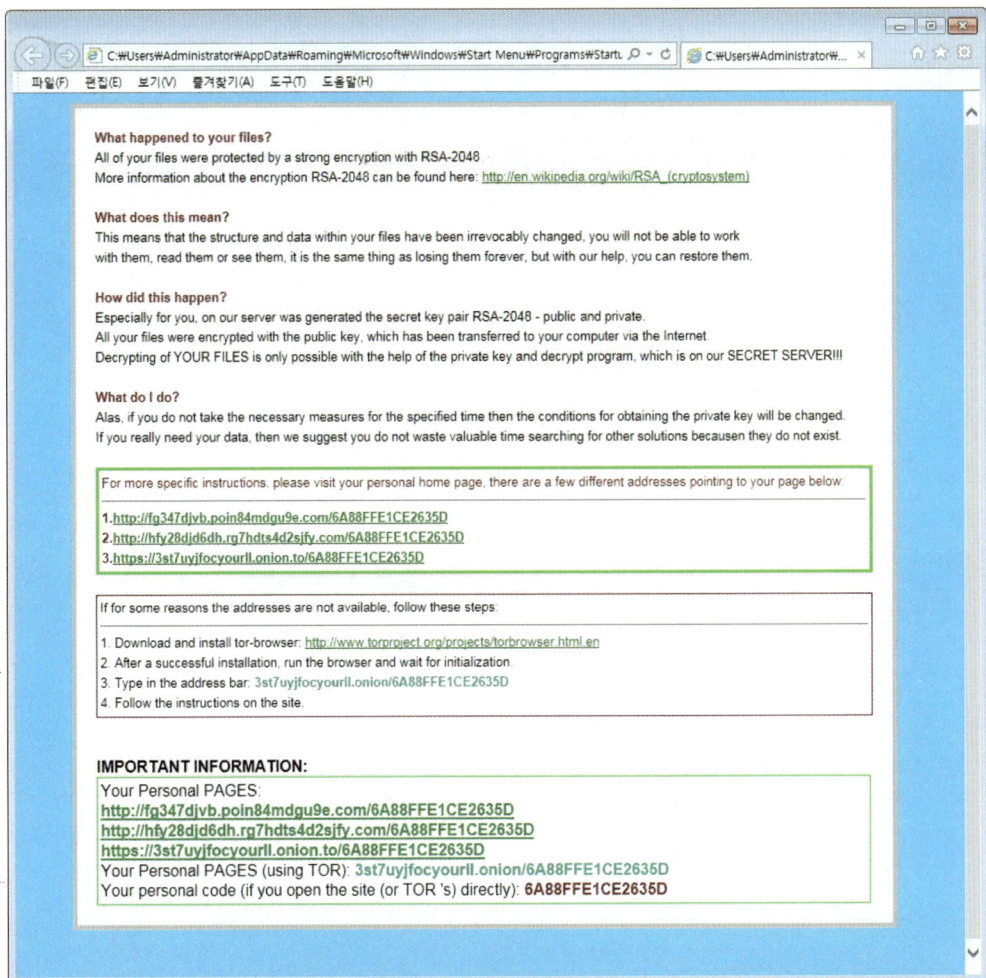

암호화가 완료된 후 암호를 풀려면 어떻게 해야 하는지 알려주는 안내 페이지가 뜹니다.

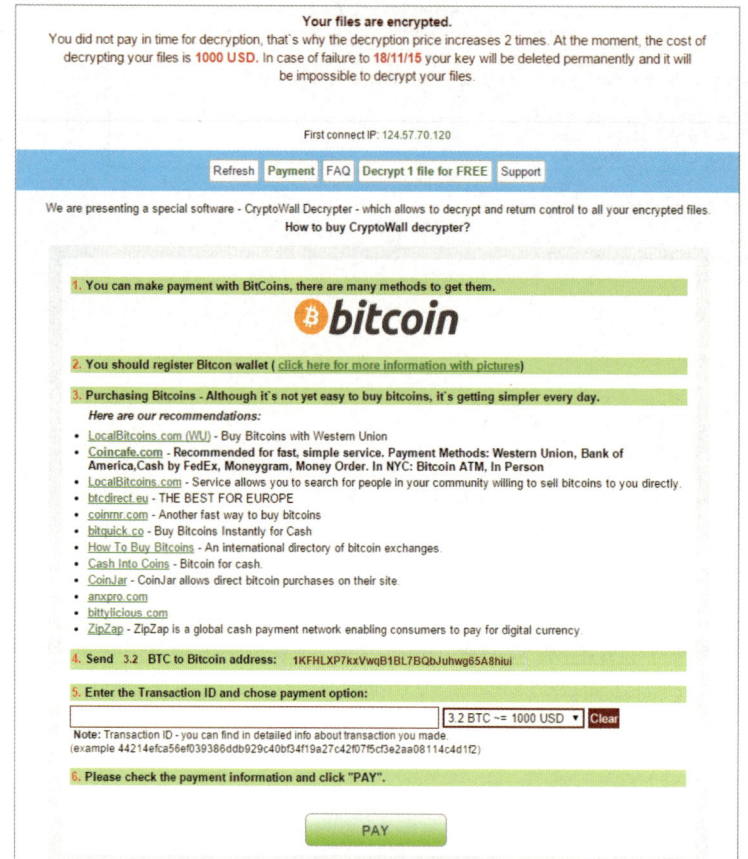

안내 페이지에 있는 주소를 찾아가면 비트코인이란 사이버머니로 비용을 지불하라는 페이지가 나옵니다. 처음 지정된 시간에는 500달러를 요구하지만, 그 시간이 넘어가면 1,000달러로 올라갑니다. 데이터가 정말로 중요하다면 이 돈을 내고라도 해독을 해야 하지만 비용을 낸다고 해독이 된다는 보장이 없기 때문에 신중하게 대처하시는 것이 좋습니다.

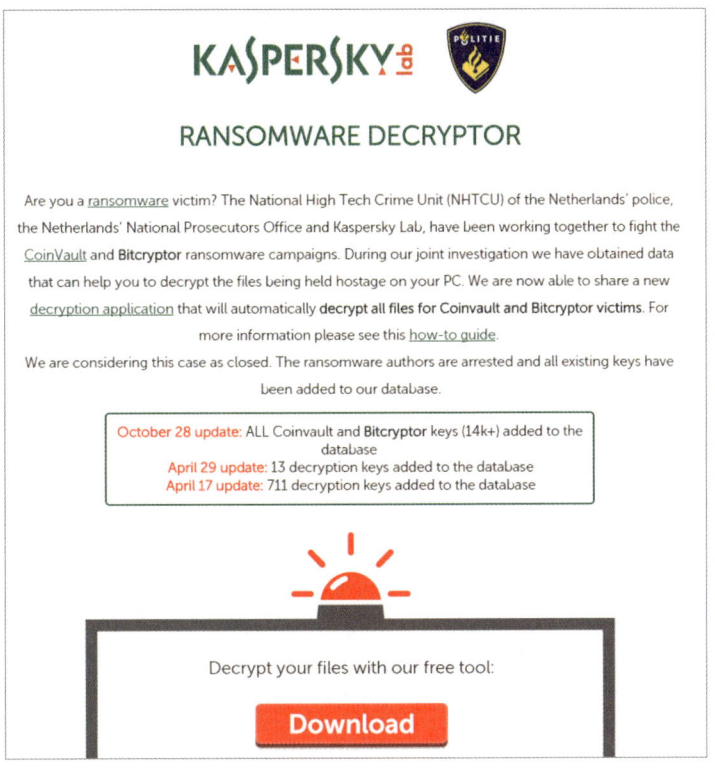

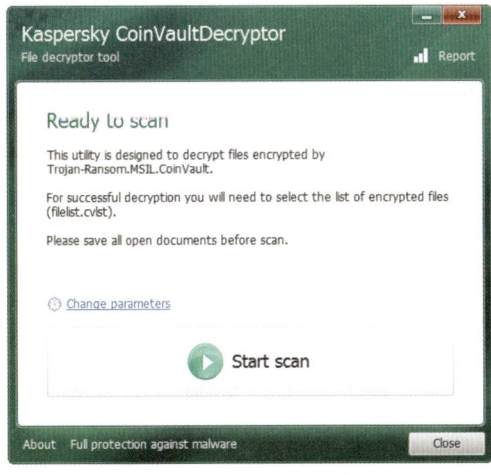

랜섬웨어 해독을 위해서는 해커들이 숨겨 놓은 해독키가 필요합니다.

해커들은 희생된 컴퓨터마다 각각 다른 해독키를 서버에 보유합니다. 각 나라의 경찰들이 랜섬웨어를 배포하는 자들을 체포하여 각 사용자에 해당하는 해독키를 공개하고 있고 백신 업체들이 이 키를 이용하여 암호화를 풀 수 있는 백신을 배포하고 있습니다. 공개된 해독키 중에 여러분의 컴퓨터에 맞는 것이 있다면 데이터를 풀 수 있습니다. 하지만 그 가능성은 상당히 떨어집니다. 암호가 걸린 파일은 포기하고 백업 하드디스크를 조사해 암호가 걸리지 않은 파일을 확보하는 것이 더 빠른 해결책일 수가 있습니다.

랜섬웨어란 해킹 방식은 이전에는 없었던 완전히 새로운 해킹 아이디어입니다. 개인 데이터를 볼모로 돈을 요구한다는 위험한 아이디어가 실행에 옮겨졌고 성공 사례도 나왔습니다. 랜섬웨어의 한 종류인 크립토락커를 개발한 해커들은 100일만에 삼천만불을 벌어들인 것으로 알려졌습니다. 랜섬웨어가 확실한 돈벌이 수단이 될 수 있음이 증명된 이상 확산을 막을 길은 없습니다. 일부 랜섬웨어 배포자가 체포되고 해독키가 공개되었지만 곧바로 수많은 변종이 발생하여 해독은 점점 더 어려워지고 있습니다.

마이크로소프트와 백신 업체가 적극적으로 대응하고 있으나 근본적인 해결책은 존재하지 않습니다. 마이크로소프트의 윈도우뿐만 아니라 맥의 OSX와 리눅스까지 공격하는 변종이 출현했기 때문에 안전한 환경도 없습니다. 곧 리눅스 서버를 사용하는 인터넷 사이트 중에서 랜섬웨어에 걸려서 망하는 업체가 나오게 될 것입니다. 사용자가 랜섬웨어가 숨겨진 사이트에 접속만 해도 감염되기 때문에 아무리 주의해도 피해를 볼 수 있으므로 조심 또 조심하라는 것 이외에 특별한 방지책을 제시하기는 어렵습니다.

3 해킹 방어 대책

악성 코드, 해킹, 감시, 파밍, 랜섬웨어 등으로부터 자신을 지키는 것은 쉬운 일이 아닙니다. 어제까지 알려진 해킹 방법에 대응하는 완벽한 보안 대책을 수립해도 오늘 또 다른 해킹 방법이 등장합니다. 물론 내일 이를 막는 방법이 나오겠지만 그다음 날, 더 새로운 방법이 출현하겠지요. 해킹과 보안은 서로 물고 물리며 더욱더 고도화되고 있습니다. 못 막을 해킹법은 없지만 못 뚫을 보안 대책도 없습니다. 때문에 보안은 그저 시간을 버는 수단에 불과합니다. 무차별적인 해커의 공격에 남들보다 좀 더 나은 보안 방어책을 수립하면 다른 사람들이 털리는 동안은 안전할 수 있다는 정도만 보장할 수 있습니다. 여기서 제시하는 방법도 완벽한 것은 하나도 없다는 점을 분명히 해 둡니다.

① 사이트마다 다른 비밀번호 만들기

해커들이 보유한 개인정보 파일에 의하면 대부분의 사용자가 은행, 포털, 공인인증서 등에 동일한 비밀번호를 사용하는 것으로 확인됩니다. 대부분의 사이트는 비밀번호를 한 번 더 암호화해서 보관하지만, 보안이 허술한 사이트의 경우 사용자의 비밀번호를 암호화하지 않고 평문 그대로 보관합니다. 즉 password1234를 $#2353^^&#@1234 이런 식으로 읽을 수 없게 암호화해서 저장하지 않고 password1234를 그대로 저장하는 것이지요. 여러분들이 한 개의 비밀번호를 여러 곳에 사용하는 경우 보안이 허술한 사이트가 털리게 되면 모든 사이트가 털린 것과 마찬가지가 됩니다. 해커가 피해자의 A 사이트 비밀번호를 사용하여 B 사이트 또는 피해자의 은행 계좌에 접근을 시도할 수도 있기 때문입니다.

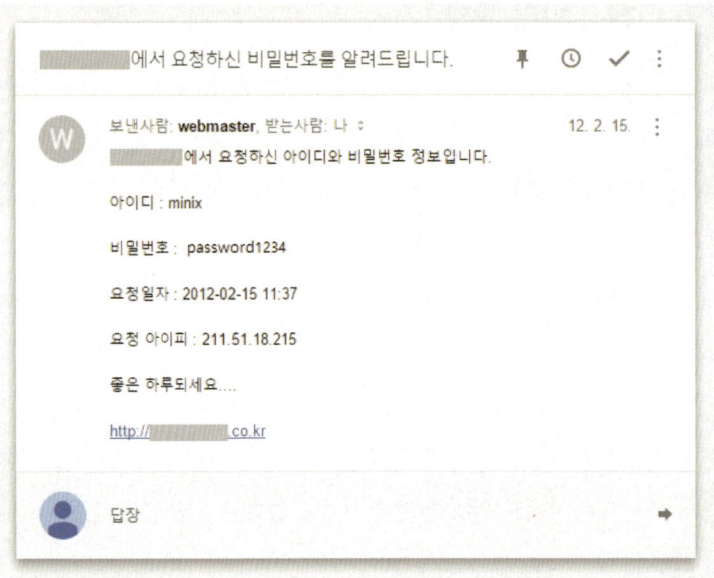

보안이 허술한 사이트를 구별하는 방법은 사실 간단한데 위 이미지와 같이 비밀번호 찾기를 했을 때 비밀번호 자체를 알려 주는 사이트가 그런 곳입니다. 비밀번호를 암호화해서 보관하는 곳은 자신들도 평문 비밀번호를 알 수 없기 때문에 비밀번호 재설정 방식을 사용할 수밖에 없습니다. 어느 사이트가 보안이 허술한 곳인지 다 확인하기 어려우므로 해킹의 피해를 최소화하려면 사이트마다 비밀번호를 모두 다르게 하는 것이 유일한 해결책입니다.

일반적으로 비밀번호는 단방향 암호화 기법을 사용하여 보관합니다. 단방향 암호화 기법은 원문을 암호문으로 만드는 규칙은 있지만 암호문에서 원문을 알아낼 수는 없는 방법입니다. 비밀번호를 암호화한 결과값으로 원래 비밀번호를 알아낼 수 없다는 뜻입니다. 이렇게 하면 암호를 보관하고 있는 인터넷 사이트의 관리자도 원래 비밀번호는 알 수 없습니다. 때문에 해커들이 사이트를 해킹해 암호화된 비밀번호 데이터를 가져가더라도 비밀번호 자체를 알아낼 수는 없습니다.

그럼 단방향 암호 방식으로 암호화된 비밀번호가 맞는지는 어떻게 확인할 수 있을까요? 그 방법은 의외로 간단합니다. 단방향 암호화를 한 번 더 해서 그 결과값을 비교하면 됩니다. 로그인할 때마다 사용자가 비밀번호를 다시 입력하면 이것을 암호화한 후 이미 암호화해 놓은 값과 비교함으로써 비밀번호가 맞는지 확인이 가능합니다. 단방향 암호화를 하면 원래의 비밀번호는 본인 외에는 전 세계 누구도 알 수 없으므로 비밀이 보장됩니다. 대형 포털들이 해킹을 당한 후에도 "비밀번호는 암호화되어 있어서 안전하다"고 큰소리치는 이유가 여기에 있습니다.

하지만 마냥 안심할 일은 아닙니다. 해커들이 000000~999999, aaaaaaa~ZZZZZZZ 까지 비밀번호로 사용할 만한 값들을 미리 암호화한 후 그 결과값을 데이터베이스화 시켜 놓았기 때문입니다. 즉 aaaaaaa 를 암호화 시키면 $#584969494 이라는 값을, ZZZZZZZ 를 암호화 시키면 ^#^##Fefiro#%#$ 이라는 값을 얻을 수 있는데 이 작업을 미리 다 해서 "암호화된 비밀번호-평문 비밀번호" 사전을 만들어 둔 것입니다. 때문에 해킹으로 얻은 포털의 암호화된 비밀번호 데이터와 이 데이터베이스를 비교하면 곧바로 원래 비밀번호를 알 수 있습니다. 예를들어 어떤 포털을 털었을 때 한 사용자의 암호화된 비밀번호가^#^##Fefiro#%#$ 라면 그 사용자의 비밀번호는ZZZZZZZ 임을 알 수 있습니다.

현재 숫자만 사용하는 비밀번호 용 사전은 12자까지 만들어져 있고, 숫자와 소문자 그리고 대문자를 섞어 쓴 비밀번호 용 사전은 8자까지 완성되어 있습니다. password, 12345678, 1q2w3e4r 같이 많이 쓰는 비밀번호에 대한 사전 작업도 이루어져 대부분의 12자 이하의 암호는 짧은 시간에 풀 수 있는 상태입니다.

때문에 사용자가 입력한 비밀번호를 저장할 때 추가로 문자를 붙여 12자 이상으로 만드는 방법이 고안되었습니다. 예를들어 kkadana.com이란 사이트에서 사용자가 입력한 비밀번호가 "1234abcd"라면 여기에 "kkadana1212"를 더해 "1234abcdkkadana1212"라고 길게 바꿈으로써 해킹으로부터 좀 더 안전하게 만드는 것입니다.

하지만 인터넷 업체들이 이렇게 안전한 방법을 적극적으로 사용했는지는 알 수 없습니다. 암호문이 길어지면 처리 과정에 시간이 걸리기 때문에 추가 문자를 짧게 하거나 아예 붙이지 않는 경우도 많습니다. 사용자 비밀번호 자체를 10자 이상 쓰지 못하게 하는 곳도 있을 정도입니다. 상황이 이러므로 업체들이 우리의 개인 정보를 안전하게 다루어 주길 기대하기보다는 스스로 안전한 수단을 강구하는 것이 더 낫습니다.

비밀번호는 각 사이트마다 모두 다르게 해야 안전하지만 그렇다고 사용하기 불편해서도 안 됩니다. 각각 다르면서도 쉽게 외울 수 있으려면 비밀번호 생성 규칙을 사용하는 것이 좋습니다. 즉 비밀번호(Myp1988)에 사이트마다 다른 값을 덧붙이는 것입니다. 예를 들어 각 사이트의 주소 앞 3자리를 사용하는 방법(kka+Myp1988)을 생각해 볼 수 있습니다. 물론 2자리만 쓰거나(kkMyp1988) 뒷자리에 쓰는(Myp1988kka) 등 자신만의 방법을 사용해도 됩니다. 중요한 것은 외우지 않더라도 사이트마다 각기 다른 비밀번호를 자동적으로 알 수 있어야 한다는 점입니다.

요즘은 인터넷 사이트들이 일정 기간마다 비밀번호를 바꾸라고 요구하는 경우가 많아졌습니다. 타 사이트의 해킹 피해로부터 자기 사이트의 안전을 보장받기 위해서 이런 정책을 씁니다. 보통은 바꿀지 여부를 자율에 맡기지만 안 바꿀 경우 로그인 할 때마다 비밀번호 변경을 요구하기 때문에 귀찮습니다. 어떤 사이트는 무조건 바꿀 것을 강제하기도 합니다. 이런 경우를 대비해서 비밀번호에 일련번호를 추가합니다. Myp와 1988 사이에 숫자 하나를 추가(Myp+1+1988)하는 것입니다. 어떤 사이트에서 비밀번호를 바꾸라고 하면 중간의 1을 2로 바꾸면 됩니다.

kka+Myp+1+1988

그림에서 첫 번째(kka)는 각각의 사이트에 따른 추가값이며, 두 번째(Myp)와 네 번째(1988)는 내 비밀번호 고유 값이고 세 번째는 일련번호입니다. Kkadana.com 이란 사이트에 갔을 때 비밀번호가 기억나지 않더라도 규칙을 생각해보면 kkaMyp11988이거나 kkaMyp(2,3,4…)1988 중의 하나일 것임은 분명합니다.

규칙을 사용하지 않고 사이트마다 완전히 다른 비밀번호를 유지하기는 어렵습니다. 이럴 경우 자주 방문하는 곳 이외에는 따로 사이트의 비밀번호를 적어 놓아야 합니다. 보안상 비밀번호를 적어 놓는 행위는 보안 허점을 만드는 행위이기 때문에 비밀번호를 공개한 것과 같습니다. 규칙을 정해놓으면 따로 적어 둘 필요도, 기억할 필요도 없이 자동적으로 비밀번호를 알 수 있어 편리합니다.

② 외부 침입 막기

해킹을 당하지 않기 위해서는 외부의 침입을 원천적으로 막는 것이 중요합니다. 일단 사용자 모르게 악성코드나 해커가 컴퓨터로 침입할 수 있는 경로를 모두 차단하도록 합니다.

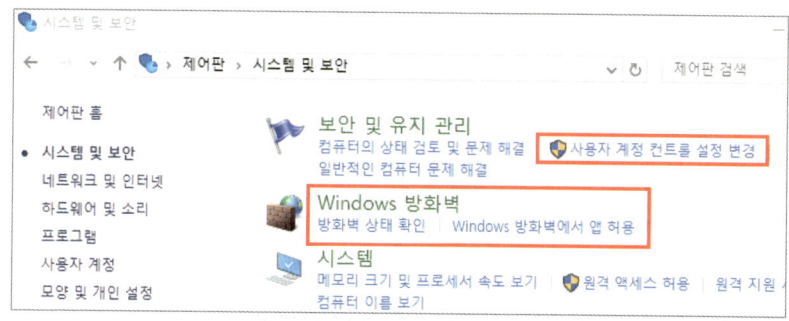

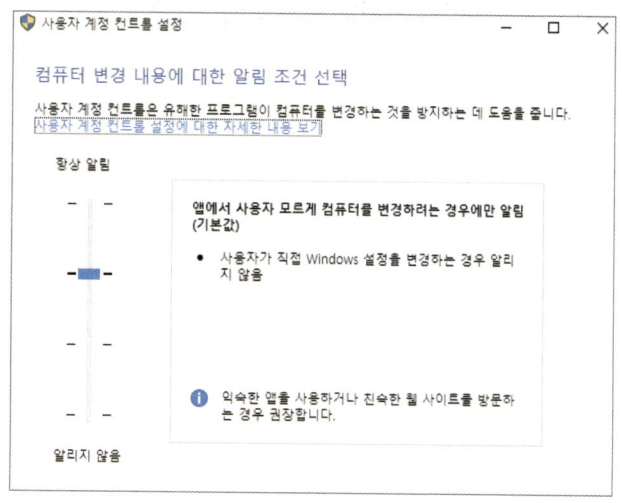

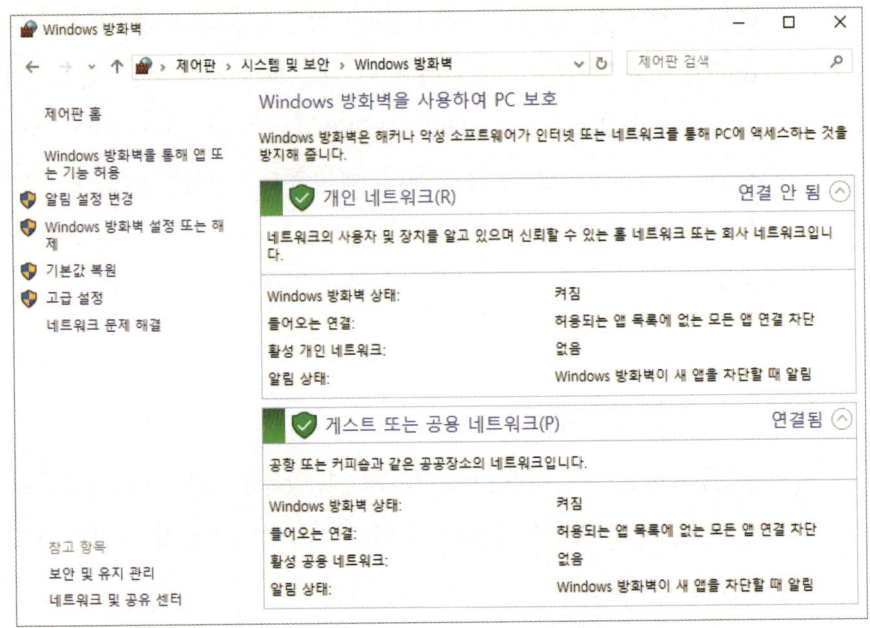

방화벽 설정 : 제어판 – 보안 및 유지 관리 – 사용자 계정 컨트롤 설정 변경에서 "앱에서 사용자 모르게 컴퓨터를 변경하려는 경우에만 알림"으로 보안 등급을 올립니다. 제어판 – Windows 방화벽에서 방화벽을 켭니다.

실시간 보호 : 백신의 실시간 보호 기능을 켭니다. 실시간 보호 기능은 경험상 국산보다는 외산 제품이 좀 더 효율적인 것으로 보입니다. 특히 포털에서 무료로 제공하는 백신보다는 전문 백신 업체 제품을 사용할 것을 권고드립니다. 인터넷에서 프로그램을 다운로드받았을 때, 메일 첨부 파일을 열 때, USB나 외장 하드를 연결했을 때 반드시 백신 검사를 거친 다음에 사용해야 안전합니다.

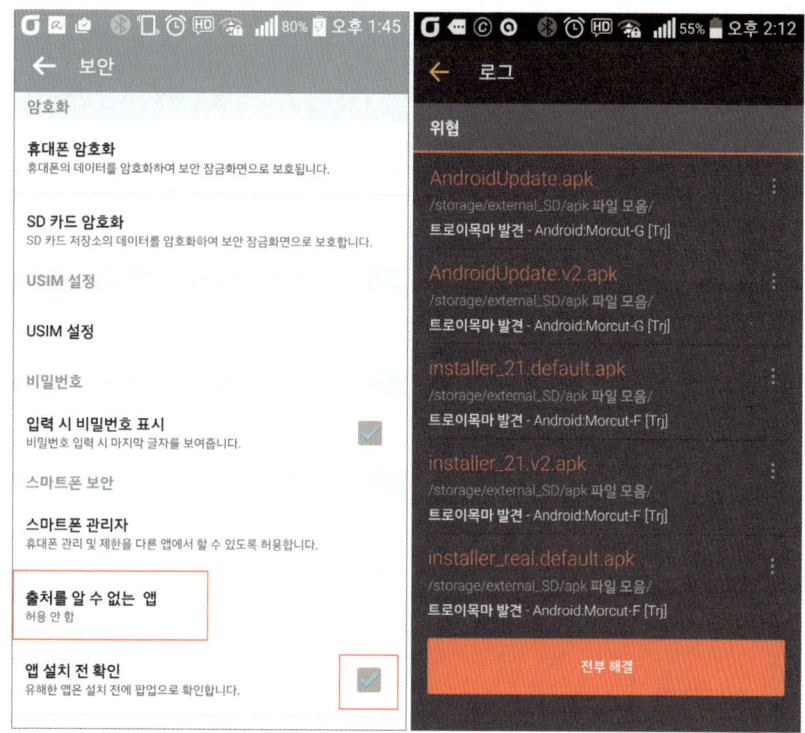

휴대폰도 백신으로 실시간 보호를 해야 합니다. 설정 - 보안 탭에서 출처를 알 수 없는 앱 설치를 허용 안 함으로 설정하고 "앱 설치 전 확인" 항목도 반드시 체크해 놓으시기 바랍니다.

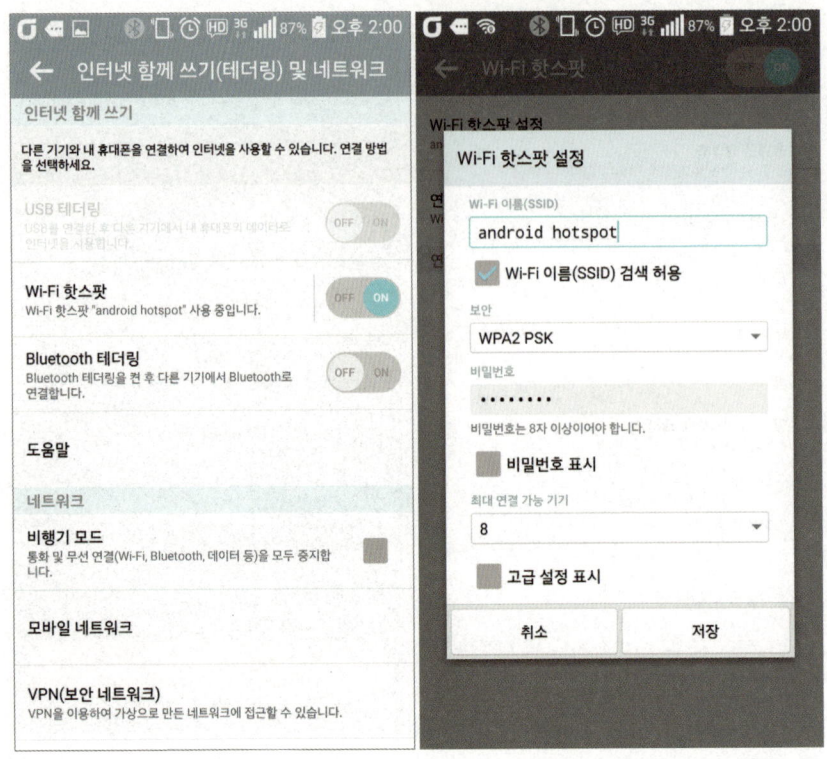

무료 와이파이 대신 핫스팟 사용 : 외부에서 휴대폰으로 인터넷을 사용할 때는 3G나 LTE 통신망을 이용하고 카페에서 제공하는 무선랜은 가급적 사용하지 않는 것이 좋습니다. 많은 무료 와이파이가 해킹당해 가짜 사이트로 접속을 유도하도록 설정되어 있습니다. 내가 naver.com에 접속하고 있다고 생각하지만 실제로는 해커가 만들어 놓는 가짜 네이버 사이트일 수 있습니다. 특히 외부에서 노트북으로 금융 거래를 할 때는 절대로 무료 와이파이를 사용하지 말고 내 휴대폰의 핫스팟 기능을 활용할 것을 권고드립니다. 핫스팟은 안드로이드의 경우 설정 - 네트워크 - 인터넷 함께 쓰기 - Wi-Fi 핫스팟에서 설정할 수 있고 아이폰에서는 설정 - 개인용 핫스팟에서 가능합니다.

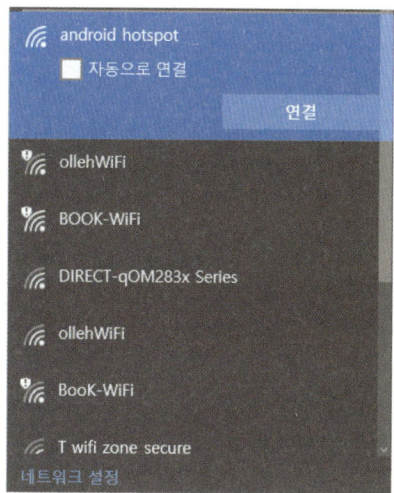
외부에서 잡히는 무료 와이파이 중에서 SK, KT, LGU+ 처럼 익숙한 것이 있다고 하더라도 가능한 내 스마트폰의 핫스팟에 연결해서 사용하는 것이 안전합니다. 스마트폰 핫스팟 설정이 제대로 되었다면 사용 가능한 접속 목록에서 볼 수 있습니다.

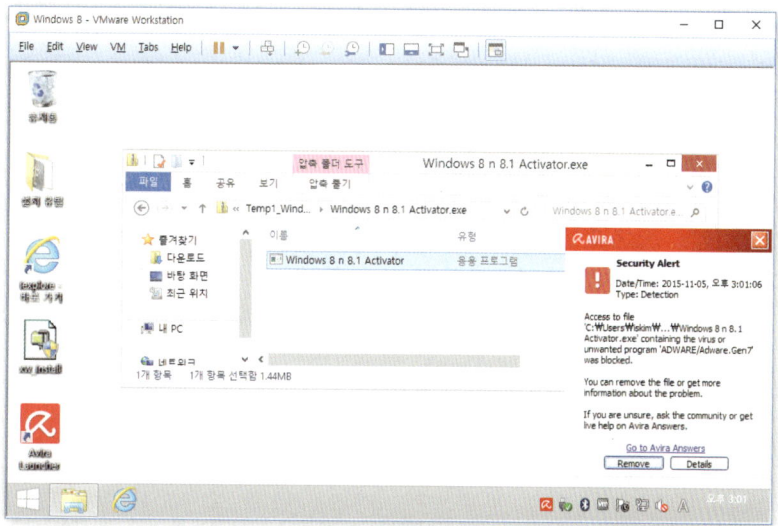

가상 윈도우에서 테스트 : 조금이라도 의심스러운 소프트웨어는 일단 가상 윈도우에서 테스트를 해 보는 것이 좋습니다.

웹 사이트를 동적으로 만들어주는 "플래시"는 여러 가지 보안 허점이 많아 악성코드가 침입하는 통로가 되고 있습니다. 때문에 최근에는 인터넷 사이트들이 가능한 플래시를 쓰지 않는 방향으로 진화하고 있습니다. 랜섬웨어는 플래시의 보안 취약점을 이용하여 침투하므로 웹 브라우저 설정에서 아예 플래시를 사용하지 않도록 설정하는 것이 좋습니다.

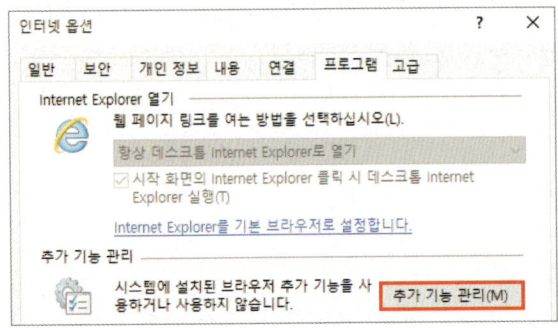

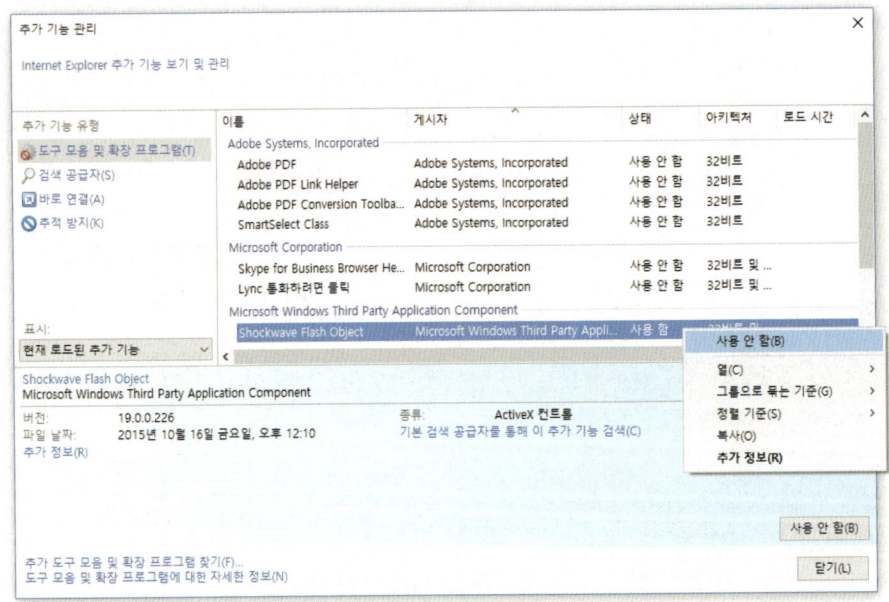

플래시 차단 : 윈도우 익스플로러 설정 - 인터넷 옵션 - 프로그램 - 추가 기능 관리에서 플래시 사용 안 함으로 설정합니다.

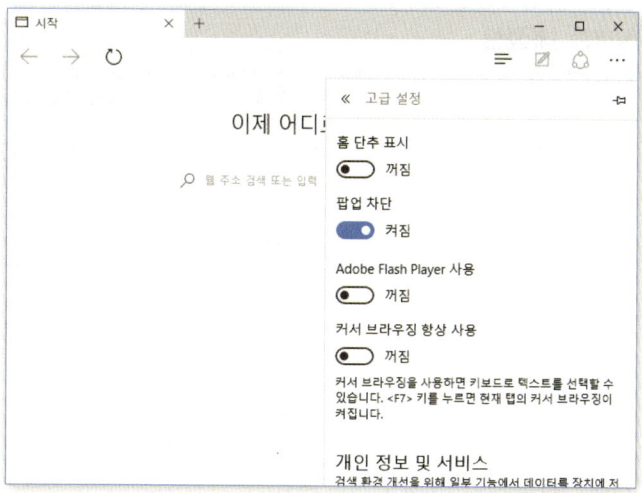

윈도우 10에 새로 등장한 엣지 웹브라우저에서 플래시를 차단하려면 윈도우 시작 - 설정 - 고급 설정에서 adobe Flash Player 사용을 꺼짐으로 만들면 됩니다.

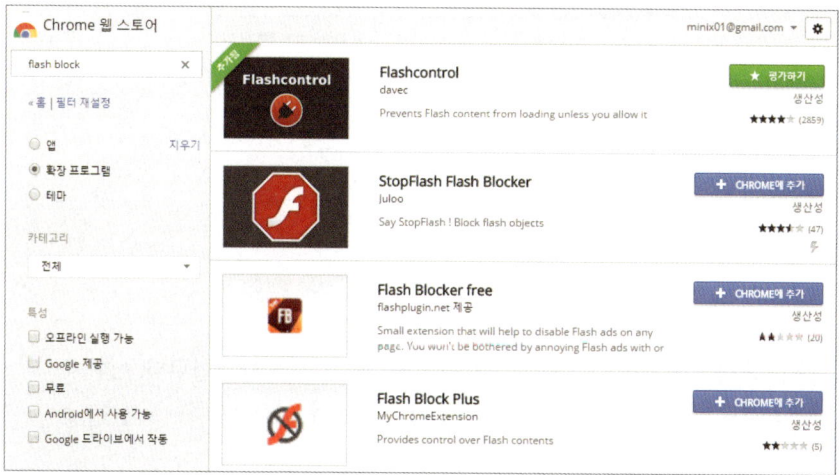

플래시를 꼭 써야 할 경우도 있으므로 아예 막는 것보다는 플래시를 제한하는 플러그인을 사용하는 것이 더 좋을 수도 있습니다. 크롬 웹브라우저의 경우 크롬 웹스토어에서 "flash block"을 검색해서 적당한 확장 프로그램을 사용하면 됩니다.

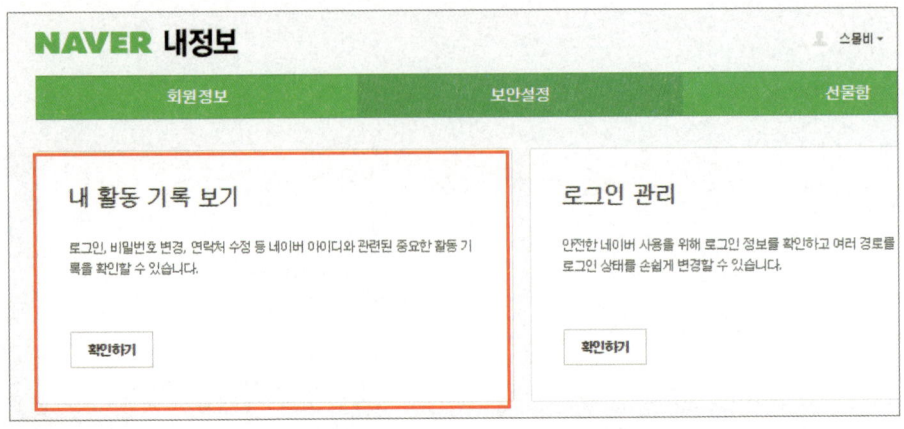

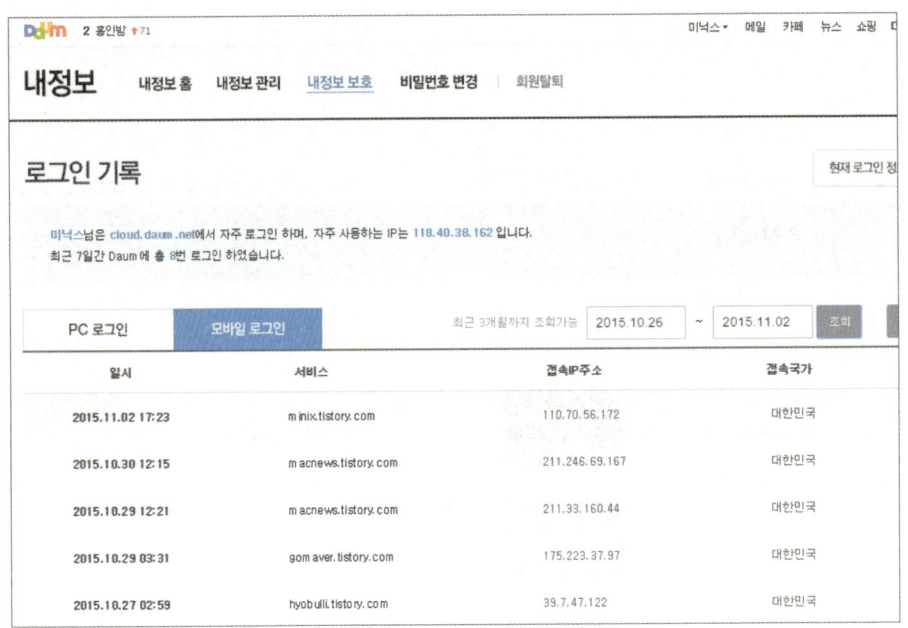

포털 해킹 시도 확인 : 포털은 해커들의 끊임없는 공격 대상입니다. 어딘가에서 여러분의 비밀번호를 털었다면 해커들은 그 비밀번호를 가지고 포털에 로그인을 시도합니다. 가상 화폐를 훔쳐 가거나 스팸 광고용으로 여러분의 아이디를 활용하기도 합니다. 이를 막으려면 외국에서의 로그인을 차단하거나 이중 로그인 정책으로 변환해야 합니다. 또한 로그인 기록을 살펴서 내 아이디가 공격 대상이 되고 있지 않은지도 수시로 확인할 필요가 있습니다.

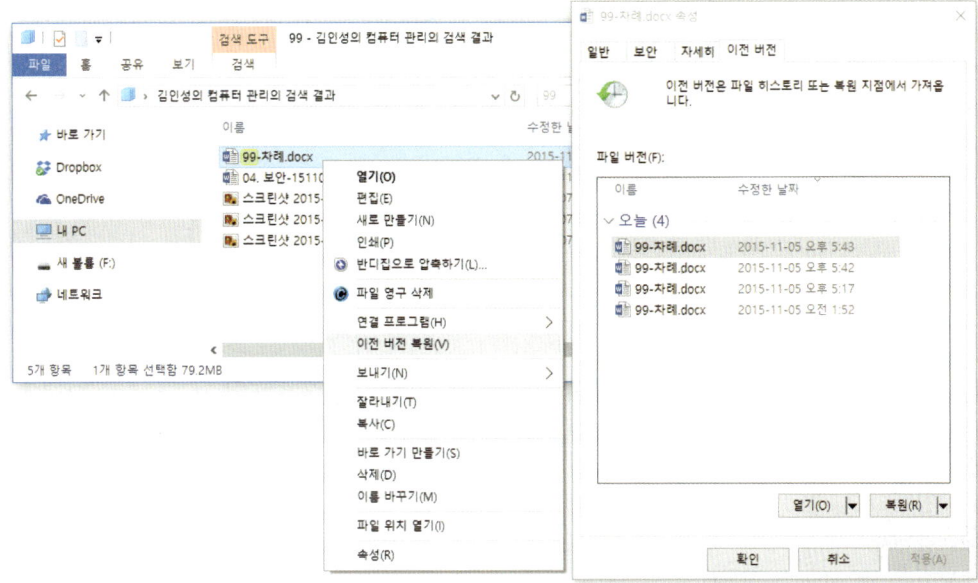

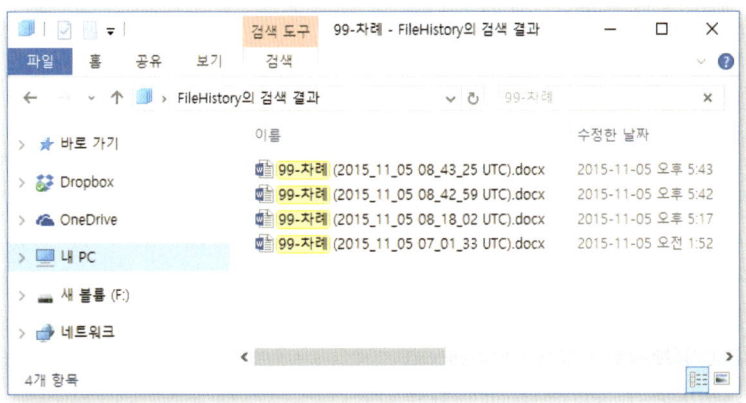

랜섬웨어 대비 : 랜섬웨어에 걸리면 십 년 이상 모은 가족사진 등 중요한 문서 파일을 잃어버릴 수 있습니다. 랜섬웨어는 아무리 주의해도 완벽한 차단은 불가능하고 단 한 번이라도 걸리면 막대한 손해를 입게 되므로 무조건 걸린다고 가정하고 그 이후의 파일 복구 대책에 중점을 둬야 합니다.

윈도우의 파일 백업 기능은 작업 파일을 실수로 삭제하거나 하드디스크에 에러가 생겨 파일을 복구할 수 없을 때는 유용하지만 랜섬웨어로부터 데이터를 지키는 수단이 되기는 어렵습니다. 랜섬웨어는 컴퓨터에서 접근 가능한 모든 저장장치에 있는 문서를 암호화하므로 윈도우가 백업해 놓은 파일까지 암호를 걸기 때문입니다. 물론 랜섬웨어가 데이터를 암호화하기 전에 컴퓨터를 끈다면 일부 데이터를 살릴 수 있기 때문에 전혀 도움이 안 되는 것은 아닙니다. 하지만 랜섬웨어로부터 데이터를 보호하려면 백업 하드디스크를 가능한 한 컴퓨터에서 분리해놓는 것이 좋습니다.

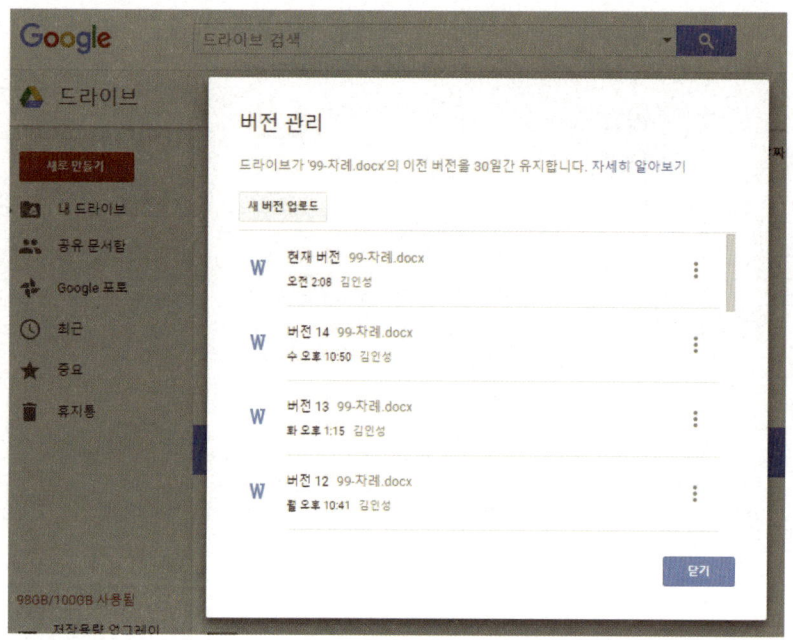

클라우드의 버전 관리 활용 : 랜섬웨어를 대비하기 위해 백업 하드디스크를 수시로 컴퓨터에 붙였다 뺐다 하는 것도 귀찮은 일입니다. 게을러지면 백업 주기가 길어져서 문제가 생겼을 때 최근 작업한 데이터를 날릴 수 있습니다. 백업 하드디스크를 컴퓨터에 붙여 놓은 상태로 랜섬웨어가 동작하면 백업 데이터까지 모두 잃을 수 있습니다. 때문에 랜섬웨어로부터 데이터를 지키기 위해서는 버전 관리가 되는 클라우드가 가장 좋은 대안이 될 수 있습니다.

랜섬웨어가 모든 파일을 암호화시키더라도 클라우드에 있는 이전 버전까지는 암호화시키지 못하기 때문입니다. 암호화된 파일도 클라우드에 백업되는 데 이때 원본 데이터가 이전 버전으로 자동 보존되므로 랜섬웨어에 당하더라도 작업 데이터를 복구할 수 있습니다.

클라우드에 올려도 상관없는 데이터는 클라우드 백업 방식, 보안이 중요한 데이터는 백업 하드디스크 방식을 선택해서 랜섬웨어로부터 안전하게 데이터를 지키시기 바랍니다.

4   데이터 보호 방법

대한민국은 언론, 출판의 자유와 집회 결사의 자유가 있으며(헌법 제21조) 학문과 예술의 자유(헌법 제22조)가 있습니다. 또한 통신의 비밀을 침해받지 않으며(헌법 제18조) 가치 판단, 윤리 판단, 세계관, 인생관, 사상, 신념을 포함하는 양심의 자유(헌법 제19조)를 인정하고 있습니다. 하지만 현실은 그렇지 못합니다. 집회와 결사의 자유는 경찰의 편의대로 제한받고 있으며, 언론 출판도 자유롭지 않습니다. 학문과 예술은 정치 논리로 재단당하고 있으며 통신 비밀은 수시로 침해당하고 있습니다. 마지막으로 시대착오적인 국가보안법은 시민들의 양심을 옥죄고 있습니다. 여기에 최근 테러방지를 핑계로 국정원 사찰법이 만들어졌습니다. 아이디어가 모든 것을 지배할 소프트웨어 시대에 생각의 제한은 상상력을 죽이고, 검열은 창의성을 말살시켜 국가 경쟁력을 떨어뜨릴 뿐입니다.

검열과 감시가 존재하는 상황에서 생각대로 말하고 글을 쓰기는 어렵습니다. 설사 쓰더라도 공개적으로 남들에게 알릴 수 없습니다. 사이버 시대인 지금 우리가 만든 문서들이 언제 어떻게 남의 손에 들어갈지 모릅니다. 그래서 때로는 데이터를 숨기는 방법도 필요합니다. 프라이버시 보호 차원에서 남들에게 보여주고 싶지 않은 데이터를 안전하게 보관하는 여러 가지 방법을 알아봅니다.

① 안전한 메신저 쓰기

전화, 문자, 메신저는 모두 감시를 받고 있습니다. 국내 포털이 본인에게 알리지도 않고 사용자 메일을 통째로 검찰에 넘겨 준 사례도 확인되고 있습니다. 통신사 문자 메시지뿐만 아니라 국내 업체의 모바일 메신저도 손쉽게 들여다볼 수 있는 상황입니다.

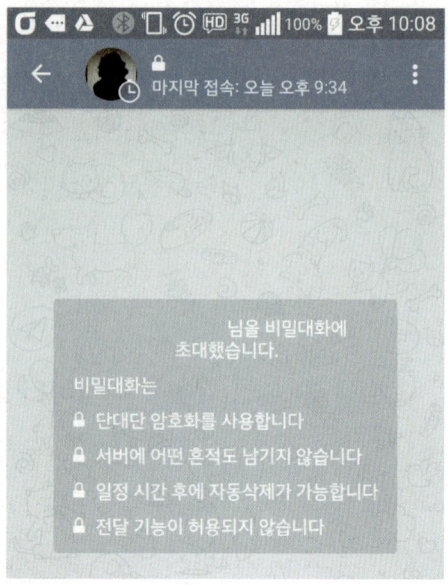

간단한 설정으로 실시간 감시도 가능합니다. 예를 들어 감시 대상자가 참여한 단체 대화방에 숨은 사용자 한 명만 추가하면 그들이 주고받는 모든 대화 내용을 곧바로 볼 수 있습니다. 메신저 업체는 서버 설정을 바꾸어 1:1 대화에도 숨은 사용자를 끼워 넣을 수 있으므로 감시 대상자가 1:1로 대화를 하고 있다고 믿고 있더라도 실제로는 단체 대화방과 마찬가지로 숨은 사용자가 모두 보고 있을 수도 있습니다.

외국에 서버가 있는 외국 메신저는 국내 공권력이 미치지 않아 비교적 안심할 수 있는 있지만, 이들도 자기나라 정부와 협조를 하고 있다는 강한 의심을 받고 있습니다. 구글, 애플, 마이크로소프트, 페이스북이 미국 정부에게 회원 정보를 넘겨 주었다는 의혹이 제기된 적도 있습니다. 애플의 아이메시지는 처음 만들 때부터 아이폰끼리만 아는 암호화 방식을 사용하도록 했기 때문에 아이폰 사용자들이 주고받은 아이메시지는 애플조차도 풀 수 없다고 알려져 있습니다. 하지만 기술적인 부분과는 별도로 애플이란 회사에 대한 신뢰는 아직 확인되지 않았습니다.

러시아에서 시작된 텔레그램은 처음부터 보안에 중점을 두고 개발된 메신저로, 업체도 알 수 없는 방법으로 대화를 암호화해서 전송합니다. 추가적으로 텔레그램은 서비스 업체의 신뢰성 검증까지 통과한 메신저입니다. 러시아 정부가 감시 대상자들의 데이터를 넘겨 달라고 요구했으나 텔레그램은 이를 거부하고 아예 회사를 독일로 옮겨 버렸습니다. 텔레그램은 외부의 압력으로

부터 회원의 데이터를 지키기 위해 회사의 이익을 포기 했고, 이 때문에 현재 가장 믿을만한 메신저로 인정받고 있습니다.

물론 어떤 보안 대책도 기술적으로 완벽하다고 말할 수 없습니다. 텔레그램이 다른 메신저에 비해 기술적으로 우월한 지는 증명되지 않았습니다. 하지만 기술력이 일정 수준 이상이 되고 나면 업체 간 기술적 우위는 크게 중요하지 않습니다. 보안 문제는 언제나 발생하는 것이고 해킹 사고도 생길 수 있습니다. 이런 부분에서는 텔레그램도 예외가 아닙니다. 하지만 텔레그램이 해킹되더라도 그것은 사고에 속하는 것이고 차후 기술적인 해결책으로 보완이 가능합니다. 이런 위험에도 불구하고 어떤 서비스를 믿을 수 있느냐 하는 것은 결국은 업체의 정책에 대한 신뢰성 여부입니다.

신뢰받는 업체의 메신저라도 단체 대화방은 안전하지 않습니다. 참여하고 있는 사람 중 한 명의 스마트폰만 확보해도 모든 대화 내용이 유출될 수 있습니다. 대화 내용을 지우라고 요청하더라도 참여자 모두가 다 지웠는지 확인이 어렵습니다. 지우더라도 스마트폰 복구를 통해 다시 살려낼 수도 있습니다. 따라서 정말 중요한 내용은 단체 대화방에 써서는 안 된다는 점을 명심하시기 바랍니다.

② 검열 우회하기

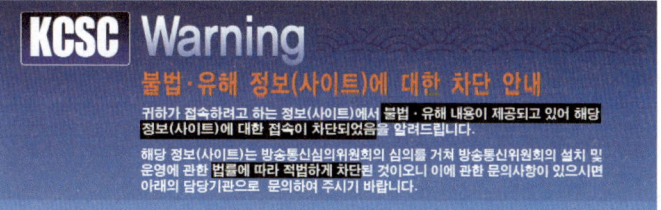

한국은 인터넷 검열이 존재하는 국가입니다. 평소에는 알 수 없지만 우연히 정부가 제한한 사이트에 방문하려고 할 때 그 존재가 드러납니다. 인터넷에서 불법적인 사이트에 대한 접근을 막는 것은 한계가 있습니다. 예를들어 음란물 차안의 경우 전 세계가 연결된 인터넷에서 음란물을 모두 차단할 수도 없고 IT 분야에서 우리와 경쟁하는 대다수 국가에서 음란물은 불법이 아니기 때문입니다.

명예훼손의 소지가 있다는 이유만으로 사이트가 차단당하는 경우도 많이 발생하고 있습니다. 인터넷 게시글이 명예훼손에 해당하는지 여부를 법정에서 판단하기도 전에 피해 당했다는 측의 자의적인 판단에 의한 신고 만으로 사이트를 차단하는 것은 표현의 자유를 심각하게 훼손하는 것입니다. 최근 들어 정부에 비판적인 글에 대한 단속이 급증하고 있는데 이는 사상의 자유를 침해하는 것으로 매우 심각한 문제가 아닐 수 없습니다.

다행히 검열에 대한 해결책은 존재합니다. IT는 자유를 추구하는 해커들의 노력으로 발전해 왔습니다. 그들은 검열을 우회하는 간단한 해결책도 제시해 놓았습니다. 웹 브라우저 확장 프로그램 중에서 "VPN"이라고 쳐서 나오는 네트워크 우회 프로그램을 다운 받아 추가하기만 하면 됩니다. VPN이라는 기술을 쓰면 한국에서 컴퓨터를 사용하더라도 외국에서 사용하고 있는 것처럼 위장할 수 있으므로 한국에서 차단된 사이트도 접속할 수 있습니다.

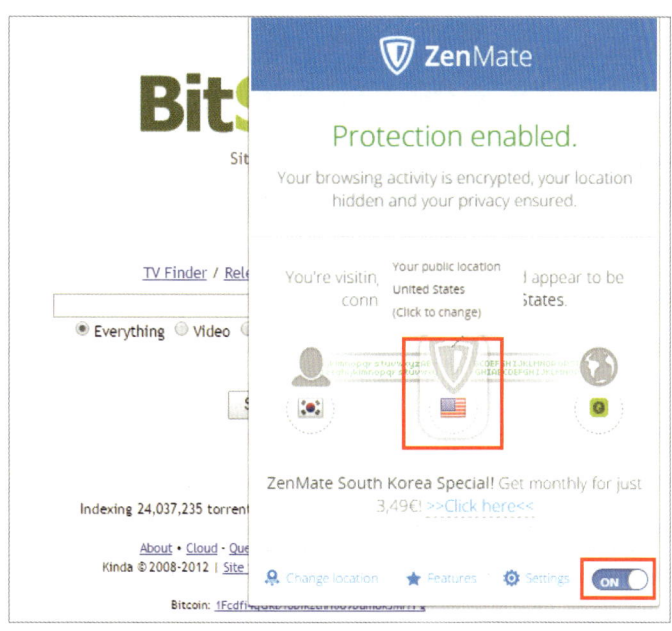

VPN : 네트워크 우회 프로그램을 실행하면 한국 인터넷에서 정상적인 방법으로는 들어갈 수 없었던 사이트에 아무 제한 없이 들어갈 수 있게 됩니다. VPN 서버가 미국에 있을 경우, 내 컴퓨터에서 곧바로 사이트로 가는 대신 미국 서버를 경유해서 목적지 사이트로 갑니다. 내 컴퓨터와 미국 서버 사이는 암호화되어 있으므로 인터넷 감시자들은 내가 미국 VPN 서버에 접속했다는 사실은 알 수 있지만 실제로 어디에 접속하고 어떤 내용을 주고받는지 알 수 없습니다.

하지만 현실적으로 암호화는 비용이 들기 때문에 네트워크 우회 기능을 제공하는 업체들이 암호화에 소홀할 가능성이 많습니다. 암호화가 되어 있다고 해도 안심할 수는 없습니다. 감시자들이 네트워크 우회용으로 알려진 IP로 접속하는 사용자에 대해서 오히려 집중 감시를 할 수도 있기 때문입니다. 특히 한국에서는 네트워크 감시 장비인 심층 패킷 검사기를 통신사에 설치하고 운영하는 중입니다. 심층 패킷 검사기는 네트워크를 지나가는 모든 데이터의 내용을 들여다보고 분석할 수 있는 기기입니다. 따라서 네트워크를 우회하여 인터넷을 하고 있다고 백 퍼센트 안전할 것이라고 믿어서는 안됩니다.

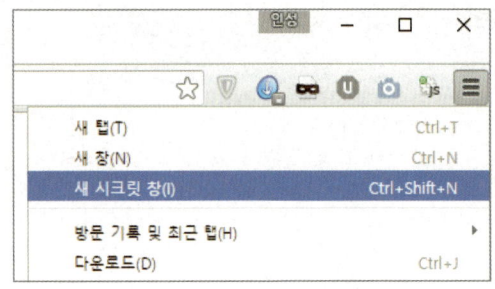

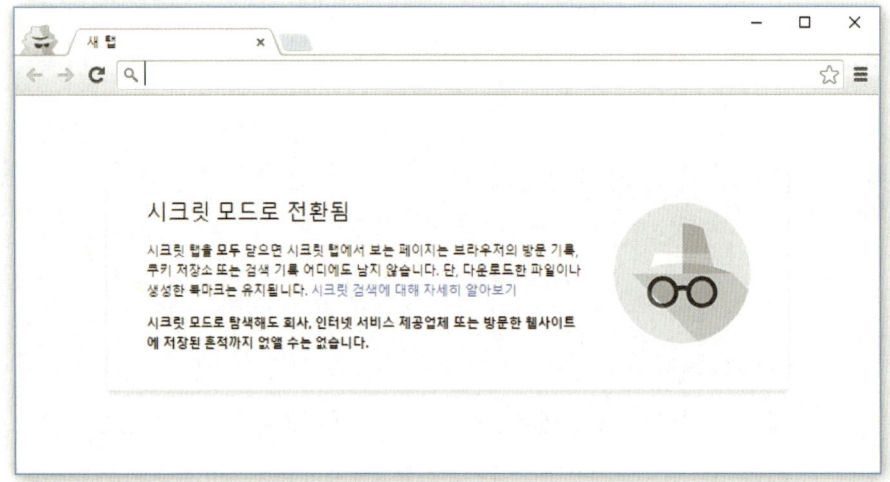

네트워크 우회를 하더라도 내 컴퓨터에 인터넷 접속 기록은 남습니다. 이를 막기 위해 접속 기록 등 개인 정보를 남기지 않는 시크릿 모드로 웹 브라우저를 사용할 수 있습니다. 메뉴에서 새 시크릿 창을 열면 됩니다. 이 방식을 쓰면 웹 브라우저 방문 기록이나 검색 기록 그리고 히스토리가 전혀 남지 않습니다. 물론 아무리 시크릿 모드로 사용하더라도 회사 컴퓨터일 경우 회사 네트워크 사용 기록에는 어느 컴퓨터가 언제 어느 곳을 방문했는지 전부 남기 때문에 안심할 수 없습니다. 마찬가지로 네트워크를 제공하는 통신사, 인터넷 서버에도 내 컴퓨터에서 접속한 기록이 남게 됩니다.

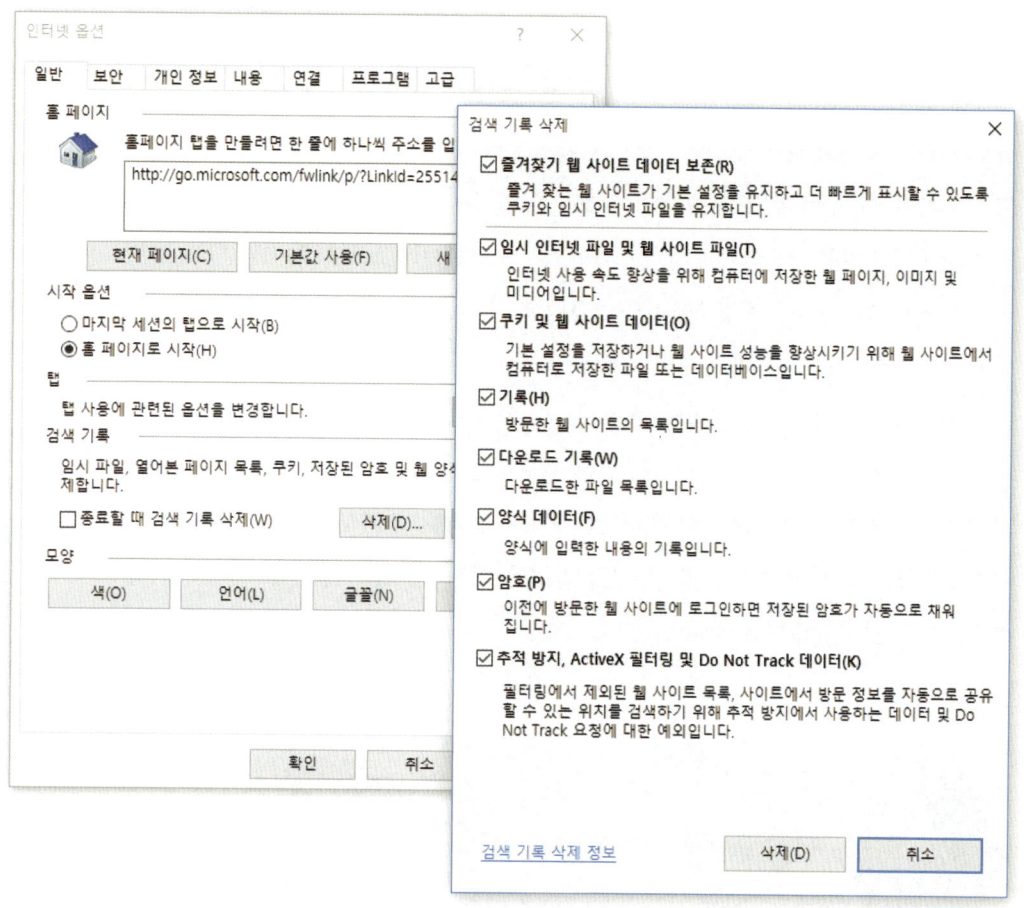

주기적으로 인터넷 사용 기록도 지우는 것이 좋습니다. 물론 이것은 최소한의 보안을 위한 것일 뿐입니다. 디지털 포렌식을 통해서 컴퓨터를 조사하면 기록을 지우더라도 사용 흔적은 고스란히 복구해 낼 수 있습니다.

③ 안전한 서비스 사용하기

국내 인터넷 서비스는 안전하지 않습니다. 메신저, 메일, 클라우드, 게시판, 블로그, 카페, 동호회 데이터는 본인 모르게 남의 손에 넘어갈 수 있습니다. 전교조 교사의 7년치 이메일이 본인에게 통보도 없이 수사 당국에 전달되었습니다. 메신저 업체는 한동안 사용자의 프라이버시 보호를 위해 노력했으나 결국 수사에 협조하는 쪽으로 정책을 바꾸었습니다.

한국 인터넷에서는 기업에게 불리한 내용을 담은 글은 곧바로 블라인드 처리를 통해 사람들이 볼 수 없도록 만들어 버립니다. 해킹에 대한 대응도 심각한 상태입니다. 국내 인터넷 서비스는 해킹을 당해도 일정 수준의 대비를 했다는 사실만 증명하면 업체는 사용자에게 배상할 필요가 없습니다. 이것은 여태까지 있었던 모든 재판에서 재차 확인된 사항입니다. 이제 한국에서 안전한 서비스는 남아 있지 않습니다.

데이터 보안, 개인 프라이버시 보호, 검열에서 자유로워지고 싶으면 결국 외국 서비스를 사용할 수밖에 없습니다. 클라우드 서비스, 모바일 메신저, 블로그 모든 분야에서 그렇습니다. 한때 한국의 메신저가 해외에서 인기를 끌었으나 정부가 감청하고 있다는 사실이 알려진 후 신뢰를 잃었고 결국 돌이킬 수 없는 경쟁력 상실로 이어졌습니다. 이런 문제가 한국 IT의 발목을 잡고 있습니다.

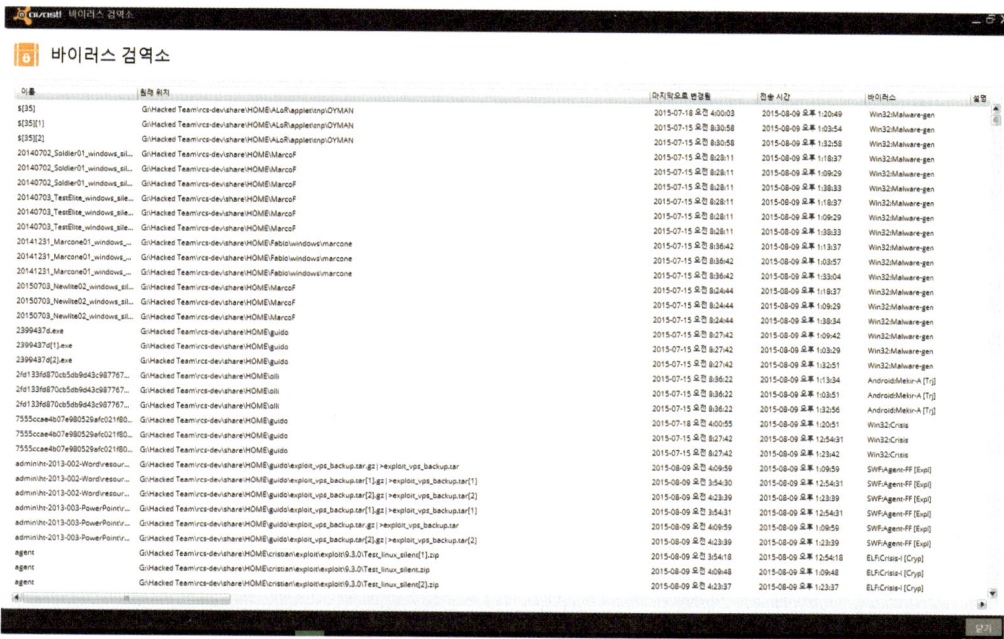

주기적인 시스템 최적화 작업 : 안전한 사이트만 방문하더라도 조금만 방심하면 악성 코드가 시스템을 장악하여 데이터를 빼갈 수 있으므로 앞장에서 알려드린 최적화 작업은 수시로 진행해야 안전합니다.

④ 데이터 암호화

암호화는 개인 데이터를 지킬 수 있는 좋은 수단이지만 과연 데이터를 암호화하는 것이 효율적인지 의심해 볼 필요가 있습니다. 암호화란 남늘로부터 데이터를 감추기 위한 방법이지만 내가 필요할 때는 풀 수 있어야 합니다. 남들이 풀기 어렵게 만들면 내가 불편하고, 내가 쓰기 편하게 만들면 남들도 풀기 쉬워집니다. 절충점을 찾다 보면 결국 보안이 무의미해지는 상황이 되기 쉽습니다.

암호화를 하더라도 사용하다보면 귀찮아져서 처음에 강화해 놓은 보안을 결국 해제해 놓고 쓰게 됩니다. 암호화해 놓았다고 방심하게 되면 오히려 암호화하지 않는 것보다 더 허술하게 데이터를 관리하게 될 수도 있습니다. 보안성이 낮은 방법을 좋은 보안 방식인 줄 알고 사용함으로써 시간과 노력만 낭비하는 경우도 많습니다. 여기서는 여러 가지 암호화 방식 중에서 보안성이 높고 상대적으로 편리한 방식을 알려 드립니다.

두 가지 암호법

암호화는 스테가노그래피(Steganography)와 크립토그래피(Cryptography)로 나누어집니다. 노예의 머리카락을 짧게 자르고 메시지를 쓴 다음 머리카락이 다 자란 후에 상대편에게 보내던 고전적인 방법이 대표적인 스테가노그래피입니다.

스테가노그래피는 메시지를 은닉하는 방법일 뿐이므로 어떻게 숨겼는지만 알면 곧바로 메시지를 해독할 수 있습니다. 스테가노그래피는 "최첨단 암호법"이 아니라 아주 유치한 수준의 고전 암호 기법일 뿐입니다. 이런 암호법은 아무런 보안성이 없습니다. 해독 프로그램을 돌리면 금방 들키고 맙니다.

크립토그래피는 복잡한 문자 바꿔치기 등 수학적인 방법으로 원문을 암호문으로 바꾸는 방법입니다. 과거에는 단순 치환법을 사용했으나(I LOVE YOU를 J MPWF ZPV로 바꾸는 식) 점차 복잡하게 발전했습니다. 컴퓨터를 사용하게된 이후에는 너무나 복잡하여 암호 해독키가 없으면 풀기 어렵게 되었습니다. 크립토그래피는 현대적 암호법이지만 암호화 키가 쉽게 유추할 수 있을 정도로 단순하거나 상대적으로 짧으면 무차별 대입 방법으로 풀 수 있습니다. 예를 들어 암호가 네 자리 숫자라면 0000부터 9999까지 넣어 보는 식입니다.

○ [▒▒▒▒] 조직 또한 이메일을 통해 지령문을 수신하고, 대북보고문을 발신했는데, 이 때 북한공작조직이 개발해 제공한 변신프로그램(암호화, 복호화 프로그램)인 일명 "스테가노그래피" 기법을 이용했음.

－'스테가노그래피'란 지령문이나 대북보고문 등 비밀 메시지를 암호화 변신 프로그램을 이용하여, 신문 기사 등의 커버정보 안에 은닉하여 내용뿐만 아니라 존재까지도 완전히 숨기는 최첨단 암호화 프로그램 기법이며

－겉으로 보면 정상적인 기사로 보이고 내용을 보려면 복호화 프로그램을 사용하여 평문으로 만들어야 함.

순번	증거방법				성명	입증취지	신청기일	증거의견		증거결정		증거조사기일	비고
	작성	쪽수(수)	쪽수(증)	증거명칭				기일	내용	기일	내용		
				복호화 과정 입증자료)									
	″	~		증 제▒▒호 USB(4GB, Transcend)內 TrueCrypt로 암호화된 '▒▒▒▒▒' 제하 파일 복호화 과정 캡처화면 출력본 1부		″							″
	″	~		증 제▒▒호 USB(4GB, Transcend)內 TrueCrypt로 암호화된 '▒▒▒▒▒' 복호화 결과, 스테가노그래피로 암호화된 "▒▒▒▒▒▒" 및 PGP로 암호화된 ▒▒▒▒▒ 파일 복호화 과정 캡처화면 출력본 각1부		″							″
				PGP로 암호화된									

스테가노그래피 : 데이터 은닉 방법인 스테가노그래피는 그 이름 자체가 마치 어마어마한 불법인 것처럼 알려져 있어 이런 암호법에 대해 이야기했다는 것만으로도 유죄의 증거로 삼으려 할 정도입니다.

> TrueCrypt 실행 내역을 확인함
> - 레지스트리 경로 C:\WINDOWS\system32\config\system/NTRegistry\$$$PROTO.HIV\MountedDevices\" 분석 결과, TrueCrypt로 암호화된 볼륨이 다수 연결된 사실을 확인 하였음.
> - 피의자가 TrueCrypt 프로그램으로 암호화한 보안영역을 복호화하는 과정과 복호화를 통해 확인한 파일 내용을 통한 입증 자료는 다음과 같음.

크립트그래피 : 크립토그래피는 데이터를 안전하게 암호화할 수 있습니다. 하지만 트루크립트(TrueCrypt)와 같이 많이 알려진 암호화 소프트웨어를 사용하면 컴퓨터 하드디스크 포렌식을 통해서 사용 여부를 금방 알 수 있습니다. 트루크립트 또한 그 사용 자체가 불법적인 행위를 시도했다는 정황으로 의심 받기에 충분합니다.

합법적이고 안전한 암호 방식

컴퓨터에 숨길 내용을 남기지 않는 것이 가장 좋은 방법이지만 그럴 수 없다면 스테가노그래피 방식이나 트루크립트 소프트웨어는 사용하지 않는 것이 좋습니다. 대신 윈도우에서 기본으로 지원하는 "비트라커(Bitlocker)" 등 상대적으로 합법적인 기능을 활용하시기 바랍니다.

비트라커 암호법은 트루크립토보다 보안성이 뛰어나다고 알려져 있습니다. 비트라커는 하드디스크 전체를 암호화합니다. 암호화한 후에 하드디스크의 내용을 보기 위해서는 암호키를 요구하는데 12자 이상의 긴 암호문을 사용할 경우 해독하기 어려워 비교적 안전한 암호화 방법입니다. 비트라커는 윈도우7 얼티메이트 버전 이상, 윈도우8 프로 버전 이상에서 무료로 사용할 수 있습니다.

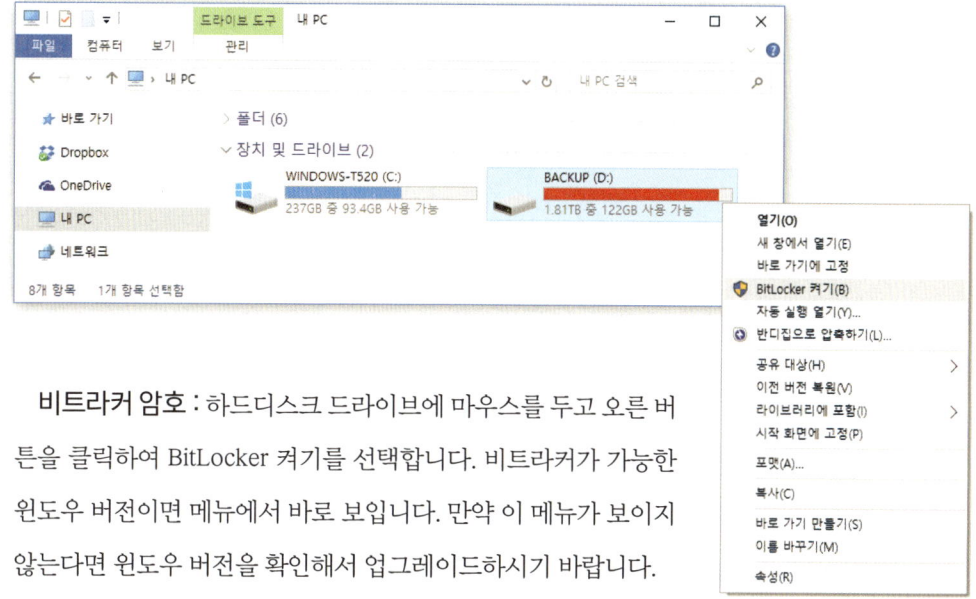

비트라커 암호 : 하드디스크 드라이브에 마우스를 두고 오른 버튼을 클릭하여 BitLocker 켜기를 선택합니다. 비트라커가 가능한 윈도우 버전이면 메뉴에서 바로 보입니다. 만약 이 메뉴가 보이지 않는다면 윈도우 버전을 확인해서 업그레이드하시기 바랍니다.

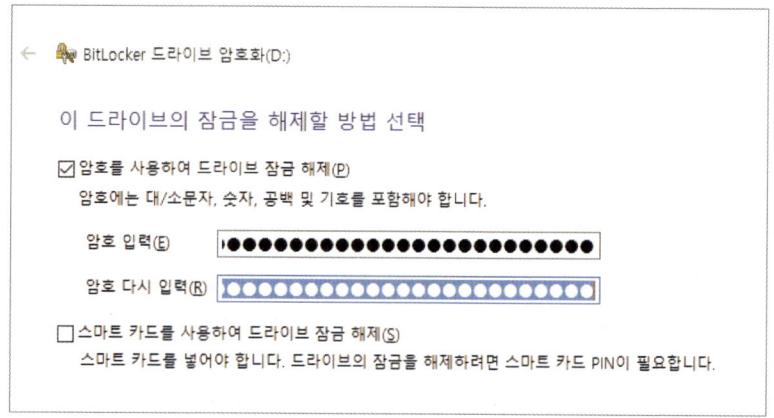

드라이브 잠금을 해제할 때 사용할 방법을 정하는 화면입니다. 스마트카드를 사용할 수도 있지만 스마트카드가 다른 사람 손에 들어갈 수도 있으므로 암호 입력 방식을 선택하는 것이 안전합니다. 해독키는 최대한 길게 하는 것이 좋습니다. 이론적으로는 특수문자, 숫자, 영어 대소문자를 섞어서 12자 이상이면 되지만 가능하면 20자 이상을 입력하시기 바랍니다.

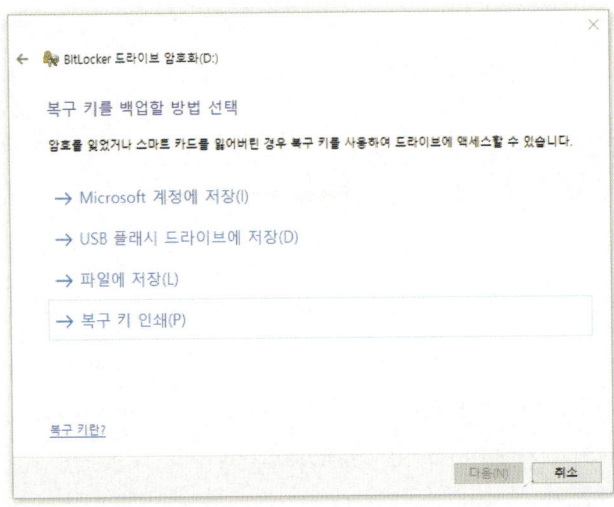

　　백업용 복구키를 저장할 방법을 선택하는 화면입니다. 복구키는 임의의 긴 문자열 값입니다. 해독키를 잊어버렸을 경우 이 복구키를 사용하여 드라이브 잠금을 해제할 수 있습니다. 마이크로소프트 계정에 저장은 인터넷 서버에 저장하는 것으로 마이크로소프트를 믿을 수 없고 누군가 내 계정을 해킹하면 가져갈 수도 있기 때문에 사용하기에는 부적당합니다.

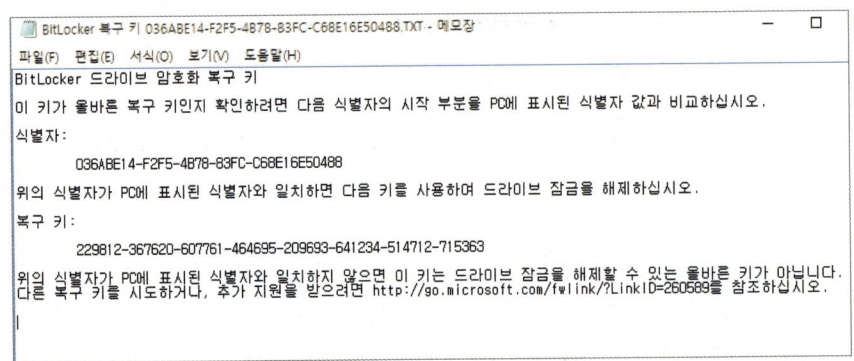

　　USB 플래시 드라이브도 다른 사람 손에 들어갈 가능성이 있으므로 믿을 수 없습니다. 파일에 저장 또한 파일을 누군가 복제할 수 있고, 파일을 지우더라도 복구를 통해 되살릴 수도 있기 때문에 위험합니다.

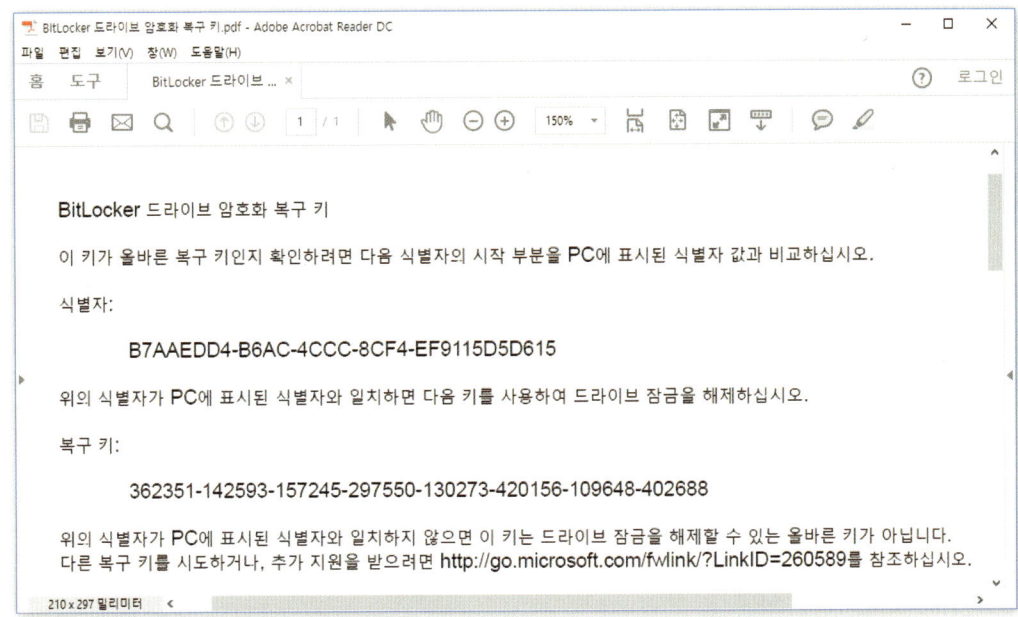

어쨌든 한 가지 방법은 선택해야 하므로 복구 키 인쇄를 선택합니다. 프린트에서 복구키가 종이에 인쇄되어 나오면 잘게 찢어서 버립니다. 이제 이 하드디스크 드라이브는 비밀번호를 알고 있는 본인 이외에는 아무도 열 수 없습니다.

문제는 여러분이 불의의 사고로 유고 시에 이 하드디스크를 열어 볼 방법이 없다는 데 있습니다. 디지털 시대라서 원본 데이터가 디지털 데이터로만 존재하는 경우가 많습니다. 소설가가 작성 중이던 원고, 사진작가의 미발표 사진들이 영원히 사라지게 됩니다. 따라서 남들에게 전해야 할 데이터는 암호화된 하드디스크에 담지 않는 것이 좋습니다.

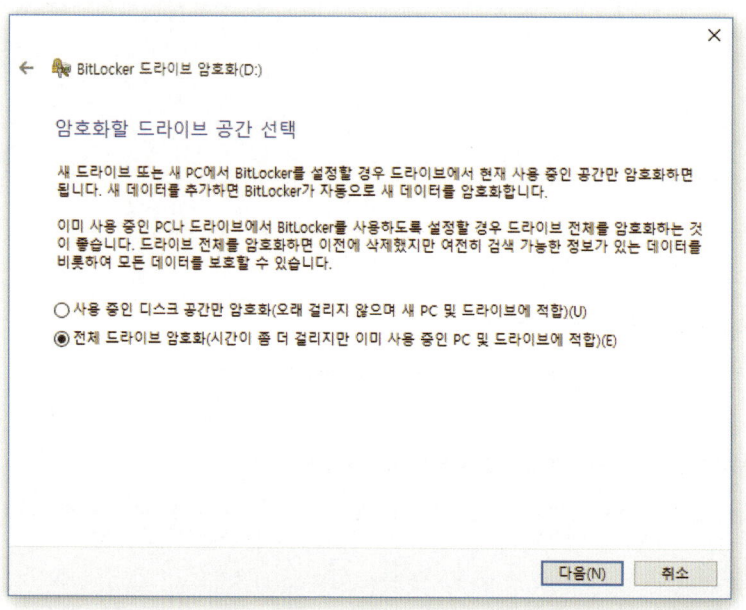

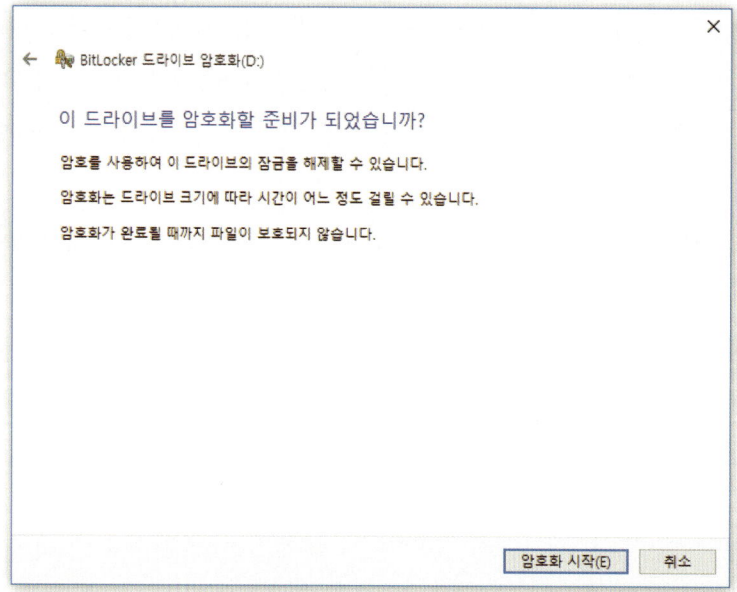

실제 암호화 작업을 진행합니다. 사용 중인 하드디스크이므로 전체 드라이브 암호화를 선택합니다. 2TB의 경우 약 36시간 정도 걸려서 암호화가 완료됩니다.

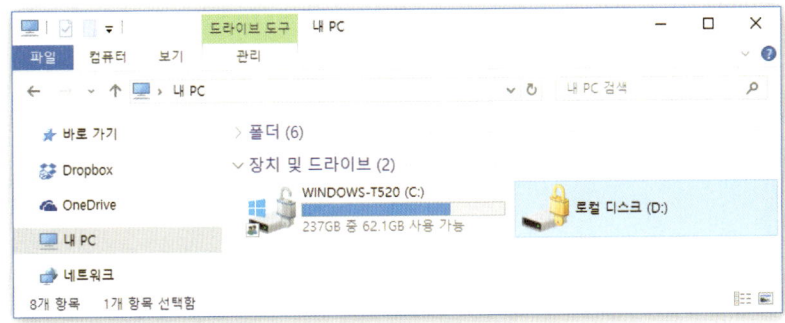

이제 이 하드디스크는 자물쇠가 걸려서 접근이 불가능합니다. 이 하드디스크를 사용하려면 컴퓨터를 켤 때마다 해독키를 입력해야 합니다. 하드디스크만 떼서 다른 컴퓨터에 연결했을 때도 해독키를 입력해야 합니다. 일단 컴퓨터의 전원을 끄면 해독키를 모르는 상태에서는 아무도 이 하드디스크에 접근할 수 없게 되는 것입니다.

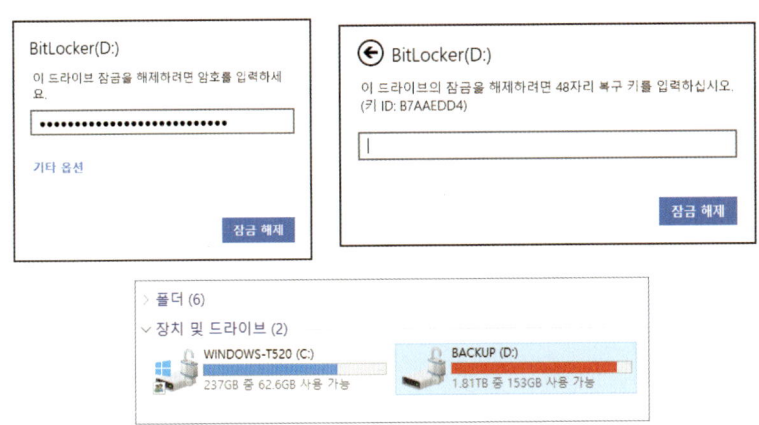

이 하드디스크에 접근하기 위해서는 해독키를 입력해야 합니다. 해독키를 잊어버려도 종이에 인쇄해 놓은 백업용 복구키로 풀 수 있지만 이미 종이를 없앴기 때문에 백업용 복구키는 사용할 수 없습니다. 보통 암호화를 사용하더라도 만약을 위해서 복구키가 인쇄된 종이를 어딘가에 숨겨두게 됩니다. 숨겨둔 종이는 반드시 누군가가 찾아낼 것이기 때문에 보안성이 떨어집니다. 따라서 보안성을 높이려면 절대로 복구키가 인쇄된 종이를 남기지 말아야 합니다.

　윈도우가 설치된 C:에 비트라커를 걸 수도 있습니다 다만 C: 암호화를 위해서는 TPM이라는 암호화 하드웨어가 필요합니다. 문제는 사용 편의를 위해 부팅할 때 TPM이 정상이면 자동으로 C:의 암호를 풀어 사용 가능 상태로 만들어 주기 때문에 실질적으로 보안성이 없습니다. 바이오스에 부팅 암호를 걸 수도 있지만, 바이오스 초기화나 바이오스 칩 교체로 무력화할 수 있기 때문에 이것도 큰 보안성이 없습니다. 즉 하드디스크 C:에 대한 암호화는 별 의미가 없으므로 중요한 개인 데이터는 C: 이외의 파티션에 저장하고 그 파티션에 비트라커를 거는 방식을 사용하시기 바랍니다.

5 데이터 완전 삭제

데이터는 안전하게 지켜야 하지만 때로는 데이터를 완전히 삭제해야 할 경우도 있습니다. 사용하던 컴퓨터를 폐기하거나 중고로 판매할 때 하드디스크에 있는 데이터를 완전히 지워야 합니다. 지금도 중고로 판매되는 하드디스크를 깨끗이 삭제하지 않아 개인 정보가 유출되는 경우가 많습니다. 어떻게 데이터를 완전히 삭제하는지, 저장 매체 별로 알아보겠습니다.

1 하드디스크 완전 삭제

하드디스크 완전 삭제 작업은 사실 별로 어렵지 않습니다. 완전 삭제를 지원하는 유/무료 프로그램이 많고 기능상으로 큰 차이가 없으므로 인터넷에서 적당한 것을 다운 받아 사용하면 됩니다. 애플의 맥에서는 운영체제 수준에서 완전 삭제를 지원하기도 합니다. 그 외에도 완전 삭제를 하는 다양한 방법이 존재합니다.

삭제 프로그램으로 삭제하기

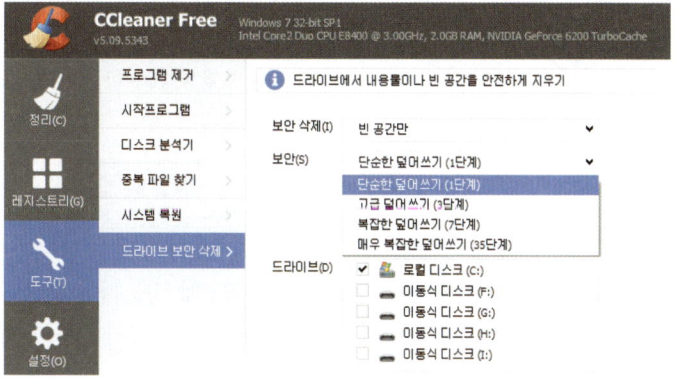

시스템 관리 프로그램은 대부분 완전 삭제 기능을 가지고 있습니다. advanced systemcare, recuver 등에도 포함되어 있습니다. 여기서는 CCleaner으로 C:의 빈 영역을 지우는 작업 과정을 보여 드립니다.

하드디스크에 있는 개인 파일을 지워도 삭제 영역에 그대로 남아 있습니다. 때문에 완전 삭제를 하려면 빈 영역에 다른 데이터를 덮어 써야 합니다. CCleaner 무료 버전을 실행하고 도구 - 드라이브 보안 삭제를 선택합니다. 보안 삭제 종류는 빈 공간만 하는 것으로 하고 드라이브는 하드디스크 C:에 체크합니다. 보안 삭제 방법은 단순한 덮어쓰기(1단계)로도 충분하지만 불안하다면 고급(3단계)이나 복잡(7단계)을 선택하시기 바랍니다.

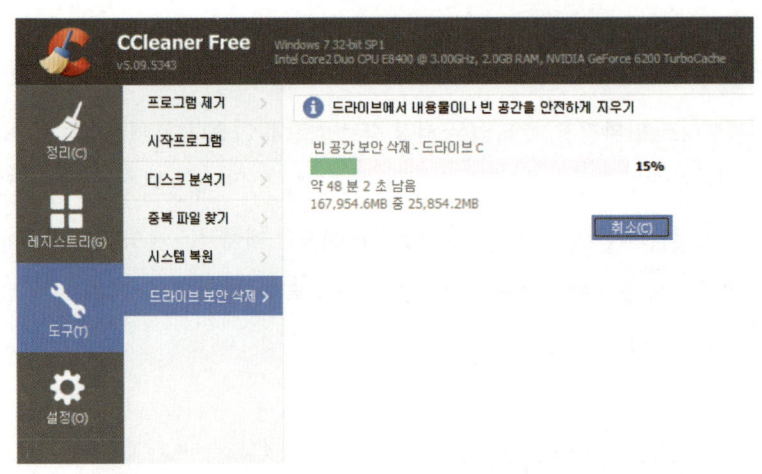

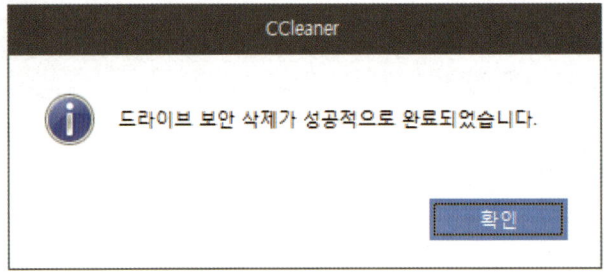

SSD 167GB를 단순한 덮어쓰기로 완전 삭제하는 데 50분이상이 걸립니다. 하드디스크라면 2배 이상의 시간이 걸리고, 3단계나 7단계를 선택했다면 이 시간에 3배나 7배가 더 걸립니다.

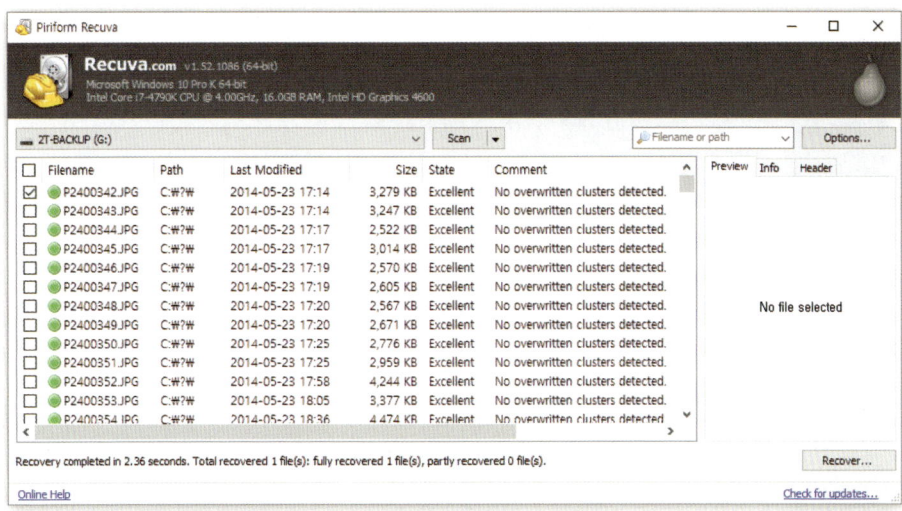

　　　　빈 공간 덮어쓰기를 하면 삭제한 파일의 파일 내용은 복구할 수 없지만, 파일 목록이 저장된 영역까지 완전히 청소되지는 않으므로 파일명이 일부 남아 있을 수 있습니다. 파일명을 통해서 어떤 용도로 쓰던 하드디스크인지 파악이 가능할 수도 있고, 존재했다는 사실만으로 문제가 될 수 있는 파일도 있을 수 있으므로 빈 영역 지우기로는 완전한 삭제가 되지 않는다고 생각하셔야 합니다.

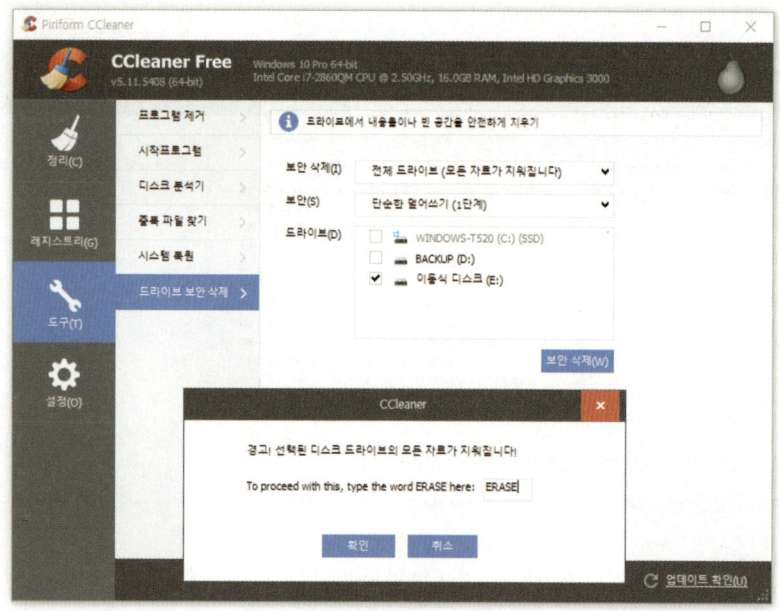

하드디스크의 파일명과 파일 내용 모두를 완전히 삭제하려면 보안 삭제 옵션에서 전제드라이브 삭제를 선택해야 합니다. 이 옵션을 선택하면 안전을 위해서 ERASE란 문자열을 직접 입력하라고 요구합니다. 실제 하드디스크를 지울 때는 정확한 하드디스크를 선택했는지 두 번, 세 번 확인하시기 바랍니다. 실수로 엉뚱한 하드디스크를 이 방식으로 지우게 되면 그 하드디스크에서는 데이터를 살려낼 방법은 전혀 없다는 점을 명심하시기 바랍니다.

전체 삭제 작업을 할 때도 마찬가지로 단순한 덮어쓰기를 선택해도 됩니다. 첩보 영화에서는 파괴된 하드디스크라도 한 비트씩 읽어서 데이터를 복구해내는 장면이 나오지만, 현실에서는 가능하지 않습니다. 국가정보원도 이런 기술은 없습니다. 국가정보원도 일부 영역에만 에러가 있는 하드디스크의 정상 영역에 있는 데이터를 획득하는 정도이고 이것도 복구 업체에 의뢰해서 작업하고 있는 것으로 알려져있습니다. 복구 업체에서 사용하는 프로그램과 여기서 사용하는 무료 복구 프로그램 사이에 큰 차이는 없습니다.

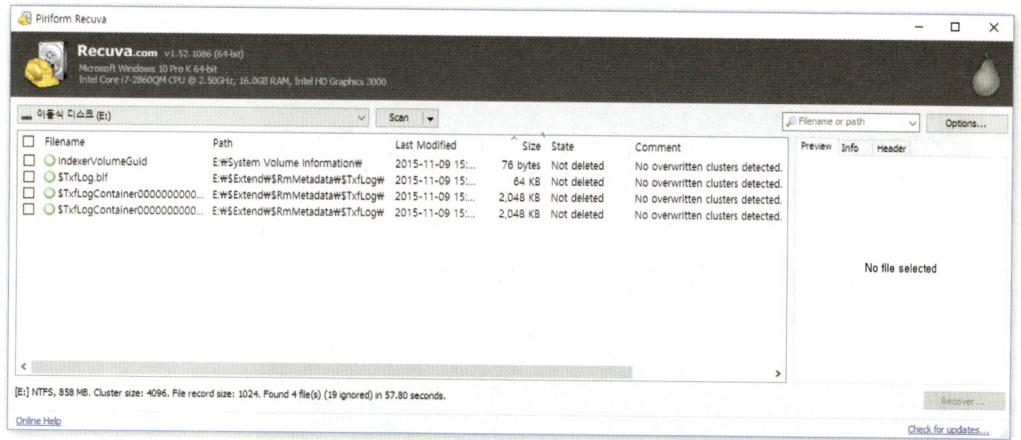

전체 드라이브 완전 삭제를 한 후에 복구 프로그램을 돌린 결과입니다. 일반 파일은 완전히 삭제되었습니다. 화면에 보이는 파일들은 운영체제가 사용하는 시스템 파일입니다. 시스템 파일에는 삭제된 파일에 대한 정보가 전혀 남아있지 않습니다.

운영체제에 내장된 기능으로 삭제하기

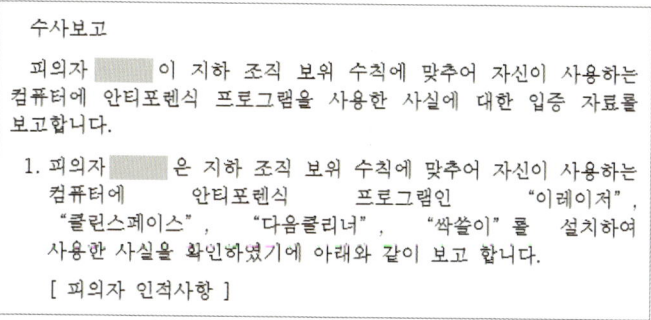

수사 기관은 데이터 삭제 프로그램을 사용한 것 자체를 유죄의 증거로 삼기도 합니다. 인터넷에서 누구나 무료로 다운 받을 수 있는 "다음클리너" 같은 프로그램도 안티포렌식 프로그램으로 취급됩니다. 따라서 완전 삭제가 필요하다면 삭제 프로그램을 돌렸다는 흔적이 남지 않는 삭제 방법을 강구할 필요도 있습니다.

참고

리눅스와 애플의 OSX에서 기본 제공되는 유틸리티 프로그램을 활용하여 완전 삭제가 가능합니다. 위 이미지는 리눅스에서 유틸리티 프로그램으로 하드디스크를 완전 삭제 하는 과정입니다. 리눅스를 직접 사용하여 작업하는 것은 상당한 난이도가 있는 작업이므로 구체적인 과정은 보여드리지 않습니다. 이 부분은 리눅스 전문가에게 의뢰하시기 바랍니다.

```
iskim@T520 ~
$ ls -l /dev/sd?
brw-rw-rw- 1 iskim 없음 8,  0 11월  9 22:53 /dev/sda
brw-rw-rw- 1 iskim 없음 8, 16 11월  9 22:53 /dev/sdb
brw-rw-rw- 1 iskim 없음 8, 32 11월  9 22:53 /dev/sdc

iskim@T520 ~
$ cat /dev/zero >/dev/sdc
cat: 쓰기 오류 : No space left on device

iskim@T520 ~
$
```

윈도우에 GNU툴을 포팅한 Cygwin으로도 같은 일을 할 수 있습니다. 이 또한 매우 위험한 작업이므로 자세히 설명 드리지 않습니다.

```
Last login: Tue Nov 10 17:30:46 on console
insungkimui-MacBook-Pro:~ iskim$ sudo su -
Password:
insungkimui-MacBook-Pro:~ root#
insungkimui-MacBook-Pro:~ root# diskutil list
/dev/disk0
   #:                       TYPE NAME                    SIZE       IDENTIFIER
   0:      GUID_partition_scheme                        *256.1 GB   disk0
   1: DE94BBA4-06D1-4D40-A16A-BFD50179D6AC               471.9 MB   disk0s1
   2:                        EFI NO NAME                 104.9 MB   disk0s2
   3:          Microsoft Reserved                         16.8 MB   disk0s3
   4:      Microsoft Basic Data WINDOWS-T520             255.5 GB   disk0s4
/dev/disk1
   #:                       TYPE NAME                    SIZE       IDENTIFIER
   0:      GUID_partition_scheme                        *256.1 GB   disk1
   1:                        EFI EFI-OSX                 209.7 MB   disk1s1
   2:                  Apple_HFS OSX                     100.8 GB   disk1s2
   3:                 Apple_Boot Recovery HD             650.0 MB   disk1s3
   4:                  Apple_HFS BACKUP-OSX              154.3 GB   disk1s4
/dev/disk2
   #:                       TYPE NAME                    SIZE       IDENTIFIER
   0:     FDisk_partition_scheme                        *15.9 GB    disk2
   1:               Windows_NTFS 무제 1                   15.9 GB    disk2s1
insungkimui-MacBook-Pro:~ root#
insungkimui-MacBook-Pro:~ root# umount /dev/disk2s1
insungkimui-MacBook-Pro:~ root#
insungkimui-MacBook-Pro:~ root# dd if=/dev/zero of=/dev/disk2 bs=1m
dd: /dev/disk2: end of device
15194+0 records in
15193+1 records out
15931543552 bytes transferred in 3723.115982 secs (4279089 bytes/sec)
insungkimui-MacBook-Pro:~ root#
```

맥으로도 같은 작업이 가능합니다. 단순히 맥이 제공하는 프로그램을 이용만 하는 분들은 이 화면을 이해하기 어렵고 유닉스 쪽을 알고 있는 분이라면 이 화면을 보고 응용이 가능할 것입니다. 잘못하면 시스템과 중요한 데이터를 날릴 수 있으므로 역시 구체적인 내용은 언급하지 않습니다.

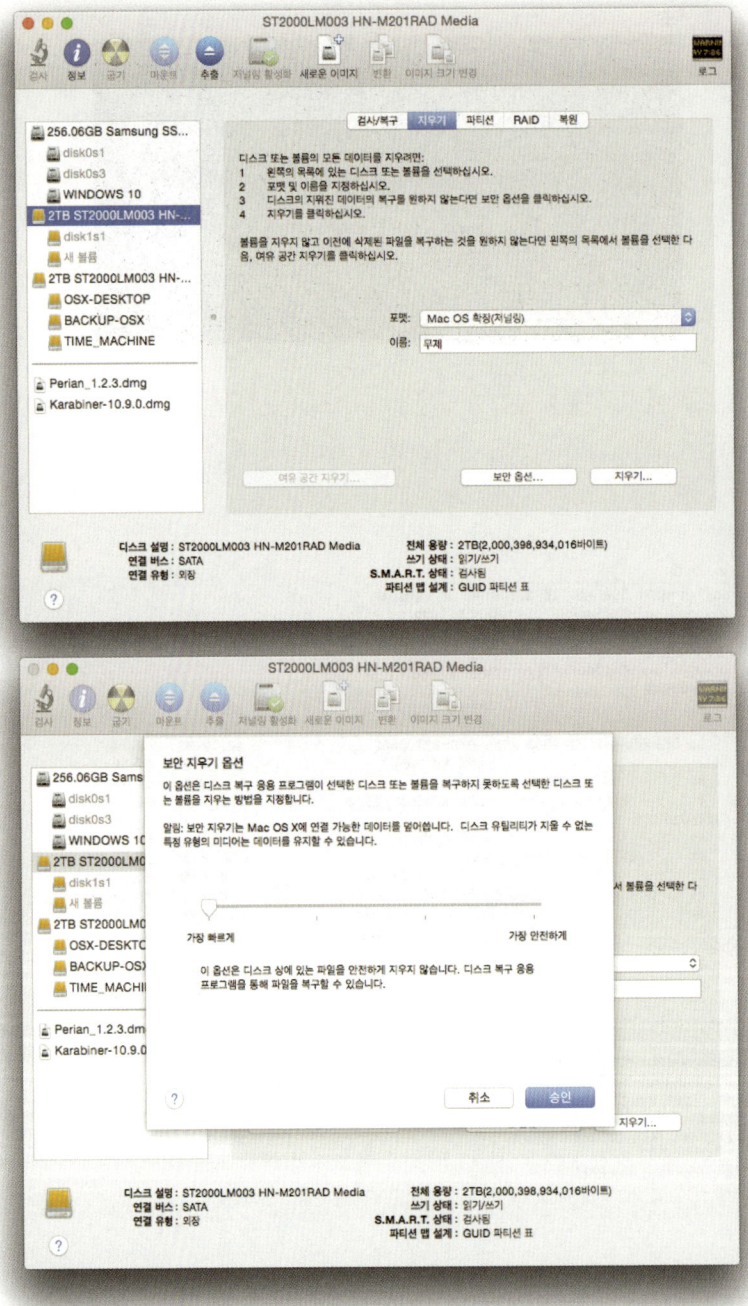

맥의 디스크 유틸리티로 하드디스크 완전 삭제가 가능합니다. 이 프로그램은 맥 사용자라면 어렵지 않게 사용할 수 있습니다. CCleaner를 쓸 때와 마찬가지로 지워야 할 하드디스크를 선택한 후에 "가장 빠르게(1단계 단순 덮어쓰기)"와 "가장 안전하게(35단계)" 사이를 선택하면 됩니다. 삭제할 하드디스크를 정확히 선택했는지 거듭 확인해야 한다는 점을 다시 한 번 강조합니다.

② 운영체제 초기화

하드디스크의 "빈 영역 지우기"를 했을 때 데이터 영역은 깨끗하게 지워지지만 운영체제 영역에는 여전히 많은 정보가 그대로 남아 있습니다. 특정 파일을 열어 본 기록, 특정 파일을 삭제한 기록, 컴퓨터에 꽂았던 USB에 관한 기록, 인터넷 접속 기록 등 대부분의 작업 흔적들이 그대로 남습니다. 이런 정보까지 완전히 삭제하는 방법을 알아보겠습니다.

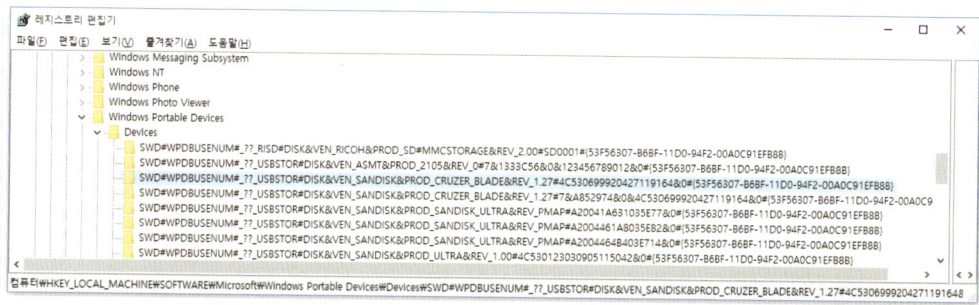

윈도우가 동작할 때 필요한 다양한 정보는 레지스트리라는 영역에 저장됩니다. 예를들어 USB에 관한 정보 부분에는 이 컴퓨터에 삽입했던 USB에 관한 모든 정보, 즉 제조사, 제품명, 시리얼 번호, 삽입 날짜 등이 기록되어 있습니다. 모든 정보가 무제한으로 기록되는 것은 아니고 저장 한도가 있긴 하지만 일반적으로 한 사용자가 쓰는 USB 개수는 제한적이므로 대부분 컴퓨터에는 윈도우를 인스톨 한 후에 사용한 거의 모든 USB에 대한 정보가 남게 됩니다.

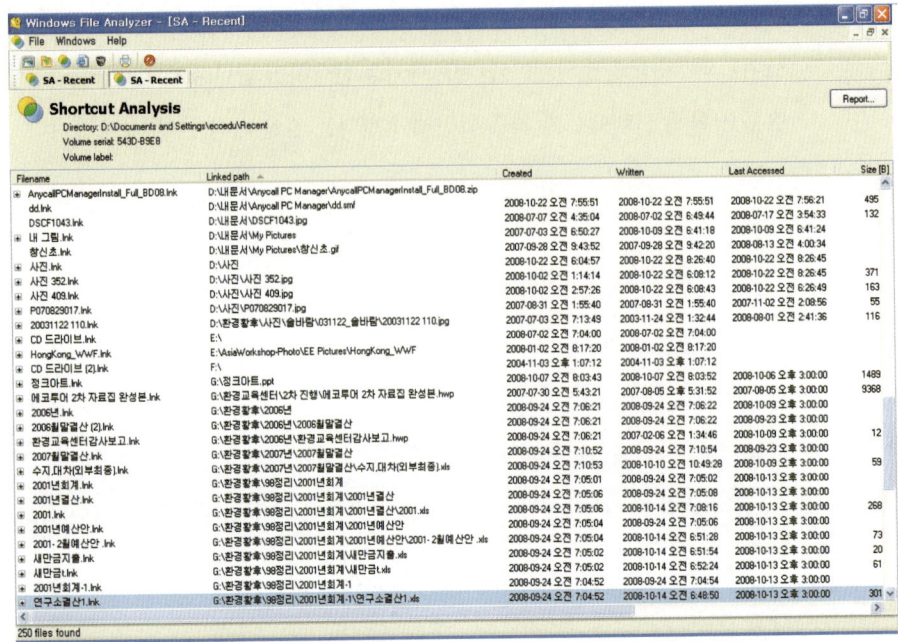

열어본 파일 목록 : 열어본 파일 목록을 조사하면 최근 작업 내역을 확인할 수 있습니다. 하드디스크에 있는 파일 사용 기록 뿐만 아니라 잠시 연결했던 외장 하드디스크(G:)의 파일을 열어봤던 기록까지 다 확인됩니다.

열어본 파일 목록은 워드 프로세스, 이미지 뷰어 등 프로그램들이 각각 따로 유지하고 있으므로 "윈도우를 그대로 두고" 작업 흔적만 완전히 지운다는 것은 근본적으로 불가능합니다. 따라서 운영체제를 초기화하는 방법이 필요합니다. 이제 그 방법을 알아보겠습니다.

백업한 윈도우 이미지로 덮어쓰기

하드디스크 초기화 : 하드디스크에 윈도우를 다시 인스톨하면 레지스트리에 있는 찌꺼기 정보들을 모두 없앨 수 있습니다. 인스톨 할 때 C:를 포맷하고, 새로 인스톨한 윈도우로 부팅한 다음 빈 공간 지우기까지 하면 완벽합니다. 이렇게 하면 컴퓨터에서 과거 자료의 흔적은 완전히 사라집니다.

좀 더 완벽을 기하고 싶으면 시스템 하드디스크를 다른 컴퓨터에 연결해서 완전 삭제를 한 후에 윈도우를 새로 인스톨하면 됩니다. 이렇게 하면 빈 영역 삭제만으로 혹시라도 남아 있을지도 모르는 정보까지 완전히 없앨 수 있습니다.

하지만 매번 윈도우를 새로 인스톨하는 것은 시간이 너무 많이 걸리고 귀찮은 작업입니다. 윈도우 인스톨로 끝나는 것이 아니고 워드 프로세스 등 주로 쓰는 프로그램을 다시 인스톨해야 하고 꼭 필요한 유틸리티까지 다시 설치하려면 꼬박 하루도 모자랄 지경입니다. 윈도우 초기화와 작업 환경 재설정에 필요한 시간을 줄이려면 윈도우 시스템 이미지를 활용하는 방법을 쓰면 됩니다.

깨끗한 하드디스크에 윈도우를 새로 인스톨하고 필수 프로그램과 유틸리티를 설치해서 바로 작업이 가능한 상태의 윈도우 시스템을 준비한 후에 그 상태 그대로 이미지 백업을 합니다. 그 후 윈도우를 사용하다가 초기화할 필요가 있을 때 데이터만 다른 곳으로 옮겨 두고 백업해 놓은 윈도우 이미지로 하드디스크를 덮어쓴 다음 데이터를 다시 복사합니다. 이 방식을 쓰면 시스템을 초기화하는 데 1시간 내외면 충분합니다. 빈 영역에 남아 있을 데이터를 없애려면 새로 덮어쓴 윈도우로 부팅한 후 빈 영역 삭제를 하면 됩니다.

윈도우 시스템을 이미지로 백업하기

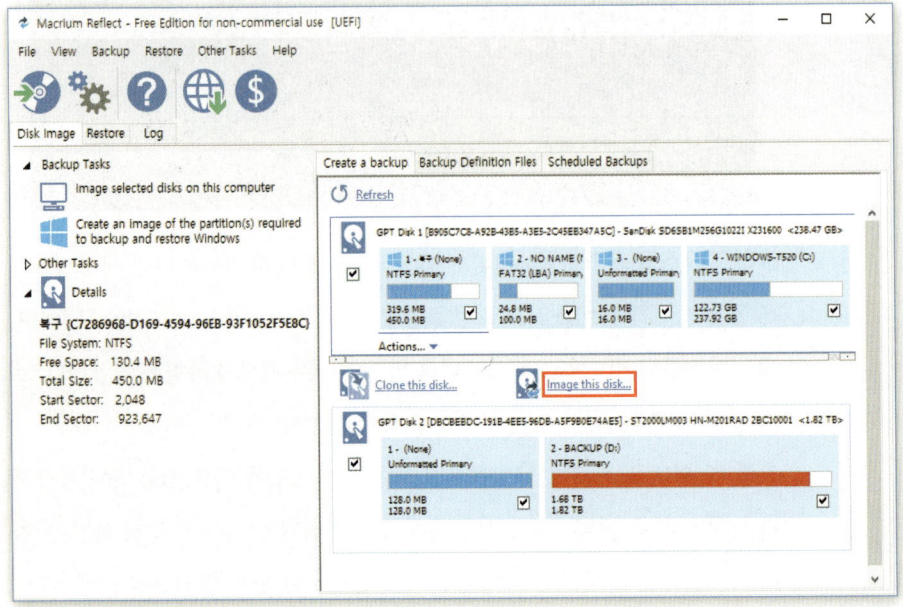

Macrium reflect를 실행합니다(3장 최적화 참조) 깨끗한 상태로 새로 만든 윈도우가 인스톨되어 있는 하드디스크를 선택하고 image this disk…를 클릭합니다.(C: 파티션만 백업할 수도 있지만, 작업 과정을 단순화하기 위해 하드디스크 전체를 백업하는 경우만 설명해 드립니다.)

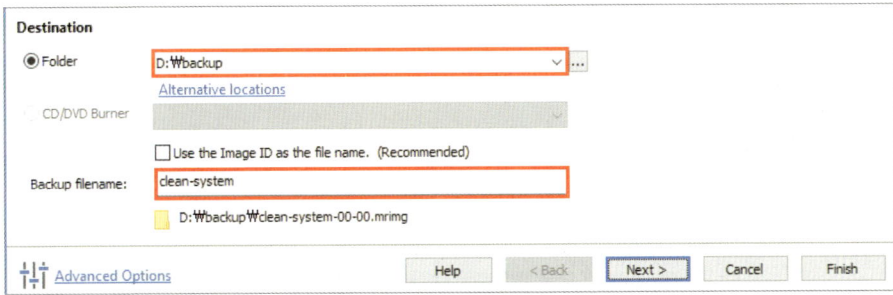

백업 이미지는 다른 하드디스크에 저장해야 합니다. 경로는 D:\backup으로 파일명은 clean-system이라고 지었습니다.

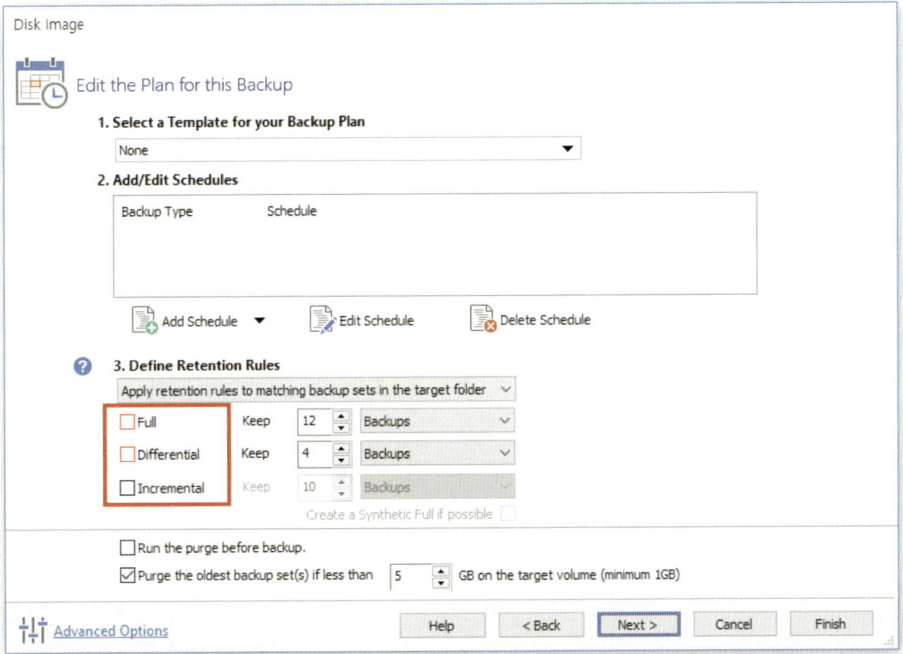

Macrium reflect는 주기적 백업 기능도 있기 때문에 설정이 복잡합니다. 우리는 클린 시스템 백업용으로 사용할 것이므로 주기적 백업은 필요 없습니다. 빨간색 부분은 체크 해제하고 next를 클릭합니다.

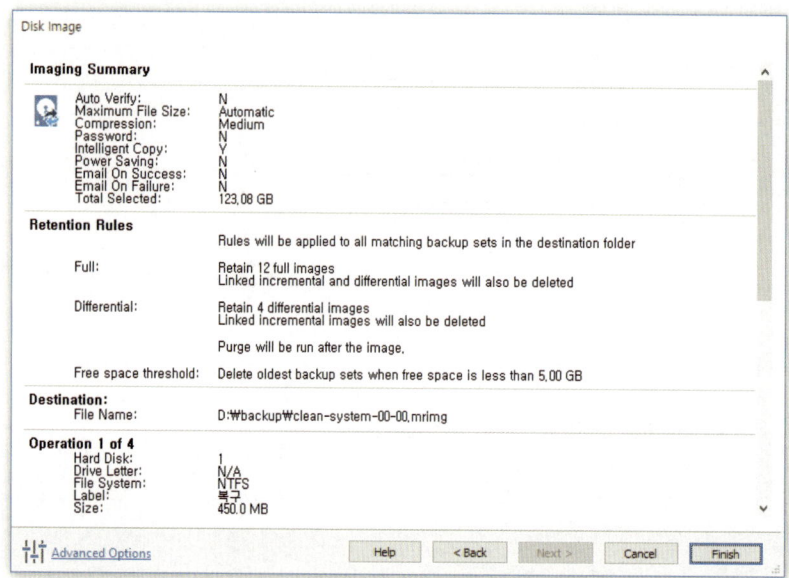

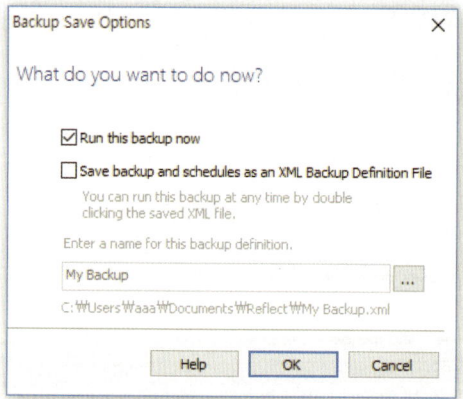

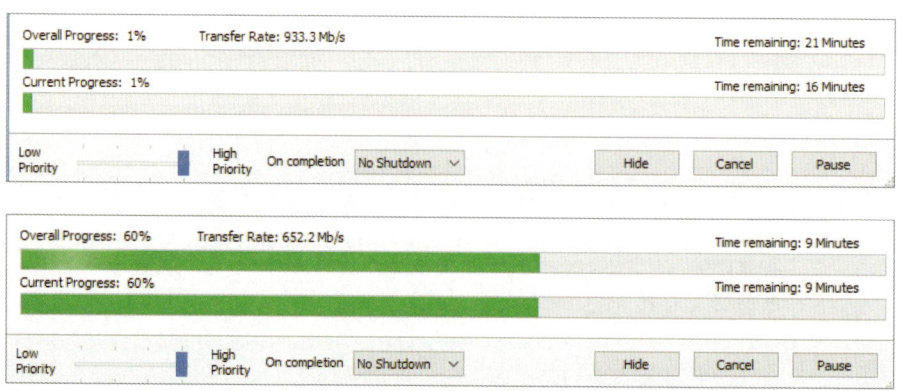

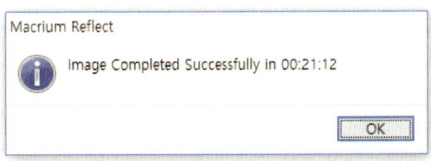

나머지는 자동으로 진행됩니다. Next나 finish를 클릭하면 시스템 백업이 완료됩니다.

부팅 가능한 USB 복구 툴 만들기

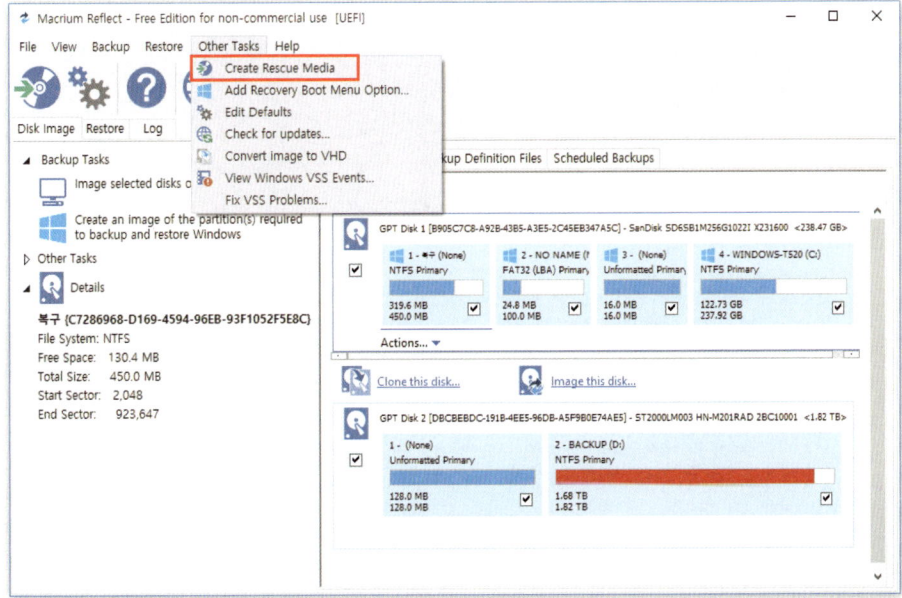

Macrium Reflect 메뉴 중에서 Create Rescue Media를 선택합니다.

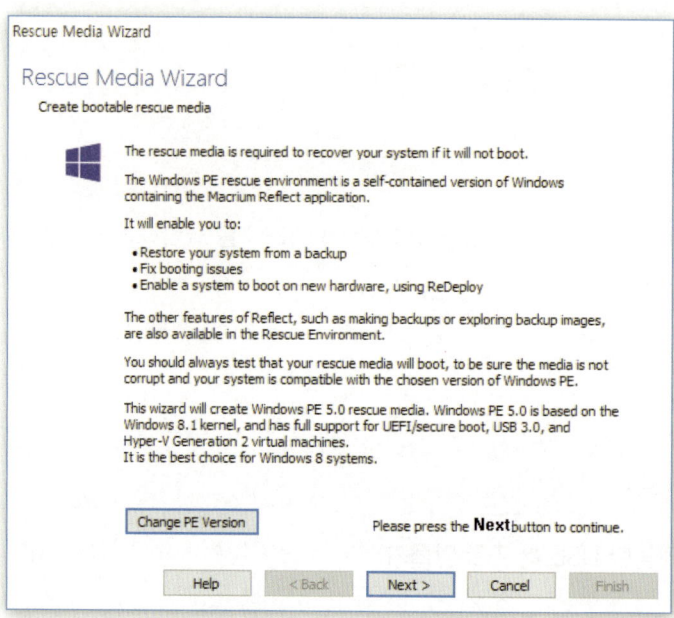

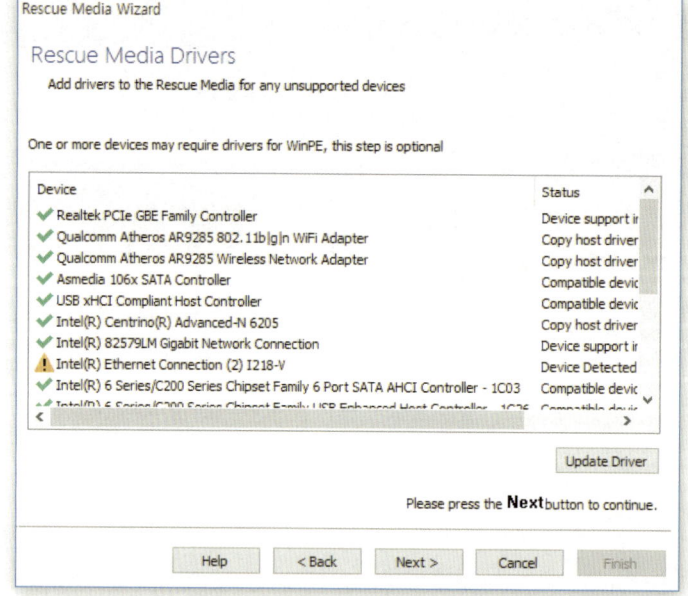

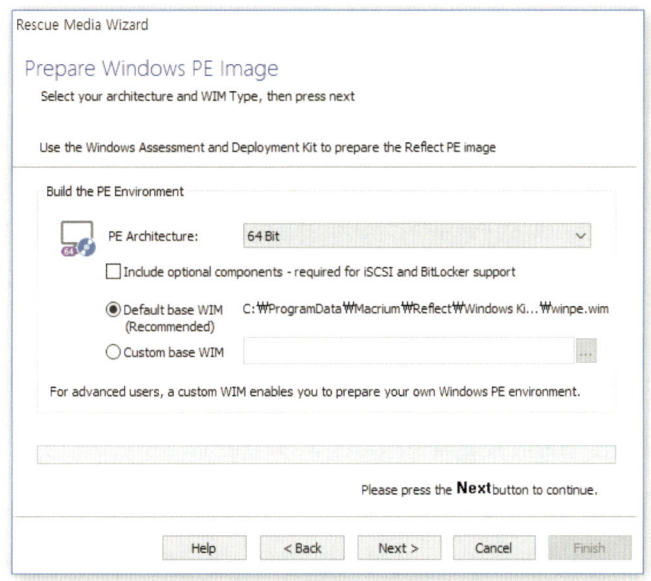

Reflect가 시스템에 최적화된 부팅 가능한 복구 이미지를 준비합니다. Next 를 눌러 줍니다.

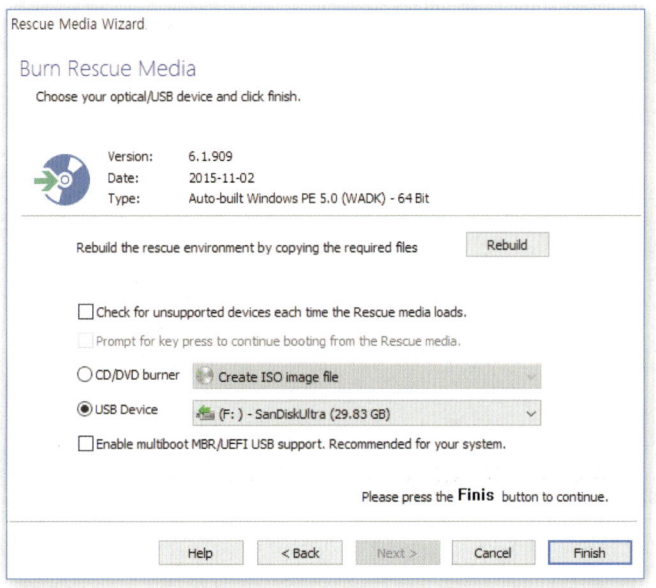

부팅에 쓸 USB를 꽂고 USB Device를 선택한 후 Finish를 클릭합니다. USB 메모리의 용량은 256MB 이상이면 됩니다.

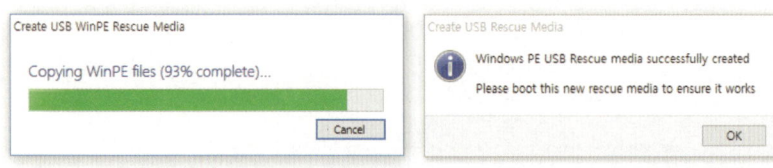

잠시 후 부팅 가능한 복구 미디어가 만들어집니다. 이제 윈도우를 마음대로 사용하셔도 됩니다.

복구 USB를 이용하여 윈도우 시스템 초기화하기

사용하던 윈도우를 초기화하고 싶으면 우선 작업 데이터를 C:가 아닌 다른 곳으로 복사합니다. 다운로드 받아 놓은 프로그램 중에서 필요한 것들도 복사합니다. 초기화를 하면 C:에 있는 데이터는 완전히 사라지기 때문에 반드시 복사해 두어야 합니다.

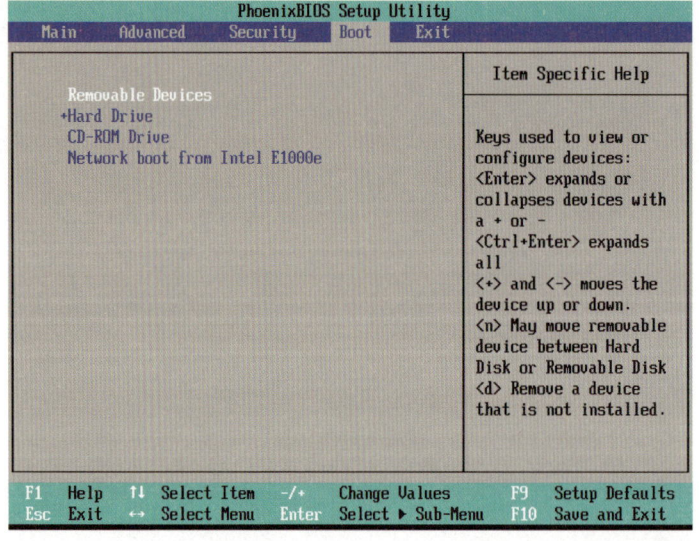

준비가 되었으면 복구 USB를 꽂고 컴퓨터를 리부팅합니다. 부팅할 때 Del 키나 F2를 눌러서 바이오스 셋업 화면으로 들어가 부팅 순서를 Removable Devices 또는 USB Media를 첫 번째로 바꿉니다. 바이오스가 지원하는 컴퓨터의 경우 F8 혹은 F12를 눌러 부팅 순서를 정하는 화면으로 들어갈 수도 있습니다.

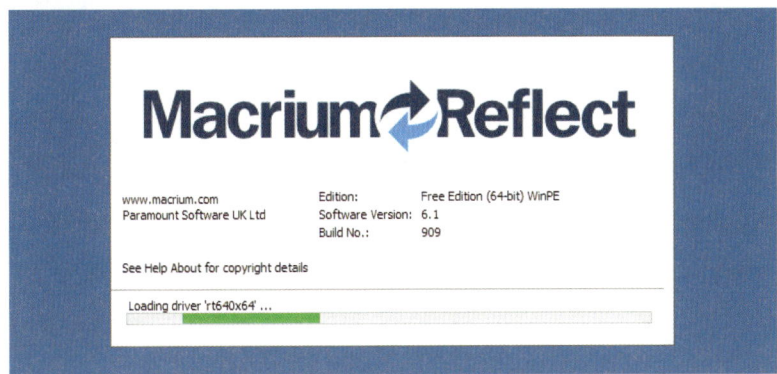

USB에 있는 응급 복구용 윈도우로 부팅되어 macrium reflect가 실행됩니다.

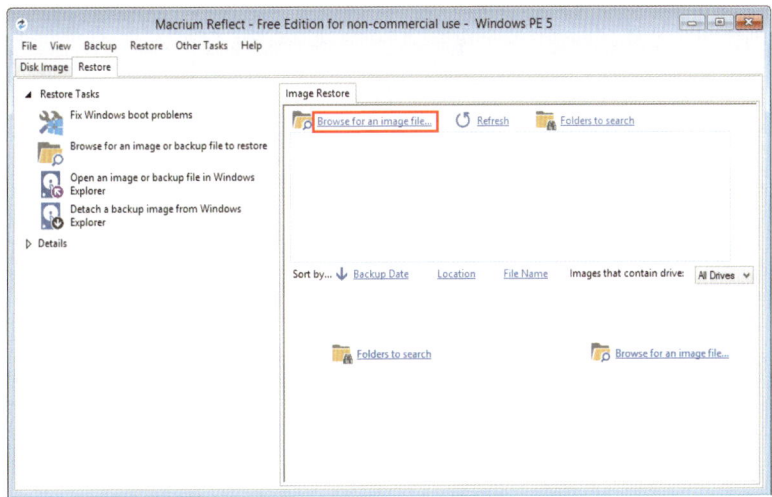

앞에서 준비한 깨끗한 윈도우 이미지 파일을 찾아야 합니다. "Browse for an image file…"을 선택합니다.

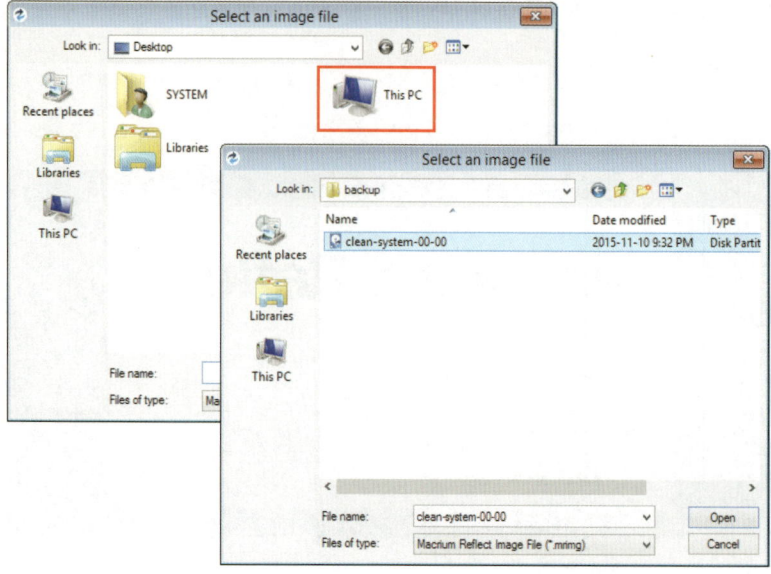

This PC를 클릭한 후 목록에서 D:의 backup까지 찾아가서 Clean-system-00-00 파일을 선택합니다.

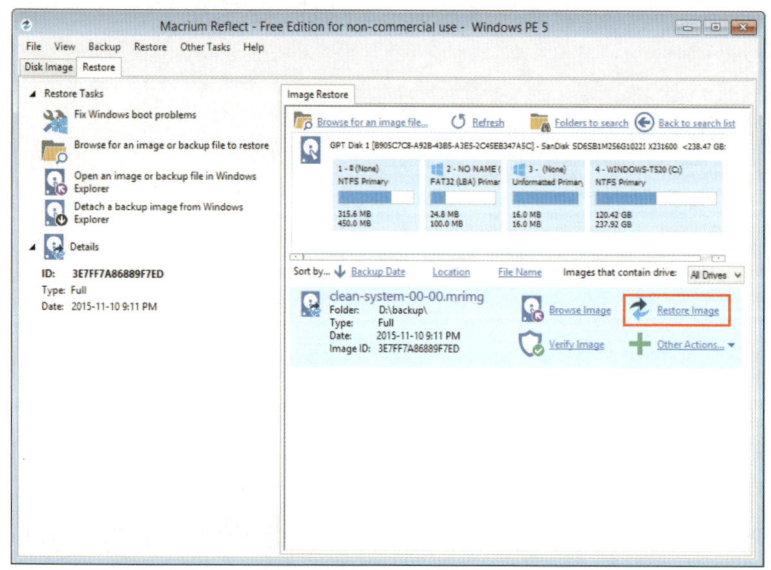

백업해 놓은 clean-system 이미지에 대한 정보가 표시됩니다. Restore Image를 클릭합니다.

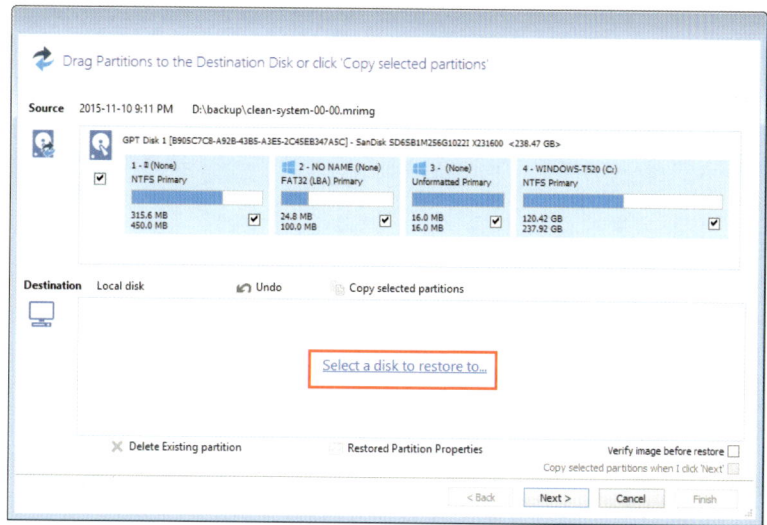

초기화할 하드디스크를 선택하는 화면입니다. Select a disk to restore to…를 클릭합니다.

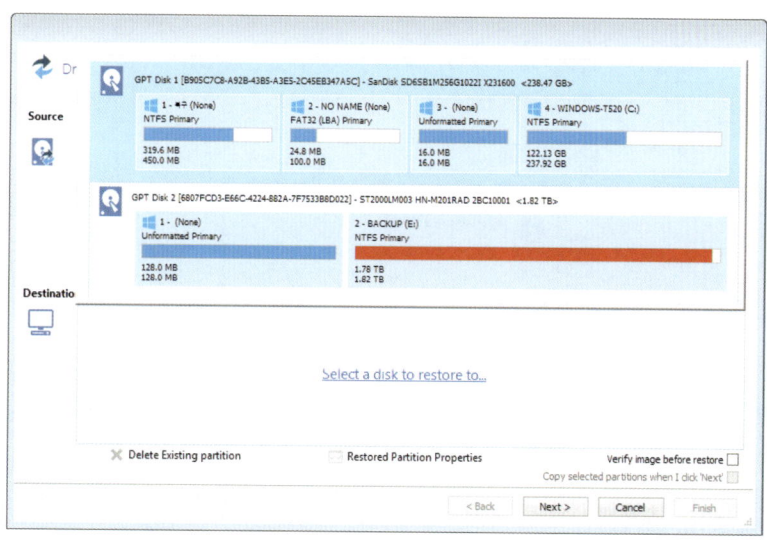

윈도우가 인스톨되어 있는 하드디스크를 선택합니다. 여기서는 첫 번째 칸의 SanDisk SSD입니다. 잘못하면 엉뚱한 하드디스크가 덮어 써질 수가 있으므로 신중하게 확인하시기 바랍니다.

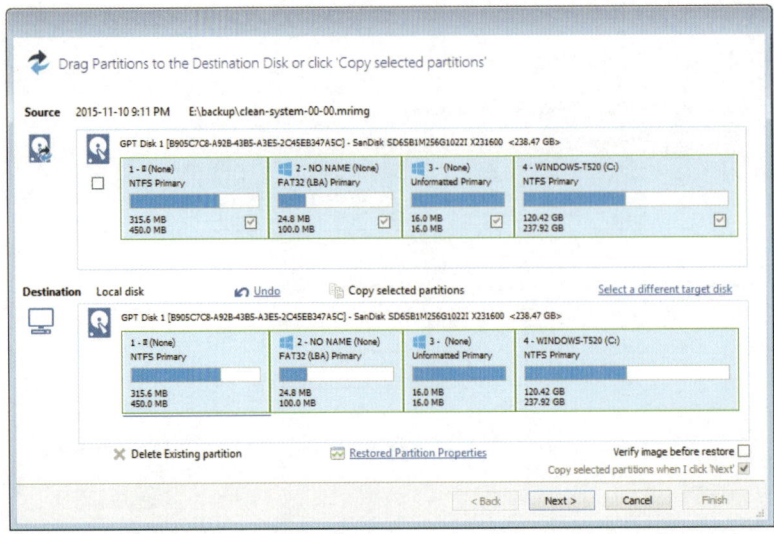

윈도우 시스템 하드디스크를 선택했습니다. Next를 클릭합니다. 이제 하드디스크의 모든 데이터를 백업 이미지로 교체합니다.

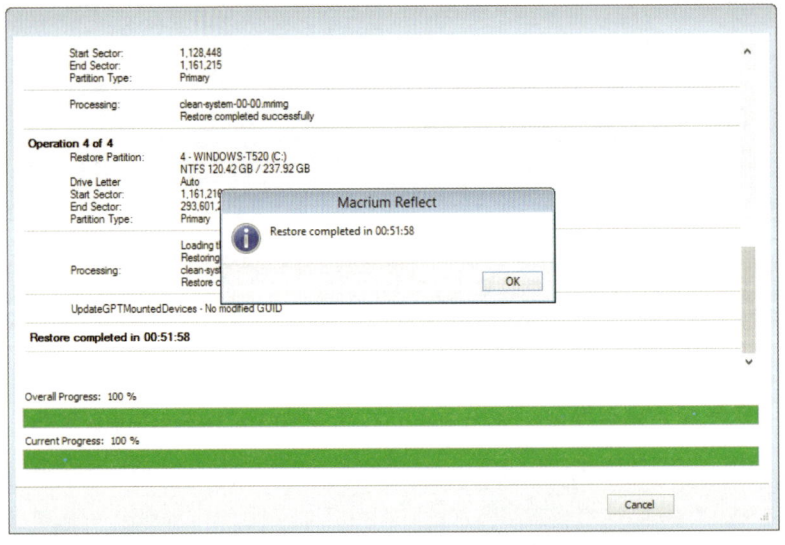

이후는 자동으로 진행됩니다. Finish 혹은 next를 선택하시면 됩니다. 잠시 후 초기화가 완료됩니다. 새 윈도우로 부팅한 후에 필요한 파일을 다시 복사하고 마지막으로 빈 영역 완전 삭제까지 실행하면 완전한 초기화가 됩니다.

맥 OSX 초기화하기

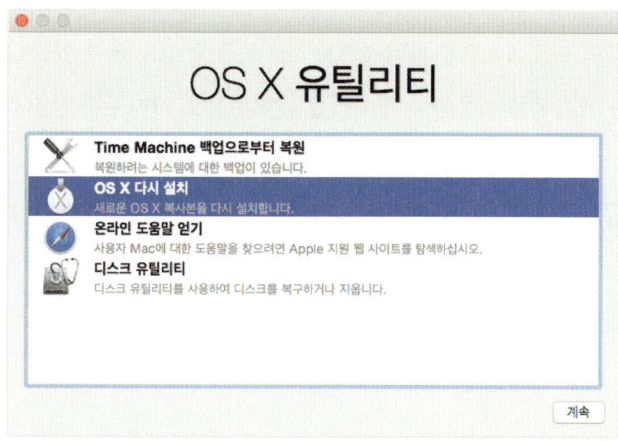

맥을 켤 때 command 키와 R 키를 동시에 누르고 있으면 복구 모드로 부팅 할 수 있습니다.

복구 모드에서 OSX 유틸리티 프로그램을 실행한 후 메뉴 중에서 "OSX 다시 설치"를 선택하면 OSX을 새로 인스톨 할 수 있습니다. 새로 인스톨할 때 하드디스크 포맷하기를 선택하면 기존 데이터를 완전히 삭제하고 깨끗한 새 OSX을 설치할 수 있습니다.

OSX 유틸리티 메뉴 중에서 "디스크 유틸리티"를 선택하면 하드디스크 완전 삭제가 가능합니다. 마지막으로 "타임머신 백업으로부터 복원"을 선택하면 OSX 시스템 파일을 포함해서 컴퓨터에 있던 데이터가 다 삭제되고 타임머신 백업본 안에 있는 파일들로 바뀝니다. OSX을 자주 초기화해야 한다면 OSX을 새로 인스톨하고 필요한 프로그램을 설치한 시점의 타임머신 백업본을 만들어 두고 복구 모드에서 타임머신 백업으로부터 복원을 선택하면 됩니다. 데이터 완전 삭제를 위해서 복구 모드를 적극적으로 활용하시기 바랍니다.

3   하드디스크 물리적 파괴하기

하드디스크 완전 삭제, 하드디스크 시스템 초기화 같은 복잡한 작업을 하기 어렵다면 하드디스크를 물리적으로 파손하는 방법을 쓸 수 있습니다. 하드디스크는 자기장을 이용하여 데이터를 기록하므로 디가우저 장비로 데이터를 읽을 수 없도록 만들 수 있습니다. 디가우저는 강력한 자석을 디스크에 접근시켜 정렬된 자기 성분을 흩뜨려 놓습니다. 데이터를 삭제해야 할 하드디스크가 많다면 디가우저 장비를 구입할 수도 있겠지만, 하드디스크 수량이 많지 않다면 물리적으로 파손하는 것이 효율적입니다.

하드디스크의 구조는 상당히 견고합니다. 동작 중인 하드디스크는 충격을 받으면 헤드가 디스크를 긁어서 고장이 잘 나지만 전원을 끈 하드디스크를 파손하려면 의외로 쉽지 않습니다. 망치로 하드디스크 외부 케이스에 웬만한 충격을 가하더라도 내부 디스크는 조금도 손상되지 않습니다.

하드디스크를 완전히 읽을 수 없게 하려면 케이스를 열고 디스크 부분에 충격을 가해야 합니다. 하드디스크를 열기 위해서는 별 모양의 특수 드라이버가 있어야 하지만 파손하려는 것이 목적이므로 망치로 케이스를 계속 때려도 열 수 있습니다. 사진에서 보듯이 망치로 디스크를 때려서 디스크가 움푹 들어가고 헤드까지 망가뜨려야 읽을 수 없게 됩니다.

하드디스크에는 여러 장의 디스크가 장착되어 있지만 한 개의 디스크만 망가뜨려도 됩니다. 각각의 데이터가 여러 디스크에 분산되어 저장되는데 모든 디스크의 데이터가 정상이라야 한 개의 완전한 데이터로 쓸 수 있기 때문입니다. 디스크가 망가져도 레이저로 읽어낸다는 소문이 있기는 하지만 현실에서 이런 상태의 하드디스크를 읽어내는 기술은 아직 알려져 있지 않습니다.

④ 클라우드 데이터 완전 삭제하기

내 컴퓨터에 있는 데이터를 지워도 클라우드에 자동으로 동기화된 데이터는 그대로 남아 있습니다. 일단 내 컴퓨터에 있는 파일을 완전 삭제해도 클라우드 웹 사이트에 있는 휴지통 삭제까지 해야 합니다. 그렇게 하더라도 클라우드 업체에 요청할 경우 30일 이내에 삭제한 파일들은 다시 살릴 수 있음을 제 1장 복구 부분에서 보여드렸습니다. 때문에 30일이 지나기 전에 복구 불가능하게 만들려면 클라우드 아이디까지 지워야 합니다.

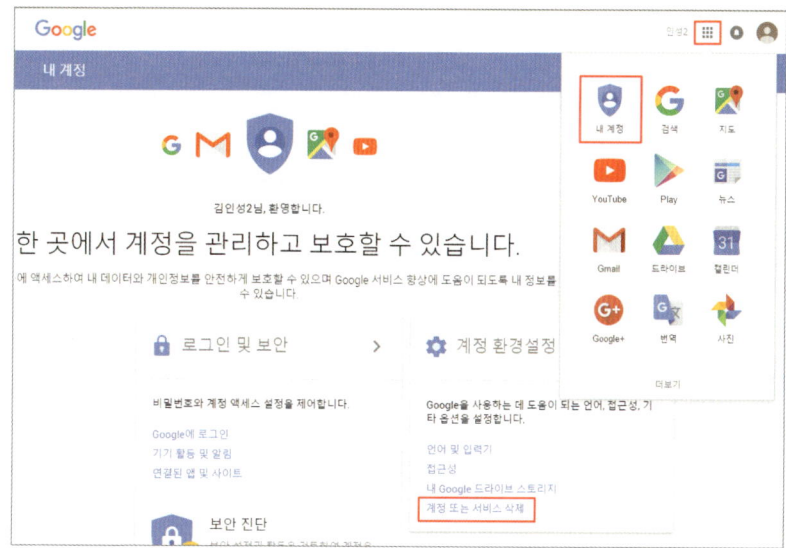

구글 드라이브는 구글 계정으로 복구 가능합니다. 계정을 삭제하기 위해 구글에 로그인한 상태에서 오른쪽 위 메뉴 항목을 클릭한 후 내 계정을 클릭합니다. 내 계정 화면이 나오면 계정 환경 설정 - 계정 또는 서비스 삭제 항목으로 갑니다.

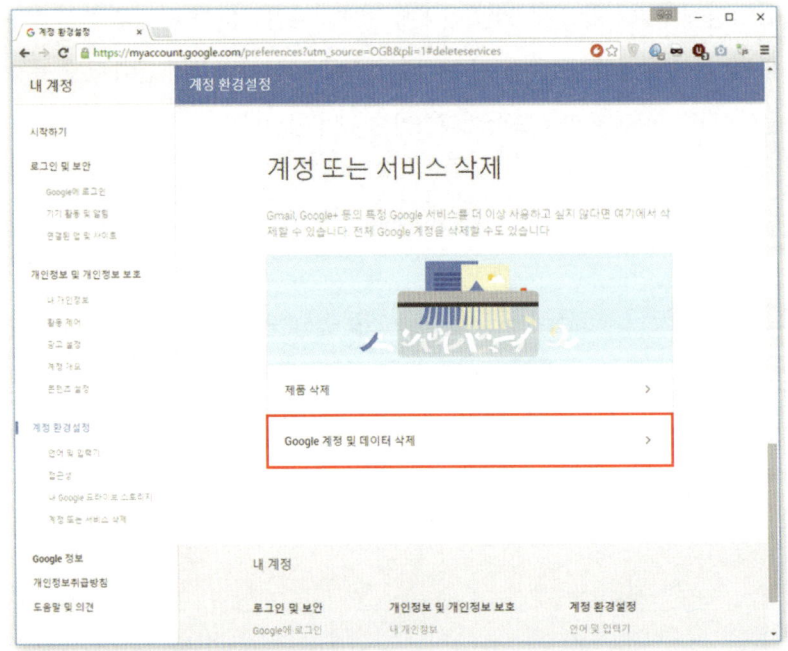

계정 또는 서비스 삭제 페이지에서 Google 계정 및 데이터 삭제를 선택합니다.

 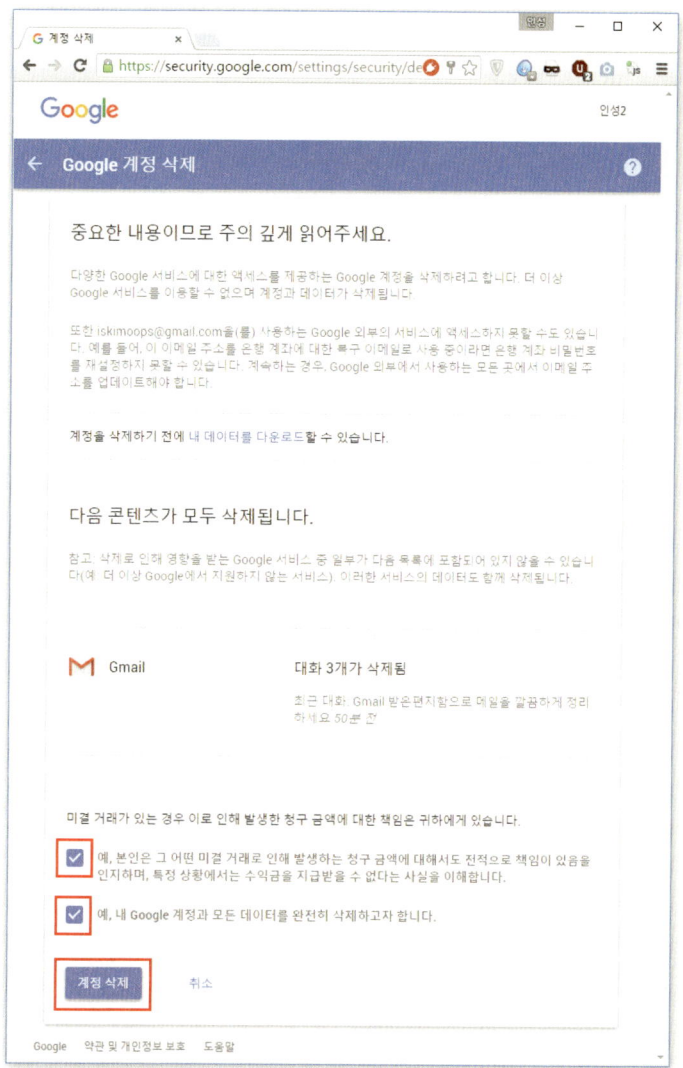

비밀번호를 다시 한 번 입력하면 마지막 경고 페이지가 뜹니다. 두 항목에 체크하고 계정 삭제를 클릭합니다.

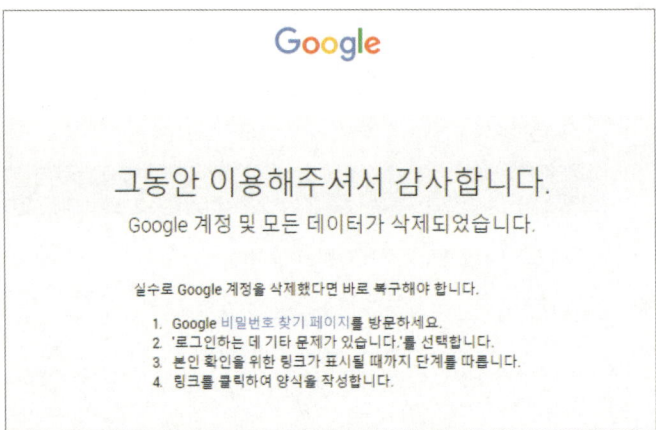

이제 구글 계정이 완전히 삭제되었습니다. 하지만 안심해서는 안 됩니다. 구글 계정도 복구할 수 있기 때문입니다. 위 안내문에 의하면 비밀번호 찾기 페이지를 통해서 계정을 복구할 수 있습니다.

안내문 페이지를 닫았더라도 구글 검색으로 계정 복구 페이지를 찾을 수 있습니다. 누군가가 이런 식으로 여러분의 계정을 다시 복구할 수 있다는 뜻입니다.

계정 복구 페이지에서 "비밀번호를 잊어버렸습니다" 항목을 선택하고 이메일 주소를 적고 계속을 누릅니다.

"기억나는 비밀번호 입력" 항목에 정확한 비밀번호를 입력하면 계정 복구 과정을 계속할 수 있습니다.

비밀번호가 일치하면 휴대폰 인증 창이 뜹니다. 여러분의 휴대폰을 누군가가 가지고 있다면 이 과정도 통과할 수 있습니다.

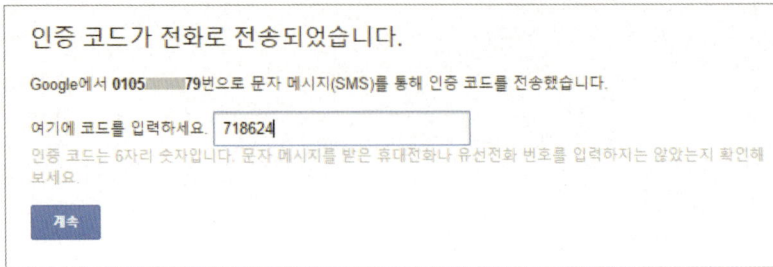

휴대폰으로 날아온 인증번호를 입력합니다.

 아이디와 비밀번호 그리고 인증 번호까지 정확히 입력했지만, 계정을 삭제했기 때문에 에러가 뜹니다. 하지만 이 과정을 통해 여러분의 구글 계정은 다시 복구됩니다.

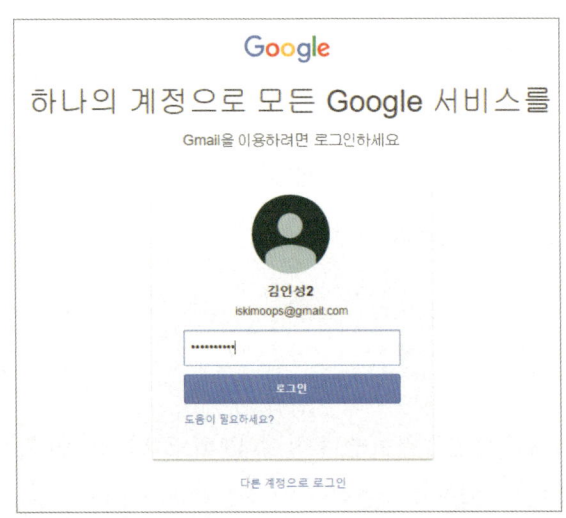

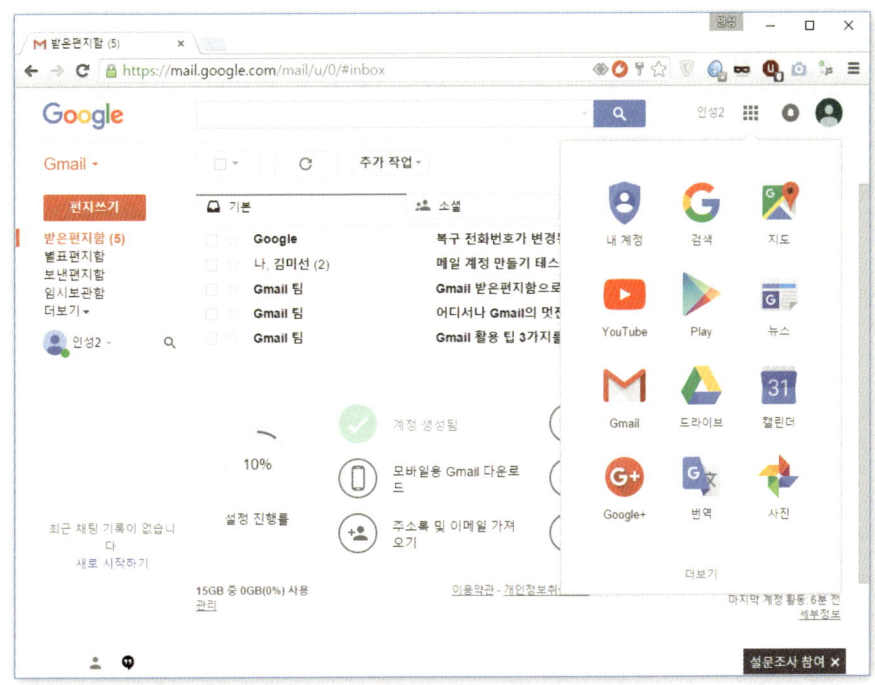

삭제한 아이디로 다시 로그인을 시도합니다. 계정이 복구되어 계정 삭제 이전 데이터가 다시 살아나 있습니다. 계정 복구가 가능한 기간은 정확히 언급되어 있지는 않지만, 복구 시도를 했던 사람들의 경험에 따르면 계정이 30일까지 남아 있지는 않는 것으로 보입니다. 구글은 곧바로 복구하라는 정도로 언급하고 있습니다. 구글 측이 시차를 두고 서버 단위로 진행하는 삭제 데이터 정리 기간 이전이라면 복구가 가능할 것으로 보입니다. 이 기간은 확정적이지 않으므로 아이디까지 삭제했다고 클라우드 데이터 복구가 불가능할 것이라고 안심해서는 안 될 것입니다.

6 휴대폰 보안

휴대폰에는 거의 모든 개인정보가 들어 있으므로 휴대폰에 대한 보안이 훨씬 중요합니다. 휴대폰만 있으면 통화 내역과 문자, 카카오톡으로 주고 받은 메시지, 이메일, 소셜미디어에 올린 글 등 내가 어떤 활동을 했고 무슨 생각을 했는지를 모두 파악할 수 있습니다. 통신사에 조회하면 휴대폰 위치 추적까지 가능합니다.

1 휴대폰 접근 차단하기

다른 사람이 내 휴대폰의 내용을 볼 수 없도록 하려면 비밀번호를 사용해야 합니다. 중요한 것은 남들에게 내 휴대폰의 비밀번호나 패턴을 절대 알려줘서는 안 된다는 점입니다. 민변에 의하면 압수수색 과정에서도 휴대폰 관련 정보를 알려줄 의무가 없다고 합니다.

아이폰의 경우 비밀번호를 알려 주지 않는 한 절대로 휴대폰의 내용을 볼 수 없습니다. 최근 미국 FBI도 암호 해독을 못했습니다. 암호 제공을 거부한 용의자의 휴대폰을 해독하기 위해 애플의 협조를 요청하는 과정에서 이 사실이 확인되었습니다. 애플이 FBI에 협조하지 않아 결국 휴대폰을 해독하지 못했습니다.

아이폰의 비밀번호를 추측해서 시도해 볼 수 있는 횟수도 제한적이기 때문에 한 번 잠기고 나면 아이튠즈 아이디로 애플 사이트에 로그인해야 잠긴 비밀번호를 풀 수 있습니다. 물론 아이튠즈 비밀번호도 알려주면 안 됩니다.

만약 아이폰 비밀번호, 아이튠즈 비밀번호가 공인인증서나 포털 비밀번호 또는 은행 송금 비밀번호 등과 같다면 간단히 추측할 수도 있으므로 "사이트마다 다른 비밀번호 만들기" 부분을 참조해서 지금이라도 비밀번호를 다 다르게 사용하시기 바랍니다.

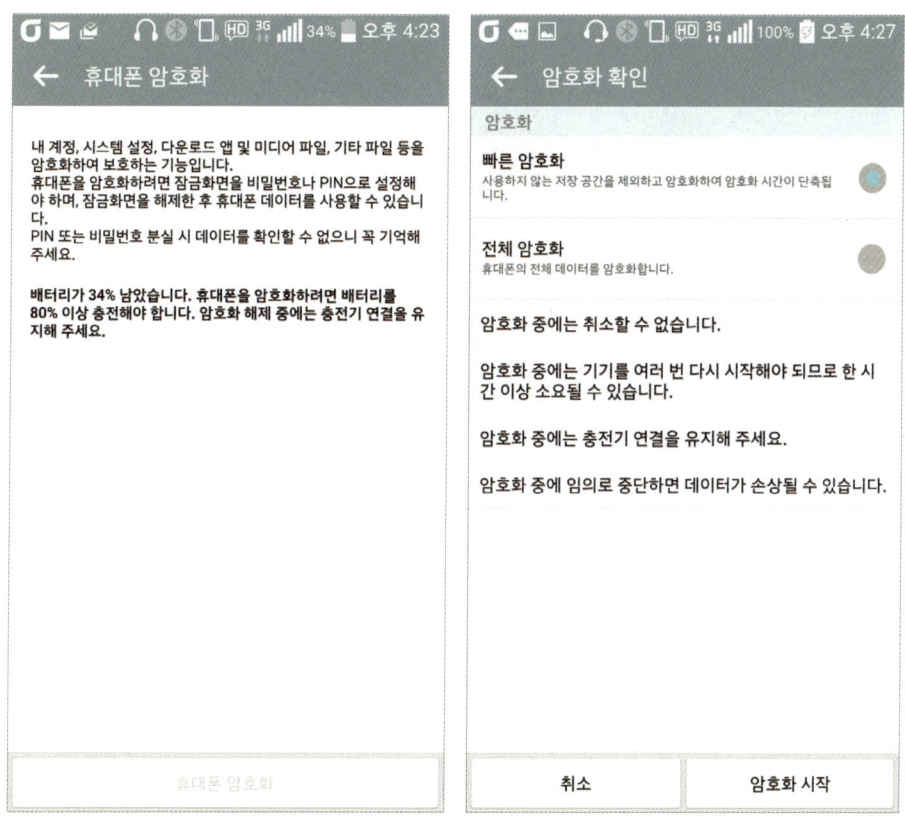

　　안드로이드 잠금 화면 비밀번호나 패턴은 공장 초기화나 펌웨어 강제 변경으로 쉽게 우회 가능하기 때문에 안전을 위해서는 휴대폰 데이터를 암호화해야 합니다. 암호화를 하려면 설정 - 보안 - 휴대폰 암호화 메뉴를 선택하면 됩니다. 휴대폰 암호화를 하면 휴대폰 데이터를 보기 위해서는 암호를 입력해야 합니다. 펌웨어 강제 변경 등으로 안드로이드폰의 잠금화면 비밀번호를 무력화 시킨다고 해서 데이터 암호화까지 자동으로 풀리지는 않습니다.

　문제는 데이터 암호화를 하고 나면 잠금 화면을 푸는 방법이 까다로워진다는 것입니다. 암호화 후에는 보안성이 높아져 슬라이드나 패턴 풀기 방식을 사용할 수 없으므로 잠금화면을 풀려면 매번 복잡한 비밀번호를 입력해야 하기 때문에 여간 귀찮은 것이 아닙니다. 안드로이드 6.0 버전인 마시멜로부터는 암호화를 하더라도 패턴 풀기를 사용할 수 있지만 패턴과 PIN은 통신사나 제조사 또는 구글을 통해 풀 수 있기 때문에 암호화의 의미가 없게 됩니다. 따라서 제대로 암호화를 하려면 반드시 비밀번호 방식을 사용해야 합니다. 사실 지문 입력 방식을 지원하지 않는 휴대폰에서 데이터 암호화를 사용하는 것은 대단히 불편합니다. 데이터 암호화가 필요하다면 지문 인식으로 잠금 화면을 풀 수 있는 휴대폰을 사용하시기 바랍니다.

② 휴대폰 데이터 완전 삭제

암호화와 비밀번호 사용만으로 안심할 수 없다면 휴대폰의 데이터를 삭제해야 합니다. 휴대폰도 컴퓨터와 마찬가지로 파일을 삭제하더라도 삭제 영역에 여전히 데이터가 남아 있을 수 있습니다. 삭제 영역을 지우더라도 휴대폰 사용내역에 파일 접근 기록이 남아 있을 수 있습니다. 휴대폰은 컴퓨터처럼 마음대로 저장 장치를 바꿀 수도 없고 원하는 대로 내용을 바꾸기도 어렵습니다. 때문에 휴대폰의 데이터 완전 삭제는 공장 초기화와 빈 영역 삭제 방법뿐입니다.

휴대폰 데이터 백업

휴대폰 데이터를 백업하려면 휴대폰에 외장 메모리를 장착해야 합니다. 휴대폰 외장 메모리는 대부분 MicroSD 규격을 사용합니다. 배터리 일체형 휴대폰은 USIM과 함께 외장 메모리를 장착할 수 있는 분리형 슬롯이 있습니다.

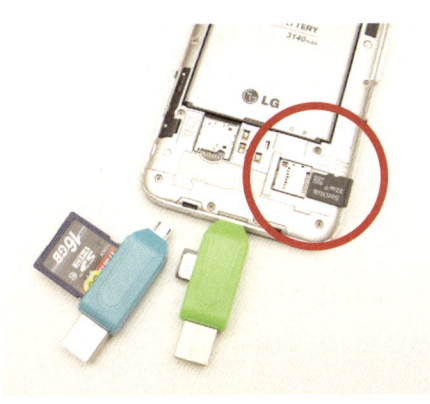

배터리 교체형 휴대폰은 뒷면을 열어 보면 외장 메모리를 삽입할 수 있는 슬롯이 있습니다. 여기에 마이크로 SD 메모리를 삽입하면 됩니다. 외장 메모리 슬롯을 제공하지 않는 휴대폰이라면 휴대폰에 연결할 수 있는 USB 메모리를 사용하면 됩니다. 사진의 제품은 SD 메모리와 마이크로 SD 메모리를 일반 USB 슬롯과 휴대폰 양쪽에 사용할 수 있는 메모리 어댑터입니다.

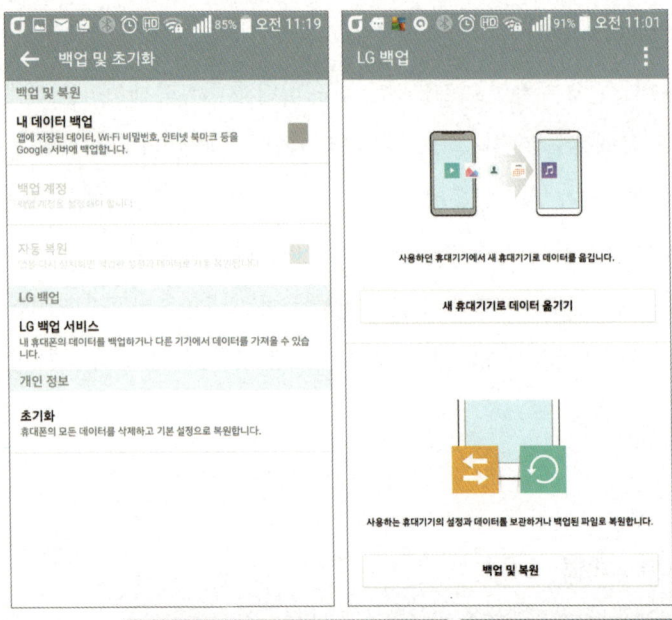

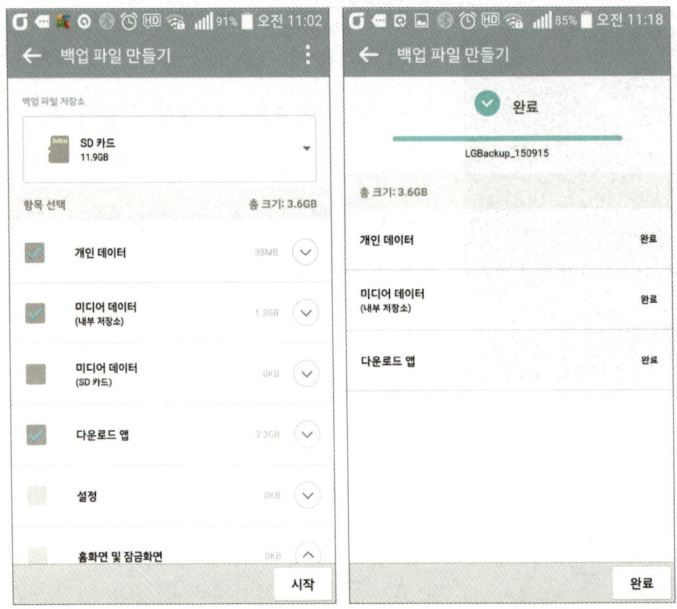

공장 초기화

　공장 초기화를 하면 데이터가 다 사라지므로 미리 필요한 데이터를 백업할 필요가 있습니다. 데이터 백업은 휴대폰 운영체제가 기본으로 제공하는 백업 프로그램을 사용하면 됩니다.

외장 메모리(SD 카드)에 사진과 동영상, 음성 파일 등의 미디어 데이터, 연락처와 문자 메시지 등 개인 데이터 그리고 다운로드한 앱들을 백업합니다. 백업 프로그램이 모든 앱의 내부 데이터를 백업해주지는 않으므로 주의하시기 바랍니다.

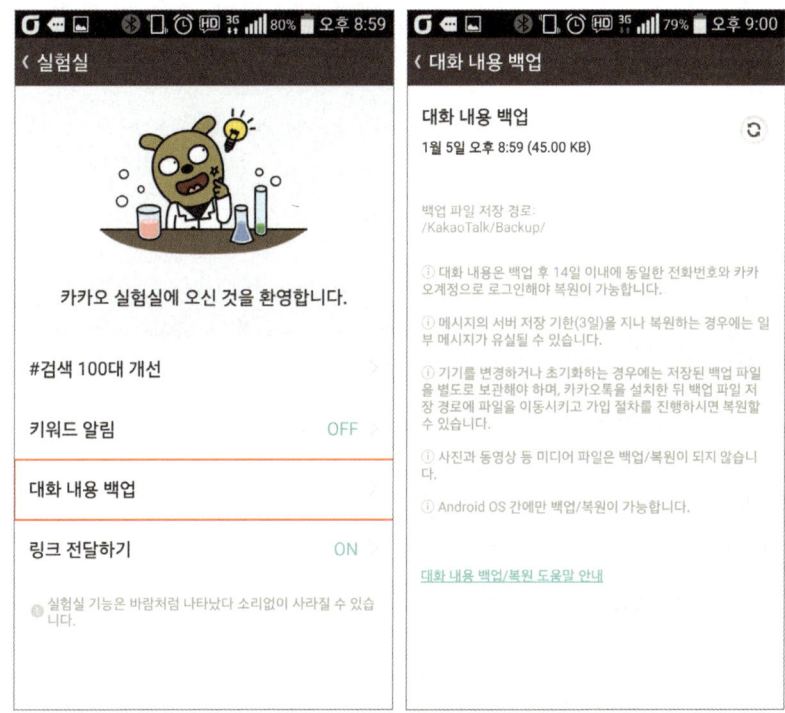

카카오톡은 앱에서 자체적으로 백업을 지원합니다. 설정-실험실에서 "대화 내용 백업"을 선택합니다. 휴대폰 완전 삭제를 위해 휴대폰을 초기화할 때는 이 데이터도 지워지므로 휴대폰에서 파일매니저를 이용해 /KakaoTalk/Backup/ 아래에 있는 파일을 외장 메모리로 복사하거나, 메일에 첨부하여 내 이메일 주소로 보내는 등의 방법으로 대피시켜야 합니다.

이제 초기화를 선택합니다. 휴대폰 초기화 버튼을 누르면, 휴대폰을 사용 과정에서 변경한 내용이나 저장한 파일은 다 사라지고 휴대폰을 처음 구입했을 때와 같은 상태로 돌아갑니다.

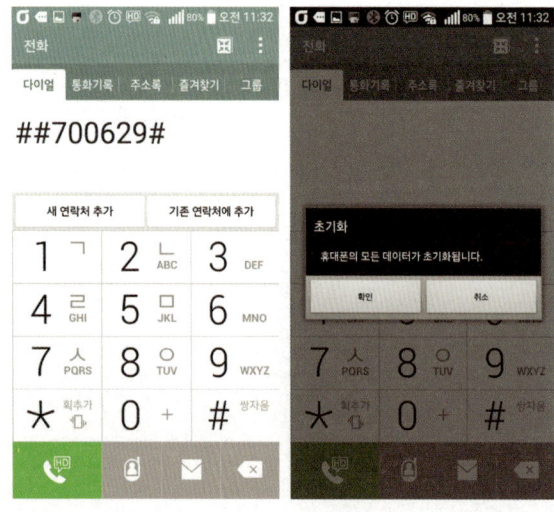

휴대폰 공장 초기화는 여러 가지 방법이 있습니다. 전화 걸기 화면에서 고유 코드 (예를 들어 LG Gpro 폰의 경우 #700629#) 를 넣고 숨겨진 메뉴를 불러서 초기화를 할 수도 있습니다.

부팅에 문제가 있다면 휴대폰이 꺼진 상태에서 버튼들을 조작해서 초기화를 할 수도 있습니다.

삼성 갤럭시 시리즈는 휴대폰을 끄고 볼륨(+) 버튼과 전원 버튼 그리고 홈 버튼을 동시에 누르고 있으면 안드로이드 메뉴가 나오는데 여기서 볼륨 버튼으로 위아래로 이동하여 wipe data/factory reset 메뉴를 선택하면 됩니다. LG 휴대폰은 전원이 꺼진 상태에서 홈버튼과 볼륨(-) 버튼 그리고 전원 키를 누르고 있으면 FACTORY HARD RESET 화면이 나오는데 이때 모든 버튼에서 손을 떼고 파워 버튼을 누르면 됩니다.

빈 영역 완전 삭제

공장 초기화로 시스템은 완전히 새롭게 바뀌었지만 빈 영역에는 여전히 일부 데이터가 남아 있습니다. 빈 영역까지 깨끗하게 만들기 위해서는 빈 영역을 지워주는 앱을 다운 받아 완전 삭제를 해야 합니다.

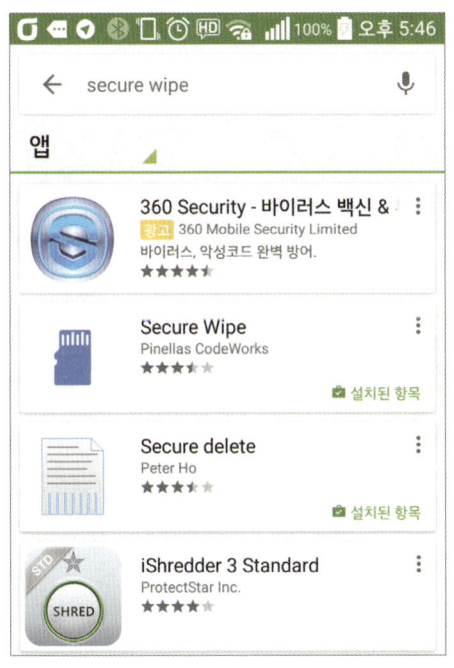

구글 플레이 스토어에서 secure wipe로 검색합니다. 빈 영역 삭제 프로그램들이 많이 보입니다. 별점이 높은 것들 중에서 마음에 드는 것을 선택합니다.

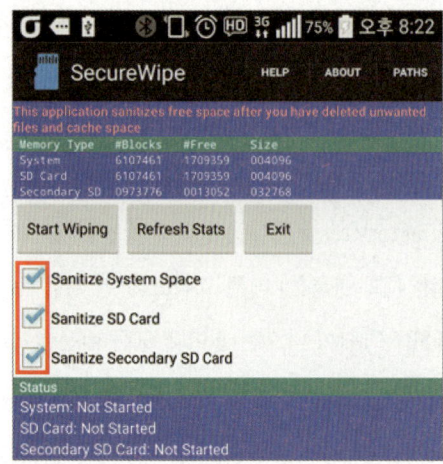
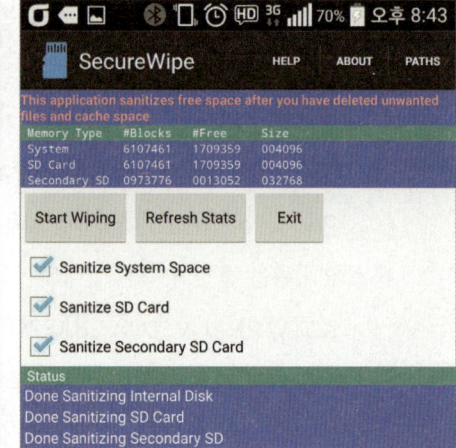

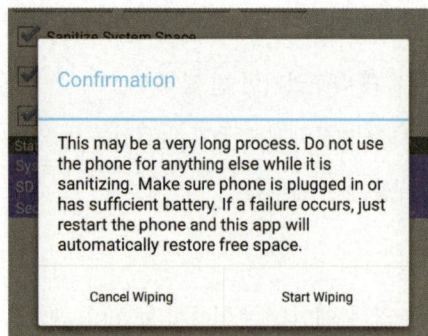

다운 받은 secure wipe 앱을 실행합니다. 시스템 영역, 내장 메모리 영역, 외장 메모리 영역의 빈 공간을 모두 청소하겠다고 체크하고 Start Wiping을 선택합니다. 확인 창이 나오면 Start Wiping을 한 번 더 선택합니다.

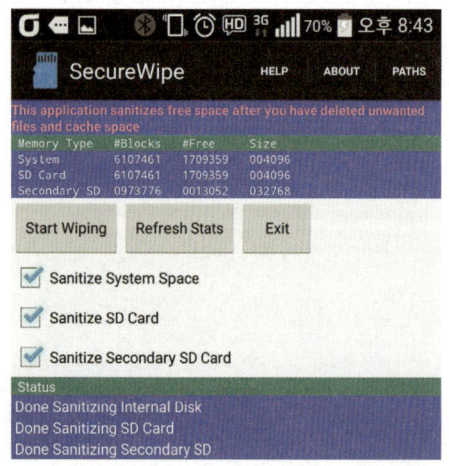

잠시 후 청소가 완료됩니다.

Andro Shredder 앱을 사용할 수도 있습니다. 메뉴에서 Wipe를 선택합니다. 장치 선택 창이 나오면 내장 메모리(/storage/emulate/0)를 선택합니다.

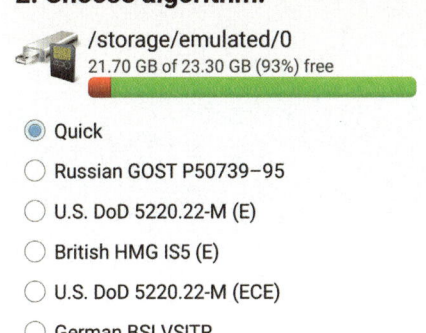

삭제 방법은 1회 덮어쓰기에서 수십 차례 덮어쓰기까지 다양하게 선택할 수 있습니다. 1번 덮어쓰는 Quick으로도 충분하지만 불안하다면 아래 쪽의 복잡한 덮어쓰기 방법을 선택해도 됩니다.

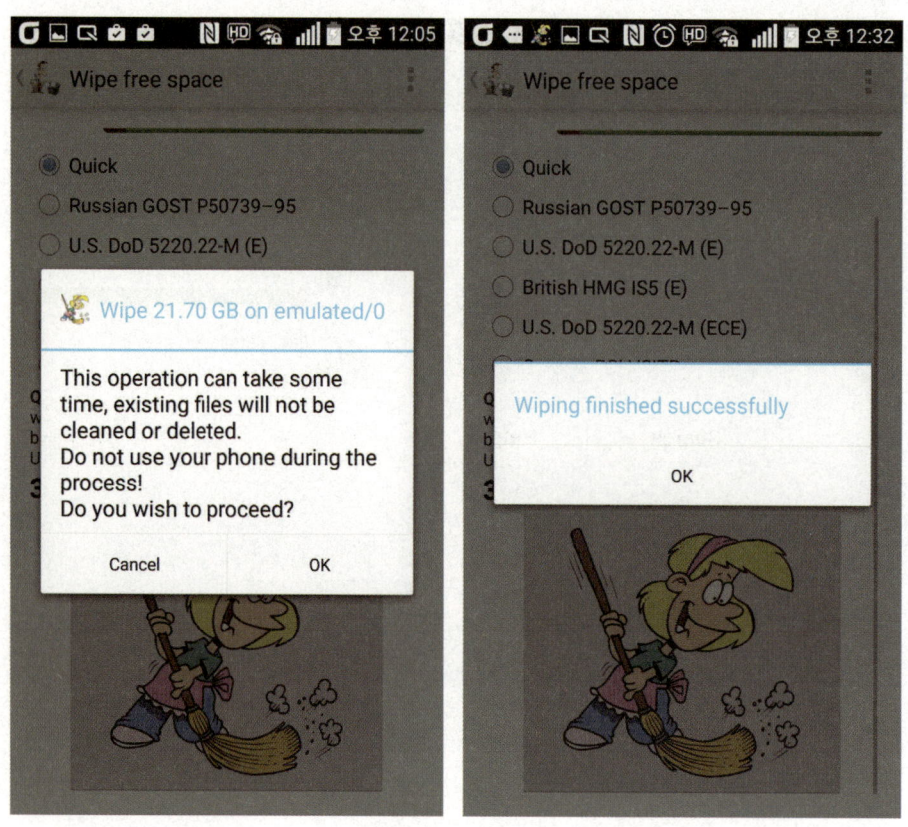

삭제할건지 확인하는 메시지가 나오면 OK를 눌러서 진행합니다. 잠시 후 삭제가 완료됩니다.

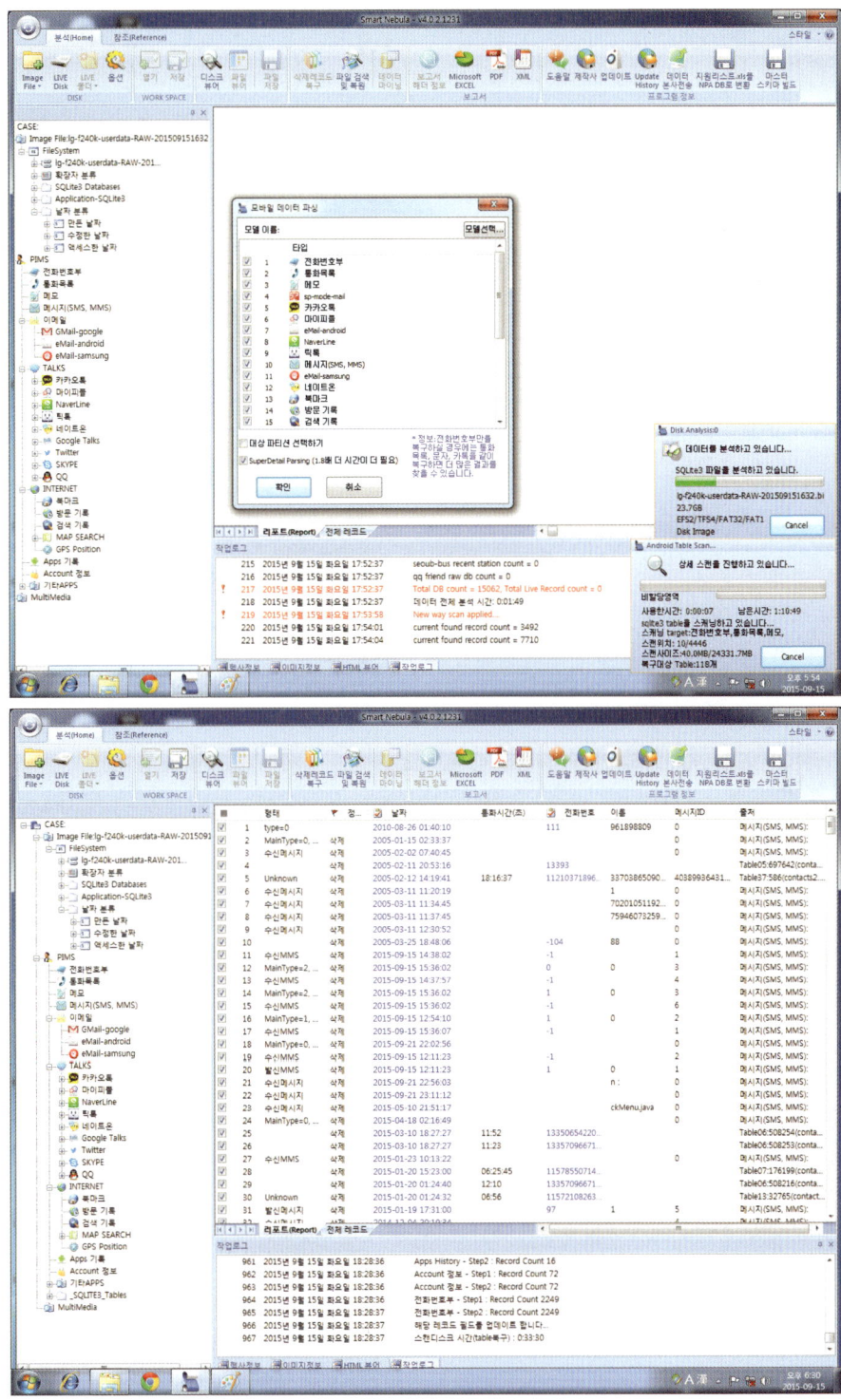

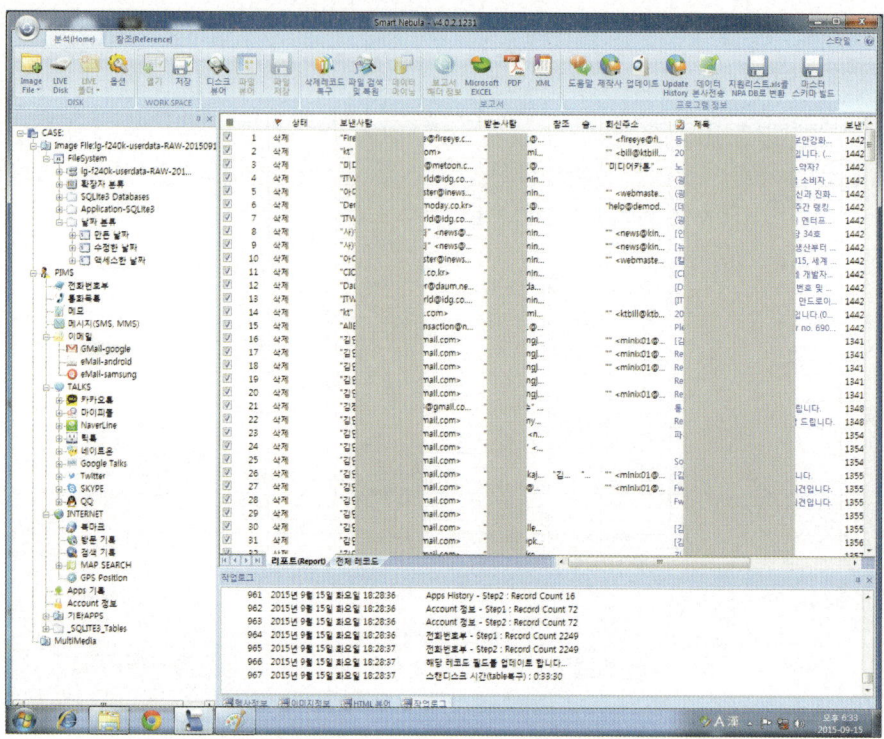

하지만 공장 초기화와 빈 영역 완전 삭제로도 완벽한 삭제는 되지 않습니다. 휴대폰 복구 프로그램으로 확인해보면 이메일 내용, 전화번호부 통화 목록 같은 일부 찌꺼기 데이터는 여전히 남아 있음을 알 수 있습니다.

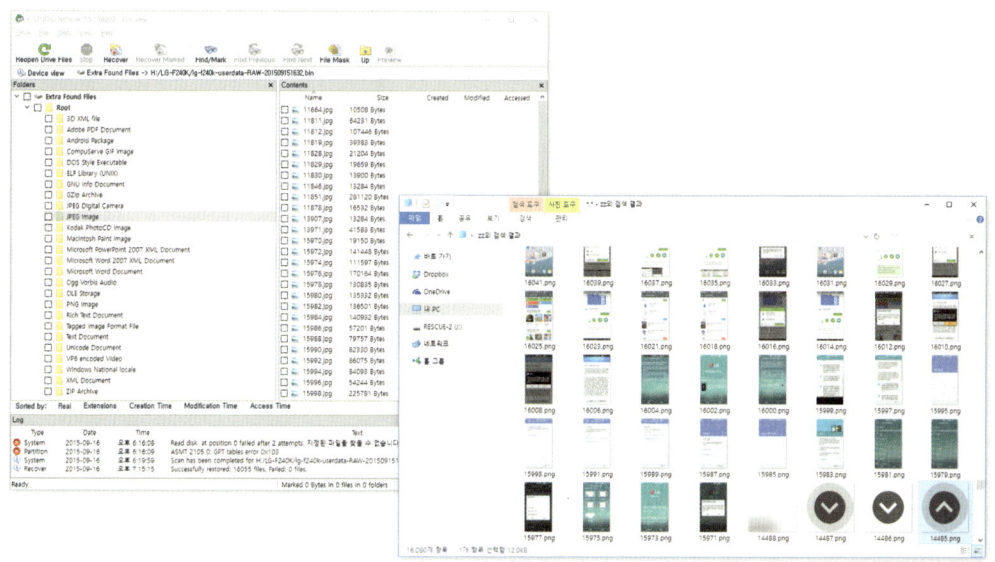

화면은 복구 프로그램으로 멀티미디어 파일을 복구하는 모습입니다. 제대로 된 이미지는 휴대폰 공장 초기화 이후에 만들어진 것뿐입니다. 몇몇 오래된 이미지가 남아 있긴 했지만, 대부분은 파일명만 보이거나 깨진 이미지밖에 없습니다.

안드로이드 젤리빈(4.x) 버전까지는 사용자가 데이터를 삭제해도 삭제 영역에 그대로 남아 있어 대부분 복구할 수 있었습니다. 하지만 안드로이드 킷캣(5.x) 이후부터는 보안 부분이 강화되어 사용자가 데이터를 삭제하면 저장 장치에 있는 데이터가 실제로 삭제되도록 바뀌고 있습니다. 삭제된 데이터가 있는 영역은 빈 영역으로 표시되는데 낸드플래시의 쓰기 속도 향상을 위해 도입한 트림 기능이 빈 영역을 주기적으로 초기화시키므로 삭제한 지 오래된 데이터는 거의 남아있지 않습니다.

용량이 작은 파일은 그나마 복구될 가능성이 조금이라도 있지만 사진, 음성, 동영상처럼 큰 파일들은 거의 복구가 어렵습니다. 즉 사진을 미리 보여주기 위해 만들어지는 작은 섬네일 이미지는 복구되기도 하지만 큰 원본 사진은 복구되지 않습니다. 실제로 2015년에 출시된 안드로이드폰으로 대화 내용을 녹음한 후 파일을 지우고 곧바로 휴대폰을 끈 상태에서 음성 파일 복구 테스트를 시도했으나 어떤 방법으로도 살려낼 수 없었습니다.

실제로 안드로이드 킷캣이 주로 탑재된 2013년 이후의 휴대폰에서 삭제한 멀티미디어 파일은 거의 찾을 수 없다는 것이 복구 업체의 공통된 의견입니다.

원격으로 데이터 삭제하기

휴대폰을 분실했거나 남의 손에 들어갔을 때 원격으로 데이터를 삭제할 수 있습니다.

안드로이드 폰 원격 삭제하기

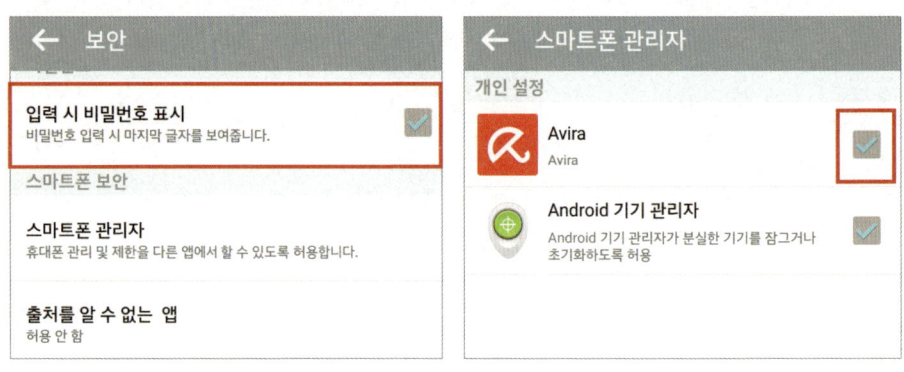

원격 삭제를 위해서는 분실하거나 남의 손에 들어가기 전에 미리 휴대폰 설정을 바꾸어 놓아야 합니다. 안드로이드 설정 - 보안 - 스마트폰 관리자에서 Android 기기 관리자를 체크하여 원격에서 기기를 잠그거나 초기화할 수 있도록 만듭니다. 분실했을 때 휴대폰이 어디에 있는지 위치도 확인하고 싶으면 설정에서 위치 정보를 활성화시키면 됩니다.

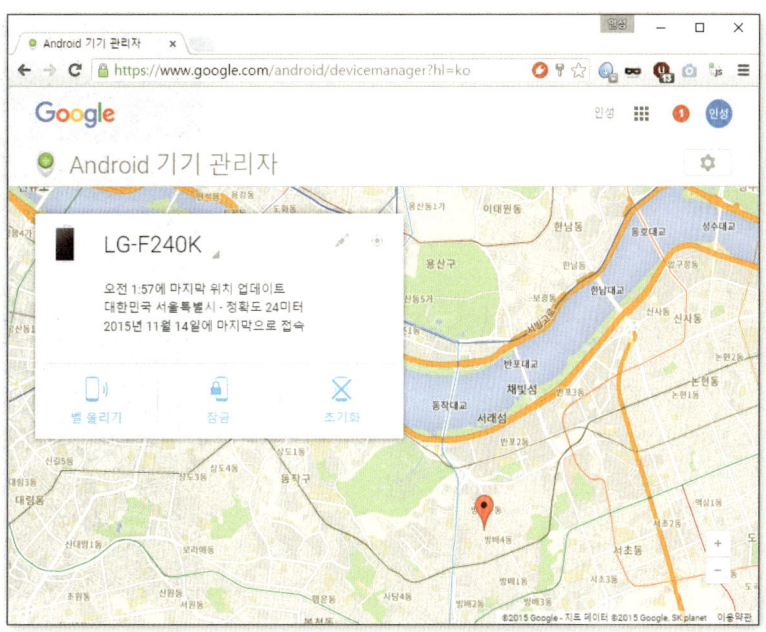

웹 브라우저로 http://android.com/devicemanager을 방문합니다. 이 사이트에 로그인하면 내 휴대폰의 현재 상태를 확인할 수 있습니다. 휴대폰이 켜져 있다면 온라인이라고 표시되고 마지막으로 사용된 시간도 나타납니다. 위치 정보를 활성화해 놓았다면 지도에서 휴대폰 위치도 볼 수 있습니다.

벨 울리기를 선택하면 휴대폰에서 경고음이 울립니다.

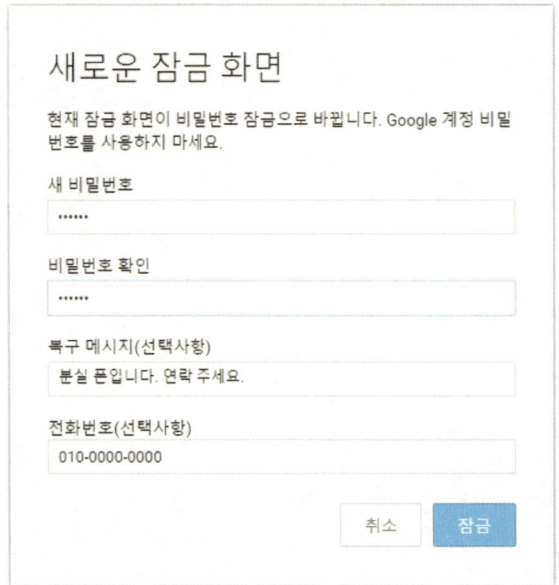

휴대폰 화면도 잠글 수 있습니다. 휴대폰을 습득한 사람이 여러분이 원격에서 지정해 놓은 번호로 전화를 거는 일 이외에는 아무것도 할 수 없도록 만들 수 있습니다. 하지만 안드로이드폰은 이런 안전장치를 우회할 다양한 방법이 있으므로 데이터 암호화가 안 되어 있다면 습득자가 개인 데이터도 볼 수 있습니다.

마지막으로 초기화를 선택하면 모든 데이트를 삭제할 수 있습니다. 일단 원격 삭제 명령을 내리고 나면 그 후에 언제든지 습득자가 휴대폰을 켜고 인터넷에 연결하는 즉시 기기가 초기화됩니다. 경고문에 있는 것처럼 외장 메모리 카드에 있는 데이트는 삭제되지 않을 수 있습니다.

아이폰 원격 삭제하기

아이폰은 비밀번호를 알려 주지 않을 경우 아이폰 안에 있는 개인 정보를 확인할 방법은 없습니다. 탈옥하거나 공장 초기화를 하려고 하더라도 비밀번호를 알아야 하기 때문에 보안성이 매우 높은 휴대폰입니다. 아이폰도 내 아이폰 찾기 기능을 통해 원격 제어뿐만 아니라 사용 통제도 가능합니다. 누군가 여러분의 휴대폰을 훔쳤을 때 유심을 바꿔 끼워도 여러분의 아이디로 아이클라우드 로그인을 해서 다른 유심을 사용할 수 있도록 허용해주지 않는 한 정상적인 휴대폰으로 사용할 수 없습니다.

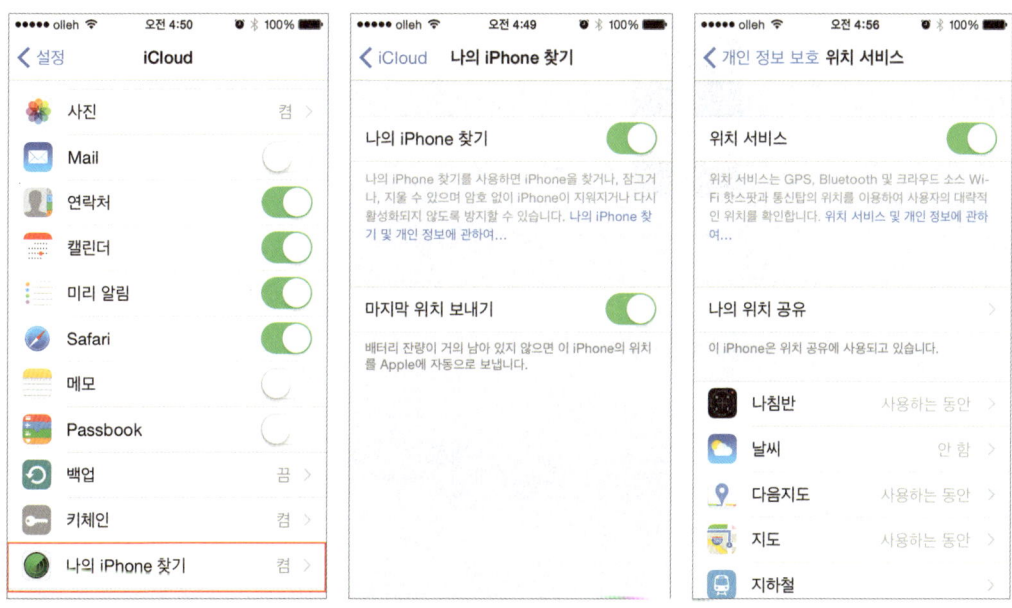

아이폰 설정 - iCloud - 나의 아이폰 찾기에서 나의 아이폰 찾기와 마지막 위치 보내기를 켭니다. 분실했을 때 휴대폰의 GPS 정보를 활용하여 정확한 위치를 알고 싶으면 설정 - 개인 정보 보호 - 위치 서비스에서 위치 서비스를 켜면 됩니다.

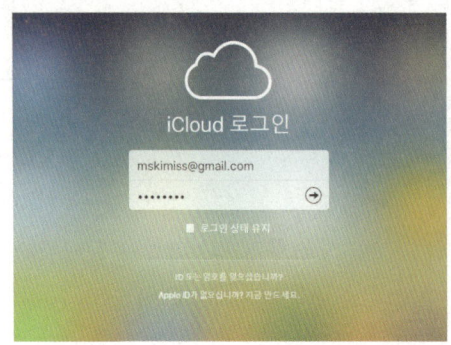 

아이폰을 분실했을 경우 icloud.com으로 갑니다. 로그인한 후에 나온 화면에서 iPhone 찾기를 클릭합니다.

내 아이디에 연결된 애플 기기 목록이 나타납니다. 분실한 아이폰을 선택하면 원격 제어 화면이 나옵니다. 사운드 재생을 클릭하면 분실된 폰에서 경고음이 나게 됩니다. 분실 모드를 선택하면 아이폰에 비밀번호를 걸고, 분실자에게 알릴 메시지와 연락받을 번호를 아이폰 대기 화면에 강제로 표시되게 할 수 있습니다.

iPhone 지우기를 선택하면 원격으로 아이폰에 있는 개인 데이터를 완전히 삭제할 수 있습니다. 한 번 지우기 명령을 내리면 아이폰을 꺼져 있어도 그 명령은 유효합니다. 언제라도 아이폰이 다시 인터넷에 연결되면 이 명령이 전달되어 곧바로 삭제를 진행합니다.

③ 휴대폰 물리적 파괴하기

사실 그 어떤 방법으로도 휴대폰에 있는 데이터를 완전히 없애는 것은 어렵습니다. 어떤 데이터가 얼마나 남아 있는지 확인할 방법이 없기 때문에 데이터 보안에 대해서 아무것도 보장 할 수 없습니다. 데이터 삭제가 정말로 중요하다면 휴대폰을 한강처럼 아무도 찾을 수 없는 곳에 버리는 수밖에 없습니다. 그렇게 하더라도 우연히 누군가가 찾아 날 가능성이 있습니다. 휴대폰의 데이터를 세상에서 완전히 사라지게 만들기 위해서는 결국 하드디스크와 마찬가지로 휴대폰을 파괴하는 수밖에 없습니다. 휴대폰을 아무렇게나 파괴한다고 되는 것도 아닙니다. 휴대폰의 어떤 부품을 정확히 파괴해야 하는지 알아야 합니다.

휴대폰에서 데이터가 저장되는 곳은 메모리 칩입니다. 휴대폰 반도체 칩 중에서 가장 크기가 큰 칩은 메모리와 CPU라서 휴대폰을 분해하면 찾기는 쉽습니다. 메모리 칩이 있는 위치는 휴대폰 제조사마다 각기 다릅니다. 아이폰(사진 위쪽)은 기기의 중간 부분에 있으며, 삼성폰(사진 아래 왼쪽)은 기기 상단에 있고, LG폰(사진 아래 오른쪽)은 기기 하단에 있습니다. 물론 이 위치도 고정된 것이 아니라서 휴대폰마다 다 다릅니다.

메모리 칩은 방수가 되기 때문에 물에 넣어도 손상되지 않습니다. 바닷속에 6개월 이상 잠겨 있던 휴대폰도 성공적으로 복구할 수 있었습니다. 휴대폰을 고장내더라도 메모리 칩이 손상되지 않으면 데이터를 복구할 수 있습니다. 따라서 정확히 메모리 칩을 손상시켜야 합니다. 칩 위치는 제조사마다 다르고 같은 제조사라도 제품마다 다르므로 잘 확인해야 합니다. 어떤 것이 메모리 칩인지 알 수 없다면 휴대폰 기판에서 가장 큰 칩 두 개를 모두 파괴하면 됩니다. 사진은 망치로 메모리 칩을 완전히 파손한 모습입니다.

④ 휴대폰 클라우드 데이터 완전 삭제하기

휴대폰을 물리적으로 파손하더라도 클라우드에 백업 데이터가 남아 있을 수 있습니다. 이런 데이터는 대개 내가 모르는 상태에서 자동으로 올라가 있으므로 클라우드에 로그인하여 일일이 삭제해야 합니다.

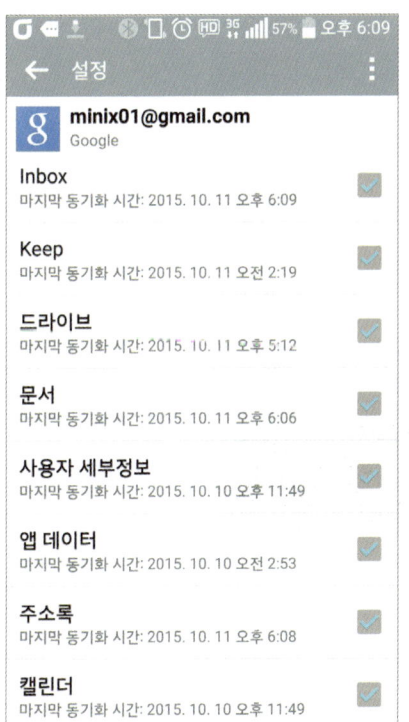

안드로이드의 경우 구글플러스와 구글 포토의 사진 자동 백업 기능을 활성화 시켰다면 내 휴대폰에 있는 사진과 동영상은 자동으로 인터넷에 올라갑니다. 주소록, 메모, 캘린더 데이터도 자동으로 백업됩니다. 주소록은 구글 주소록에, 메모는 구글 지메일의 Notes 라벨에, 캘린더는 구글캘린더에 백업됩니다.

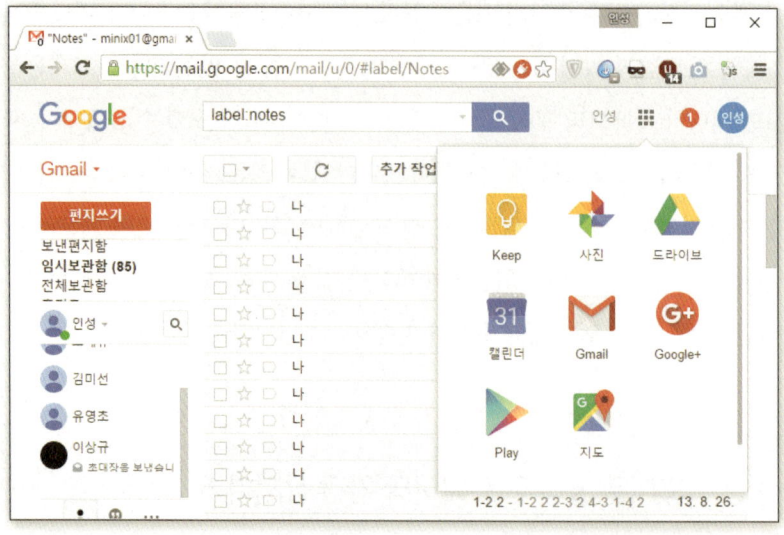

구글에 로그인하여 각 서비스를 선택한 다음 불필요한 데이터는 삭제하면 됩니다.

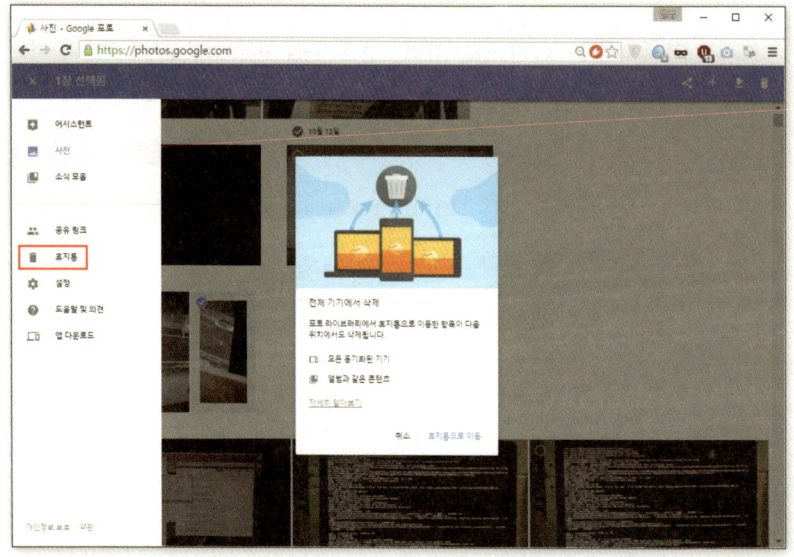

사진과 동영상은 구글플러스나 구글 포토에 백업됩니다. 구글 포토 사이트에 로그인하여 지울 사진을 선택한 다음 삭제하면 됩니다. 삭제 후에 휴지통 비우기까지 마쳐야 완전 삭제가 됩니다.

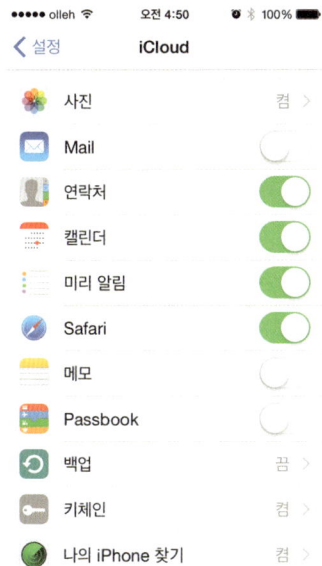
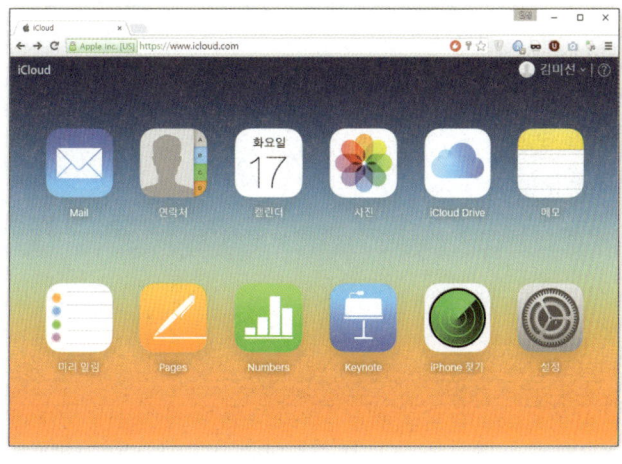

아이폰도 설정에서 백업을 켜 놓았을 경우 아이클라우드에 여러 가지 데이터가 자동 백업됩니다. Icloud.com에 로그인하여 캘린더, 메모, 연락처 등을 삭제해야 합니다.

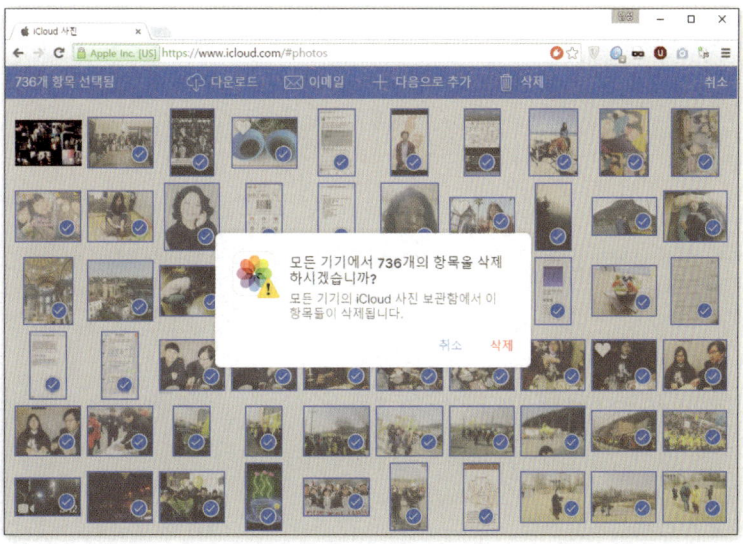

사진 항목으로 들어가면 백업된 사진들을 볼 수 있습니다. 모두 체크하고 삭제를 선택하면 됩니다.

에필로그

안전한 컴퓨팅을 위하여

프롤로그에서 밝힌 대로 이 책은 한 사진작가의 고장 난 하드디스크를 복구하는 과정에서 기획되었습니다. 그 작가의 하드디스크는 고장 나 동작이 되지 않았고 데이터도 많이 손상되어 있었습니다. 여러 방법을 동원하여 데이터 복구를 시도했지만 30% 정도는 살리지 못했습니다. 평소 백업 대책이 없었던 탓에 중요한 작품 사진을 영영 잃어버리고 만 것입니다.

그 후 저는 디지털 데이터를 만드는 사람들이 데이터를 안전하게 지킬 수 있는 쉬운 방법을 모색해왔습니다. 이 책은 그런 과정을 통해 컴퓨터를 잘 모르는 분들도 스스로 데이터 관리를 할 수 있는 방법을 담으려 노력했습니다.

중요한 데이터는 한 폴더로 모으고 운영체제의 타임머신 기능으로 실시간 백업합니다. 컴퓨터의 고장, 바이러스의 공격에도 안전 하려면 중요 폴더를 클라우드와 연동합니다.

소프트웨어적인 복구는 책에서 제시한 방법대로 직접하고, 하드웨어적인 복구는 전문 업체에 의뢰합니다.

윈도우는 10으로 업그레이드하고 시스템 관리 소프트웨어를 통해 일상 관리를 합니다. 백신은 국내뿐만 아니라 외국 백신도 같이 사용합니다.

하드웨어 업그레이드는 메모리 증설과 SSD 추가로 충분합니다. 한국식 금융 거래로 인해 발생하는 보안 관련 트러블은 가상 윈도우로 해결합니다.

해킹과 감시로부터 완벽한 방어책은 없으며 데이터 보호도 제한적입니다. 최소한의 안전을 위해 규칙을 사용하여 비밀번호를 전부 다르게 만듭니다. 개인 자료를 암호화하는 것도 큰 효과는 없으므로 그런 자료는 가능한 보관하지 않습니다.

데이터 삭제는 소프트웨어적인 방법으로 가능하지만 어렵다면 물리적인 파괴를 해도 됩니다. 완전 삭제를 위해서는 로컬 데이터뿐만 아니라 클라우드에 올라가 있는 자료까지 찾아서 지워야 합니다.

하지만 누구나 쉽게 컴퓨터를 관리할 수 있게 하겠다는 목표가 제대로 달성된 것인지는 의심스럽습니다. 막상 내용을 채우다 보니 모든 사람을 만족시킬 수 있는 사용 설명서를 쓴다는 것이 얼마나 무모한 시도인지 깨닫게 되었습니다.

총론만 설명하면 실제 방법을 알기 어렵고, 각론까지 자세히 설명하다 보면 내용이 어려워질 뿐만 아니라 분량도 지나치게 많아지곤 했습니다. 어느 선에서 설명을 멈추어야 할지 결정하는 것이 가장 힘들었습니다. 분량 문제로 인해 그림 설명을 보면 저절로 알 수 있을 내용은 최대한 생략했기 때문에 컴퓨터를 잘 모르는 분들은 어려울 수도 있을 것입니다.

사실 이 책은 영원히 완결될 수 없는 책입니다. 잘못된 내용, 부족한 부분, 달라진 환경에 대한 독자 분들의 의견을 최대한 수렴하여 앞으로 개선해 나갈 생각입니다. 책에 대해 많은 의견을 주시기 바랍니다. 좋은 의견을 주신 분들이 많을수록 이 책은 더 충실해 질 것입니다.

책을 쓰면서 저도 많은 것을 배웠습니다. 실제 동작 과정을 재현하려고 컴퓨터를 테스트하는 과정에서 자세히 모르고 있던 부분을 정확히 알게 된 경우도 많습니다. 하지만 저는 아직도 멀었다고 느낍니다. 아무리 많이 연구해도 알아야 할 새로운 것은 끊임없이 나타나고 있기 때문입니다. 앞으로도 데이터 관리에 대해 더 많은 내용을 더 쉽게 전달하기 위해 노력하도록 하겠습니다.

이 책을 기획한 지도 어느 새 삼 년이 지났습니다. 그 동안 많은 일들을 겪었습니다. 사실 저는 책을 기획할 당시에 이미 데이터 관리 경험이 많다고 자부하고 있었습니다. 대형 포털 서버용 다양한 저장장치 관리, SSD 업체와의 합작 개발, 디지털 포렌식 과정에서의 데이터 복구 등 나름 책을 쓸 자격이 충분하다고 생각했습니다.

　하지만 책을 기획한 후 삼 년 동안 발생한 여러 사건 사고를 통해 제가 얼마나 모르는 것이 많았는지 깨닫게 되었습니다. 세월호 참사 때 건져 올린 학생들 휴대폰, 국정원 소유라고 의심할만한 노트북 하드디스크, 4.16일 오전의 세월호 내부 모습을 담은 CCTV, 진도와 제주도의 VTS 서버 데이터, 내란음모 조작 사건의 훼손된 디지털 증거들... 정신 없이 지낸 시간 속에서 복구와 보안 부분에서 그 누구도 해보지 못한 다양한 경험을 쌓게 되었습니다. 책 기획 당시에 썼던 내용은 이런 사건을 거치면서 거의 다 개정되었습니다.

　마지막으로 2015년 성완종 회장님 음성 파일 유출 사건의 당사자가 되면서 "보안 전문가가 데이터를 유출해도 되느냐"는 비판을 받았습니다. 디지털 데이터를 안전하게 지키는 방법은 "증거를 유출하는 보안 전문가에게 맡기지 않는 것"이라는 이야기도 들어야 했습니다. 사건 이후, 작성 중이던 원고를 앞에 놓고 제가 이런 책을 쓸 자격이 되는지 많은 고민을 한 것도 사실입니다.

　성완종 회장님 음성 파일 유출 사건의 내막을 자세히 밝힐 수 있는 날이 언젠가는 올 것입니다. 다만 지금 제가 말씀드릴 수 있는 것은 유출 사건을 통해서 제가 얻을 수 있는 이익은 전무했으며 유출자가 밝혀질 경우 사회적 비난만이 따를 뿐인 일이었단 사실입니다. 제 나름으로는 옳을 일을 한다고 했지만 그로 인해 많은 분들이 피해를 입게 되었습니다. 그 분들께 진심으로 죄송하다는 말씀을 드립니다.

　저는 제 잘못을 결코 부정하지 않을 것입니다. 앞으로도 저에 대한 비판을 회피하지 않겠습니다. 하지만 이런 잘못에도 불구하고 제가 할 수 있는 일은 묵묵히 해 나가려 합니다.

　에필로그를 쓰는 동안 국정원 사찰법이 통과되었습니다. 이제 대한민국의 디지털 영역에서 안전한 곳은 아무 데도 없습니다. 이 엄중한 시기에 이 책이 여러분의 안전에 조금이라도 도움이 되기를 바랍니다.

　앞으로 자신의 컴퓨터를 스스로 관리할 수 있는 분들이 많이 생길 수 있기를 기대합니다. 이제 세상의 모든 전문가들이 데이터를 잃어버리는 일이 일어나지 않았으면 좋겠습니다.

여태까지 데이터를 분실하거나 느린 시스템을 참고 쓰는 사람을 보면서 늘 안타까웠습니다. 한 분야의 전문가분들이 최소한의 성능도 보장되지 않는 저사양 넷북의 작은 화면을 들여다보며 작업하는 모습도 많이 보았습니다. 이런 분들이 자신의 컴퓨터를 스스로 업그레이드하고 관리함으로써 항상 최적의 상태로 컴퓨터를 쓸 수 있게 되기를 진심으로 기원합니다.

스스로 콘텐츠를 만들어 내는 사람이라면 그 누구라도 해킹의 위협으로부터 스스로의 안전을 지킬 수 있게 되기를 희망합니다.

김인성.

참고 문헌

1. 니시다 케이스케 저, 김성훈 역, 구글을 지탱하는 기술, 멘토르, 2008년 12월.
2. 한겨레신문, '이완구 3천만원' 관련 CCTV.하이패스 기록 등 분석, 노현웅 기자, 2015.04.17.
3. 보안뉴스, 전국 지자체 통합관제센터, 지능형 영상분석 도입 추세, 2014.03.13
4. 시사인, 카톡만 볼 줄 알았지? 네비게이션도 다 봤어, 고제규 기자, 2014.10.14
5. 데일리한국, 지치고 돈 떨어진 정형근…한번 쓴 체크카드에 덜미, 손현규 기자, 2014.12.30.
6. 경향신문, 경찰 '여대생 실종사건' 검색 네티즌 무차별 압수수색, 경태영.심혜리 기자, 2009.01.18.
7. 조선일보, [민노총에 경찰 첫 투입] 경찰, 수배자 휴대폰 위치 확인까지 하고 들어갔지만 허탕, 최연진. 최원우.김수경 기자, 2013.12.23.
8. 뉴시스, 맥어드레스 추적 노트북 절도범 무더기 검거, 하경민 기자, 2011.08.30.
9. 2013고합620,624,699 내란음모등 사건 수사보고서. 수원지방법원, 2013.9.
10. 최열 하드디스크 분석 보고서, 2009고합352, 대검찰청 디지털수사담당관실 405호 분석실, 2010,10.13.
11. 와이즈넛 버즈인사이트, http://www.wisenut.com/service/buzzinsight/
12. 코난테크놀러지 빈데이터 분석 솔루션, http://www.konantech.com/?products=빅데이터-분석-솔루션

이미지 출처

http://www.aberdeeninc.com/
http://en.wikipedia.org/wiki/File:Side_Power_Mac_G5_-_Mac_Pro_.jpeg
https://en.wikipedia.org/wiki/Optical_disc_drive
http://ww1.prweb.com/prfiles/2012/09/07/9879298/20000_offen_1214.jpg
http://www.datalinksales.com/prod_imgs/degaussers/proton-1100.jpg
http://ecx.images-amazon.com/images/I/71Cia%2BtW4SL._SL1500_.jpg
http://www.kitguru.net/wp-content/uploads/2013/07/ACC_2392_DxO1.jpg
http://all-free-download.com/free-vector/download/tshirt_template_vector_38654.html
http://www.samsung.com/sec/consumer/images/pdp-wow/mobile-phone/smartphone/SM-A510/images/A510_feat13_1920.jpg

내용 작성에 도움 주신 분들

데이터닥터, 모바일랩, 명정보기술, 스마일서브, 여수 데이터 복구,
강신천, 김기창, 김병철, 김양열, 김용민, 김인숙, 김정엽, 김호철, 남궁성, 민용기,
장경욱, 조성재, 오길영, 유우성, 윤영태, 윤학현, 이시우, 이유현, 임유철.

후원해 주신 분들

명진

준경

윤경

김기정, 김성열, 김수아, 김수민, 김양현
김영순, 류다현, 박오열, 박인숙, 박찬
배수한, 세미, 송단회, 신광섭, 심문희
이승준, 이장수, 이호철, 임미혁, 장지연
장춘학, 전진한, 조성재, 채희선, 최명주

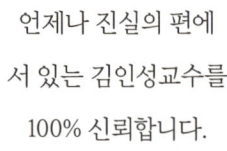

언제나 진실의 편에 서 있는 김인성교수를 100% 신뢰합니다.

박영우

남궁성

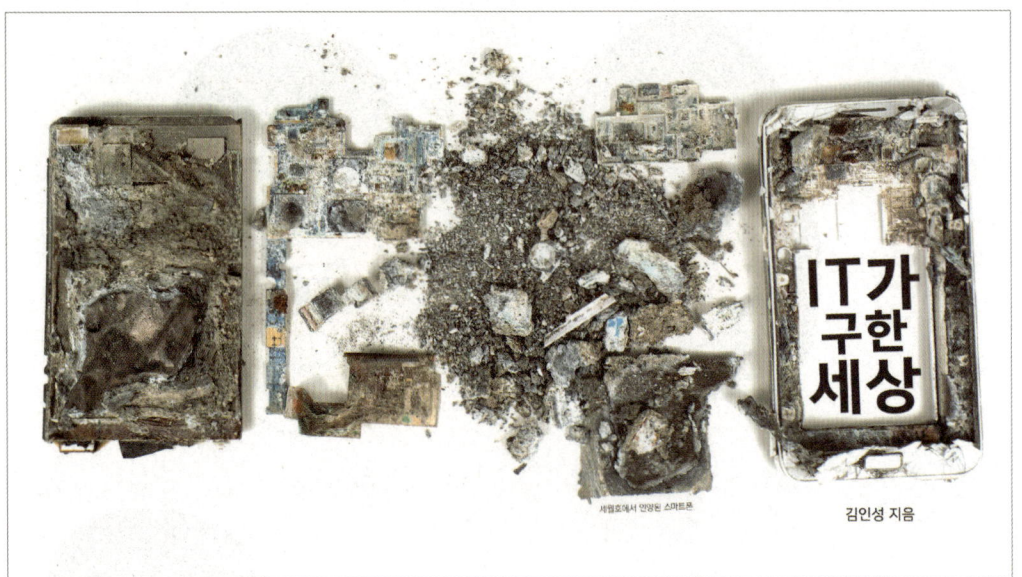

IT가 구한 세상

김인성 지음

세상을 비판한다고 뭐가 달라지긴 할까?
그냥 하라는 대로 하고 사는 것이 최선이 아닐까?
전문가가 사회에 대해 발언해도 좋은 것일까?
진실을 폭로하면 나만 손해 보지 않을까?

이 책은 이 모든 고민에 대한 답을 제시합니다.
IT로 진실을 찾아내고 세상을 바로 잡은 기록을 담은 책.
당신도 이미 능력과 조건을 갖추고 있습니다.
두려워하지 않는다면 당신이 세상을 바꿀 수 있습니다.

도난당한 패스워드

글 김인성
그림 이상·내리·제비추리

이 만화는 한국 IT의 총체적인 모순이 집결된 보안 분야를 집중적으로 파헤칩니다.

허점이 많은 공인인증서, 마이크로소프트-윈도우-인터넷이스플로러로 단일화되어 단 한 개의 악성코드로도 전 국가가 초토화되는 보안 환경, 해킹 사고가 나도 책임질 필요기 없는 기업, 북한 탓만 하는 관계 당국, 세계회를 가로막는 한국식 보안 체게...

이 만화 한국의 보안 현실 속에서 스스로 생존할 수 있는 방법을 알려드립니다.

이 만화의 목표는 보안에 대한 지식이 없는 분들도 보안의 개념과 원리 그리고 한국식 보안의 작동 방식과 문제점을 알기 쉽게 전달하는 것입니다. 이 만화를 보고 나면 한국 보안의 문제점을 깨닫고 스스로의 안전을 확보할 방법을 알 수 있게 될 것입니다.

복구 백업 최적화 보안
김인성의 완벽한 데이터 관리

초판 1쇄 발행 2016년 3월 8일

지은이 김인성
편집·디자인 김빛내리
펴낸이 김빛내리
펴낸곳 홀로깨달음

출판등록 제 2013-000100호
주소 서울시 서초구 방배4동 858-25번지 1층
대표전화 010-8894-5777

ⓒ 2016 김인성

ISBN 979-11-950584-2-6 (03000)